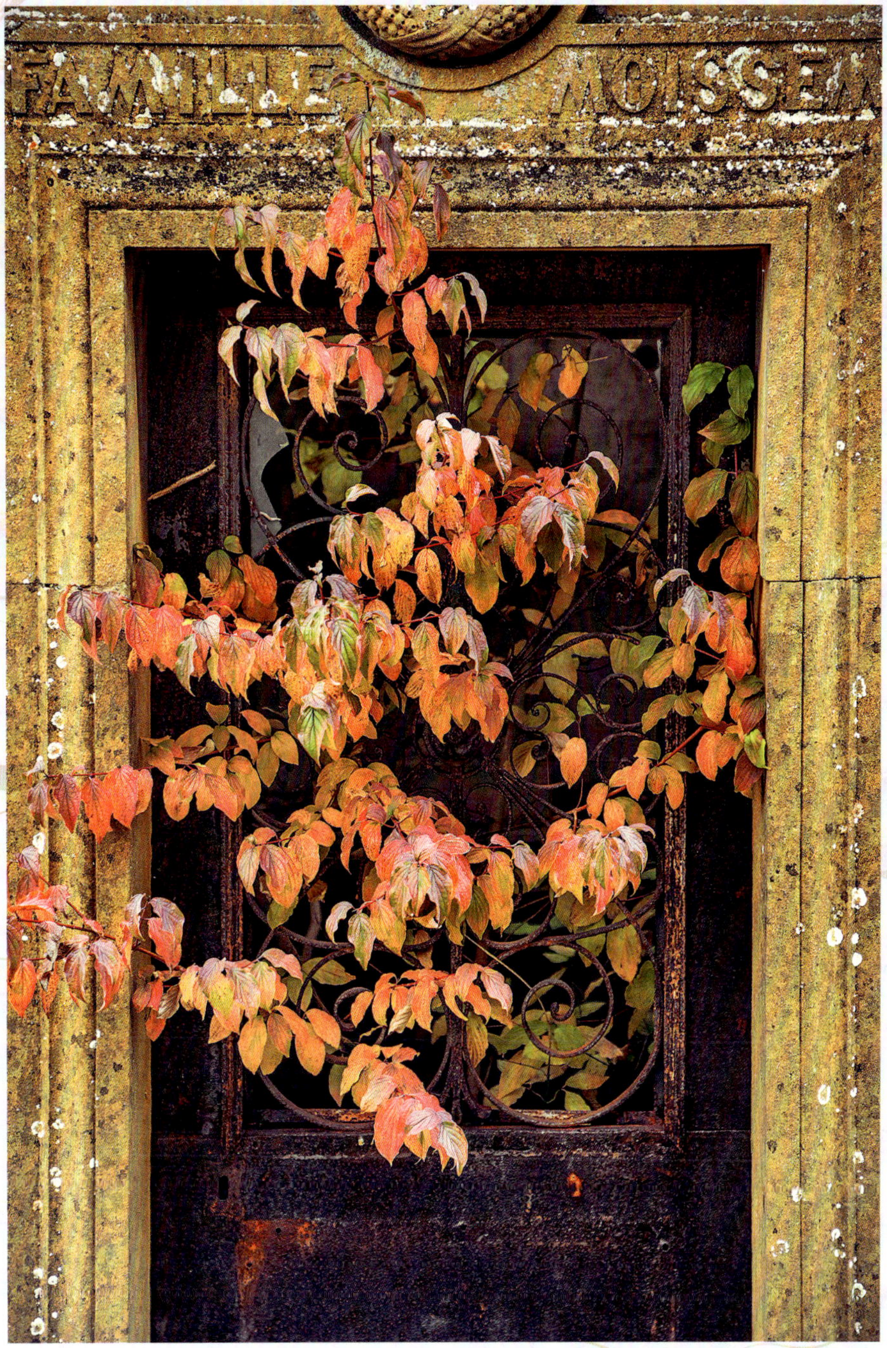

*» Es gibt eine Stille des Herbstes
bis in die Farben hinein. «*

Hugo von Hofmannsthal

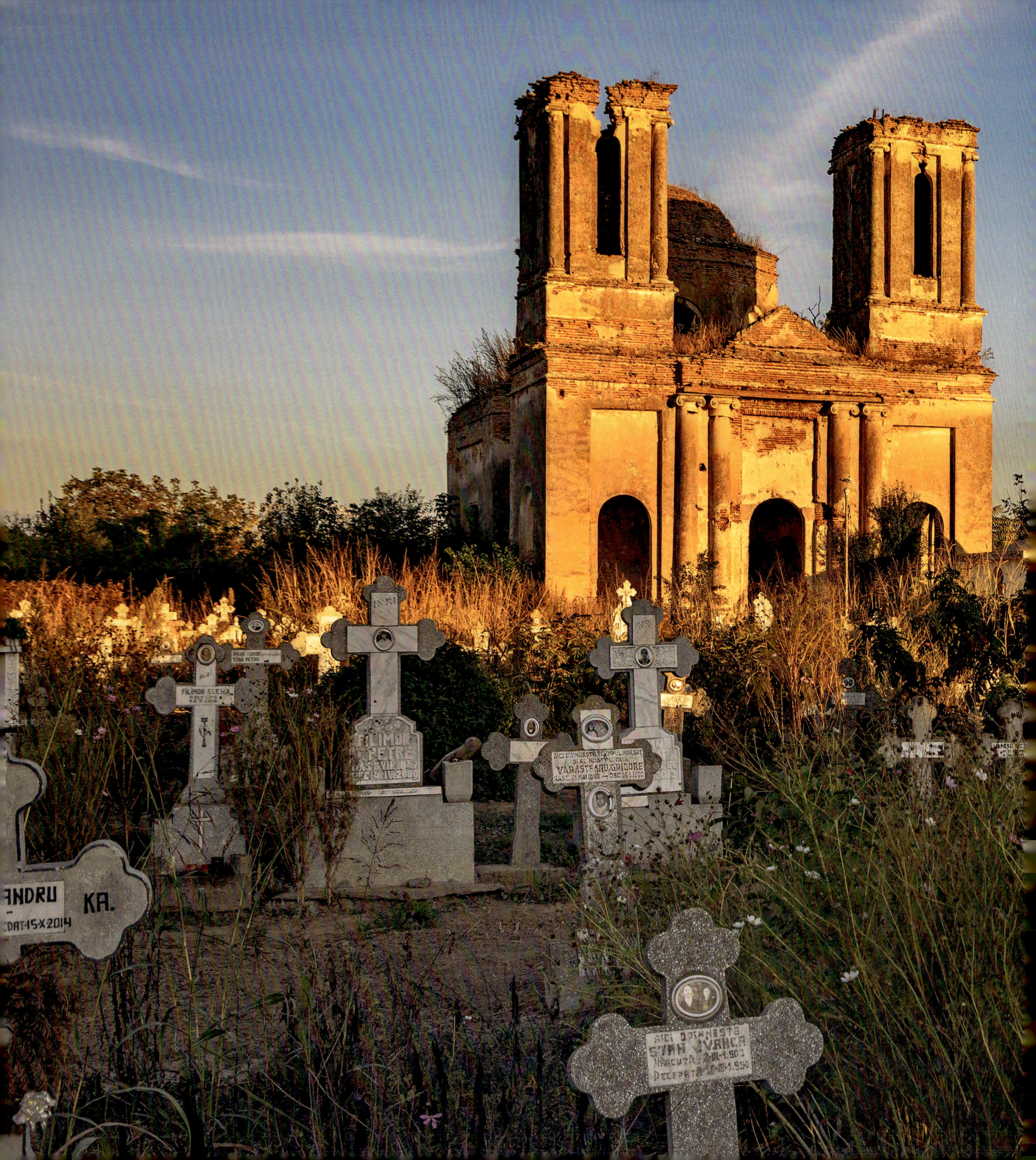
ANDRU
KA.
DAT 15-X-2014
AICI ODIHNEŞTE
STAN IVANCA

SVEN FENNEMA

Mit Texten von Björn Eenboom

MEMENTO

Verwunschene Friedhöfe – Orte der Erinnerung

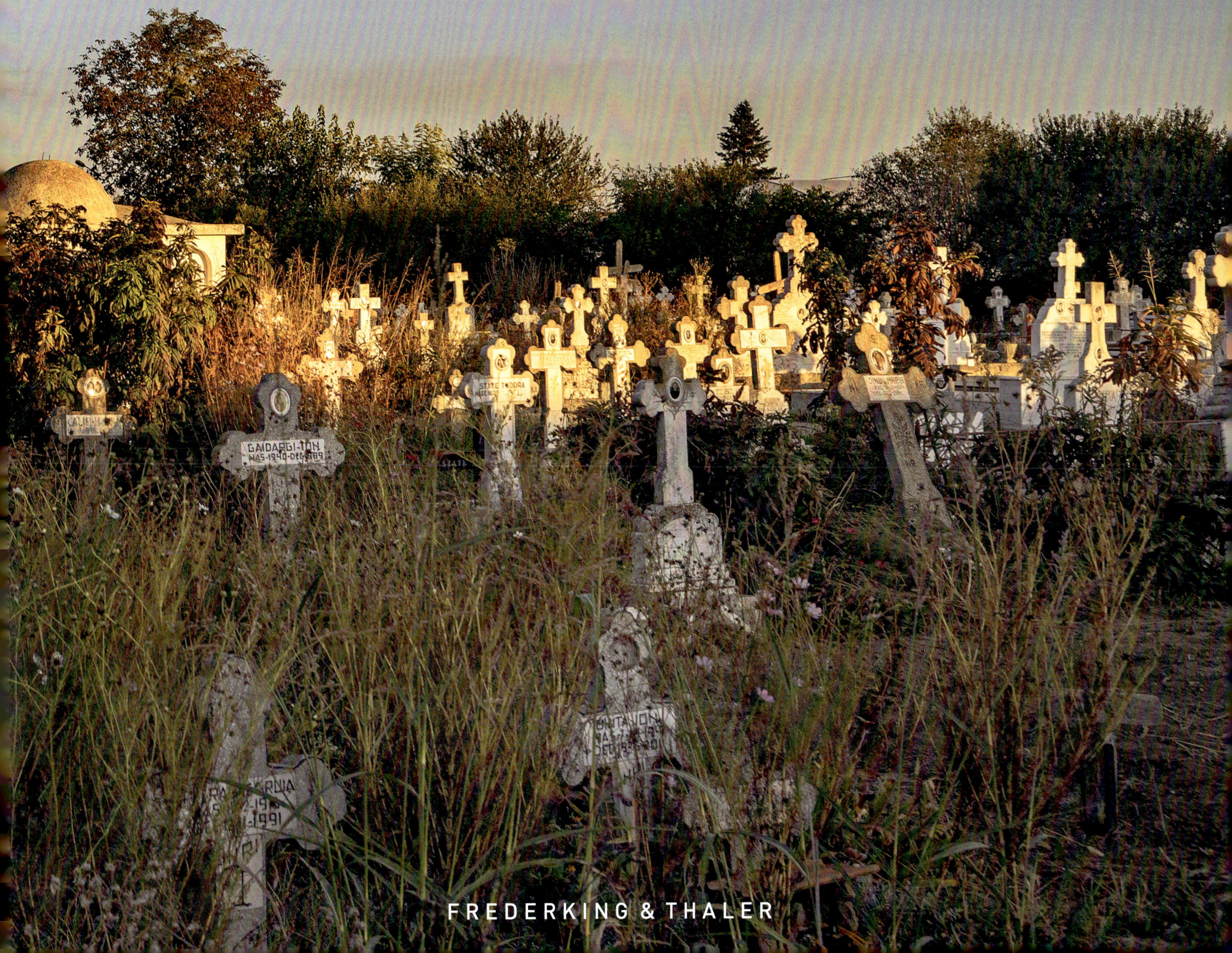

FREDERKING & THALER

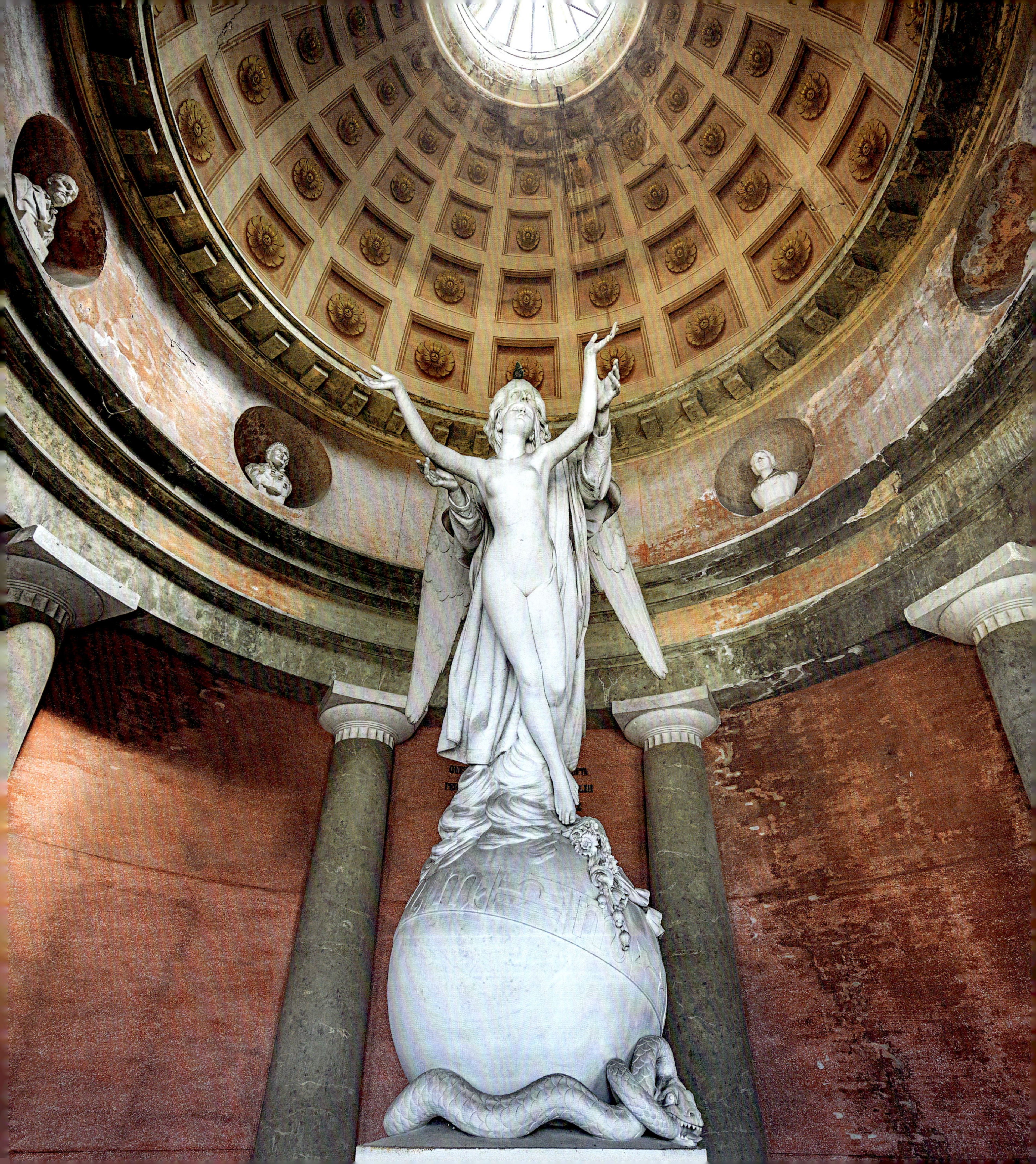

INHALT

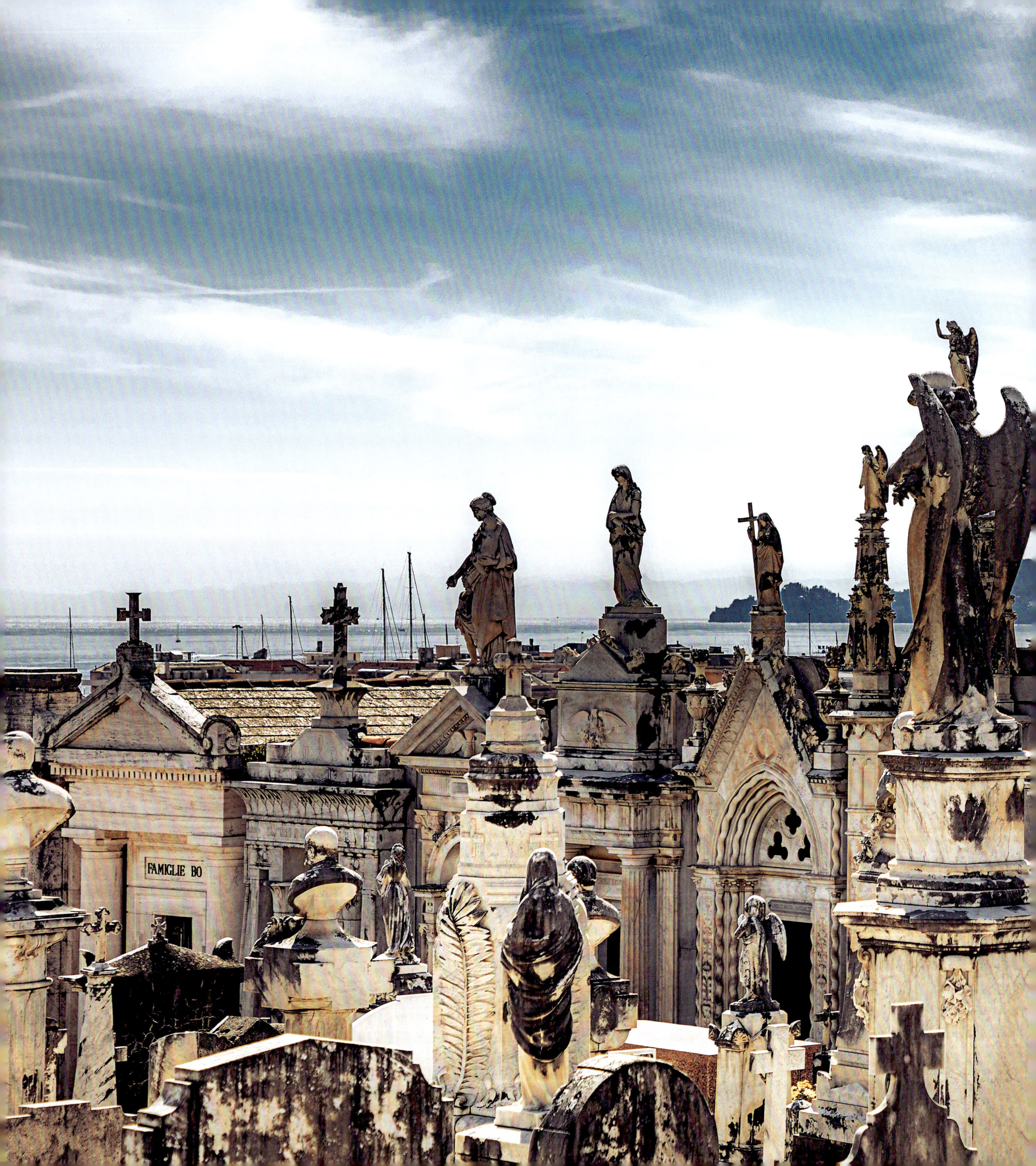
FAMIGLIE BO

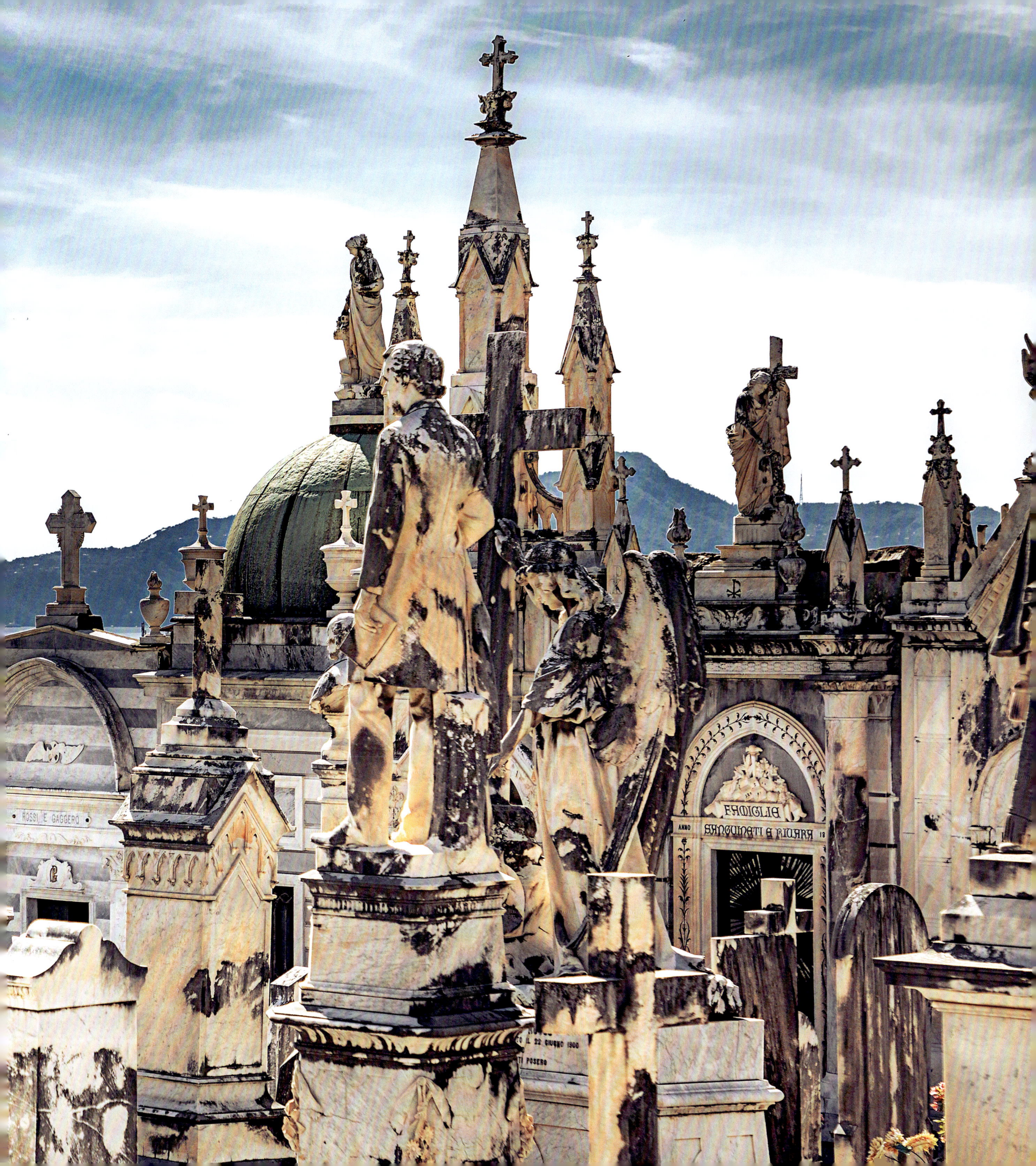
ROSSI E GAGGERO
FAMIGLIE
ANNO
SANGUINETI E RIVARA
18

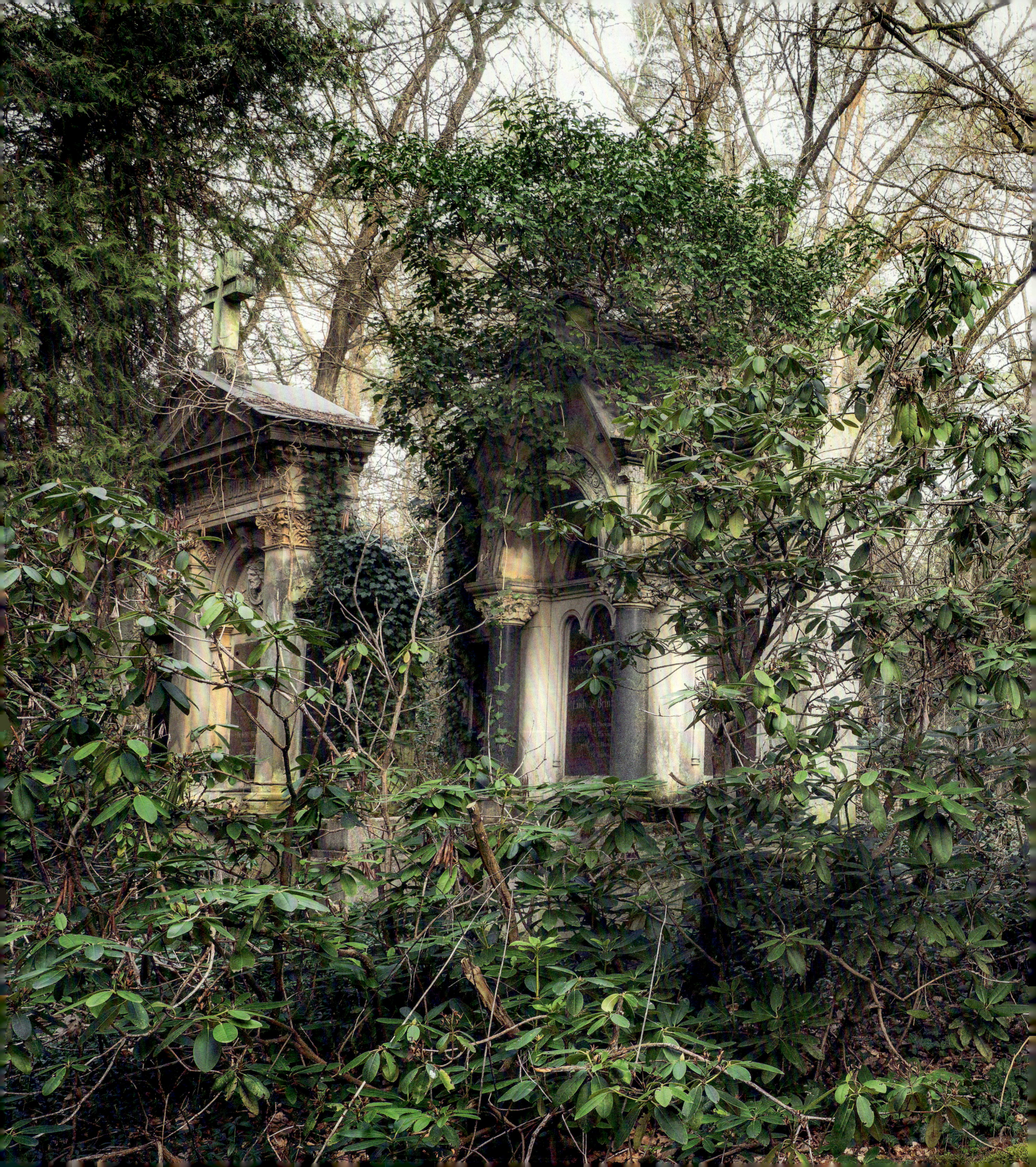

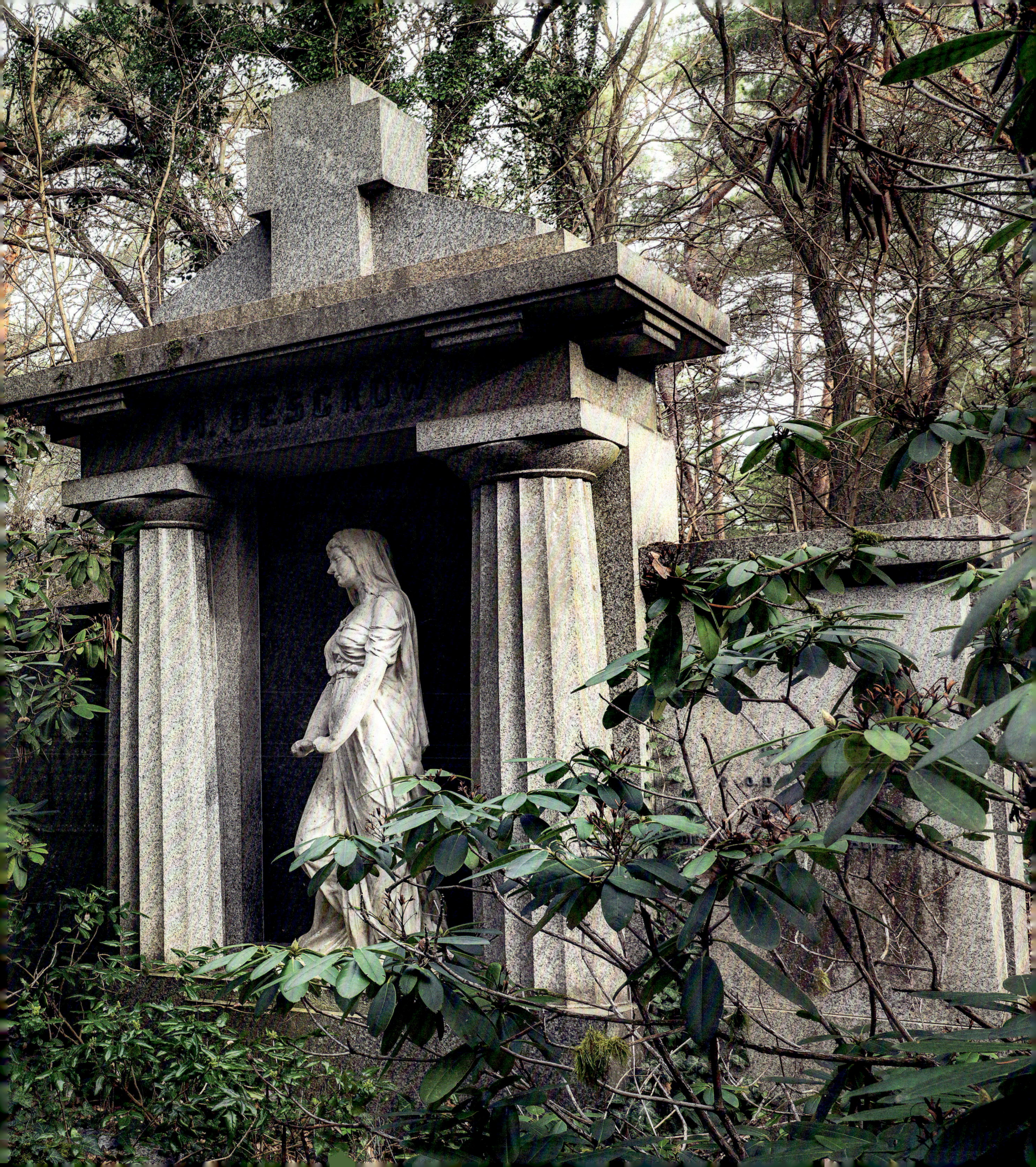

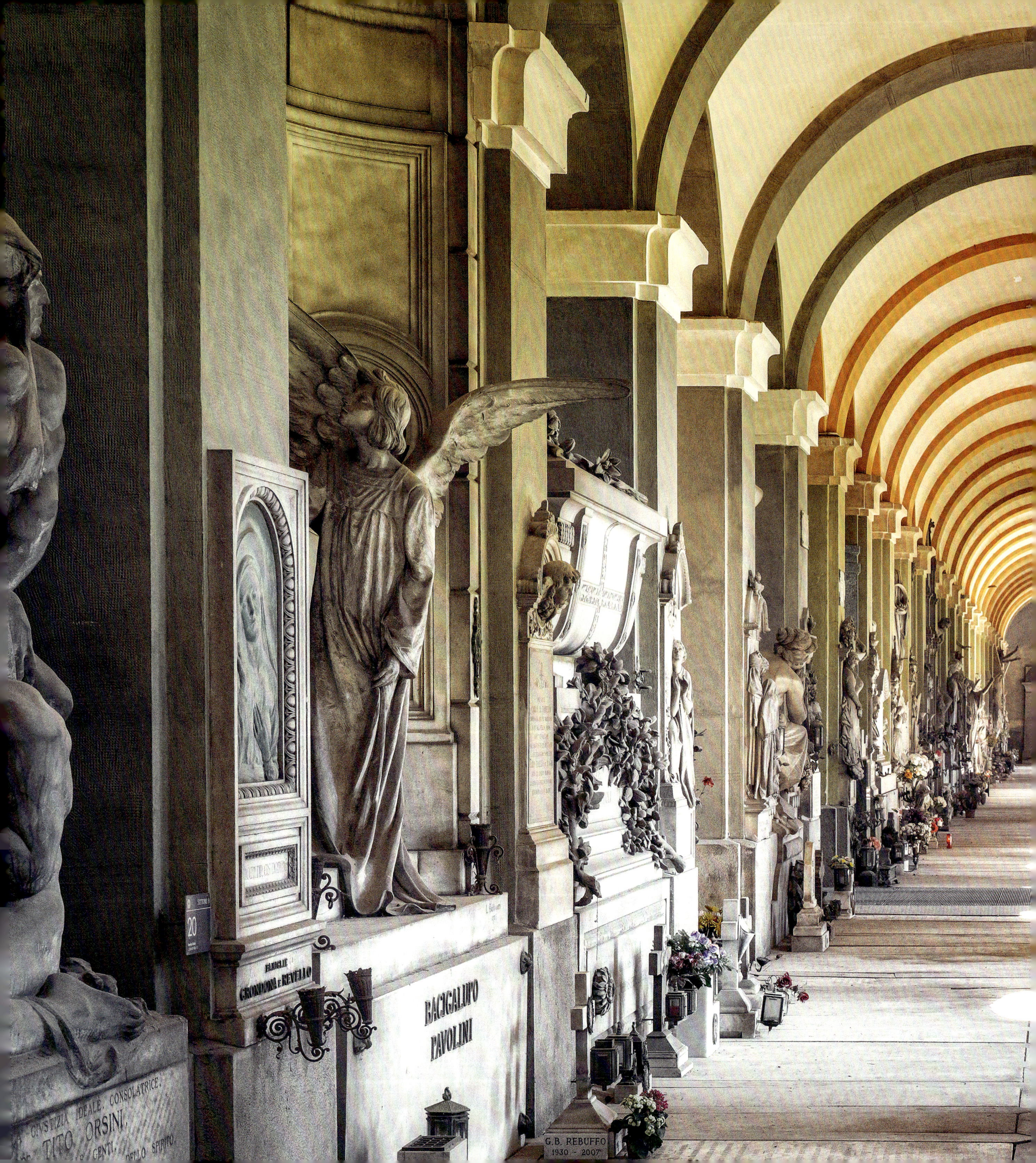

GIUSTIZIA IDEALE, CONSOLATRICE
TITO ORSINI
GENTI
DELLO SPIRITO
SETTORE A
20
FAMIGLIE
GRONDONA E REVELLO
BACIGALUPO
PAVOLINI
G.B. REBUFFO
1930 - 2007

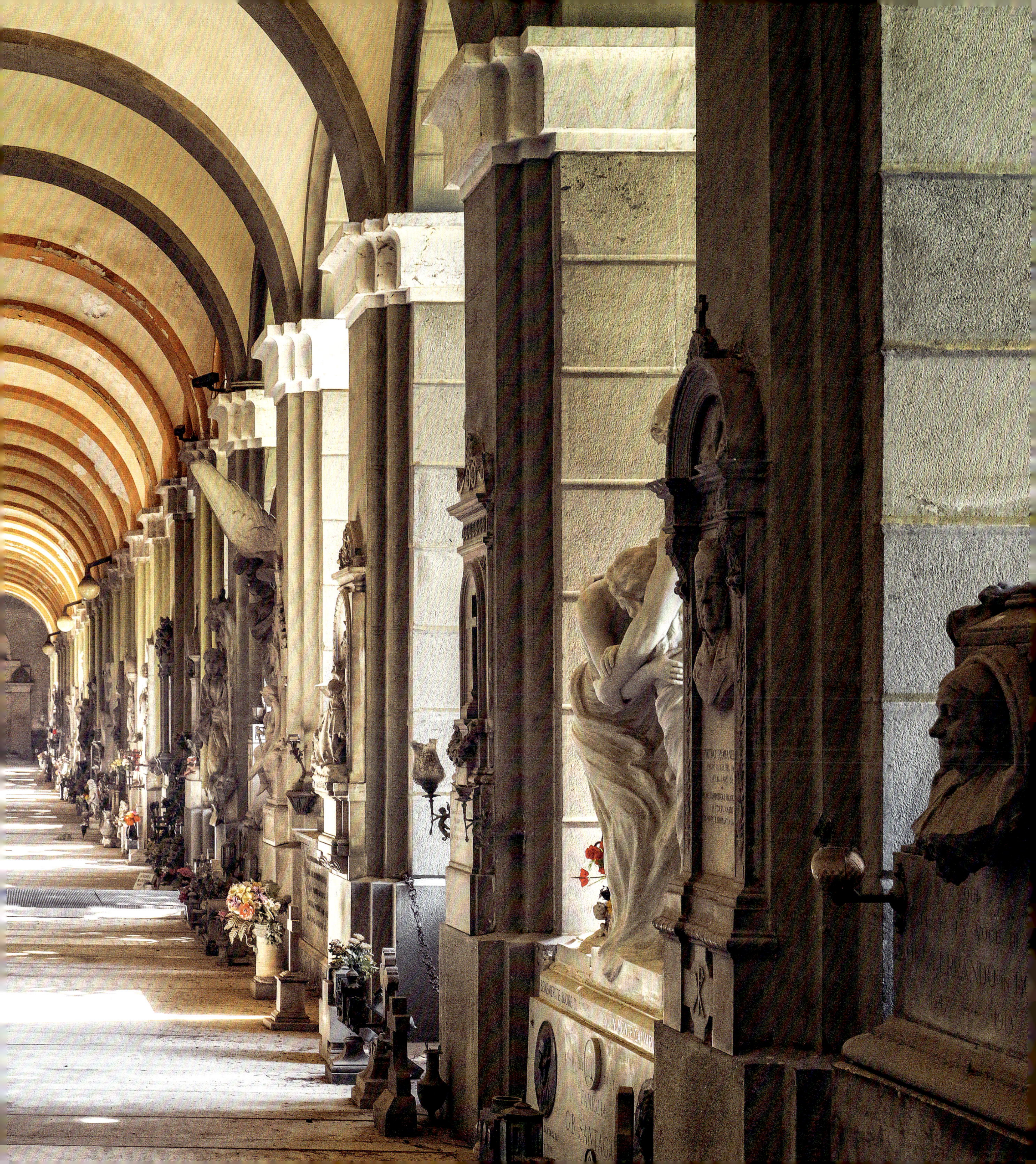

LIGURIEN, ITALIEN - Die Natur hat den historischen Grabhügel zurückerobert. Wüst bahnt sie sich ihren Weg und strahlt doch eine wunderschöne Ruhe aus.

ORTE DER STILLE

MEINE REISE ZU DEN SCHÖNSTEN FRIEDHÖFEN EUROPAS

Memento moriendum esse – bedenke, dass Du sterblich bist. Die Reflexion und Vergegenwärtigung der menschlichen Vergänglichkeit in meinem Werk, wie es im alten Rom bereits die Feldherren bei ihren Triumphzügen erfahren haben, um nicht der Hybris zu erliegen, währt seit mittlerweile einer Dekade. Ich habe damals eine fortlaufende Serie mit dem Titel MEMENTO begonnen, um all jene Fotografien in meinem Werk zusammenzuführen, die sich mit der irdischen Endlichkeit und dem Tod auseinandersetzen.

Viele Motive wie verlassene Pathologien, Beinhäuser und Krematorien standen jedoch im Fokus der »Lost Places«-Reihe, sodass es schwierig erschien, Friedhöfen als solches einen festen wie stimmigen Platz einzuräumen.

Mit diesem Band ist es nun endlich an der Zeit, fokussiert und mit großer Leidenschaft den Blick auf die einzigartige und verwunschene Friedhofskultur Europas mit all ihren Facetten zu richten. Eine Hommage, die zum Nachdenken anregen soll, vor allem jedoch, um die melancholisch schönen Aspekte und Momente der faszinierenden Friedhofsarchitektur des Abendlandes andachtsvoll zu feiern.

Mein Interesse an Friedhöfen war bereits vor der Fotografie geweckt. Seit meiner Jugend lösen Friedhöfe in mir eine nostalgische Anziehungskraft aus, ein Ort der friedvollen Stille, die mich über Jahre hinweg bis in die Subkulturen des Punkrocks und der Gothic Szene begleitete.

Für jemanden wie mich, der lieber auf eigenen Pfaden unterwegs ist und größere Menschenansammlungen meidet, haben Kontemplation und Entschleunigung, gepaart mit einer gesunden Portion Melancholie, stets einen großen Platz eingenommen. Die Kunst des Alleinseins bringt viel Positives in einer Persönlichkeit zum Vorschein, wenn man gelernt hat, mit ihr umzugehen. Dabei sind Alleinsein und Einsamkeit für mich zwei völlig unterschiedliche Wesenszustände. Während die Einsamkeit nie freiwillig gewählt ist, bedeutet das Alleinsein für mich, in Klausur zu gehen. Ich solchen Momenten trete ich in einen fast meditativen Dialog mit mir selbst und schöpfe aus der Selbstreflexion neue Kraft und Inspiration.

INSPIRATION UND ENTFALTUNG

Ein gutes Verhältnis zu sich selbst ist die beste Grundlage, um den Widrigkeiten des Lebens entgegenzutreten und um neuen Lebensmut zu schöpfen. Das gilt vor allem auch für Beziehungen zu anderen Menschen. Meist sind wir eingespannt in das Mühlrad des Lebens. Der Alltag mit seinen Pflichten und Erwartungen, der Leistungsdruck und die Hektik im Beruf pressen uns in ein Korsett, dem wir uns nur schwer entziehen können. Das Smartphone, das wir kaum noch aus den Händen legen können und das mit unserem Bewusstsein fest verwachsen scheint, tut ein Übriges, dass wir durch die mediale Dauerberieselung kaum noch zu uns selbst finden. Wie oft denken wir noch mit Bedacht über echte Prioritäten und den persönlichen Sinn des Lebens nach?

Für mich sind deshalb Orte der Stille, zu denen auch die »Lost Places« gehören, ein Quell für Inspiration, Kreativität und Entfaltung. Hier entstehen neue Ideen und Wünsche, hier lasse ich meinen melancholischen Gefühlen freien Lauf und finde neue Wege und Lösungen. Friedhöfe nehmen hierbei noch einmal einen ganz besonderen Platz ein, da ihnen eine ganz besondere Stimmung innewohnt.

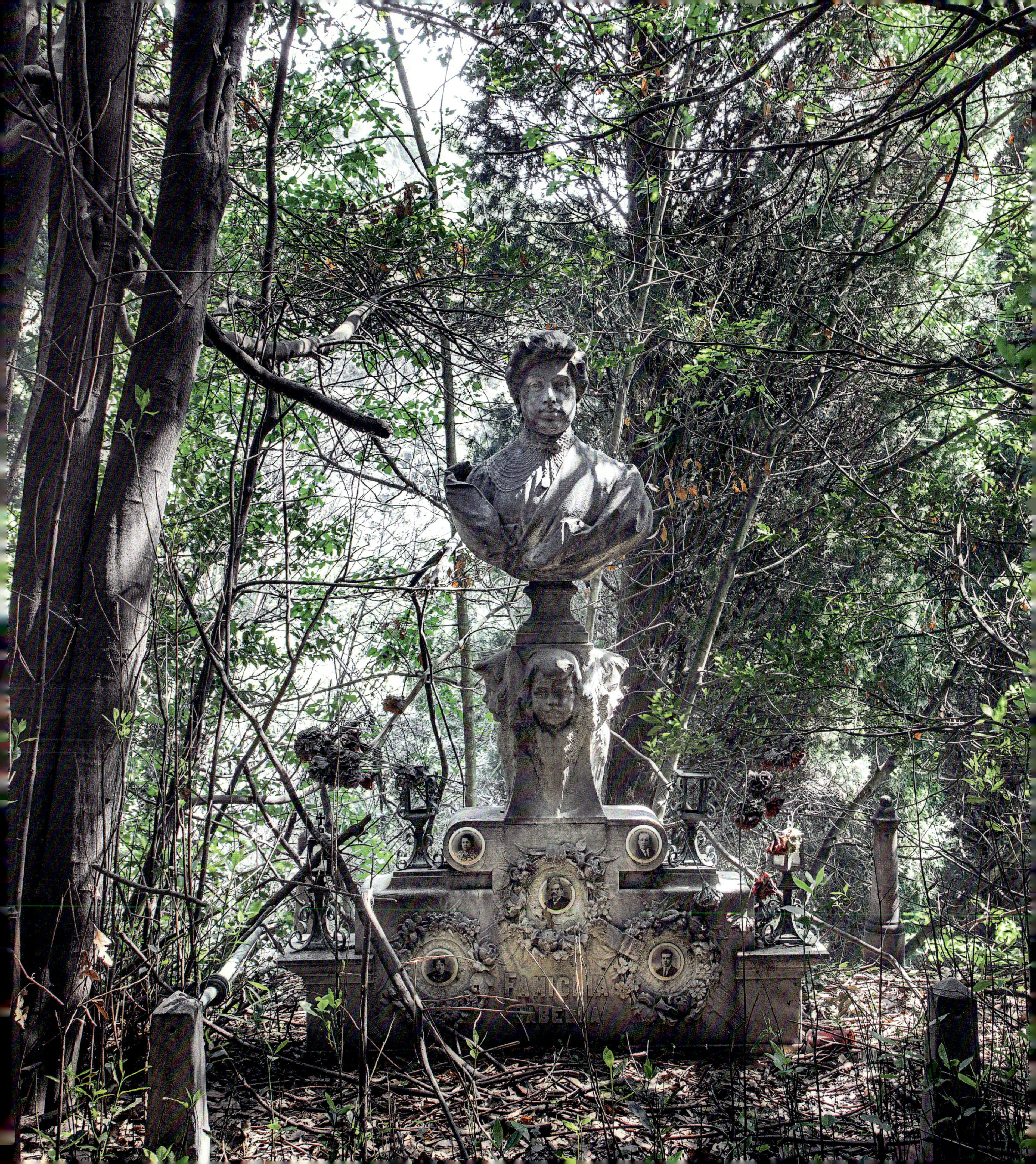

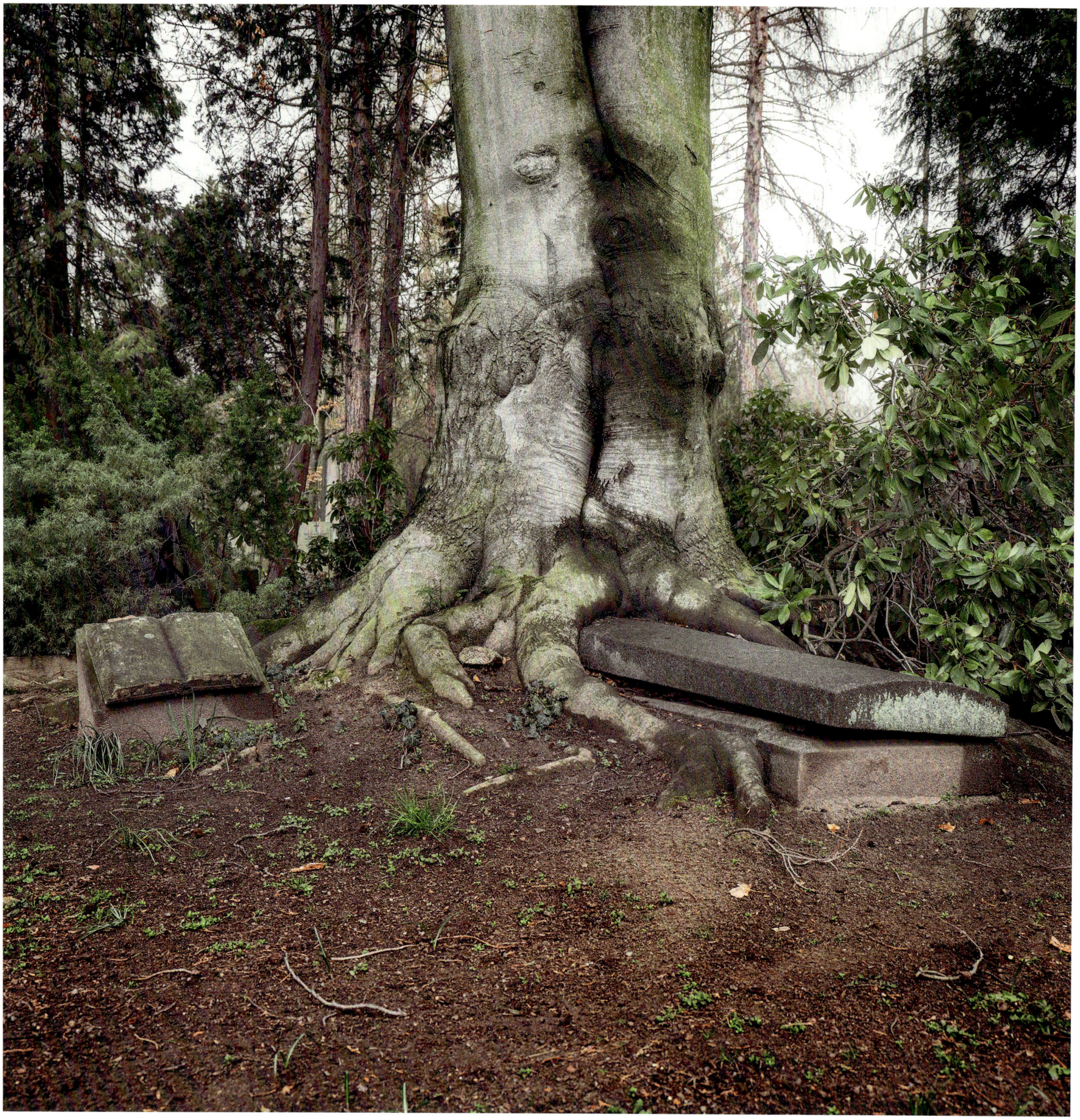

JOHANNISFRIEDHOF, DRESDEN – Details wie dieser um das alte Grab gewachsene Baum kann man bei den vielen beeindruckenden Prunkgräbern schnell übersehen.

Der Glaube und die Konfession spielen dabei eine untergeordnete Rolle. Ich selbst fühle mich eher dem Atheismus zugehörig. Doch ich kann den Wunsch nach Spiritualität oder an eine höhere Macht zu glauben, sehr gut nachvollziehen. In manchen Situationen wünschte ich mir regelrecht von Herzen, einfach glauben zu können.

Was wir empfinden, wenn wir einen Friedhof betreten, hängt oft von der persönlichen Perspektive ab. Neben der Schönheit und der Ästhetik, die von den vielen kleinen und großen Geschichten erzählen, ist ein Friedhof für viele Menschen ein Ort der Trauer und des Abschieds. Bei meinen Besuchen konnte ich oft erleben, wie fließend die einzelnen Stadien der Trauerbewältigung ineinander übergehen können.

OASEN DER NATUR

Ich habe während der Arbeit an MEMENTO feststellen müssen, wie sehr wir in unserer wohlstandsgesättigten Gesellschaft den Tod doch aus unseren Leben verbannen. Dabei haben wir gerade in Zeiten der Pandemie feststellen müssen, wie schnell unsere Art zu leben auf den Kopf gestellt werden kann und uns vor große Herausforderungen stellt. Auch persönlich habe ich mich erst durch einen schweren Krankheitsfall in der Familie mit der eigenen Vergänglichkeit befasst und sah mich mit Fragen konfrontiert, die ich im Angesicht der Endlichkeit abschließend nicht beantworten konnte.

Auch wenn der Tod und die Vergänglichkeit im Zentrum eines jeden Friedhofes stehen, kehrt mit der nötigen Ruhe und Offenheit das Leben zurück. Selbst inmitten von Metropolen verwandeln sich Friedhöfe in regelrechte Oasen der Natur. Bei meinen Streifzügen zeigten sich immer wieder meine kleinen Begleiter wie Eichhörnchen, Vögel und sogar Rehe. Wo sonst kann man vis-à-vis ein Reh inmitten einer Großstadt wie Leipzig oder Wien erleben? Geschehen diese kleinen Wunder der Natur, war ich mir gewiss, im richtigen Tempo zu arbeiten. Gleiches gilt für die Pflanzenwelt. Efeuranken, Farne und Moose nehmen Gräber und Wege fest in ihre grüne Umarmung und verwandeln die Szenerie in kleine Kunstwerke. Gesellt sich dazu ein Spinnennetz, das im Gegenlicht seine Regentropfen funkeln lässt, ist die Symbiose perfekt.

AUSSERGEWÖHNLICHE ORTE

Bei meinen Reisen durch Europa war ich immer wieder überrascht, wie viel ich über die Friedhofskultur, deren Architektur und Aufbau mit seinen visuellen Eigenarten lernen konnte. Auch wenn sich viele Länder in Europa auf den ersten Blick ähneln, so unterschiedlich gehen die Nationen mit dem Tod und ihren Ruhestätten um. Selbst innerhalb eines Landes konnte ich viele verschiedene Facetten wahrnehmen und sie in diesem Buch zur Entfaltung bringen. Doch aufgrund der Fülle an außergewöhnlichen Orten mit all ihren unterschiedlichen Facetten ging es gar nicht anders, als eine Auswahl zu treffen, um sie hier in diesem Buch zu bündeln. Von den pompösen Statuen der monumentalen Friedhöfe Italiens über die klare Ordnungsstruktur unserer deutschen Friedhöfe bis hin zu den unberührten und verwunschenen jüdischen Begräbnisstätten.

Meine fotografische Herangehensweise ist meist sehr strukturiert. Ich arbeite vor allem mit der Architektur, den Symmetrien und habe eine klare Ausrichtung mit dem Fokus auf große Räume und ihre Perspektiven. Für MEMENTO ergab sich die wunderbare Möglichkeit, visuelles Neuland zu betreten und aus meinen gewohnten Mustern auszubrechen. Denn hier waren auf einmal ganz andere Aspekte bedeutend. Ich habe mein Augenmerk auf die kleineren Motive mit all ihren Details, Ausschnitten und ihrer Tiefenwirkung gerichtet. Die Orte sind weniger klar zu überblicken und laden geradezu geheimnisvoll dazu ein, entdeckt zu werden. Überall können Überraschungen lauern, denn so manches besondere Motiv ist auf den ersten Blick nicht offensichtlich. Wo sonst die Kamera überwiegend auf dem Stativ ruhte und ich mit langen Belichtungszeiten arbeitete, sind die

OSTFRIEDHOF, METZ – Herbstliche Weinranken verleihen der Statue einen intensiven Hintergrund.
NEUER ANNENFRIEDHOF, DRESDEN – Camposanto am Haupteingang. ▽▽

Aufnahmen in MEMENTO vor allem freihändig entstanden. Mit der neu gewonnenen Flexibilität konnte ich meinen Blick neu schulen, sodass ich mich viel mehr auf die Details konzentrieren konnte. Ich bin sehr dankbar für diese neue gelungene Erfahrung, die ich unbedingt beibehalten möchte.

UNBESCHREIBLICHE SCHÖNHEIT

Meine anfängliche Skepsis, die Orte könnten sich aufgrund der Thematik zu sehr ähneln, war schnell verflogen. Allein durch den Wandel der Jahreszeiten vom Winter bis hin zum Spätherbst, haben die Friedhöfe eine visuelle Bandbreite entfaltet, die mich staunen ließ. Denn wird ein Friedhof in der richtigen Jahreszeit abgelichtet, offenbart er mir besonders spannende Details und intensive Farben.

Weitere Schwerpunkte konnte ich setzen, was die unterschiedlichen Stilarten der jeweiligen Friedhofskultur betrifft. So mancher Friedhof bestach durch seine eingesponnenen Gräber inmitten von viel Natur mit seinen saftigen Farben, andere wiederum haben mich durch die unbeschreibliche Schönheit ihrer detailverliebten Statuen, den eindrücklichen Wegen und Mausoleen regelrecht in Verzückung versetzt. Ich war positiv überrascht, wie mannigfaltig die Motivwahl auf Friedhöfen doch sein kann, wenn man ihnen mit der nötigen Ruhe begegnet.

Auch wenn die monochrome Abbildung bei Friedhofsmotiven immer noch ein beliebtes Stilmittel ist, war ich mir schnell darüber im Klaren, einen anderen Weg bestreiten zu wollen. Zweifelsohne wäre es einfacher gewesen, die Wirkung einzelner Motive herauszuarbeiten, etwa durch die Reduktion unruhiger Motive oder die Akzentuierung bei Statuen, aber das wäre den Orten nicht gerecht geworden. Ich hätte das Gefühl gehabt, den Friedhöfen etwas zu entreißen, und sie nicht so facettenreich dazustellen, wie sie es verdient hätten. Die Farbgebung, auch wenn sie sanfter ist als in anderen meiner Bücher, gehört nicht nur zur Essenz eines Friedhofes, sondern ist eine ihrer großen Stärken.

Der einzige Wermutstropfen bleibt die Tatsache, dass ich noch viel mehr hätte zeigen und erzählen können, von anderen Ländern und Orten, für das selbst ein großer Bildband wie dieser keinen Raum mehr geboten hätte. Ich hoffe, dass wir diese Reise irgendwann fortsetzen können.

Sven Fennema

» Das Bewusstsein der Vergänglichkeit macht uns klar, dass wir jeden kostbaren Moment nutzen müssen. «

Dalai Lama

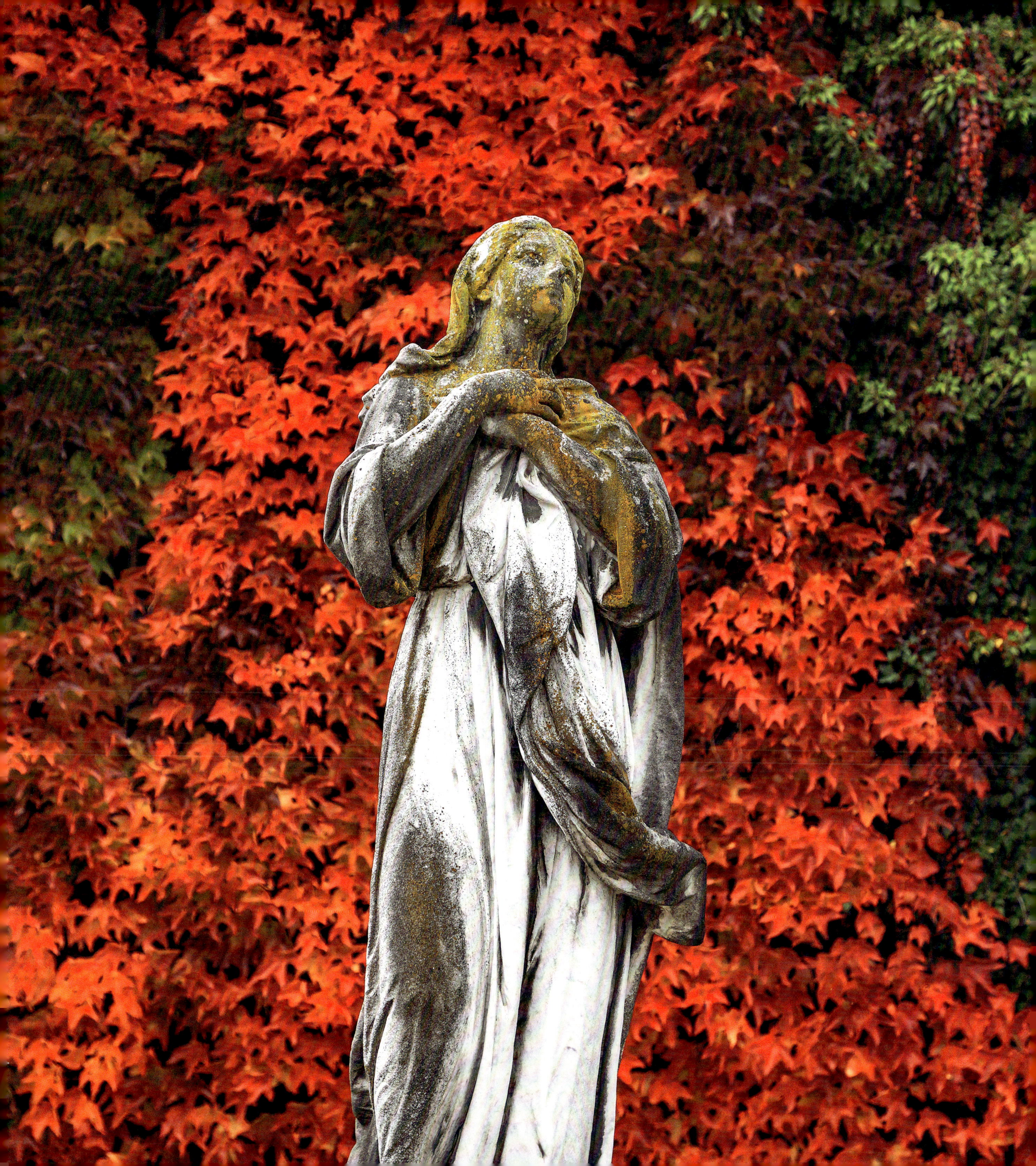

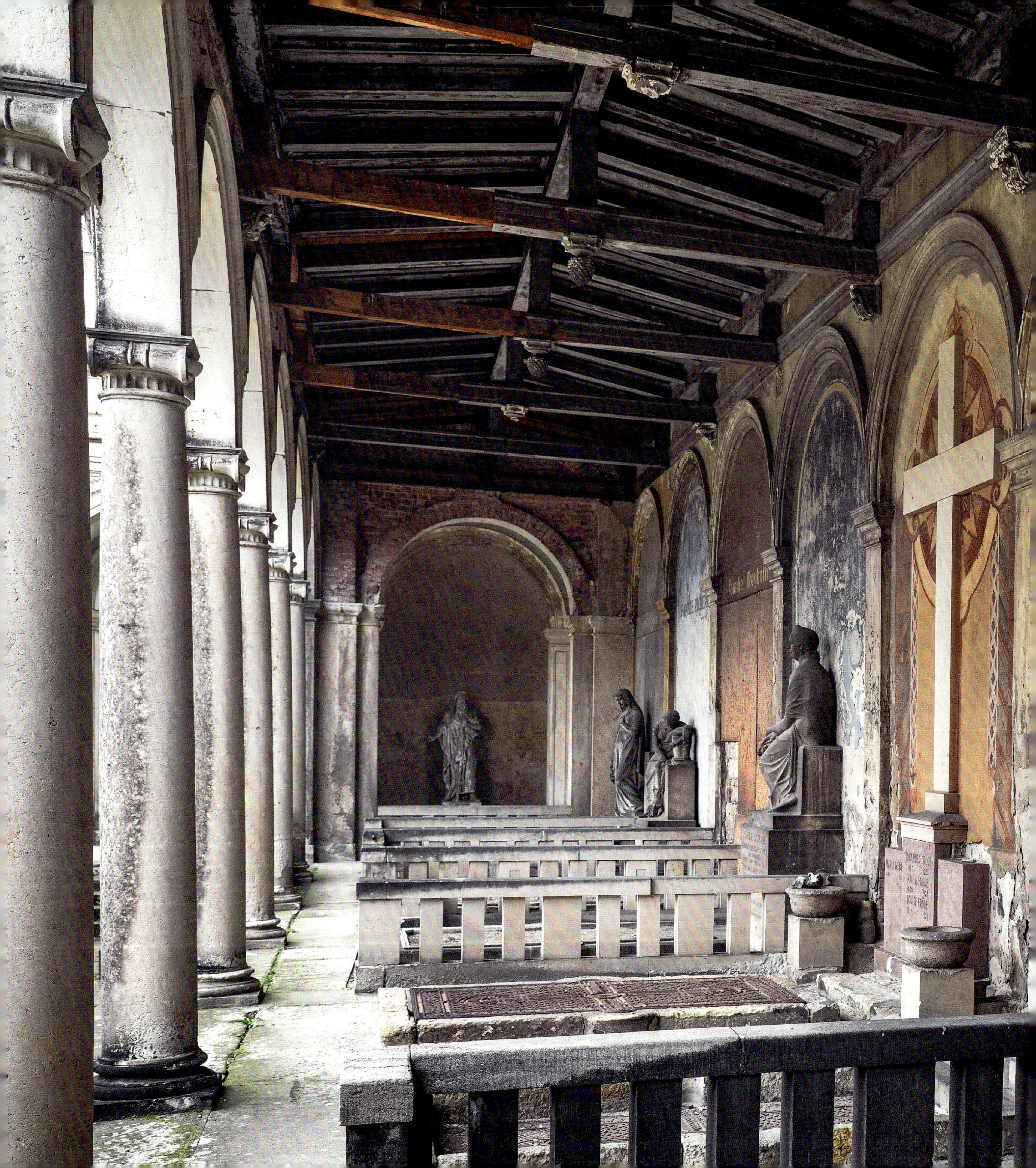

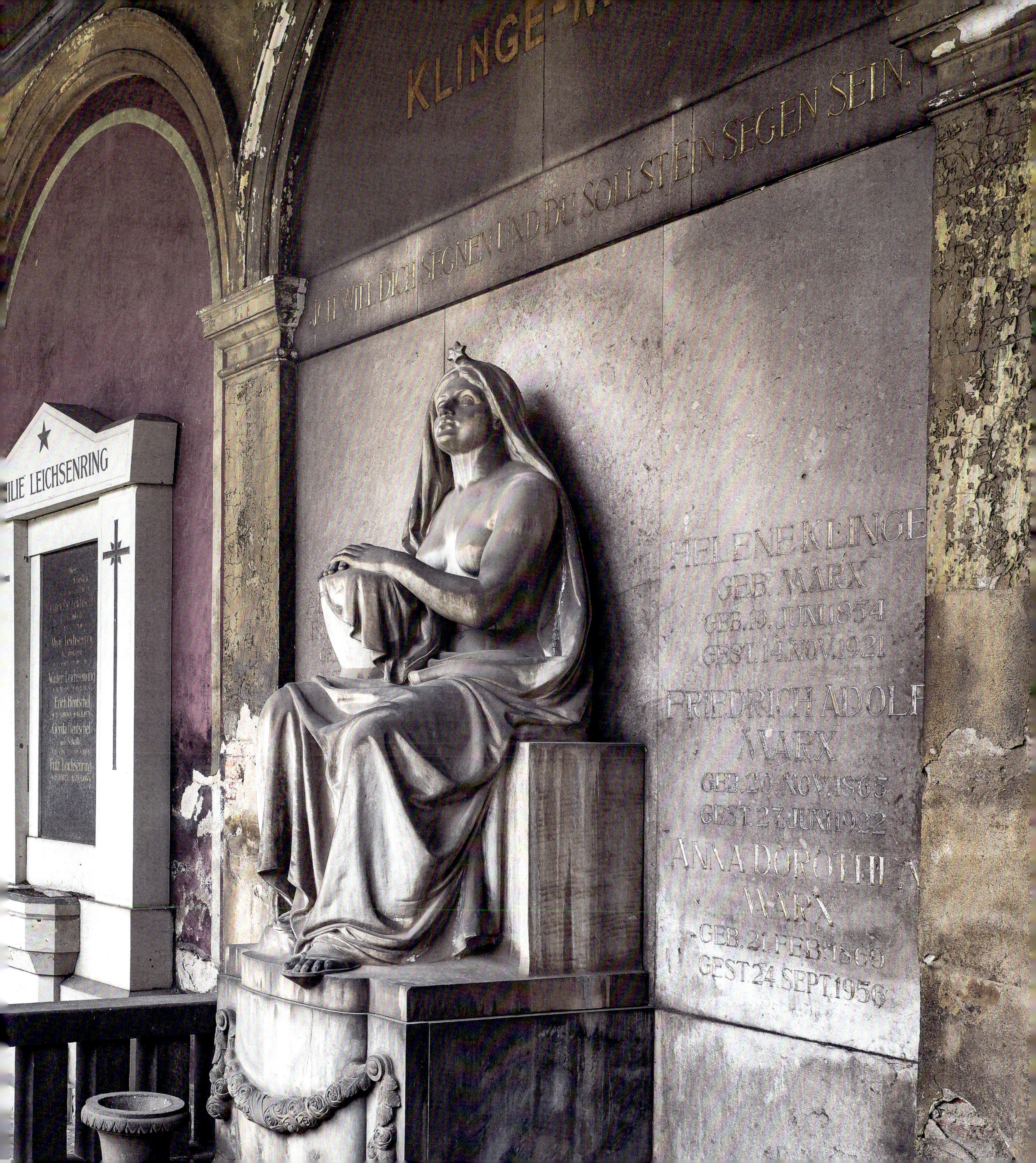
ICH WILL DICH SEGNEN UND DU SOLLST EIN SEGEN SEIN.
HELENE KLINGE
GEB. MARX
GEB. 19. JUNI 1854
GEST. 14. NOV. 1921
FRIEDRICH ADOLF
MARX
GEB. 20. NOV. 1865
GEST. 27. JUNI 1922
ANNA DOROTHEA
MARX
GEB. 21. FEB. 1869
GEST. 24. SEPT. 1956
LEICHSENRING

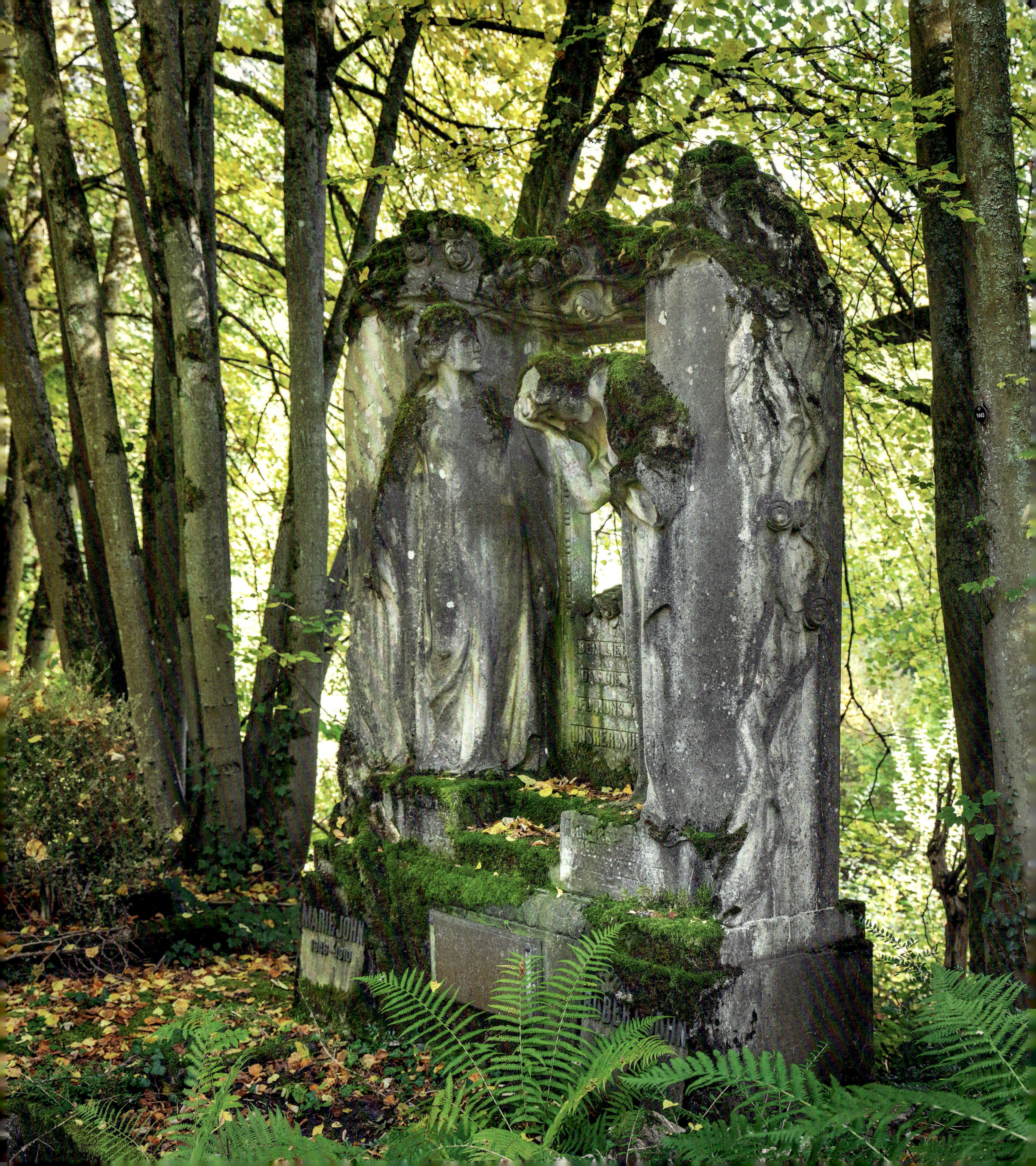
MARIE JOHN

DEUTSCHLAND

Die deutsche Friedhofskultur zeichnet sich durch ihre Fertigkeiten in den Bereichen Bestattung, Landschaftsplanung, Gärtnern und Steinmetzhandwerk aus. Aufgrund seiner vielfältigen Bedeutung für unsere Gesellschaft mit seinen lebendigen Ausdrucksformen, die von Generation zu Generation weitergetragen werden, gehört der Kulturraum Friedhof seit 2020 zum immateriellen Kulturerbe der UNESCO.

DER OSTFRIEDHOF bietet zwar nicht so erhabene Gräber wie sein großer Bruder im Westen, doch der historische Charme verleiht ihm die schönste Stimmung.

ALTEHRWÜRDIGES DREIGESPANN

AACHEN · OSTFRIEDHOF – WESTFRIEDHOF – HEISSBERG

Am Dreiländerpunkt zwischen Deutschland, den Niederlanden und Belgien beheimatet Aachen im Herzen Europas mit seinen Friedhöfen aus dem 19. Jahrhundert ein eindrucksvolles Stück Stadtgeschichte. Angefangen von dem Ostfriedhof, dem ältesten Friedhof der Stadt, über den imposanten Westfriedhof und den Heißbergfriedhof, der als einer der ältesten Friedhöfe für beide Konfessionen zugänglich war.

Unweit des Europaplatzes befindet sich Aachens ältester Friedhof, der Ostfriedhof. Gegründet 1803 unter der Verwaltung der Ordensgemeinschaft der Alexianerbrüder wurde im Zuge der französischen Besatzung unter Napoleon das moderne Bestattungswesen etabliert, das aus hygienischen Gründen eine Beisetzung nur außerhalb der Stadtgrenzen zuließ. Im Eingangsbereich befindet sich die Friedhofskapelle, eine Replik der Kapelle des Quirinus von Neuss, eines christlichen Märtyrers, die sich einst vor den Toren der Stadt nahe eines Siechenhauses befand. Heutzutage dient der vordere Teil als Mausoleum. Auf einer Fläche von 127000 Quadratmetern versammeln sich auf dem ehemals katholischen Friedhof inmitten des alten Baumbestandes prächtige Gräber und Grüfte. Bildhauer des Historismus* wie Carl Esser und Wilhelm Pohl haben mit ihren Skulpturen einen eindrucksvollen Beitrag hinterlassen. Als einer der ältesten Vertreter moderner Friedhöfe stehen weite Teile seit 1988 unter Denkmalschutz.

Sein Pendant, der protestantische Westfriedhof, wurde aufgrund der Bevölkerungszunahme nahe der niederländischen Grenze 1889 gegründet. Die Friedhofskapelle im Stil der Neorenaissance wie auch bedeutende Gräber stehen unter Denkmalschutz. Nur ein Jahr später kam der katholische Bereich hinzu, sodass sich die Gesamtgröße auf 279000 Quadratmeter erstreckt. Bemerkenswert ist hier die Klosterkirche der Kapuziner und der zentral gelegene Campo Santo mit seiner neogotischen Grufthalle nach den Plänen des Stadtbaumeisters Joseph Laurent.

BILDHAUER PIEDBOEUF

Die Einsegnung des Heißbergfriedhofes südlich von Aachen fand 1862 statt, damals noch gelegen in der eigenständigen Stadt Burtscheid, die 1897 als Stadtteil eingemeindet wurde. Anlass der Ausweisung neuer Friedhofsflächen waren die Choleraepidemien von 1834 und 1855, auch das Wechsel- und Faulfieber verzeichnete zahlreiche Opfer. Der Heißbergfriedhof war der erste Kirchhof für beide Konfessionen: links die Protestanten, rechts die Katholiken. Bedeutende Bildhauer wie Lambert Piedboeuf, bekannt für seine religiösen Themen, haben ein eindrucksvolles Zeugnis ihrer Grabmalkunst hinterlassen, der den nur zwei Hektar großen denkmalgeschützten Friedhof zu einem Kleinod machten.

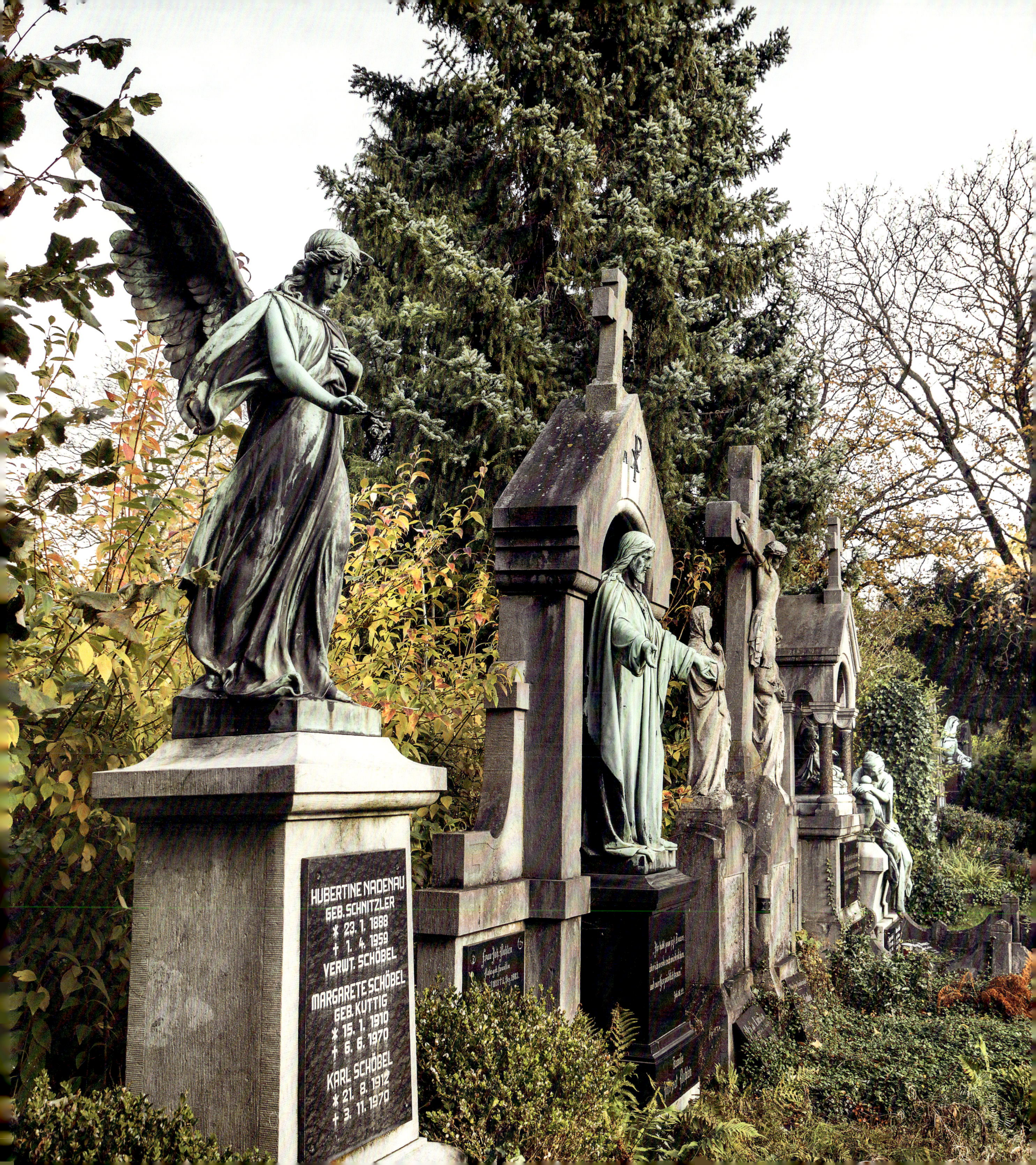
HUBERTINE NADENAU
GEB. SCHNITZLER
* 23. 1. 1888
† 1. 4. 1959
VERWT. SCHÖBEL
MARGARETE SCHÖBEL
GEB. KUTTIG
* 15. 1. 1910
† 6. 6. 1970
KARL SCHÖBEL
* 21. 8. 1912
† 3. 11. 1970

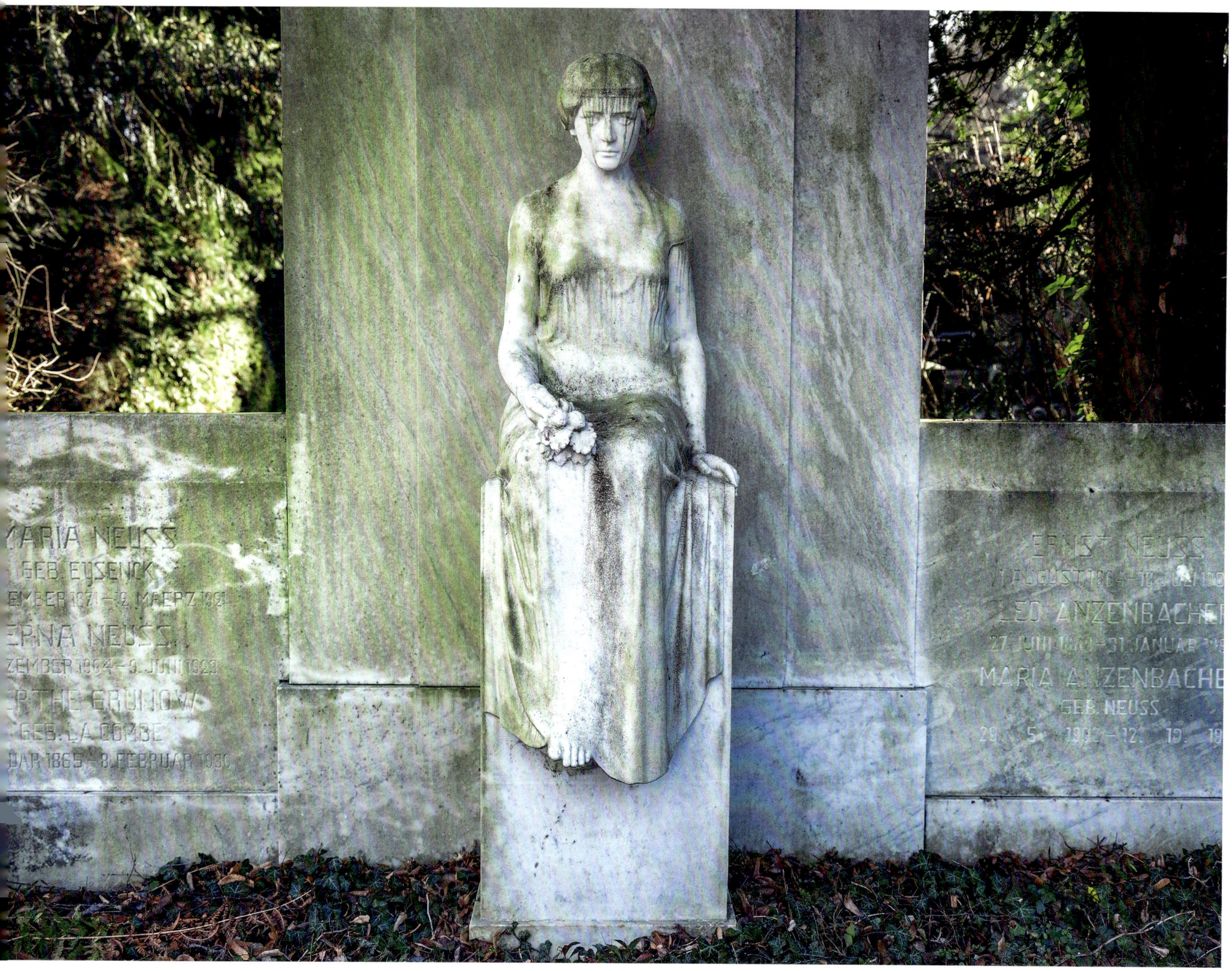

DER HEISSBERGFRIEDHOF ist der mit Abstand kleinste Aachener Friedhof, hat aber trotzdem einige ganz besondere Motive zu bieten. △
DER SÜDLICHE TEIL DES WESTFRIEDHOFS begeistert seine Besucher mit wunderschönen und aufwendig gestalteten Figuren. ▷

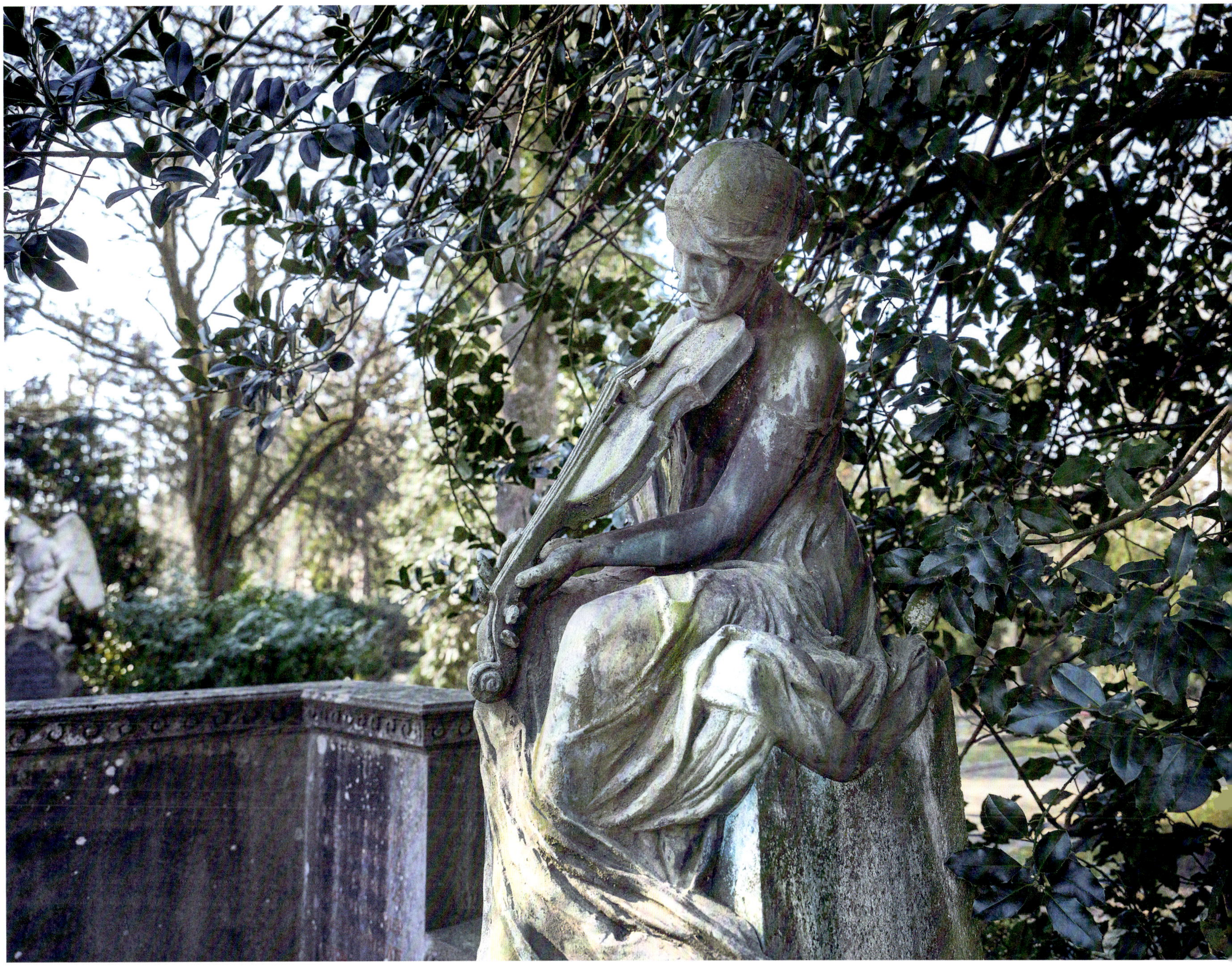

» Die Stille zwischen den Noten ist genauso wichtig wie die Noten selbst. «

Wolfgang Amadeus Mozart.

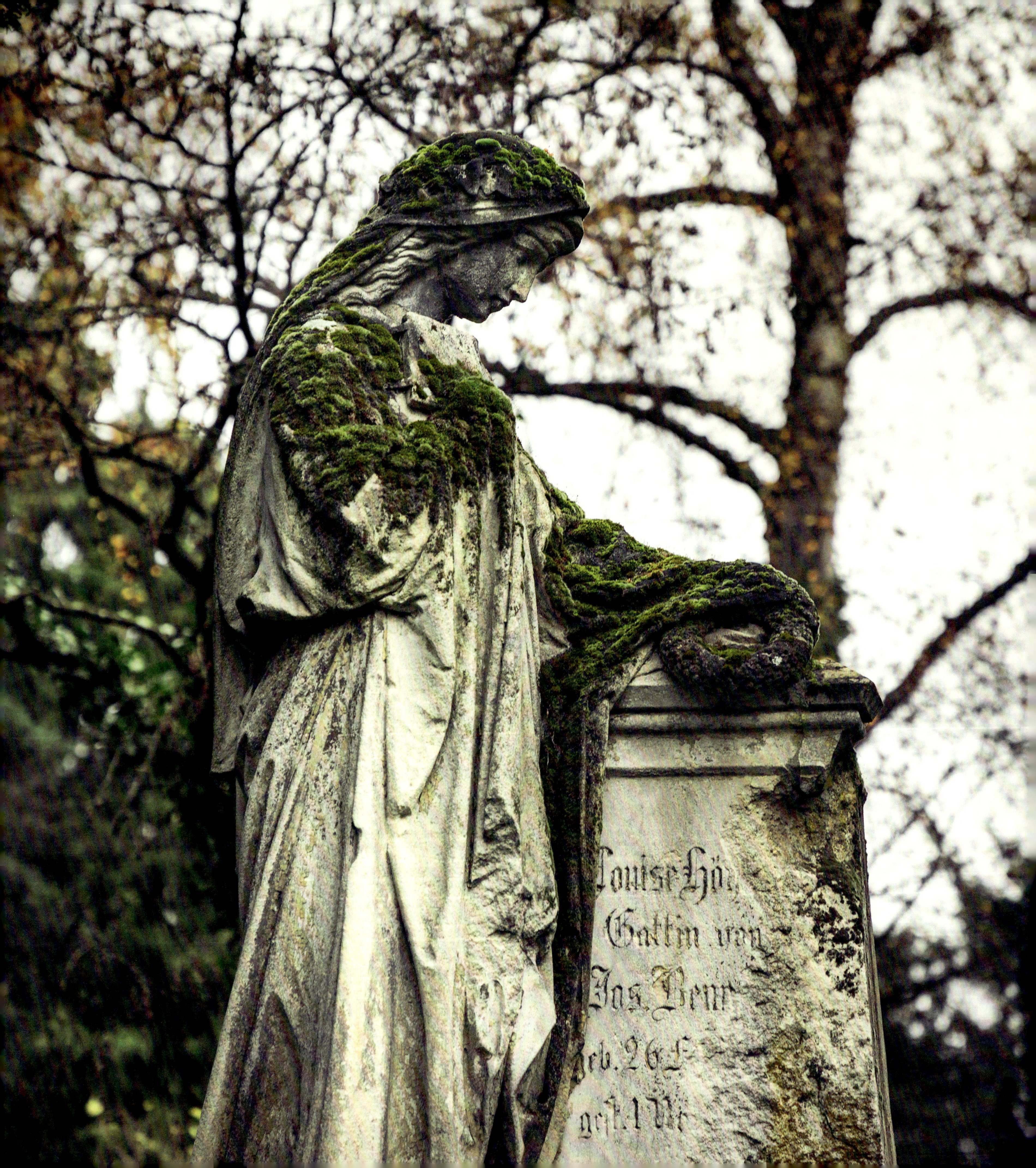
Louise
Gattin von

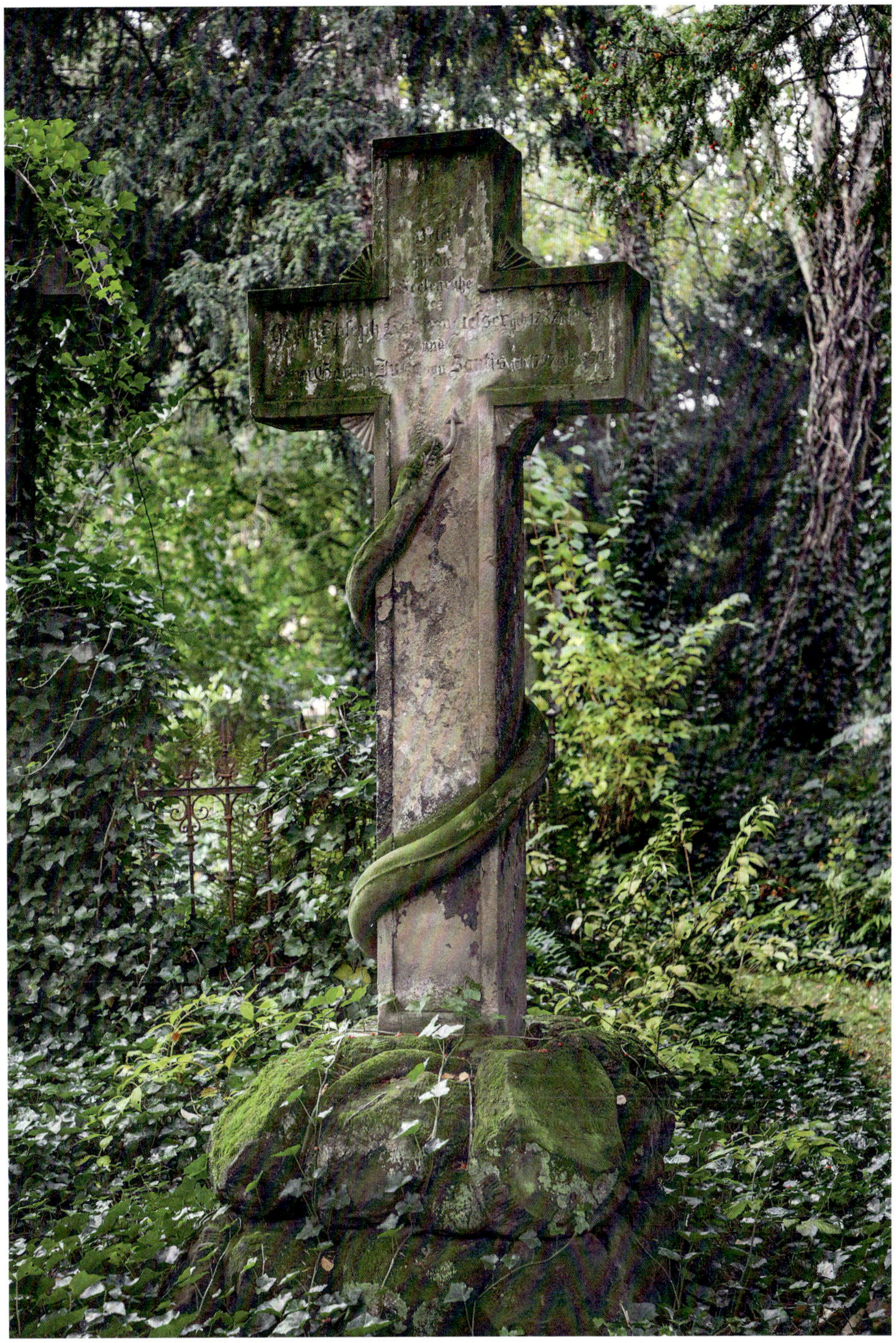

DER OSTFRIEDHOF ist geprägt von lebendig anmutenden Figuren und Grabmalen. Die Patina scheint sie nicht zu ruinieren, sondern erweckt geradezu ihre Schönheit neu. Hier gibt es von der Schlange, über Engel bis zu Totenschädeln viele Details zu entdecken, die wie aus der Zeit gefallen wirken.

ENTLANG DER MAUER des Kirchhofs Luisenstadt reihen sich solche Gräber der Neorenaissance. Es scheint, als wäre der ganze Bereich im Dornröschenschlaf.

WEINBERG FÜR DIE EWIGKEIT

BERLIN · KREUZBERGER FRIEDHÖFE – JÜDISCHER FRIEDHOF WEISSENSEE

Die Friedhöfe in Berlin-Kreuzberg gehören zu den ältesten und größten der Stadt. Vor allem der Dreifaltigkeitskirchhof II und der Luisenstädtische Friedhof faszinieren mit ihrer Grabmalkunst in Hanglage auf einem ehemaligen Weinberg. Gleiches gilt für den jüdischen Friedhof Berlin-Weißensee im Bezirk Pankow, dem größten erhaltenen jüdischen Friedhof Europas, der renommierte Architekten wie Walter Gropius gewinnen konnte.

Im Süden liegt am Halleschen Tor mit dem Dreifaltigkeitskirchhof I einer der historisch wertvollsten Friedhöfe Berlins. Als zu Beginn des 18. Jahrhunderts die Friedrichstadt-Gemeinde immer größer wurde, veranlasste König Friedrich Wilhelm I. 1737 den Bau einer neuen Kirche, der Dreifaltigkeitskirche. Nach ihrer Eröffnung 1739 erhielt die Gemeinde auf dem Gelände des Begräbnisplatzes der Friedrichstädter Gemeinden 1742 einen eigenen kleinen Kirchhof. Der nur etwa 8 Hektar schmale Streifen galt zuerst als Armenfriedhof, doch mit seinen Erweiterungen avancierte er zu einem stadtgeschichtlich bedeutsamen Friedhof. Zahlreiche Persönlichkeiten wurden hier begraben, wie etwa der Komponist Felix Mendelssohn Bartholdy und der Schriftsteller Karl August Varnhagen von Ense.

1825 wurde einige Kilometer weiter südlich an den Tempelhofer Bergen auf dem Gelände eines unrentablen Weinbergs der Dreifaltigkeitsfriedhof II eingeweiht. Konzipiert als Alleequartiersfriedhof mit einem kreuzförmigen Wegesystem, ist hier von schlicht gehaltenen Wandgräbern bis hin zu repräsentativen Grabanlagen wie das nach einem Entwurf Karl Friedrich Schinkels konzipierte Grabdenkmal für die Fürstin von der Osten-Sacken alles vertreten.

Ebenso auf dem ehemaligen Weinberg gelegen, ist der Luisenstädtische Friedhof, der 1831 eröffnet wurde und mit einer Größe von 90 Hektar der größte Gemeindefriedhof Berlins ist. Auf der Mittelallee steht die Skulptur eines von Otto Geyer geschaffenen Auferstehungsengels, gestiftet 1904 von Hugo Raussendorff. Am oberen Ende der Allee liegt die größte Grabanlage, die Grabstätte der Familien Löblich und Liebig.

ARCHITEKT GROPIUS

Der jüdische Friedhof Berlin-Weißensee im Nordosten Berlins ist mit seinen zirka 40 Hektar der flächenmäßig größte erhaltene jüdische Friedhof Europas. Der 1880 eingeweihte Friedhof nach den Plänen des Architekten Hugo Licht ist in 120 gitterförmigen Grabfeldern angeordnet und beherbergt fast 116 000 Grabstellen. Die Kreuzungen der durch Baumalleen eingefassten Hauptwege bildeten einen Kreis, ein Quadrat oder ein Oktogon. Unter den Grabmalen befinden sich zahlreiche Monumente, wie etwa das des renommierten Architekten Walter Gropius für das Grab Albert Mendels. Seit 1977 stehen die Gebäude und die Anlage unter Bau- und Gartendenkmalschutz.

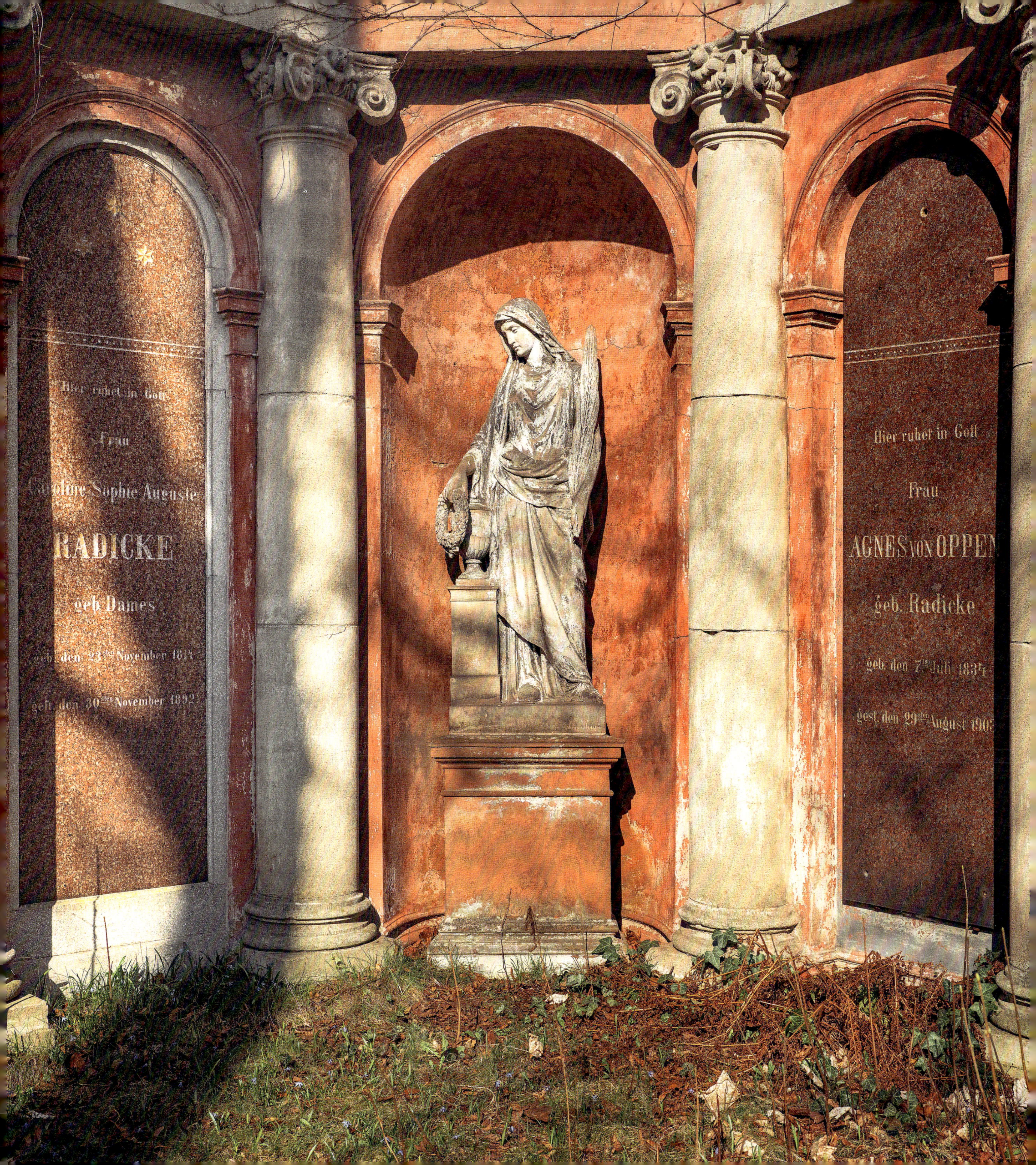
Hier ruhet in Gott
Frau
Caroline Sophie Auguste
RADICKE
geb Dames
geb. den 23sten November 1814
gest. den 30sten November 1892
Hier ruhet in Gott
Frau
AGNES VON OPPEN
geb. Radicke
geb. den 7ten Juli 1834
gest. den 29sten August 1903

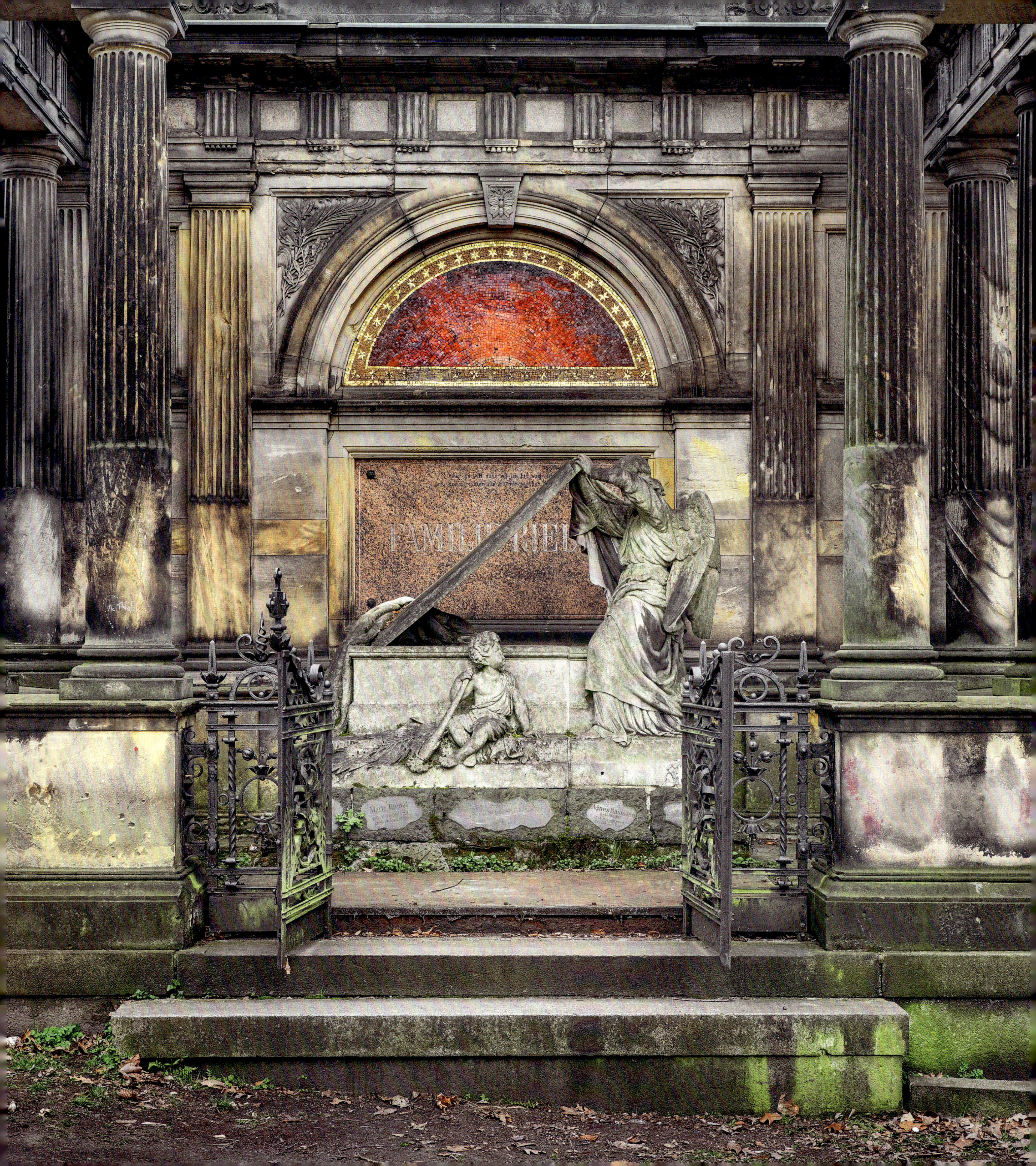

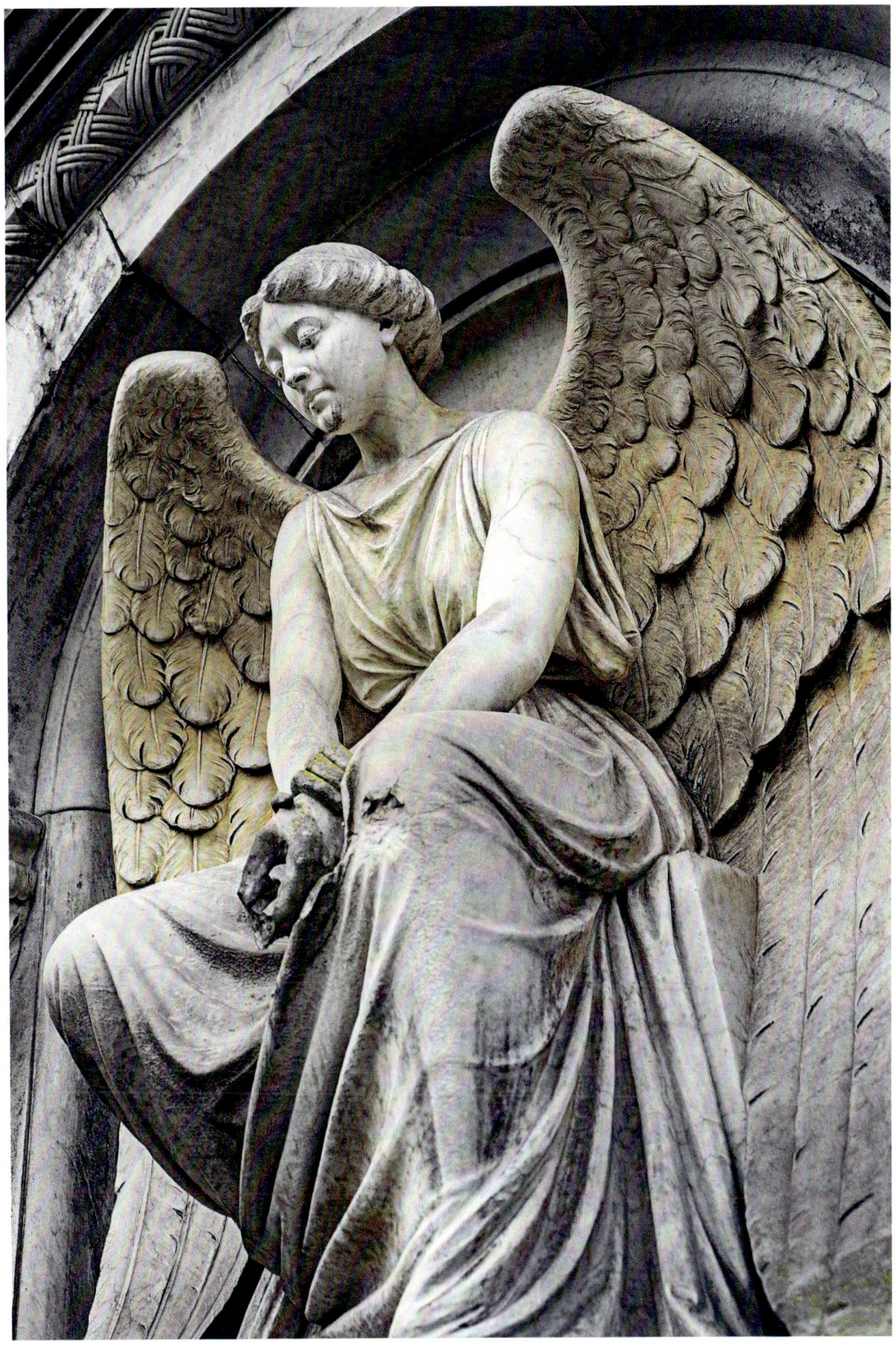

DIE GRABMALE entlang der südlichen Friedhofsmauer an der Bergmannstraße können schnell übersehen werden. △.
DREIFALTIGKEIT I liegt nur wenige Kilometer entfernt. Hier das mit Abstand glanzvollste Bildnis mit seinen intensiven Farben im Mosaik. ◁

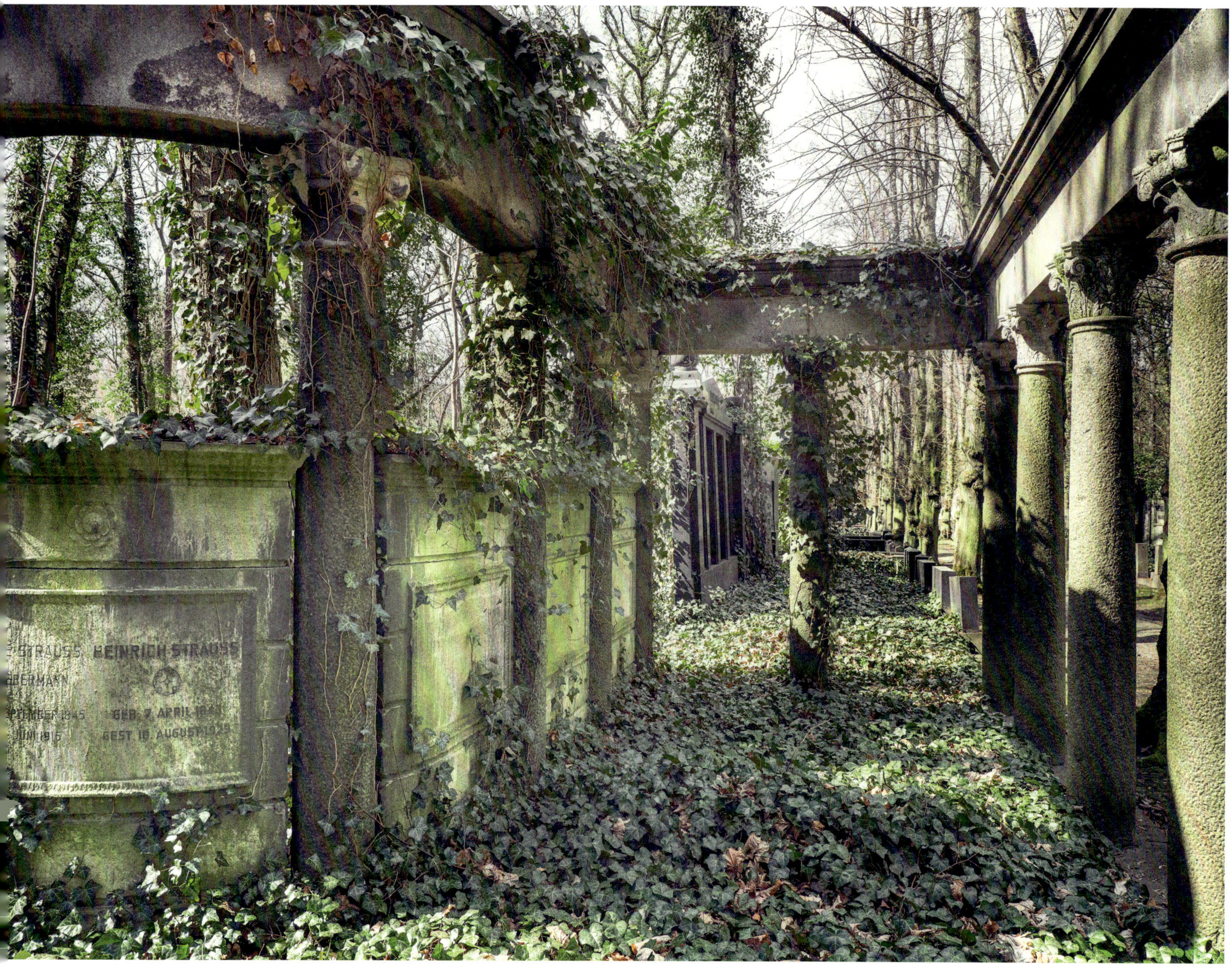

DER JÜDISCHE FRIEDHOF IN WEISSENSEE ist visuell kaum für ein Buch einzufangen, allein schon wegen seiner Größe und Vielfalt. Bereits der Haupteingang eröffnet eine überwachsene Welt mitten in Berlin, die zum ausgiebigen Erkunden einlädt.

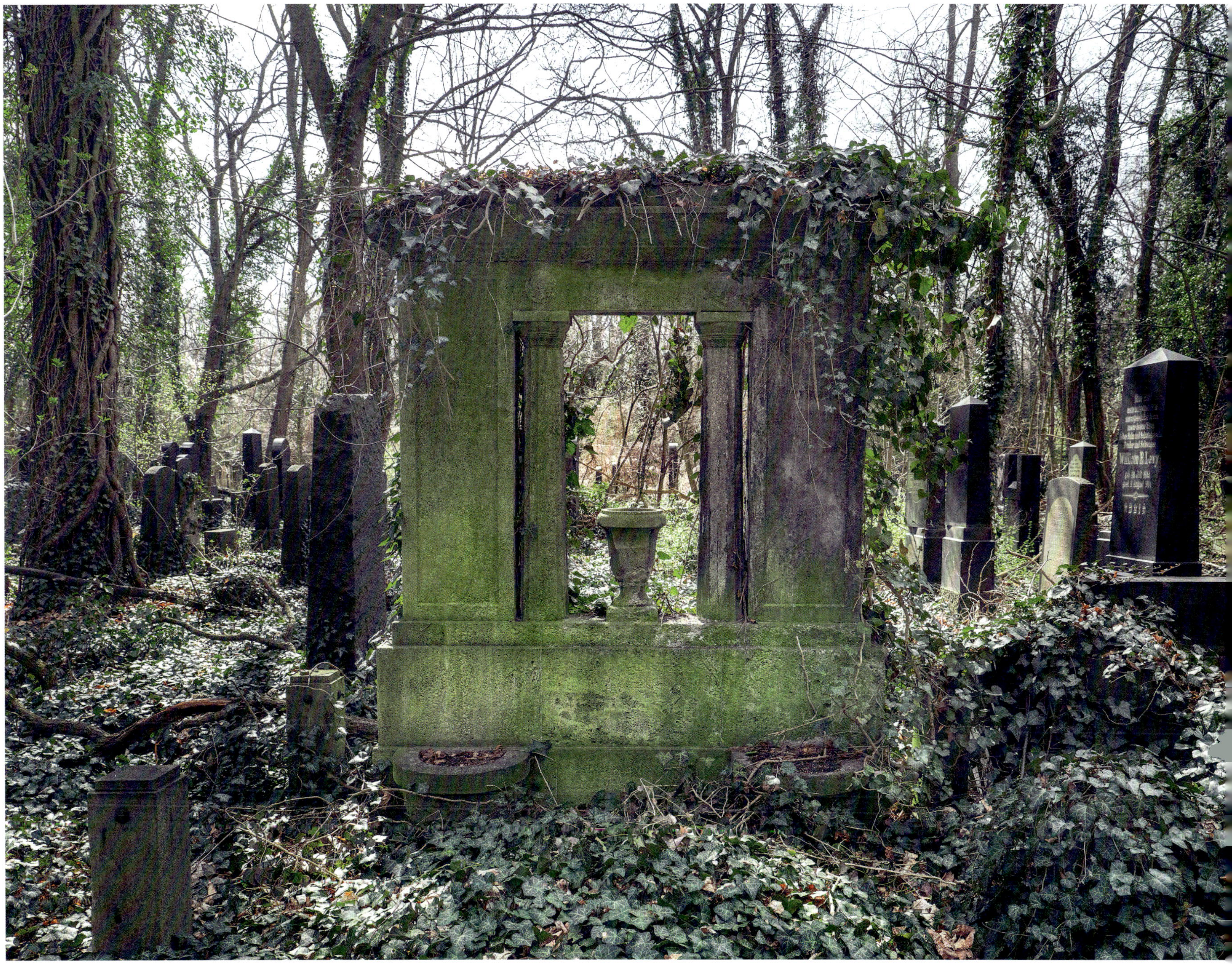

UM DIESE IN SICH VERWACHSENE und von der Natur gestaltete Welt zu erreichen, ist ein weiter Fußmarsch nötig. Jeder verwinkelte Abschnitt hat seine eigenen Höhepunkte, Stile und Monumente, selbst wenn es nur die spannenden Inschriften oder chaotisch anmutenden Grabsteine sind.

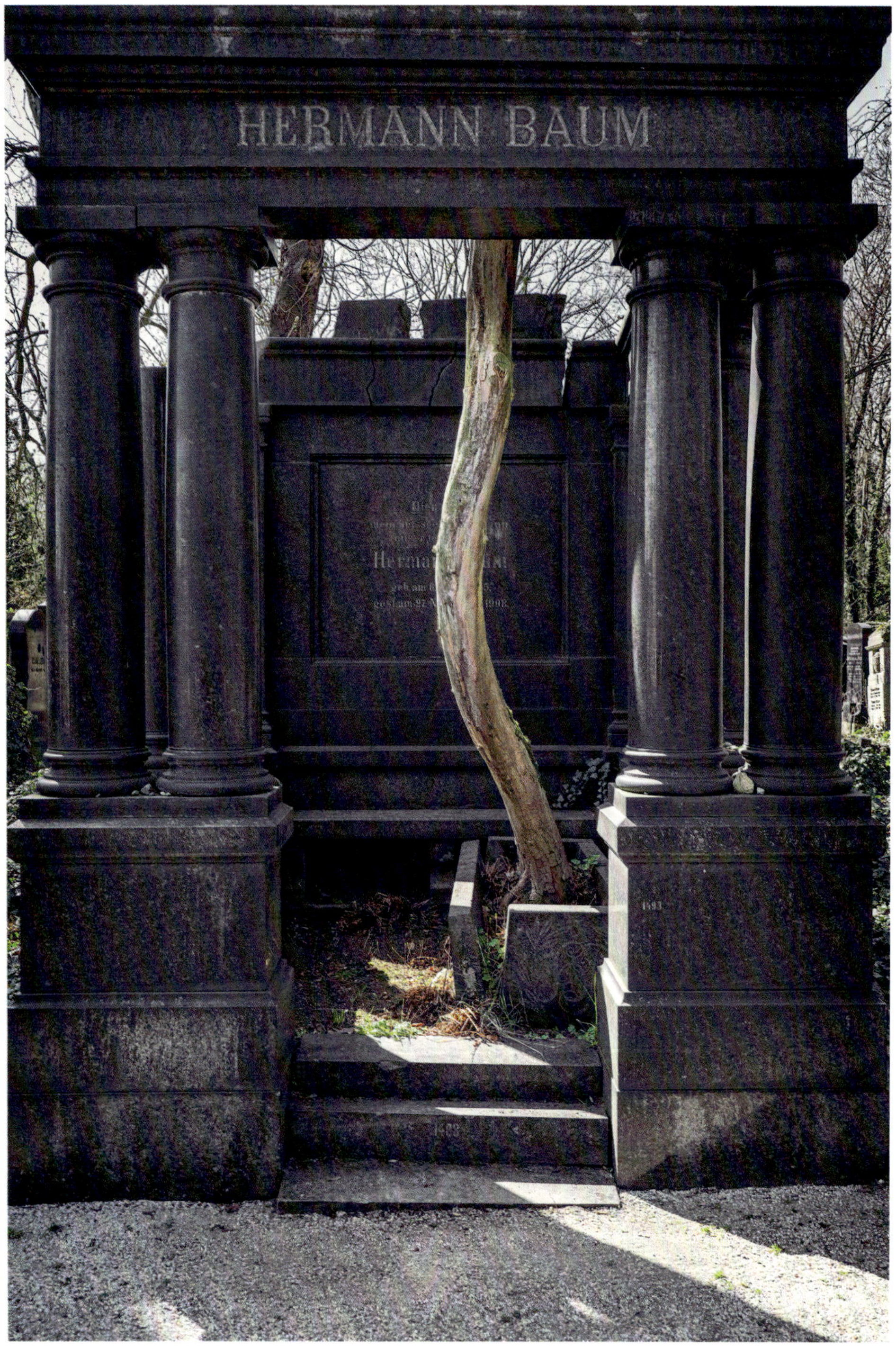

ERST BEIM FOTOGRAFIEREN ist der Bezug zum Namen aufgefallen, eines der besonderen Details des jüdischen Friedhofs von Weißensee. △
ERWACHSENE MÄNNLICHE ENGEL sind eine Seltenheit. Diesen entdeckte ich auf dem Friedhof Dreifaltigkeit II auf dem Bergmannkiez. ▷

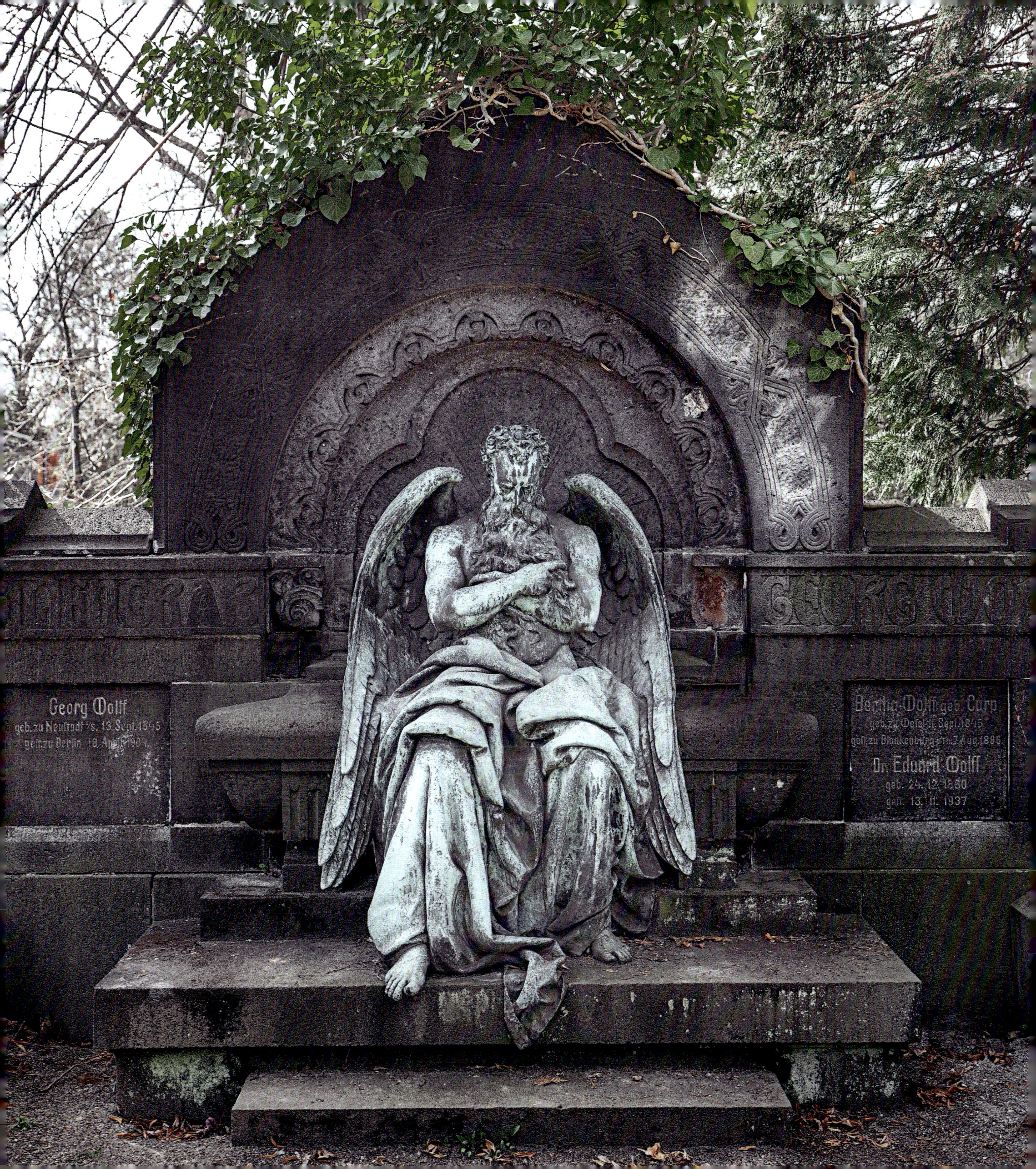
Georg Wolff
Dr. Eduard Wolff
geb. 24. 12. 1880
gest. 13. 11. 1937

DIE DETAILS DIESER GRABPLATTE entdeckte ich auf dem Johannisfriedhof. Mein Fokus galt erst einem Engel als mein Blick zufällig nach unten fiel.

STROM DER VERGÄNGLICHKEIT

DRESDEN · JOHANNISFRIEDHOF – ST. PAULI FRIEDHOF – NEUER UND ALTER ANNENFRIEDHOF

Die Landeshauptstadt Dresden des Freistaates Sachsen blickt auf eine facettenreiche Friedhofskultur, die im 19. Jahrhundert zu florieren begann. Ob der Johannisfriedhof mit seiner imposanten Kapelle, der terrassenförmig angelegte St.-Pauli-Friedhof mit seinen verwunschenen Ecken, oder der Neue Annenfriedhof mit seiner beeindruckenden Camposanto-Architektur, diese Friedhöfe laden zum Verweilen und Entdecken ein.

Direkt am Ufer der Elbe befindet sich der 25 Hektar große Johannisfriedhof, die zweitgrößte Begräbnisstätte Dresdens. Nachdem der alte Johanniskirchhof im Jahr 1858 aufgelöst wurde, erstand die evangelische Kirche für die Gemeindemitglieder der Kreuzkirche und der Frauenkirche 15 Jahre später neues Bauland in dem damals eigenständigen Fischerdorf Tolkewitz - zum großen Unmut der dortigen Bewohner, die gegen den Bau protestierten. Erst der Anschluss des Friedhofes an die Dampfschiffahrt und den öffentlichen Linienverkehr der Pferdebahn konnte den Konflikt lösen. Im Mai 1881 fand die Einweihung des Johannisfriedhofs statt. Architektonisch erinnert der Friedhof mit seinen prunkvollen Grabdenkmalen aus der Zeit des Historismus und des Jugendstils, die an den imposanten Hauptwegen liegen, an andere Großstadtfriedhöfe jener Zeit, insbesondere an den 1874 eröffneten Wiener Zentralfriedhof. Der Architekt Paul Wallot, vor allem bekannt für seinen Entwurf des Berliner Reichstagsgebäudes, schuf im Stil der Neorenaissance eine Kapelle mit imposanter Kuppel, die 1894 errichtet wurde. In den darauffolgenden Jahren wurden die Alleen mit Pappeln bepflanzt. Im Jahr 1909 erhielt der Friedhof eine Mauer aus Sandstein. Bedeutende Bildhauer haben mit ihren Werken einen kunsthistorischen Beitrag hinterlassen. So schuf Robert Diez eine Engelsfigur für die Grabstätte der Familie Ahrenfeld, die Christusfigur in Carrara-Marmor der Grabstätte Richter wurde von Franz Schwarz konzipiert und das Wandgrabmal mit unterirdischer Gruftanlage der österreichischen Schauspielerfamilie Schweighofer stammt von Paul Wallot.

ORGELBAUERFAMILIE JEHMLICH

Der St.-Pauli-Friedhof im Dresdner Norden steht dem Johannisfriedhof in seiner Größe und der historischen Bedeutung in nichts nach. Er diente als Ersatz für den Inneren Neustädter Friedhof, der aufgrund des starken Bevölkerungszuwachses der Dresdner Neustadt zu klein wurde. Um das Jahr 1860 entschloss man sich, einen neuen Begräbnisplatz am Fuße der Hellerberge zu erschließen. Der im Mai 1862 eingeweihte Friedhof trug zu Beginn den Namen Äuße-

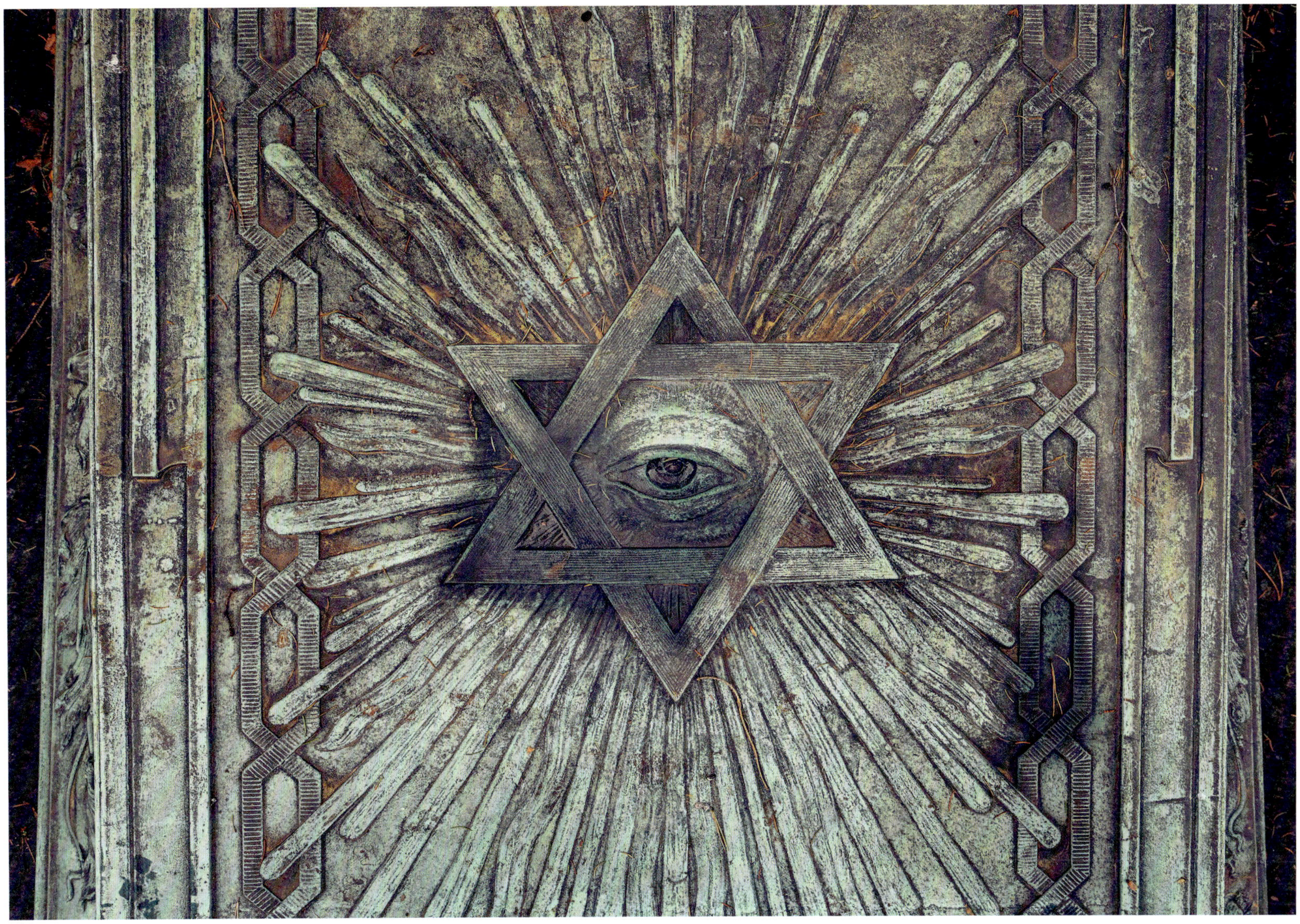

rer Neustädter Friedhof. Erst mit der Gründung der evangelischen St.-Pauli-Gemeinde 1880 erhielt der Friedhof seinen jetzigen Namen. Der von alten Linden umsäumte Mittelweg teilt die Anlage am Hang in zwei parallel zueinander verlaufenden Terrassen auf. Auf einer Fläche von elf Hektar ist hier Platz für rund 30 000 Gräber. Der Friedhof wurde mehrmals erweitert. Im oberen Friedhofsbereich wurden ab 1914 Waldparzellen angelegt, deren Gräber heute von Efeu überwuchert sind und somit eine Oase der Ruhe darstellen. Der St.-Pauli-Friedhof ist auch die letzte Ruhestätte zahlreicher Persönlichkeiten. So entwarf der Bildhauer Johannes Schilling den Grabschmuck des Pharma-Unternehmers und Philanthropen Franz Ludwig Gehe. Familienmitglieder Erich Kästners liegen hier ebenso wie Mitglieder der Orgelbauerfamilie Jehmlich, deren Orgel sich in der Feierhalle befindet, die 1910 von dem Architekturbüro Schilling & Graebner entworfen wurde. Aufgrund der geringen Zahl an Beisetzungen ist der St.-Pauli-Friedhof seit 2016 beschränkt geschlossen. Bestattungen sind nur noch für Ehe- und Lebenspartner in den Grabstätten ihrer Angehörigen möglich.

In der Südvorstadt befindet sich der Alte Annenfriedhof, der dritte und älteste bestehende Annenfriedhof in Dresden. Die Einweihung am Hahneberg fand im Juni 1848 trotz großen Protests der Bürger statt, da sich in unmittelbarer Nähe zwei gut besuchte Lokale befanden. Die Gestaltung als Vierfeldanlage nahm der Ratsbaumeister Christian Gottlieb Spieß nach dem Vorbild des Dresdner Trinitatisfriedhofs vor, den er ebenso konzipiert hatte. Im Jahr 1863 erfolgte die Erweiterung, doch bereits wenige Jahre später wurde deutlich, dass auch das erweiterte Areal des nur 3,9 Hektar großen Alten Annenfriedhofs zu klein wurde.

CAMPOSANTO-ARCHITEKTUR

So fand im Juni 1875 in nur etwa zwei Kilometer Entfernung die Eröffnung des Neuen Annenfriedhofes statt. Der Gartenarchitekt Max Bertram schuf die künstlerisch erste relevante Parkanlage. Hervorzuheben ist ebenso der monumentale Eingangsbereich mit seinen zu beiden Seiten befindlichen Arkadengängen mit Säulenhallen, angelehnt an die italienische Camposanto-Architektur, entworfen von dem Architekten und Semper-Schüler Robert Wimmer im Stil der Neorenaissance. Hier fanden Persönlichkeiten wie die des Technikers Friedrich Siemens, Bruder Werner von Siemens, seine letzte Ruhestätte. Mit 14,3 Hektar bot der Friedhof Platz für ca. 44 000 Grabstellen, von denen heute jedoch nur ungefähr 6000 belegt sind.

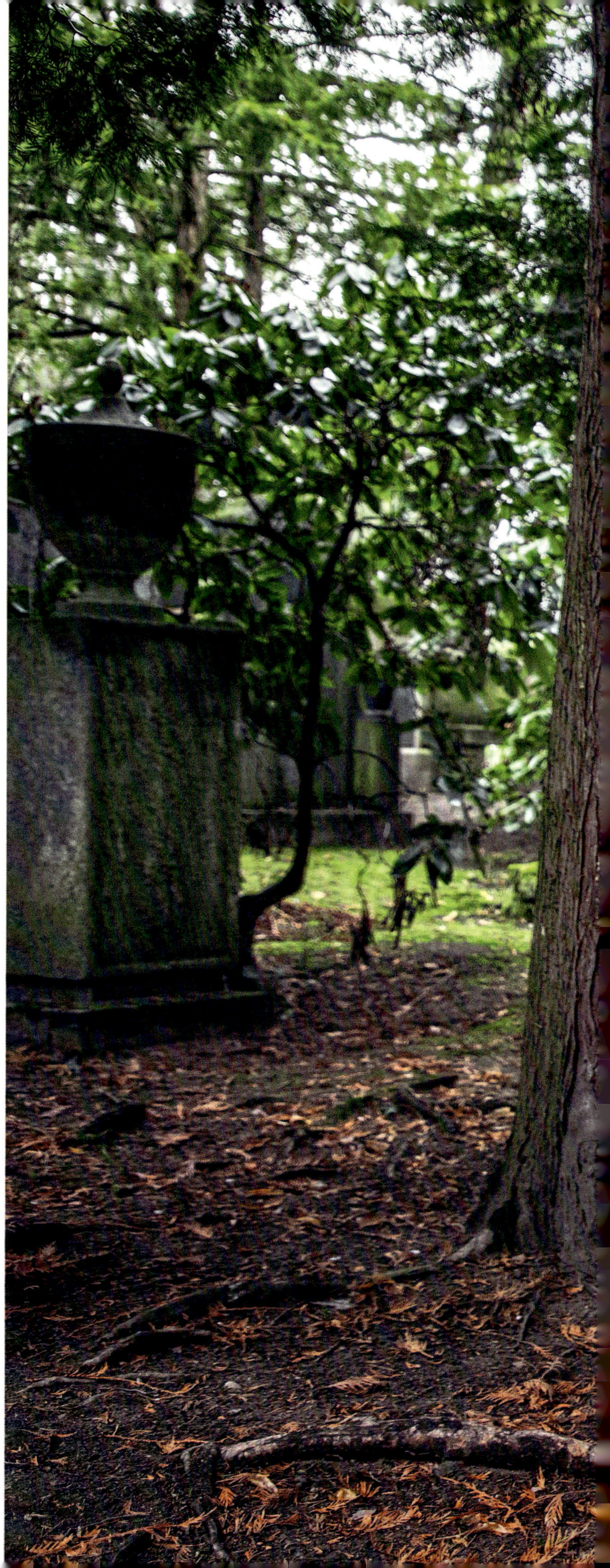

DER URNENHAIN auf dem Johannisfriedhof ist etwas abgelegen und eine wunderschöne verwunschene Welt für sich.

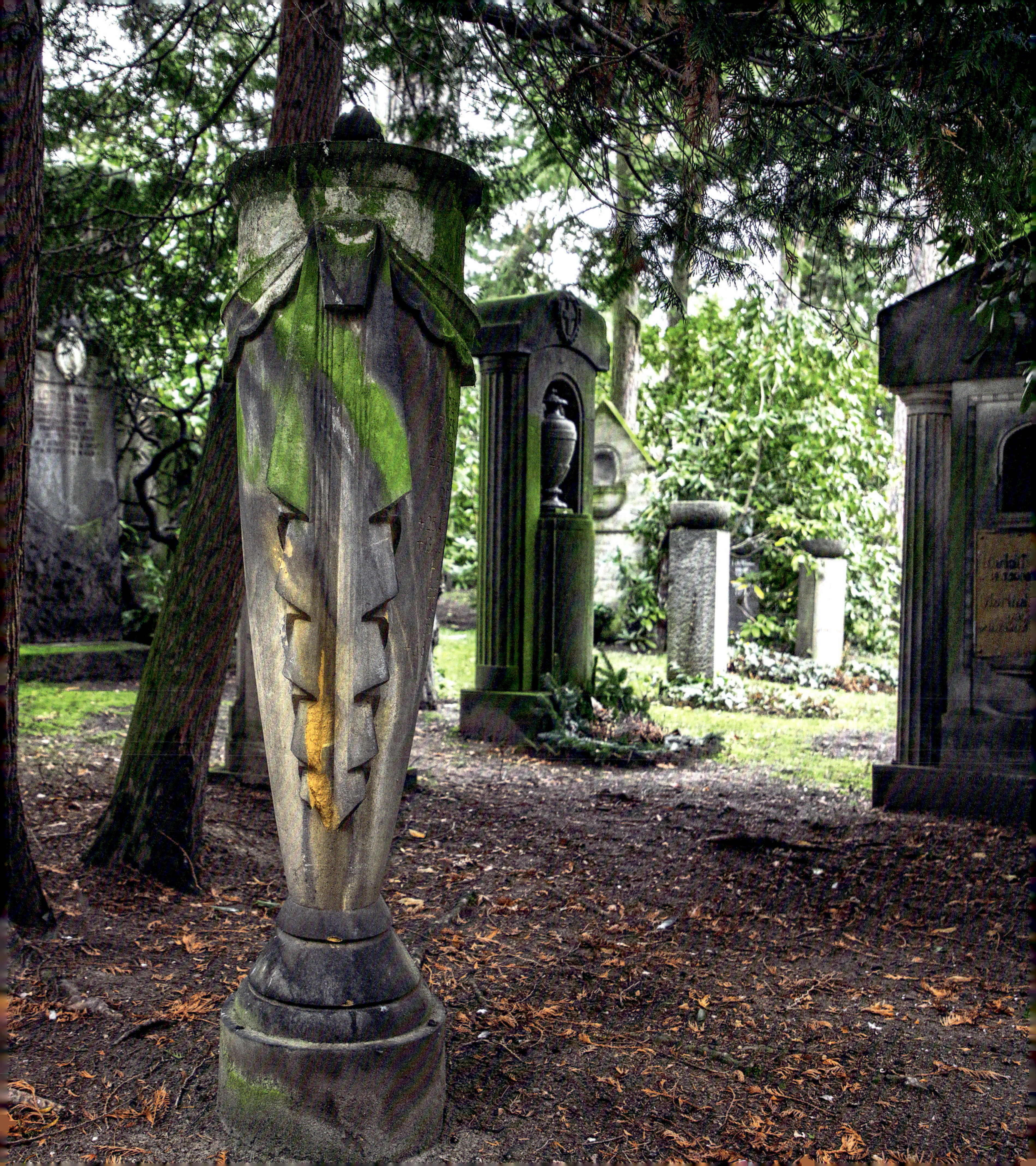

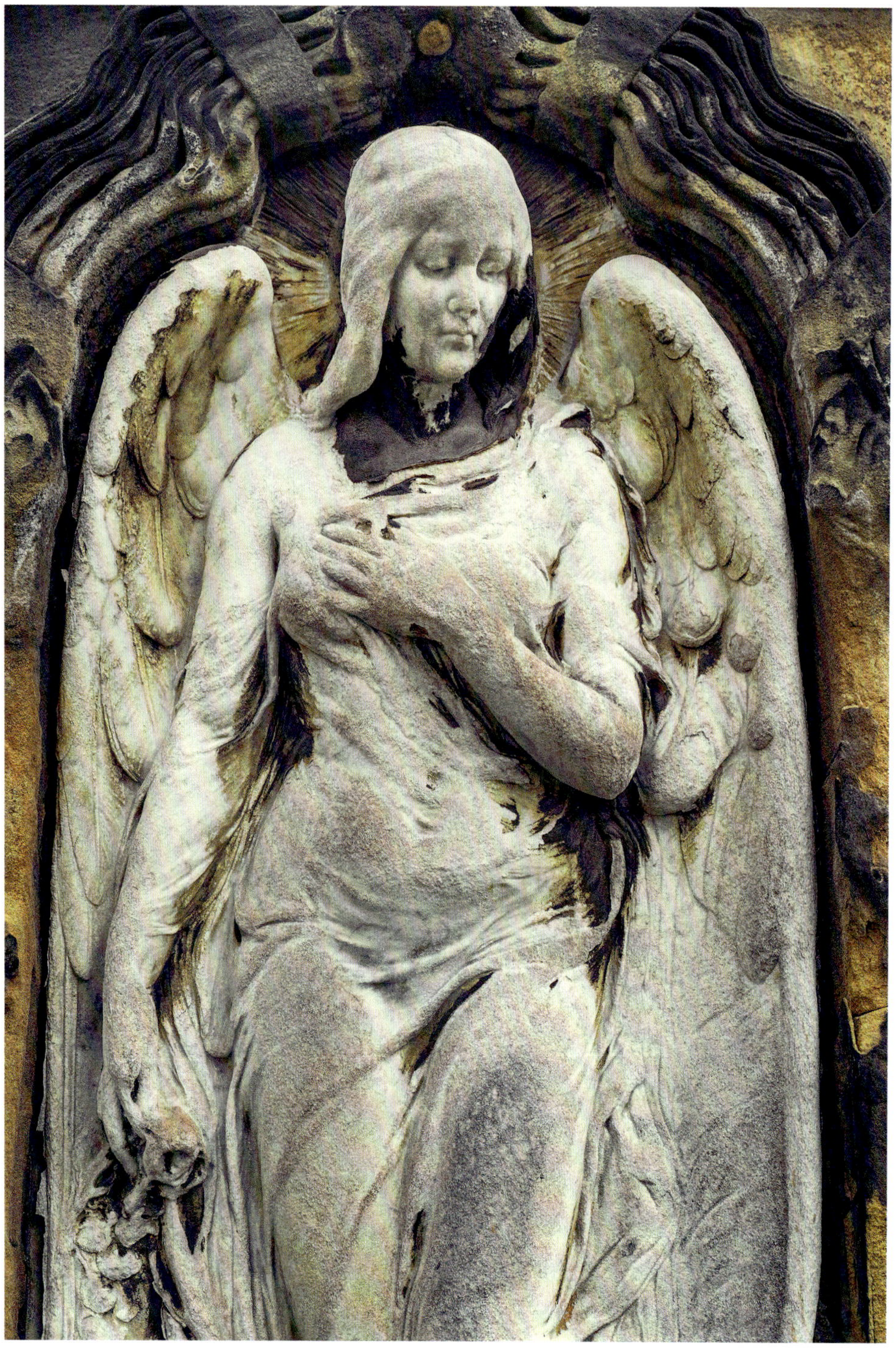

DER ALTE ANNENFRIEDHOF zeigt seine Schönheit und Geheimnisse vor allem in den Details. △
WIE VERGESSEN und einzigartig patiniert gehört auch diese Figur zum Camposanto des neuen Annenfriedhofs, jedoch versteckt in einem kleinen Rondell. ▷

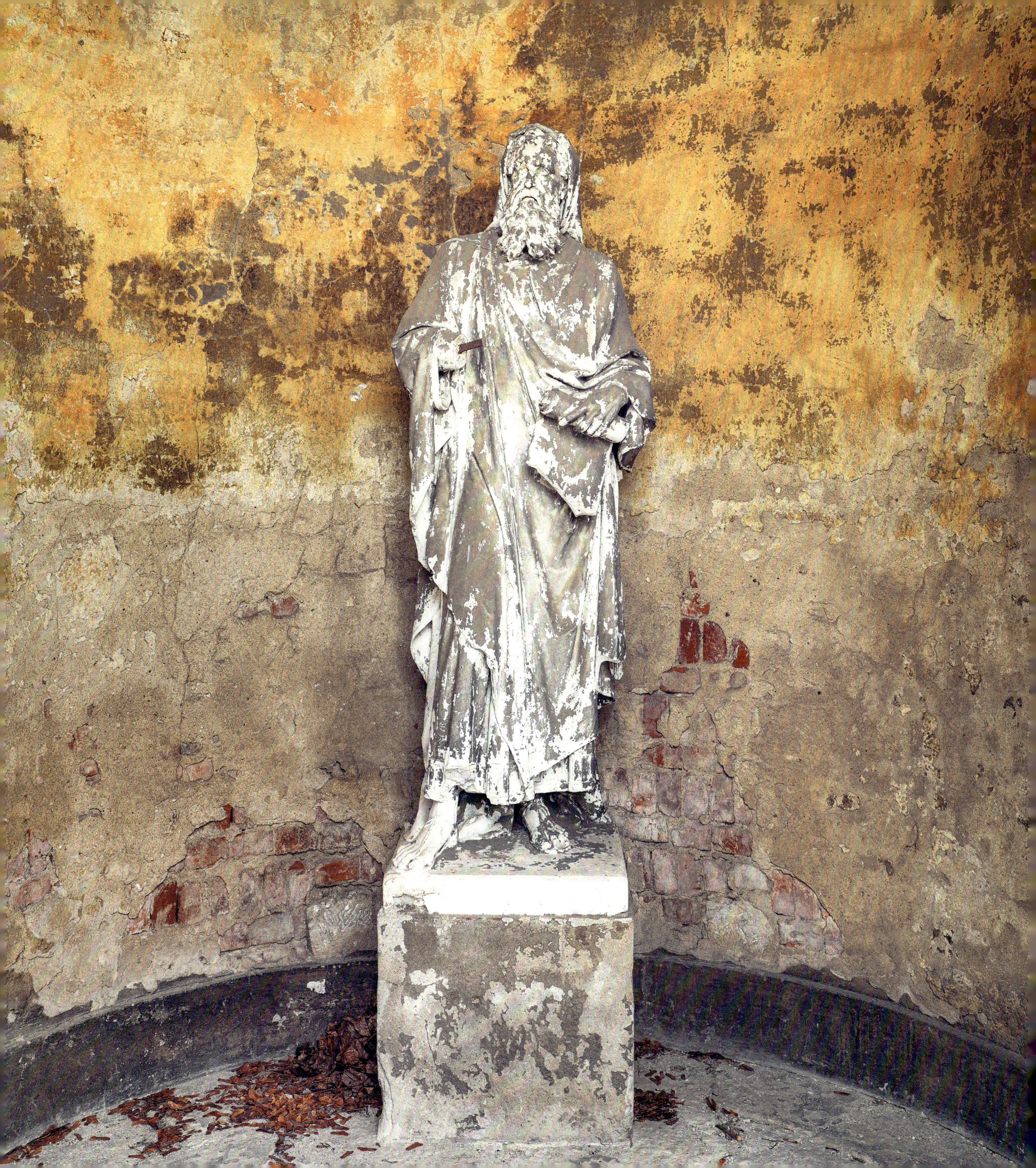

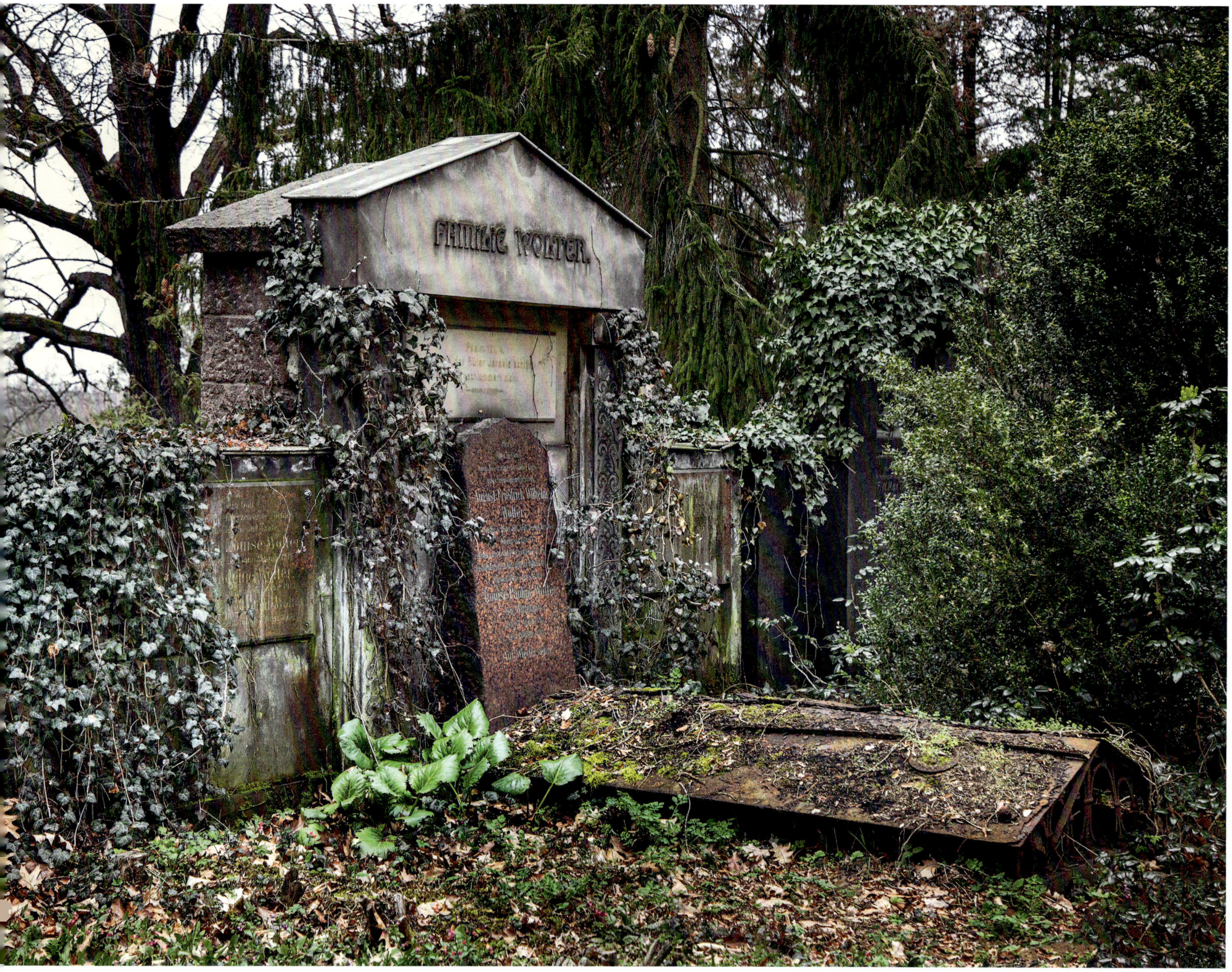

DER GRABHÜGEL auf dem Sankt-Pauli-Friedhof war für mich eine der größten Überraschungen. Hier scheint die Zeit seit Langem stillzustehen. Oft sind die Ruhestätten kaum noch zu erkennen, so eingesponnen wurden sie vom Efeu. Eiserne Platten haben sich zum Teil bereits durch die Witterung aufgelöst.

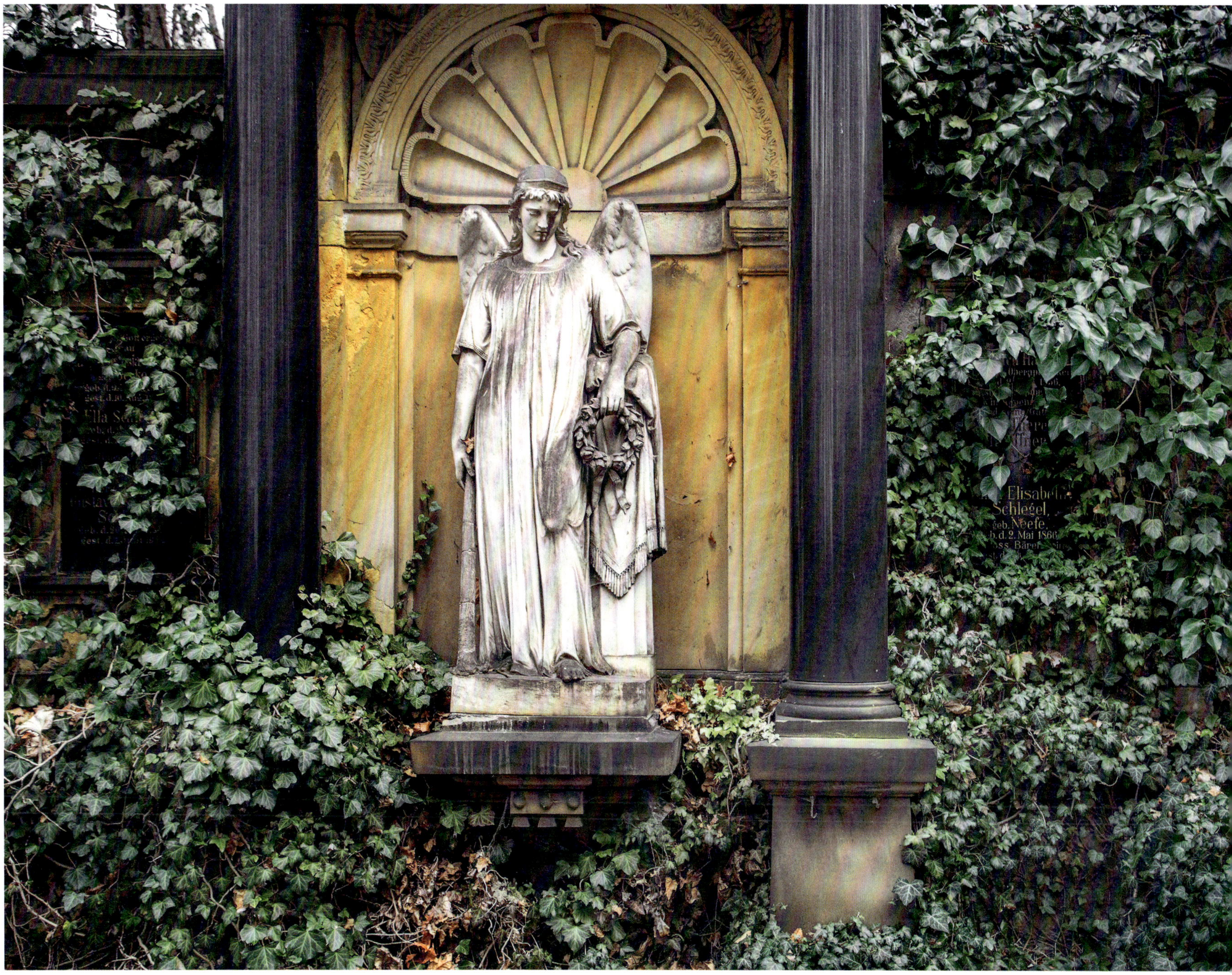

NUR DIE NATUR wächst und verziert stetig und verwandelt die schönen Grabstätten entlang der Friedhofsmauern in eine lebendige und melancholische Welt.

DIE SKULPTUR »WIEDERSEHEN« von Friedrich Coubillier aus dem Jahr 1903 ist auf dem Rundweg zum »Millionenhügel« zu finden.

PRUNK UND PRACHT IM GRÜNEN GEWAND

DÜSSELDORF · NORDFRIEDHOF

Der wichtigste Friedhof der nordrhein-westfälischen Landeshauptstadt verhält sich wie ein Spiegel seiner Bürger: Von reich bis arm ist auf dem nahezu 70 Hektar großen Friedhofsgelände inmitten der dicht besiedelten Stadtteile Derendorf, Golzheim und Unterrath alles vertreten, was Rang und Namen hat und ist zugleich eine Oase der Natur.

Unweit des Rheins befindet sich im Norden zwischen der Innenstadt und dem Flughafen der stadtgeschichtlich bedeutendste und größte Friedhof Düsseldorfs.

Am Haupteingang dominiert eine stattliche Friedhofskapelle im neogotischen Stil, umgeben von einer parkähnlichen Landschaft mit ausgedehnten Rasenflächen und prächtigen Alleen, die das Hauptwegenetz prägen. Schreitet man von dort voran, gelangt man auf der Nord-Süd-Achse zu einem Hochkreuz auf einer Erhebung, das den Mittelpunkt des sogenannten »Millionenhügels« darstellt. Hier versammeln sich architektonisch besonders opulente und repräsentative Grabstätten wohlhabender Industriellen- und Bankiersfamilien, da Düsseldorf in den Jahren der Gründerzeit eine wichtige Wirtschaftsmetropole war. Besonders aufwendig ist die Grabstätte des Stahlmoguls Robert Zapp, bestehend aus einem giebelförmigen Monument und einem in der Mitte befindlichen säulengestützten Torbogen, der mehrere architektonische Stilelemente und Symbole aus dem Christentum und der antiken Mythologie miteinander vereint. Bewusst abseits des Millionärszirkels befindet sich das Grabmal der bekannten Unternehmerfamilie Henkel, das sich jedoch mit seinem tempelähnlichen, offenen Bauwerk mit einer Frauengestalt aus Marmor nicht minder eindrucksvoll präsentiert. Wesentlich schlichter und fernab der Reichen und Mächtigen fällt hingegen das Grab der skandalumwitterten Lebedame Rosemarie Nitribitt aus, deren gewaltsamer Tod bis heute Rätsel aufgibt.

GRÜNE LUNGE

Namhafte Bildhauer haben mit ihrer Grabmalkunst den Nordfriedhof geprägt. Darunter Friedrich Coubillier, bekannt für die Tritonengruppe am Kö-Graben, Ernst Barlach oder der Düsseldorfer Bildhauer Dietrich Meinardus. Die Eröffnung des 21 Hektar großen ursprünglichen Geländes fand 1884 statt. Damals noch unter dem Namen »Friedhof hinter dem Tannenwäldchen«. Erst nachdem 1904 im Süden der Stadt der Südfriedhof angelegt worden war, erhielt er die Bezeichnung Nordfriedhof. Nach mehreren Erweiterungen beherbergt der Friedhof rund 50 000 Grabstellen. Die unter Denkmalschutz stehende Anlage im englischen Gartenstil stammt von dem Gartenarchitekten Eduard Hoppe, der damit der Stadt eine grüne Lunge bescherte.

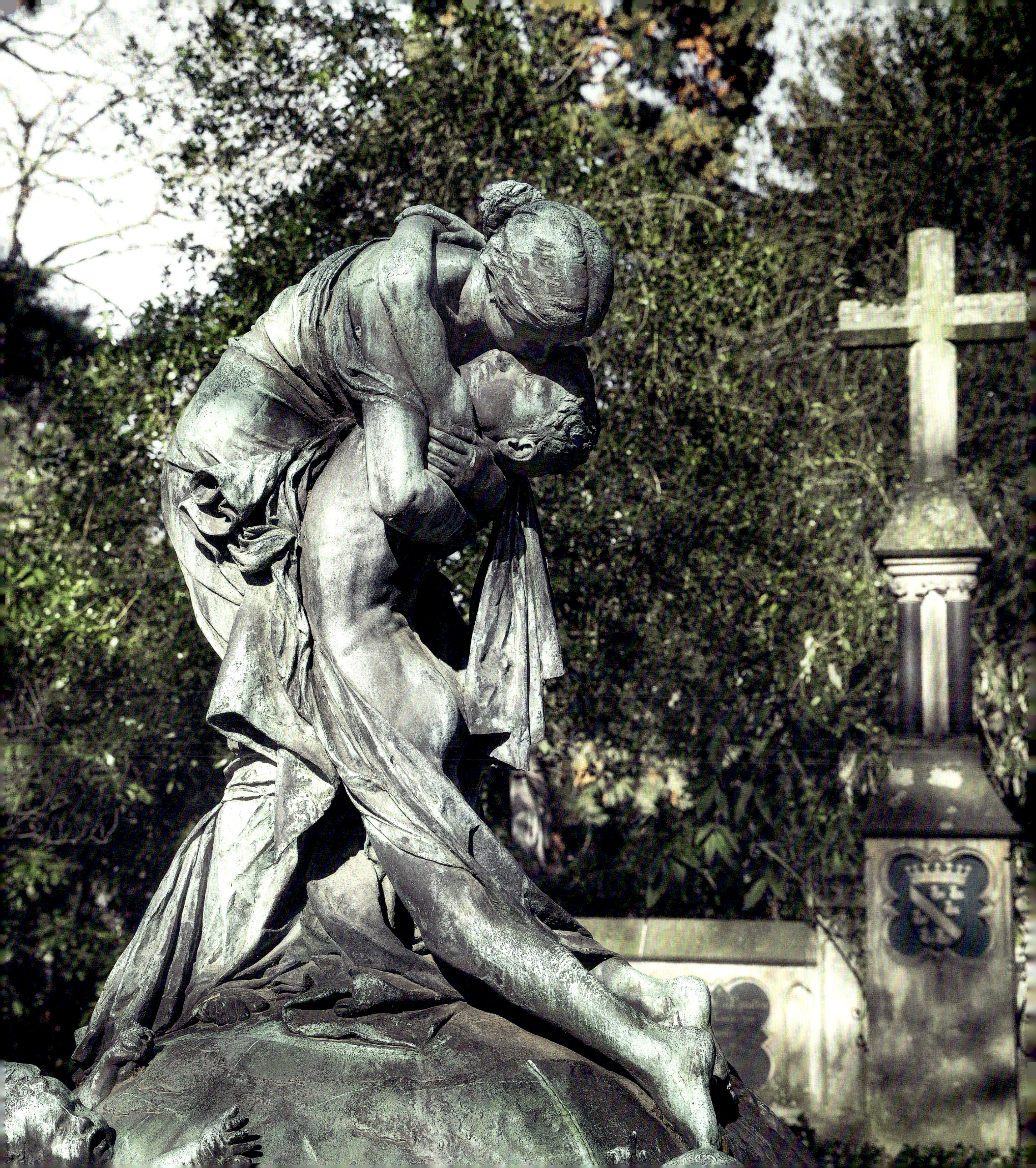

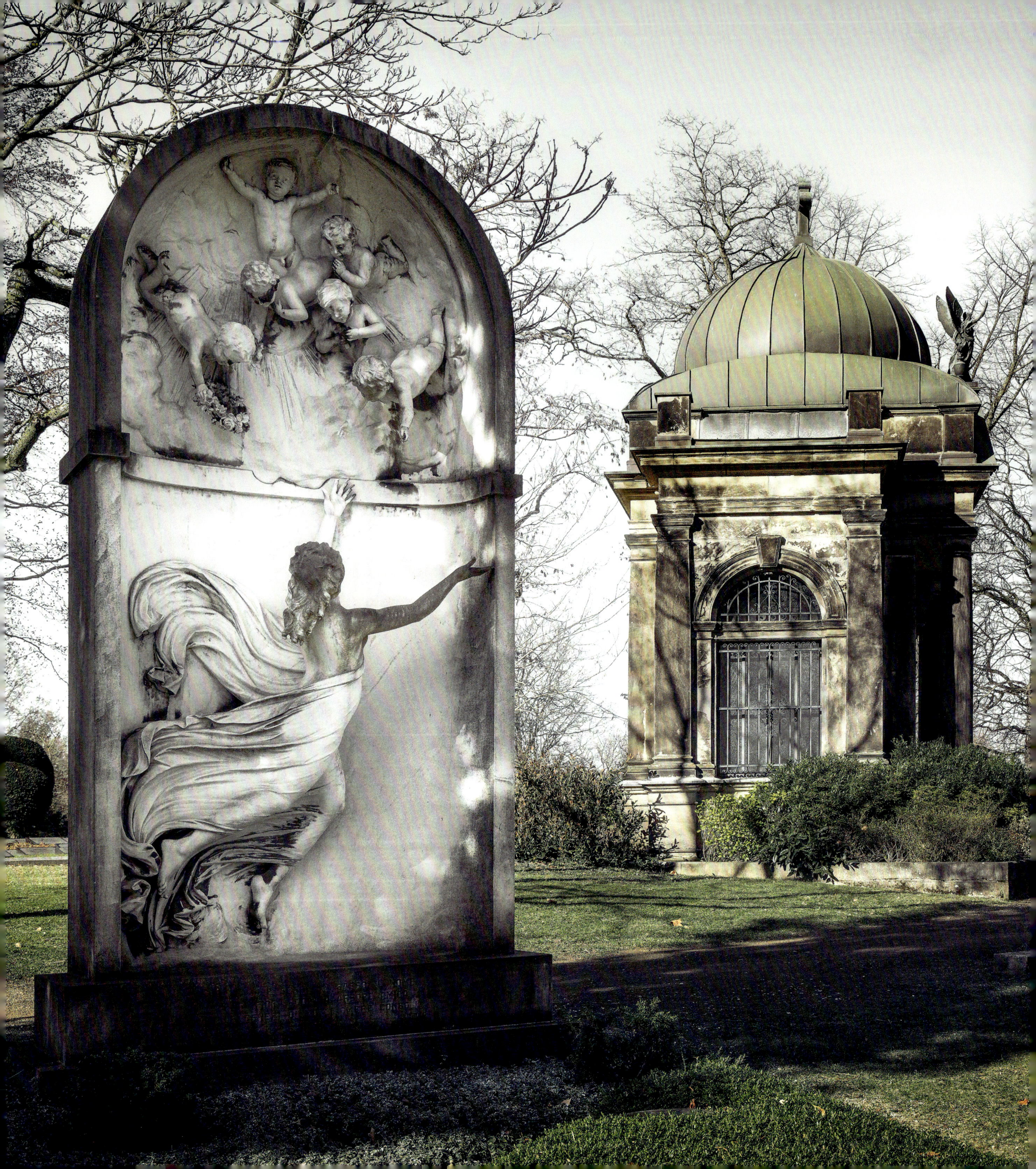

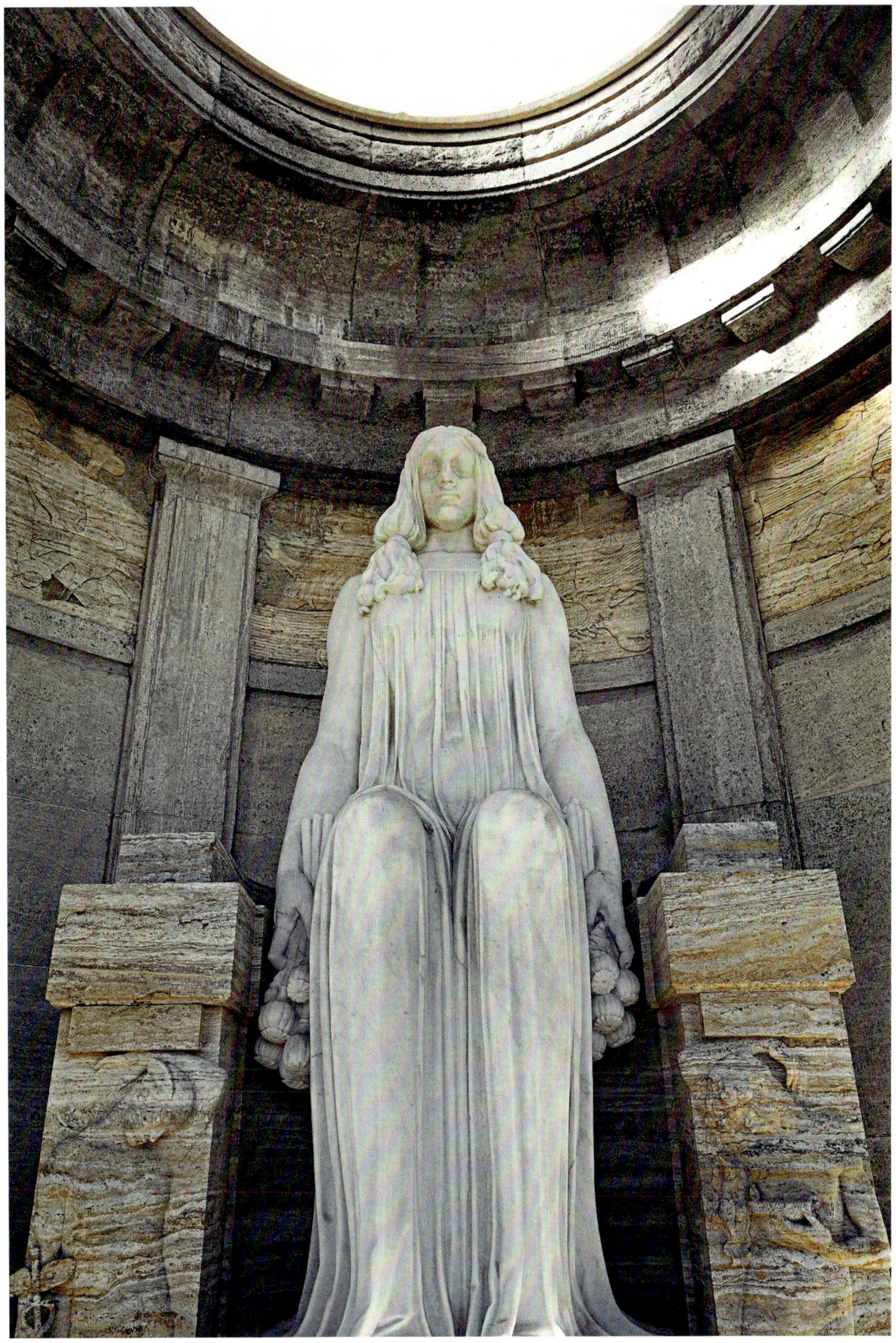

EINE AUSNAHME bildet die berühmte Familie Henkel. Das Familien-Mausoleum liegt nördlich etwas abseits der anderen Prunkstätten vom Millionenhügel. △
DER »MILLIONENHÜGEL« versammelt die meisten prunkvollen Grabstätten. Der Name kommt hier nicht von ungefähr. ◁

IM VERWUNSCHENEN SÜDWESTLICHEN ABSCHNITT
sind facettenreiche Grabmale zu finden. Hier gilt es für die Erkundung Zeit und Ruhe mitzubringen.

PARK DER TOTEN UND LEBENDEN

FRANKFURT · HAUPTFRIEDHOF

Die deutsche Finanzmetropole Frankfurt am Main im Süden Hessens zeichnet sich nicht nur durch ihre beeindruckenden Bankentürme aus, sondern besitzt mit ihrem Hauptfriedhof im Norden der Stadt einen der größten Friedhofskomplexe Deutschlands. Die imposante Grünanlage im Stil eines englischen Landschaftsparks mit ihrem alten Baumbestand lädt zum Entdecken und Flanieren ein.

Der Frankfurter Hauptfriedhof im Norden der Mainmetropole gehört mit seinen beiden angrenzenden jüdischen Friedhöfen zu den größten Begräbnisstätten Deutschlands. Auf einer Fläche von 70 Hektar wurde hier ein Ort von hohem kulturhistorischem Wert geschaffen, der sich vor allem durch seine Gartenarchitektur, die kolossalen Portalbauten und seine Grabdenkmale auszeichnet.

Als zu Beginn des 19. Jahrhunderts kein Weg mehr daran vorbeiführte, dass der seit über 300 Jahren genutzte Peterskirchhof innerhalb der damaligen Stadtmauern nicht mehr erweitert werden konnte und die hygienischen Zustände aufgrund der Überbelegung katastrophal waren, entschlossen sich die Stadtoberen 1821 dazu, vor den Toren der Stadt ein großflächiges Gebiet zu erstehen. Das Vorhaben wurde jedoch nicht von allen goutiert. Vor allem einflussreiche Patrizierfamilien wollten auf ihre traditionellen Familiengrabstätten auf dem Peterskirchhof nicht verzichten. Ein Konsens konnte erst hergestellt werden, als man sich von dem demokratischen Konzept des neuen Friedhofes verabschiedete, alle Toten gleich zu behandeln, indem man sie in Reihengräbern bestattete. So schuf man entlang der Umfassungsmauern genügend Raum für ausladende Familienbegräbnisse.

Für die Architektur des Hauptfriedhofs zeichnete Friedrich Rumpf verantwortlich, einer der wirkmächtigsten Architekten der Stadt zu jener Zeit, dessen klassizistische Portalbauten mit den dorischen Säulen und der arkadenartigen Grufthalle hervorzuheben sind.

Die Gartenplanung im Stil eines englischen Landschaftsparks übernahm der Stadtgärtner Sebastian Rinz. Schmale geschwungene Wege mit bis zu 30 Meter hohen Bäumen wie Buchen, Eichen und Kastanien, die Mitte des 19. Jahrhunderts angepflanzt wurden, wechseln sich ab mit großzügigen Plätzen und Alleen. Erweiterungen ab 1927 gen Norden wurden terrassenartig angelegt.

STRUWWELPETER

Unter den fast 80 000 Gräbern haben auch zahlreiche Frankfurter Berühmtheiten wie die Philosophen Arthur Schopenhauer und Theodor W. Adorno sowie der Literaturkritiker Marcel Reich-Ranicki ihre letzte Ruhestätte gefunden. Große Beliebtheit erfährt vor allem das Grab von Pauline Schmidt, die das Vorbild für die Figur des Paulinchen aus dem Kinderbuch *Der Struwwelpeter* von Dr. Heinrich Hoffmann war, der hier ebenso begraben liegt.

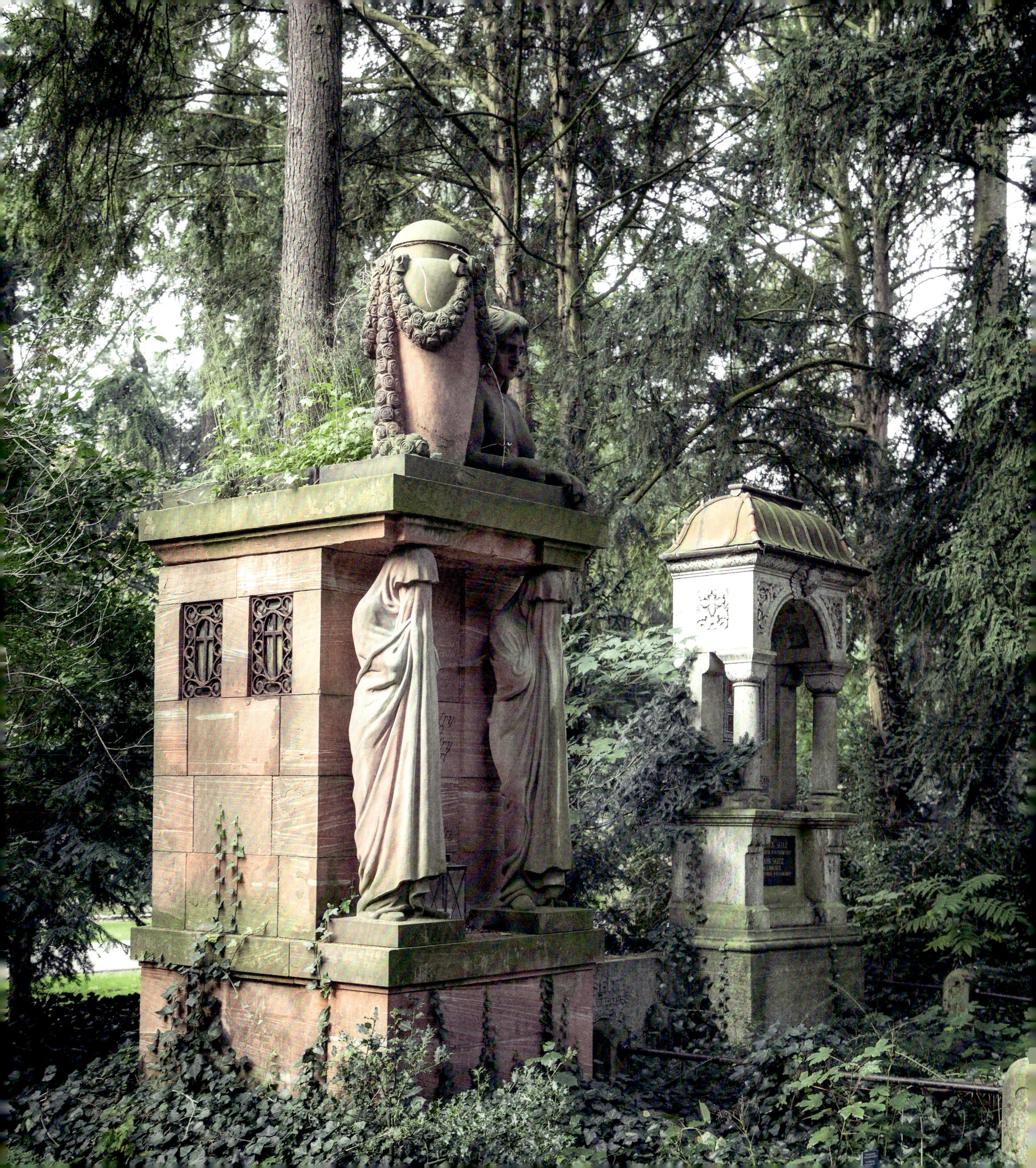

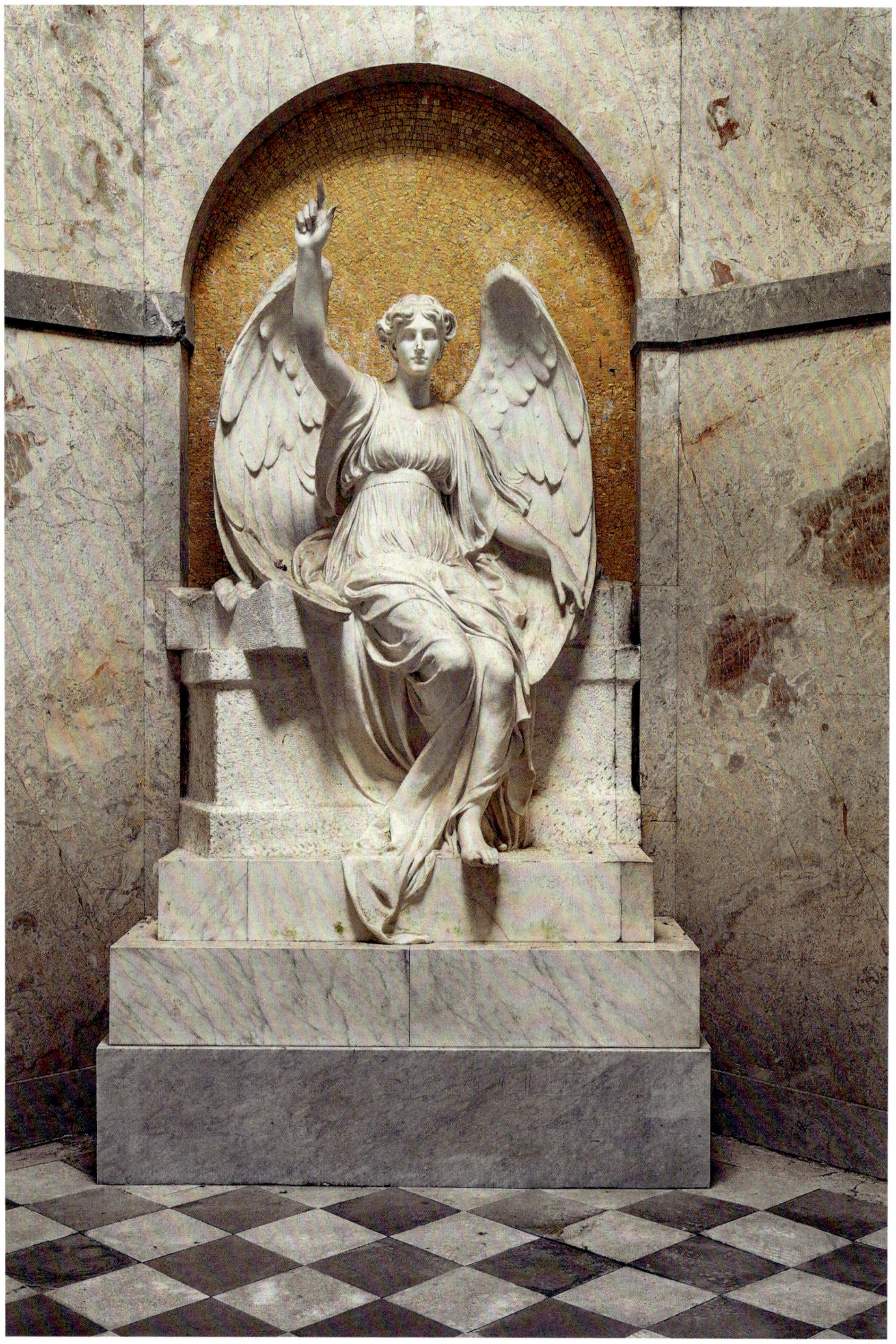

DIE KLASSIZISTISCHE GRÜFTEHALLE des Hauptfriedhofs beeindruckt mit ihrem langen Arkadengang. Ein idealer Startpunkt, um von hier die interessantesten Ecken des Friedhofs zu erkunden. ▷
DER MARMORNE ENGEL versteckt sich in einer Gruft am Ende des Ganges. △

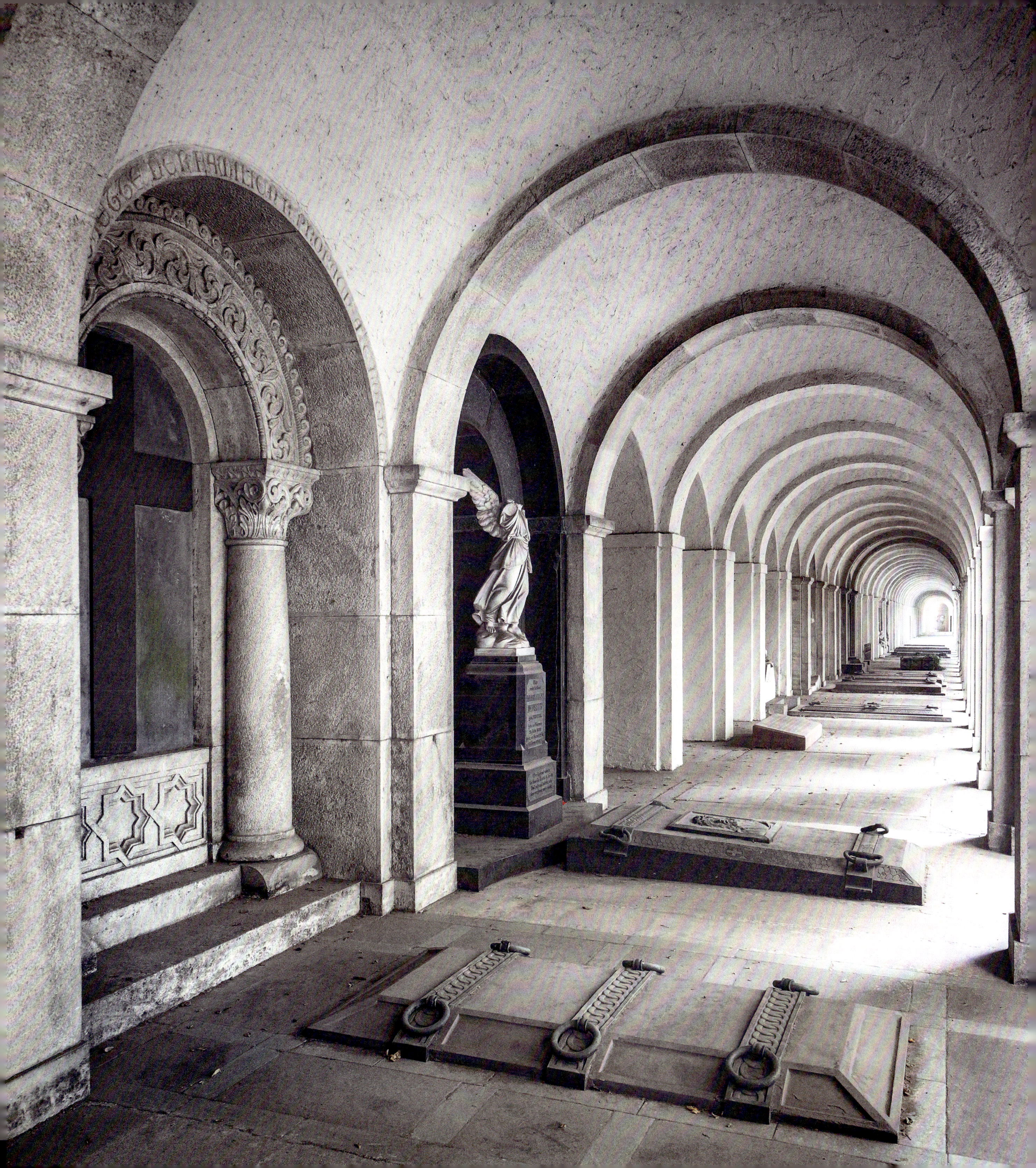

VERSTECKT IN OFT KLEINEN PARZELLEN und von hohen Hecken umgeben, können nahezu überall spannende Skulpturen auf den Betrachter warten.

PARADIESGARTEN FÜR JEDERMANN

HAMBURG · FRIEDHOF OHLSDORF

Im Norden der freien Hansestadt Hamburg befindet sich ein Friedhof der Superlative. Der Friedhof Ohlsdorf ist mit einer Fläche von 389 Hektar der größte Parkfriedhof der Welt. Das Friedhofsgelände mit über 235 000 Gräbern ist darüber hinaus ein Naturerlebnis sondergleichen, das jedes Jahr über 1,2 Millionen Besucher anzieht.

Vor den Toren Hamburgs gibt es nahe der Alster einen Friedhof, der seinesgleichen sucht. Hier liegt hinter dem unscheinbar klingenden Namen »Friedhof Ohlsdorf« im gleichnamigen Stadtteil der größte Parkfriedhof der Welt verborgen. Mit seinen 800 Skulpturen, zwölf Kapellen und 19 Mausoleen ist der Ohlsdorfer Friedhof ein einzigartiges Kulturdenkmal und Naherholungsgebiet zugleich.

OASE DER NATUR

Auf einer Fläche von 389 Hektar bei einem Umfang von 11,5 Kilometer wurde hier ein Naturraum geschaffen für 36 000 Bäume, bestehend aus 450 Laub- und Nadelgehölzarten, 15 Teiche und zahlreichen Bächen. Das Areal, das zugleich Hamburgs größte Grünfläche ist, wird von sieben Friedhofsgärtnereien so naturnah wie möglich gepflegt. Auf Pflanzengifte und Insektizide wird verzichtet. Aufgrund seiner relativ abgeschiedenen Lage ist der Friedhof auch Heimat vieler Wildtierarten, darunter Füchse, Rehe und Waschbären, aber auch 284 Arten von Schmetterlingen, Wildbienen und Fledermäuse sind hier anzutreffen.

In Hamburg begann man bereits Ende des 18. Jahrhunderts, aus Platznöten seine Friedhöfe vor den Toren der Stadt anzulegen. Doch Mitte des 19. Jahrhunderts zeichnete sich ab, dass der St.-Jacobi-Kirchhof vor dem Steintor und die Dammtorfriedhöfe allmählich an ihre Grenzen stoßen werden. Ab 1870 begann der Hamburger Senat mit der konkreten Planung eines neuen Großfriedhofs. In dieser Zeit gab es einen Umbruch im Bestattungswesen.

LEBENSWERK

Der Zeitgeist der Säkularisierung brach an. Das Friedhofswesen, das lange Zeit ausschließlich in Kirchenhand war, wurde nun unter kommunaler Verwaltung gestellt, um so den humanistischen Gedanken zu fördern, den Friedhof für die Toten aller Religionen und Konfessionen zu öffnen. Diese Vision teilte auch Friedhofsarchitekt Wilhelm Cordes, dessen Wunsch es war, dass jeder Verstorbene in seinem Grab wie in einem eigenen kleinen Paradiesgarten ruhen sollte. Er orientierte sich am Modell des englischen Landschaftsgartens mit einem nach der Natur geformten geschwungenen Wegenetz, Gewässerformen und einer üppigen Pflanzung.

Auch zahlreiche Bauten gehen auf Cordes zurück, so etwa die ersten acht Kapellen im neogotischen Stil, von denen sechs erhalten sind. Nach zwei Jahren Bauzeit wurde der Friedhof 1877 feierlich

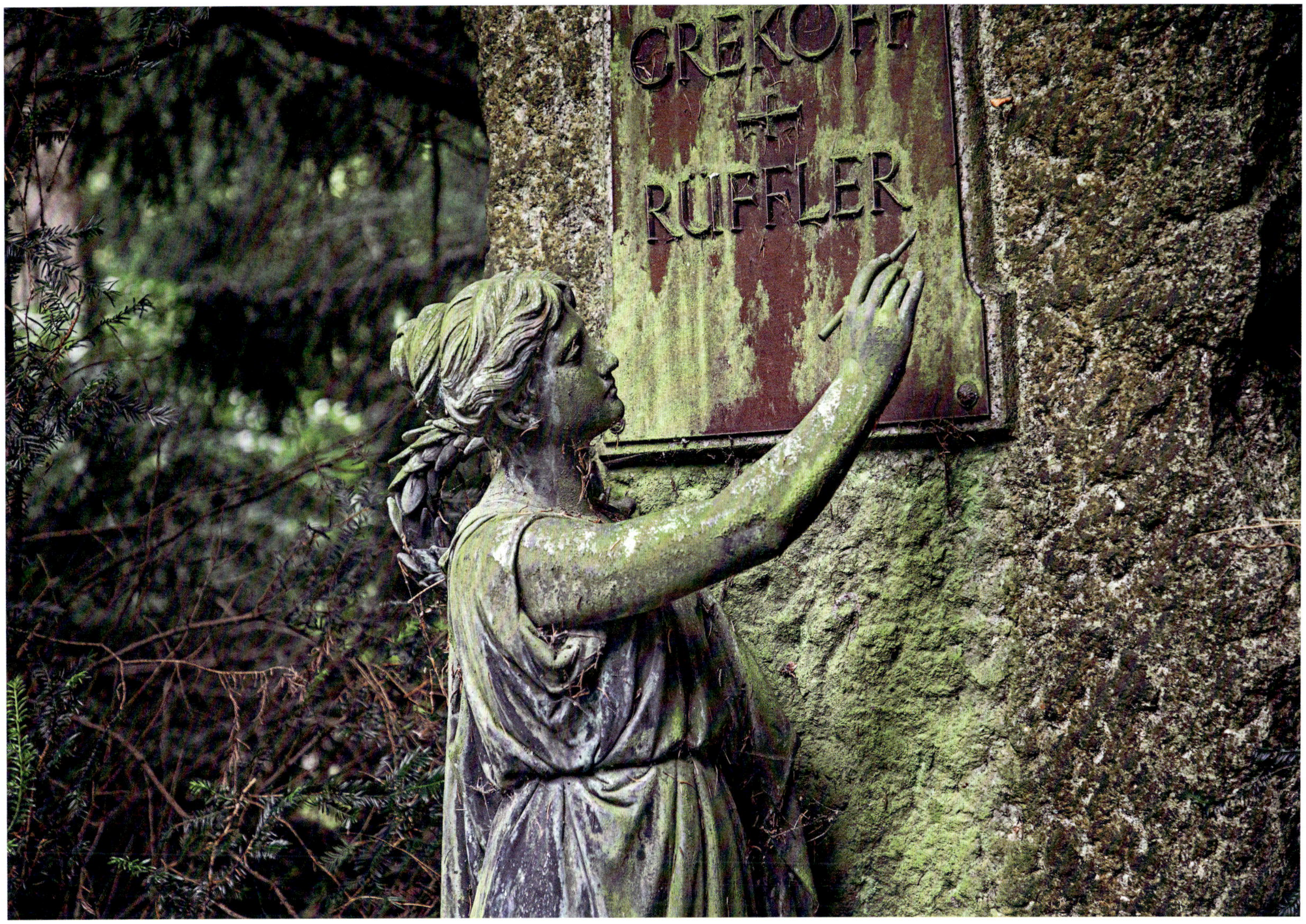

eröffnet. Cordes blieb dem Friedhof auch darüber hinaus verbunden. Erst als Friedhofsverwalter und ab 1898 als Friedhofsdirektor. 38 Jahre lang leitete Cordes die Geschicke des Friedhofs. Der historische Bereich des Friedhofsgeländes im Westen wurde später nach ihm benannt: der »Cordesteil«. Der Ohlsdorfer Friedhof gilt als sein Lebenswerk.

Im Jahr 1900 erlangte der Friedhof erstmals internationale Anerkennung. Auf der Pariser Weltausstellung wurden Cordes und der Hamburger Senat mit einem Grand Prix ausgezeichnet, da die Friedhofsanlage Vorbildcharakter hatte. Nach Cordes Tod 1917 übernahm der Gartenbauarchitekt Otto Linne das Amt des Friedhofsdirektors. Sein Konzept des östlichen Erweiterungsgeländes stellt mit seiner klaren, geometrischen Gestaltung einen klaren Bruch dar und wird heutzutage als »Linneteil« bezeichnet.

Unter den 235 000 Grabstellen finden sich auch zahlreiche Prominente ein. Darunter der ehemalige Bundeskanzler Helmut Schmidt, der Schriftsteller Wolfgang Borchert, die Schauspielerin Inge Meysel und der Germanist Roger Willemsen.

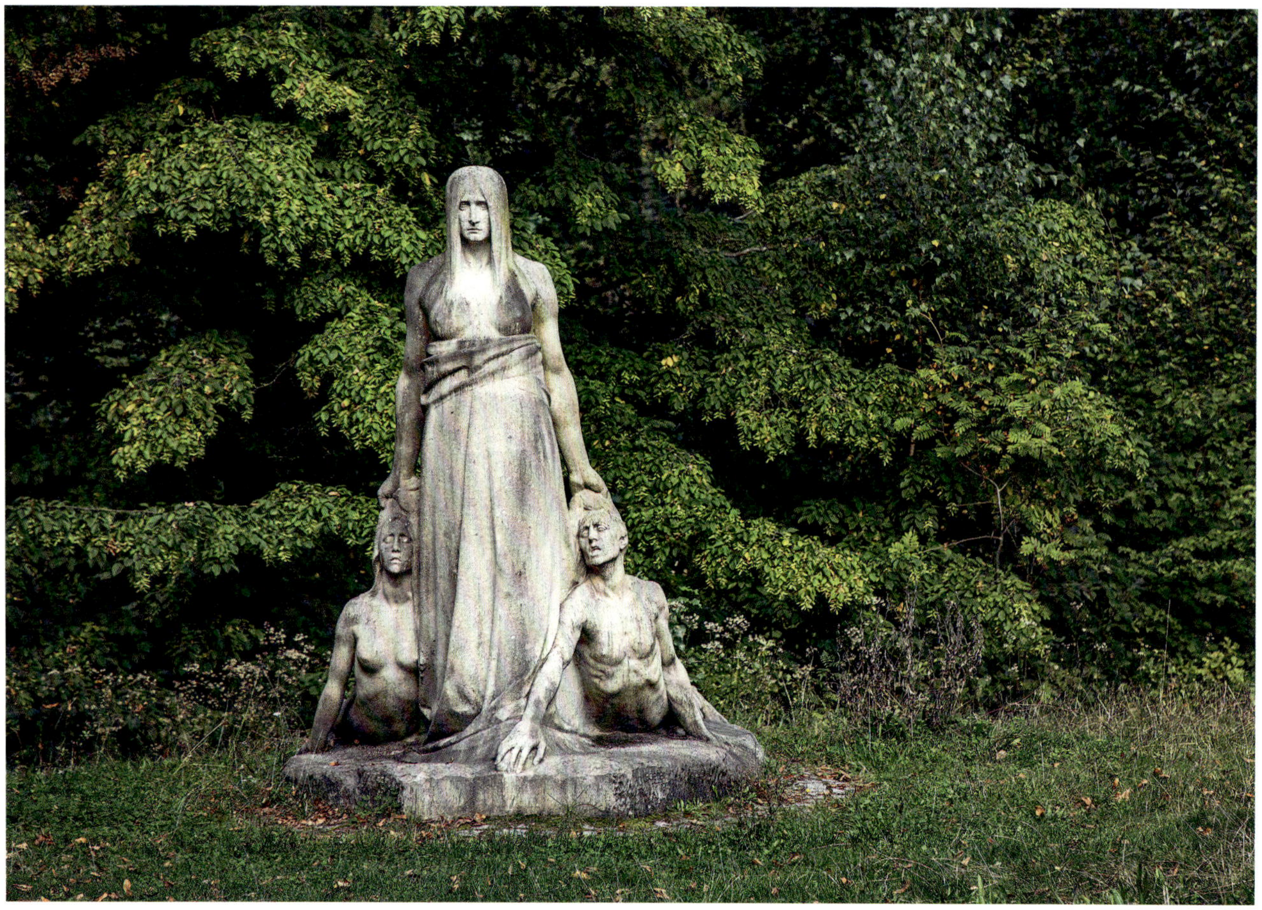

DIESE SKULPTUR von Hugo Lederer aus dem Jahr 1905 heißt »Das Schicksal«. Doch erst 1956 fand sie ihren Weg an den heutigen Platz. Die Darstellung lässt den Betrachter mit dem Schicksal hadern, lehrt ihn zugleich Demut vor dessen Unberechenbarkeit und Unbestechlichkeit. △
EBENFALLS AM NORDENDE befinden sich weitere beeindruckende Mausoleen, immer umringt von friedlichen Parkanlagen. ▷

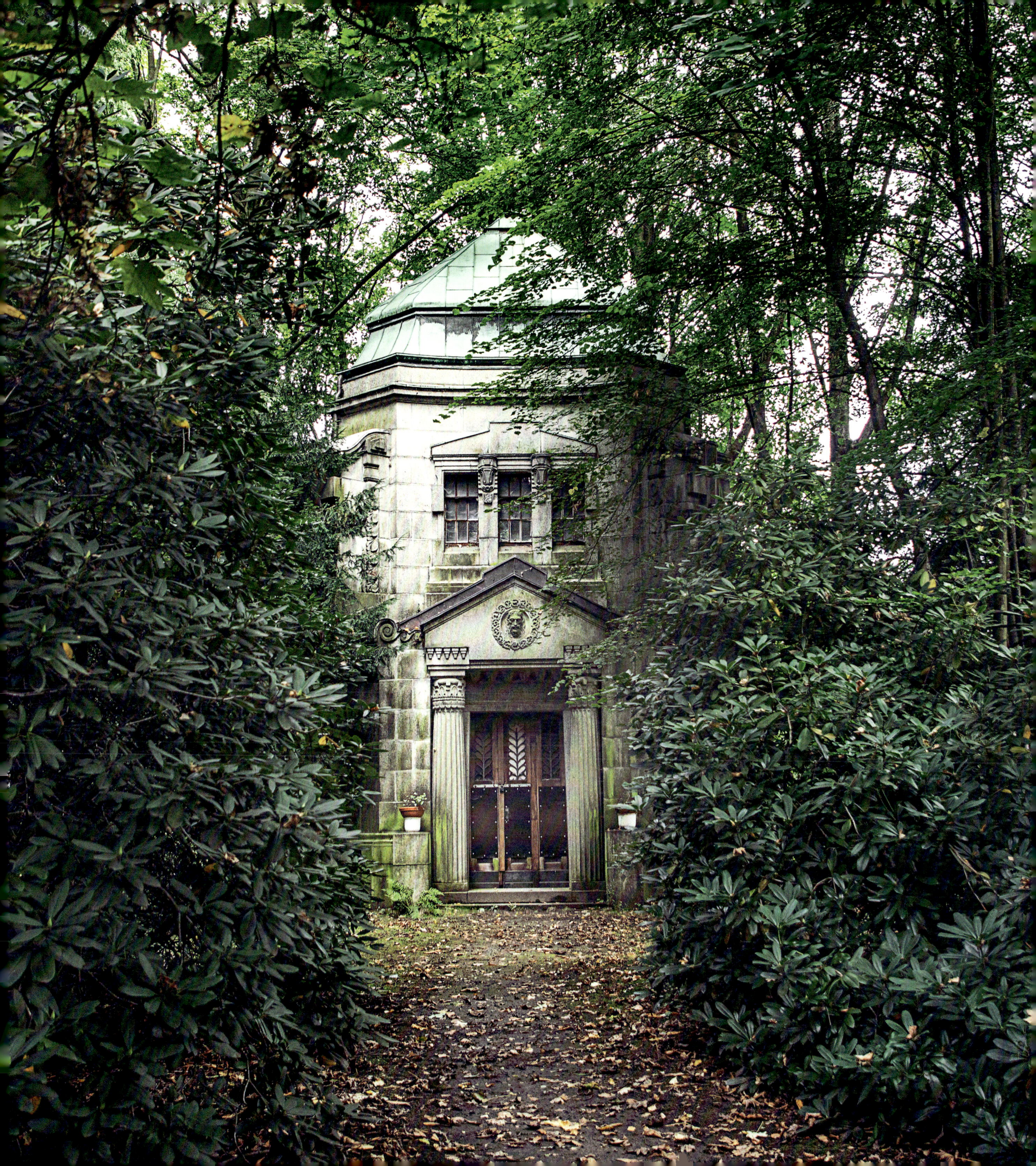

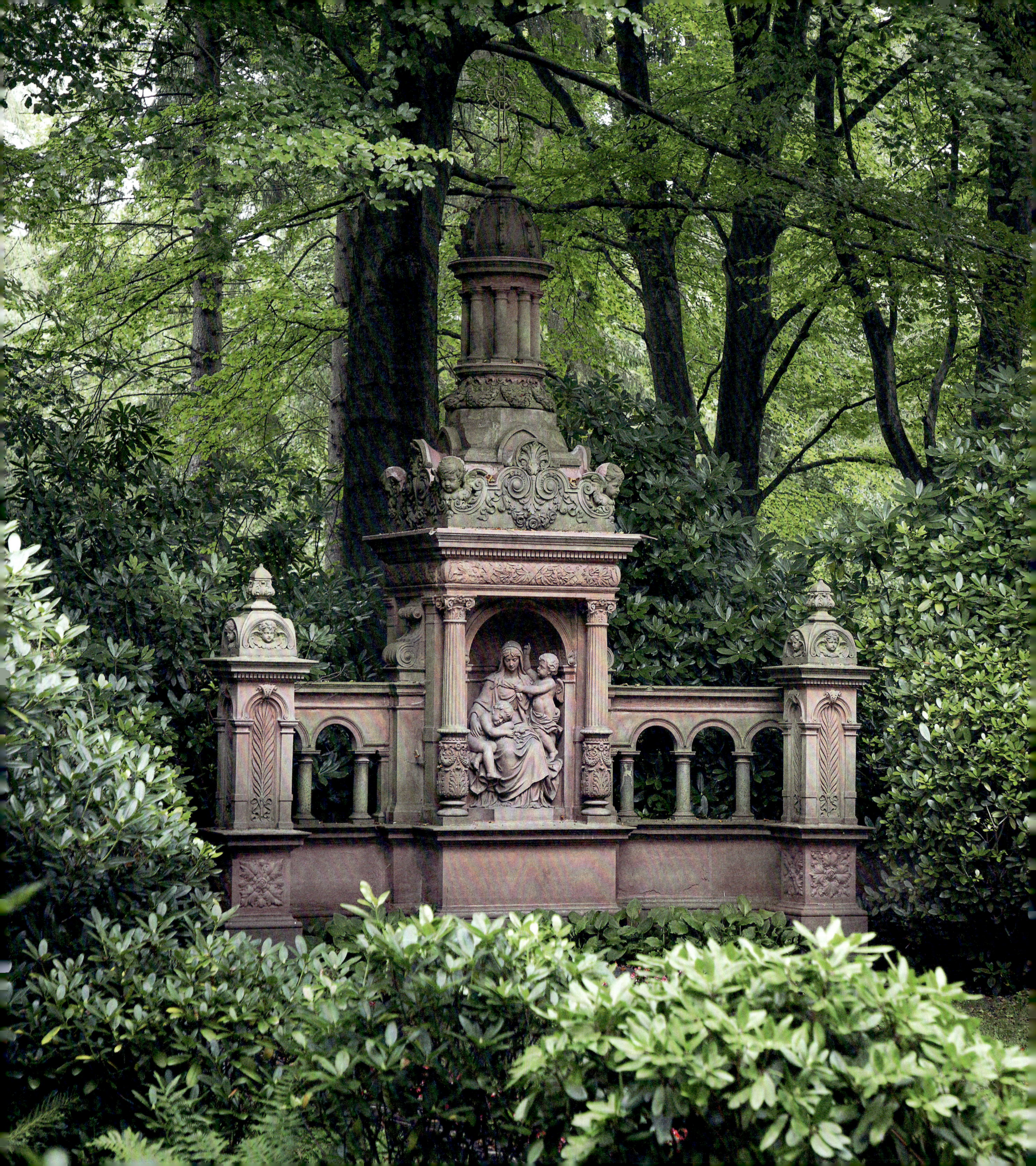

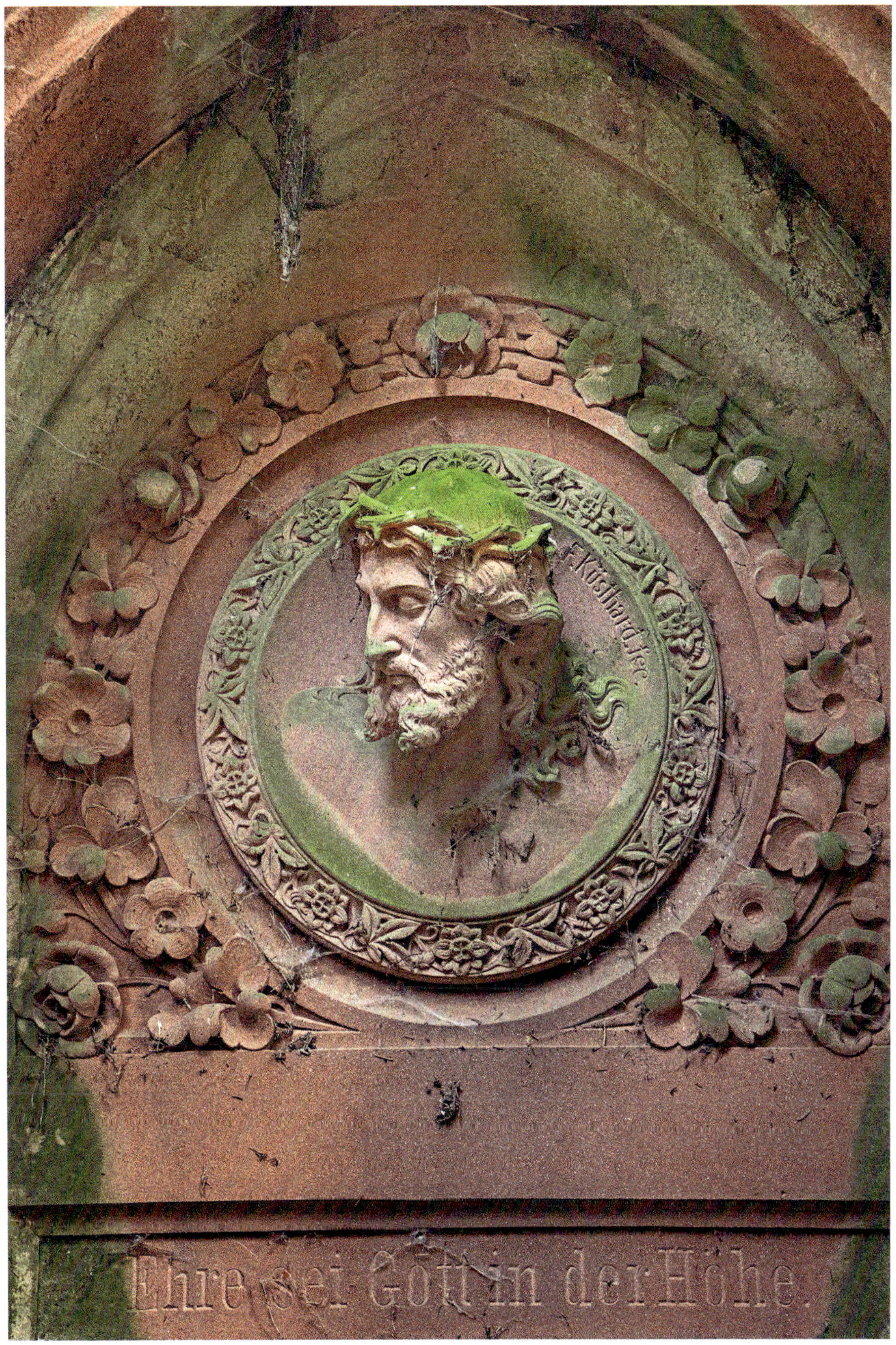

AUCH WENN VIELE BEREICHE mit dem Auto angefahren werden können, empfehle ich die Erkundung per pedes. Nur so lernt man die vielen versteckten Details und bezaubernden Grabmale kennen. Hier gibt es überall etwas Spannendes zu entdecken.

TEMPELARTIGE GRABANLAGE von Druckereibesitzer Hermann Schlüter an der südwestlichen Friedhofsmauer.

ENGEL FÜR DIE EWIGKEIT

ENGESOHDE · STADTFRIEDHOF

Der Engesohder Stadtfriedhof in der Südstadt der niedersächsischen Landeshauptstadt Hannover ist mit seinen rund 18000 Grabstätten auf einer Fläche von 22 Hektar nicht nur eine architektonische Sehenswürdigkeit der Stadt mit seinen imposanten Mausoleen und bildhauerisch anspruchsvollen großen, plastischen Grabdenkmalen, sondern ist auch aufgrund des alten Baumbestandes und der üppigen und artenreichen Bepflanzung einen Besuch wert.

Am östlichen Ufer des Maschsees liegt im Süden Hannovers einer der ältesten Friedhöfe der niedersächsischen Landeshauptstadt. Der Stadtfriedhof Engesohde ist ein kulturhistorisches Kleinod und besticht durch seinen dichten, alten Baumbestand, imposante Hecken und eine Vielzahl künstlerisch gestalteter Grabdenkmale und Gruftbauten.

HANNOVERSCHER RUNDBOGENSTIL

Die Entstehungsgeschichte des Stadtfriedhofs Engesohde geht zurück auf die Mitte des 19. Jahrhunderts. Die Landflucht im Zuge der Urbanisierung zog immer mehr Menschen in die Stadt. Schon bald musste Ersatz für die alten Gemeinde-Friedhöfe St. Nikolai-Friedhof, Neustädter Friedhof und Gartenfriedhof gefunden werden. So entschied man sich für den Bau der ersten kommunalen Begräbnisstätte, um allen Einwohnern eine würdige Bestattung ohne Konfessionszwang zu ermöglichen. Für die Planung konnte der Stadtbaumeister Ludwig Droste gewonnen werden, bekannt für den »Hannoverschen Rundbogenstil«. Die Bauarbeiten auf der leicht erhöhten Grünfläche dauerten von 1861 bis 1864 an und umfassten mit seinen rund 4,2 Hektar nur ein Fünftel der heutigen Grundfläche von 21,7 Hektar. Die Grabflure wurden in geometrischen Mustern angeordnet, unterbrochen von einer Hauptallee. Das Eingangsgebäude mit seinen historisierenden Formen im Rundbogenstil aus hellem Sandstein und farbigem Backstein ist der einzig erhaltene Neubau Drostes. Er wird ergänzt durch eine Arkadenhalle mit Glockenturm und Ecktürmen, wobei die seitlichen Arkadenflügel durch Grüfte und eckturmartige Mausoleen begrenzt werden. Die Friedhofsmauer stellt ein weiteres Novum dar, die im Stil einer kunstvollen Balustrade geschaffen wurde, ein Relikt des 1861 zugeschütteten Schiffgrabens, das hier eine neue Verwendung fand, um das höher gelegene Friedhofsgelände einzugrenzen.

BÖDEKER-ENGEL

Auf dem Engesohder Friedhof sind zahlreiche berühmte Persönlichkeiten bestattet worden. Darunter der Pastor Hermann Wilhelm Bödeker, bekannt für seine eisernen Bödeker-Engel, geschaffen 1854 vom Bildhauer Georg Hurtzig, die er in der Stadt aufstellen ließ, um Spenden für seine wohltätigen Projekte zu sammeln. Im Eingangsbereich ist einer dieser Bödeker-Engel mit Spendentruhe fachgerecht restauriert anzutreffen.

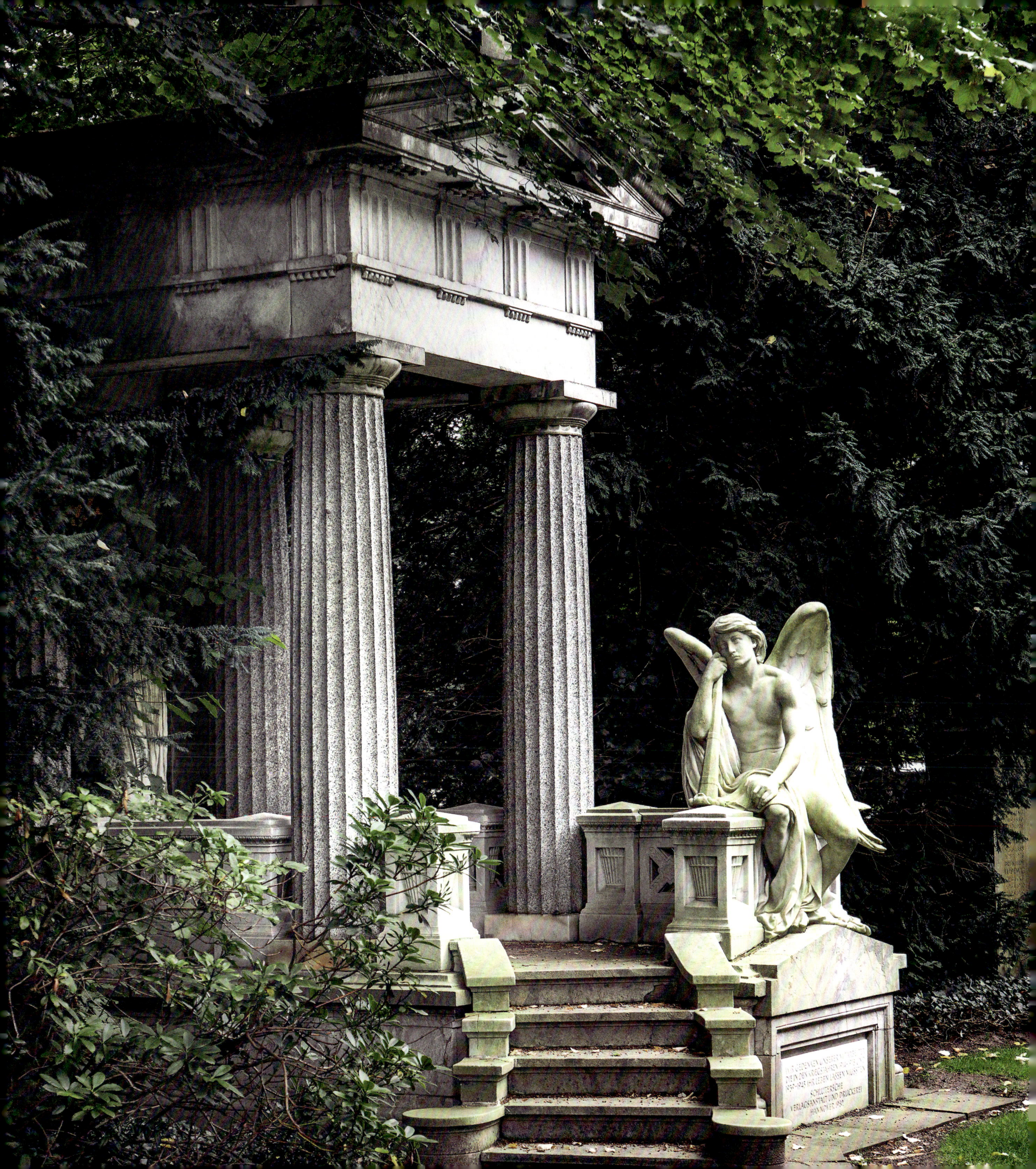
SCHLUTERSCHE
VERLAGSANSTALT UND DRUCKEREI

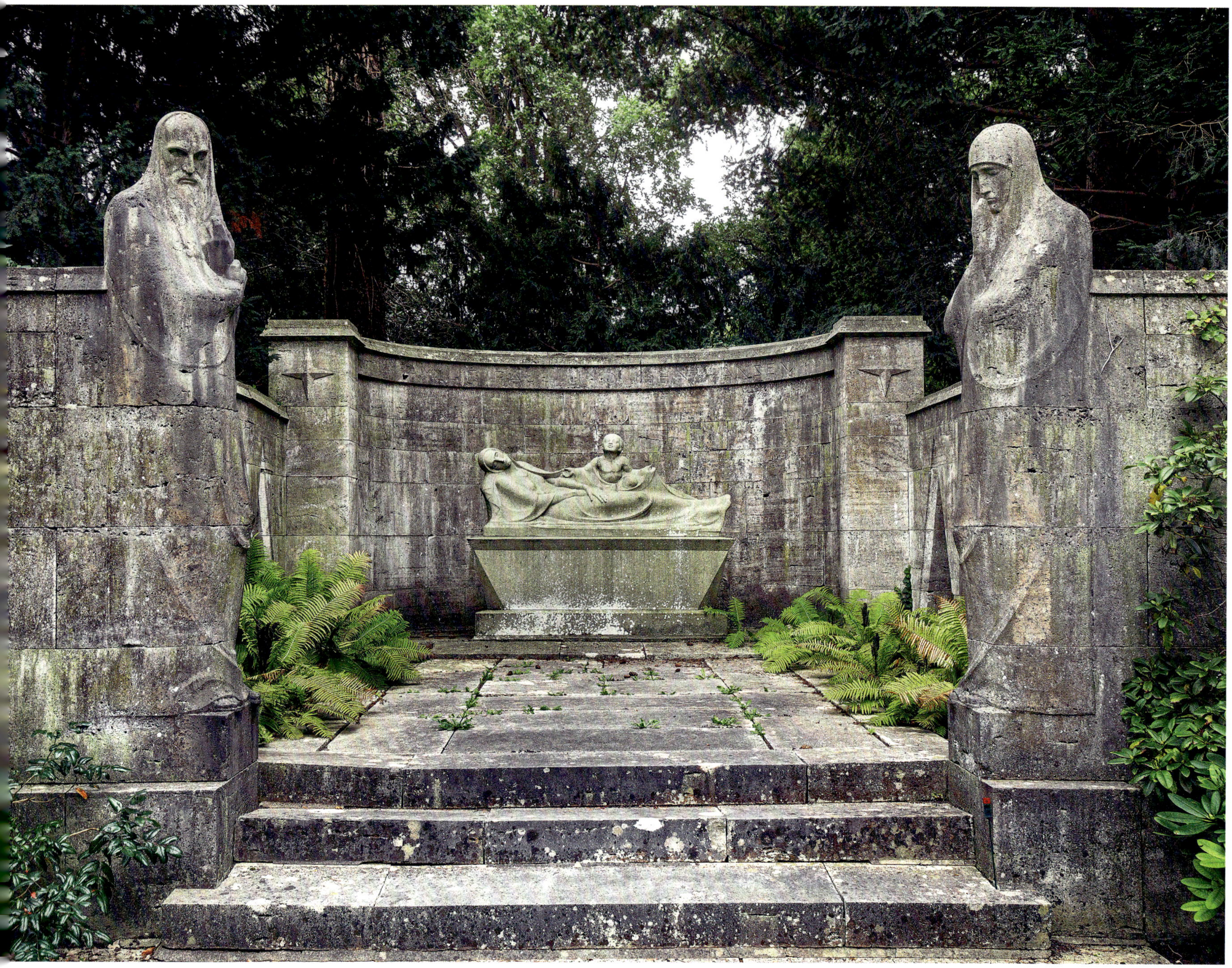

DIE GRÄBERFELDER sind relativ stark unterteilt und wirken wie abgeschirmt von den Hauptwegen durch die hohen Hecken. Hier ist jeder Bereich eine kleine Welt, die kleine und größere Geheimnisse in sich birgt. Auch hier lohnt es sich, hinter fast jede Ecke zu schauen.

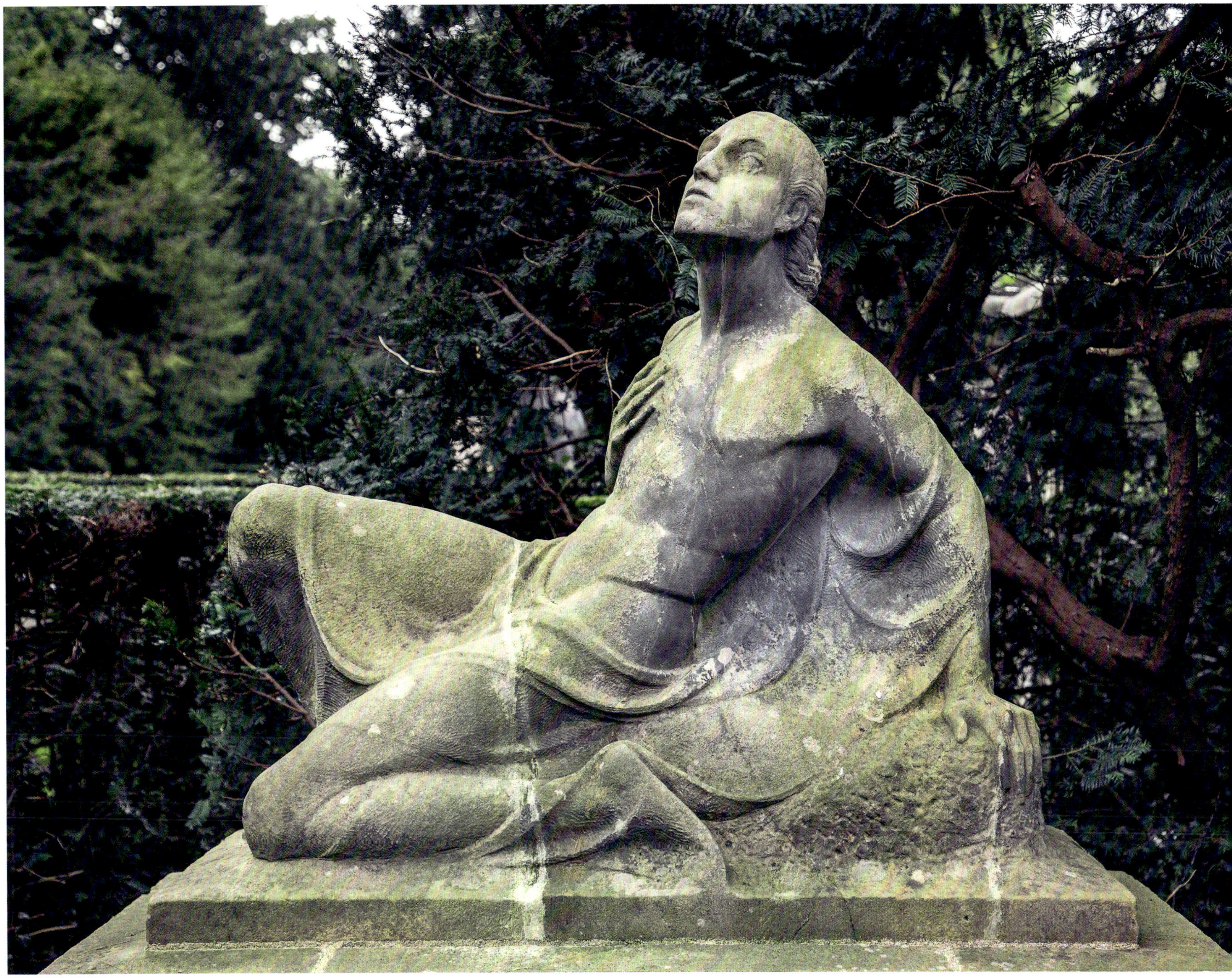

DIE AUSGEFALLENSTEN UND BEWEGENDSTEN MOTIVE zeigen sich zweifelsohne, wenn man dem Weg gen Südwesten folgt. Nur die Achtsamen und Fleißigen werden belohnt, da viele Skulpturen versteckt hinter Hecken liegen, an denen man sonst schnell vorbeiläuft.

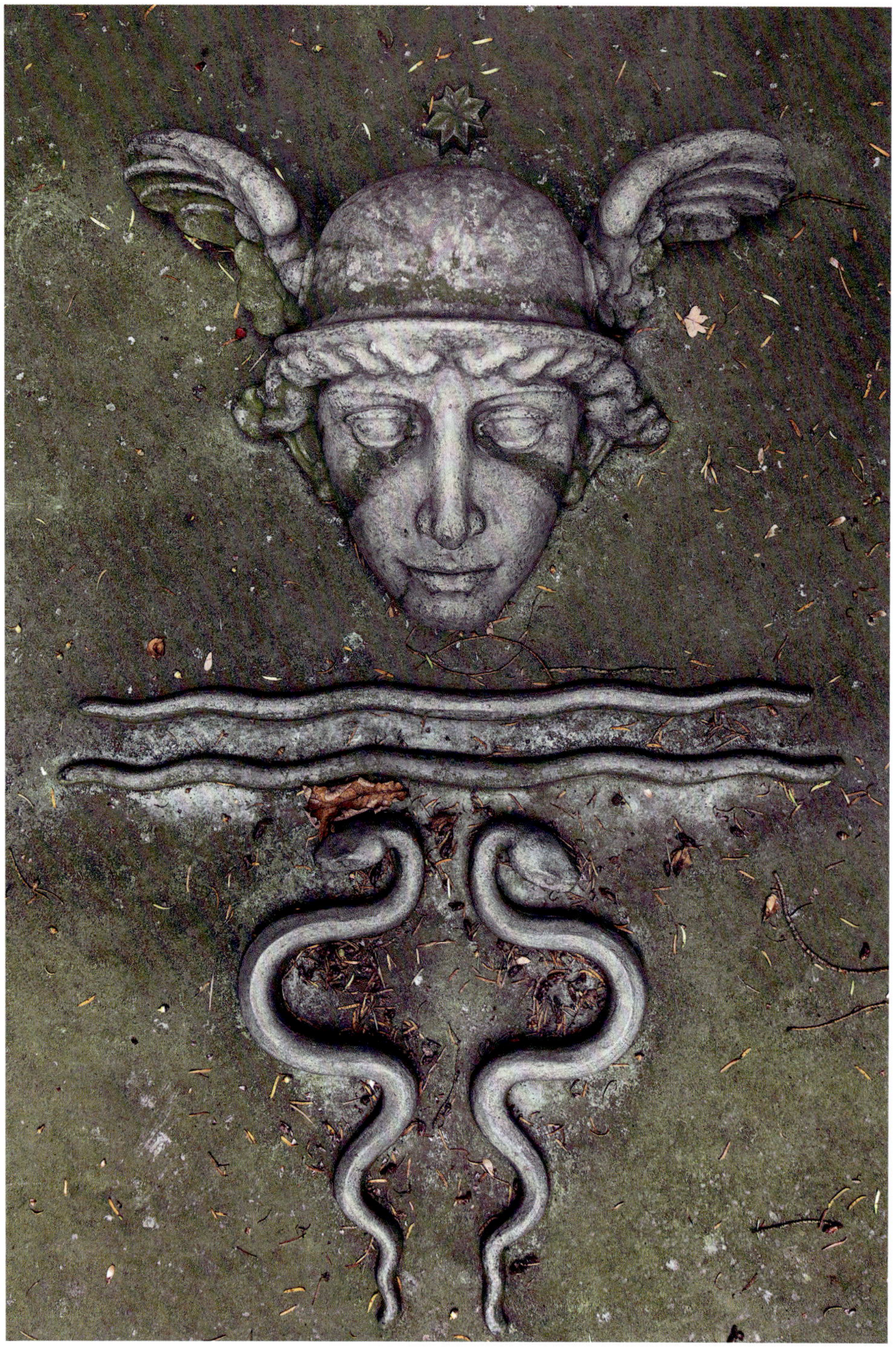

SPANNENDES DETAIL auf einer Grabplatte eines der monumentalen Ehrengräber, hier im mittleren Teil des Friedhofes. △
EINER DER HÖHEPUNKTE im südwestlichen Rondell nahe der Friedhofsmauer. ▷

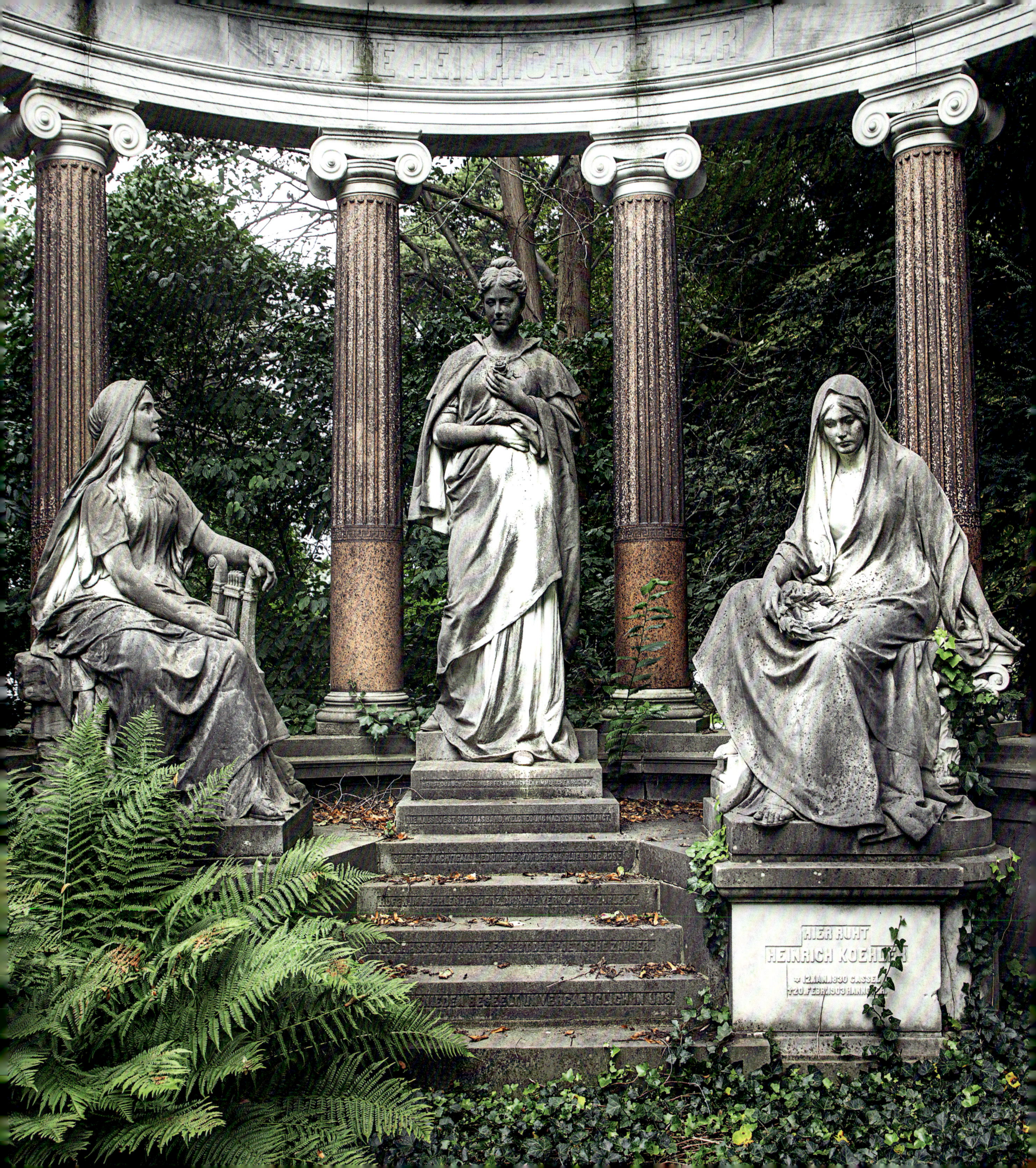
FAMILIE HEINRICH KOEHLER
HIER RUHT
HEINRICH KOEHLER

ENTLANG DER BERÜHMTEN OST-WEST-ACHSE ist dieser wunderschöne Engel kaum zu verfehlen.

ZWISCHEN LEID UND HERRLICHKEIT

KÖLN · MELATENFRIEDHOF

Im Westen der nordrhein-westfälischen Metropole liegt im Stadtbezirk Lindenthal Kölns ältester und bekanntester Friedhof. Der Melatenfriedhof ist mit seinen Grabstätten, Skulpturen und Symbolen verschiedener Epochen von Klassizismus bis hin zum Neobarock ein kulturhistorisches Juwel und Rückzugsort zugleich, dessen Grund und Boden auf eine ereignisreiche Geschichte zurückblickt, die bis ins 12. Jahrhundert mit dem Tod verbunden war.

Inmitten der pulsierenden Rheinmetropole befindet sich im Westen mit dem Melatenfriedhof ein unvergleichlicher Ruhepol. Der Zentralfriedhof ist gemessen an der Zahl seiner rund 55000 Gräber nicht nur der größte, sondern auch der älteste Großfriedhof der Stadt. Der Name gibt Aufschluss über seine geschichtsträchtige Vergangenheit. Denn auf dem 435000 Quadratkilometer großen Gelände war der Tod schon lange vor der Entstehung des Gottesackers präsent. Ab dem 12. Jahrhundert befand sich auf dem Landstrich eine Krankenstation für Leprakranke, zu der auch der Hof Melaten gehörte.

SCHELLENKNECHT

Die Bezeichnung »Melaten« leitet sich ab von dem französischen Wort für krank sein, »malade«. Aufgrund der Infektionsgefahr wurden Leprakranke einem strikten Reglement unterworfen. Sie durften nur an bestimmten Feiertagen ihren Lebensbereich verlassen. Wenn sie zum Betteln in die Stadt zogen, lief der Gruppe ein Schellenknecht voran, der die Bürger lautstark vor dem Ansteckungsrisiko warnte. Eine Skulptur eines Schellenknechts, der an das Schicksal der Kranken erinnert, befindet sich am Eingang zur alten Friedhofskapelle.

HINRICHTUNGSPLATZ

Als die Lepra in Europa weitestgehend ausgerottet war, wurde die Einrichtung 1767 geschlossen. Im Mittelalter wurde der Ort darüber hinaus als öffentlicher Hinrichtungsplatz genutzt. Im Zuge der Hexenverfolgung im frühen 17. Jahrhundert fielen der Hysterie in der Bevölkerung über 30 Frauen zum Opfer, die auf diesem Platz hingerichtet wurden. Erst 1797 fand mit dem Kirchenräuber Peter Eick die letzte Tötung statt.

Als sich während der französischen Besatzungszeit, die von 1794 bis 1815 währte, das Bestattungswesen durch das kaiserliche Dekret Napoleons von 1804 änderte, entschloss sich die Stadtverwaltung, ein geräumiges Grundstück vor den Toren der Stadt zu kaufen. Die darauf befindlichen Gebäude des ehemaligen Leprosenhauses ließ man abreißen. Nur die Kapelle St. Maria Magdalena und Lazarus von 1245 blieb erhalten und wurde in den Friedhof integriert.

Mit der Planung wurde 1809 Ferdinand Franz Wallraf betraut, ein deutscher Botaniker, Mathematiker und Priester, der vor allem durch seine Kunstsammlung Bekanntheit erlangte. In seiner Funktion als Kurator für Denkmalschutz orientierte sich Wallraff vor allem am

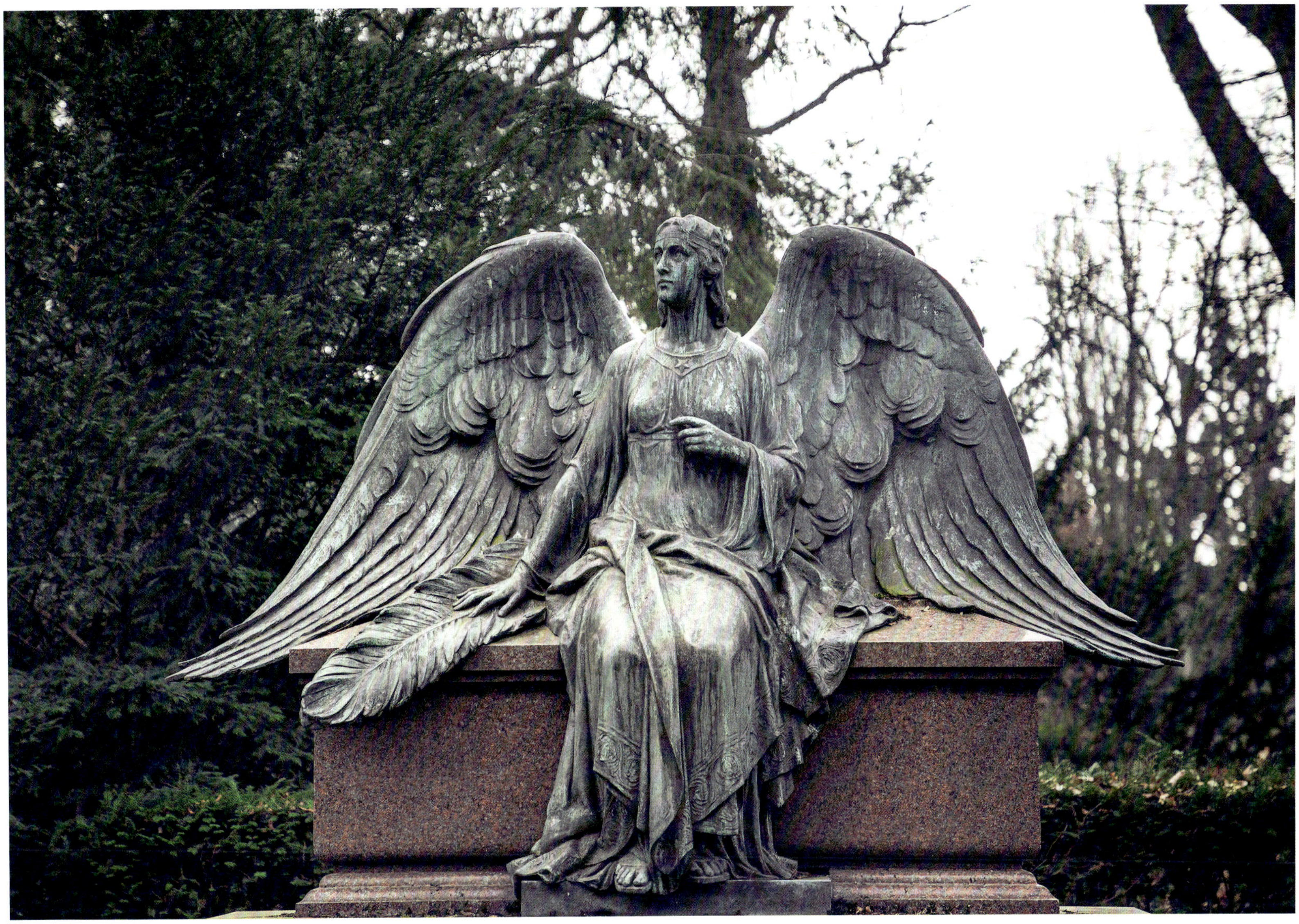

Pariser Friedhof Père Lachaise. Der Melatenfriedhof sollte nicht nur ein Ort der Trauer sein, sondern war seit seiner Eröffnung 1810 auch als öffentliche Grünanlage und Erholungsstätte konzipiert. Die Anordnung besteht aus einer klassischen Vierfelderanlage, die von zwei Hauptwegen durchkreuzt wird. 1826 gab der Gartenarchitekt Maximilian Friedrich Weyhe dem Friedhof sein grünes Gewand.

Die Hauptwege und die Ost-West-Achse, an der sich die repräsentativen Gräber befinden, erhielten Alleen aus Platanen, die Seitenwege wurden mit Linden und Rosenstöcken bepflanzt. Später kamen im Bereich der einfacheren Gräber noch Lebensbäume, Ahorne, Birken, Trauerulmen, japanische Zierkirschen und Trompetenbäume hinzu.

An den Hauptwegen befinden sich die Millionenalleen, wo in prachtvollen und monumentalen Grabanlagen viele prominente Kölner ihre letzte Ruhestätte gefunden haben. Hier liegen der Komponist Willi Ostermann, bekannt für seine Heimat- und Karnevalslieder in Kölscher Mundart, die Familie Millowitsch oder die Familie Farina mit dem Schöpfer des »Eau de Cologne« begraben.

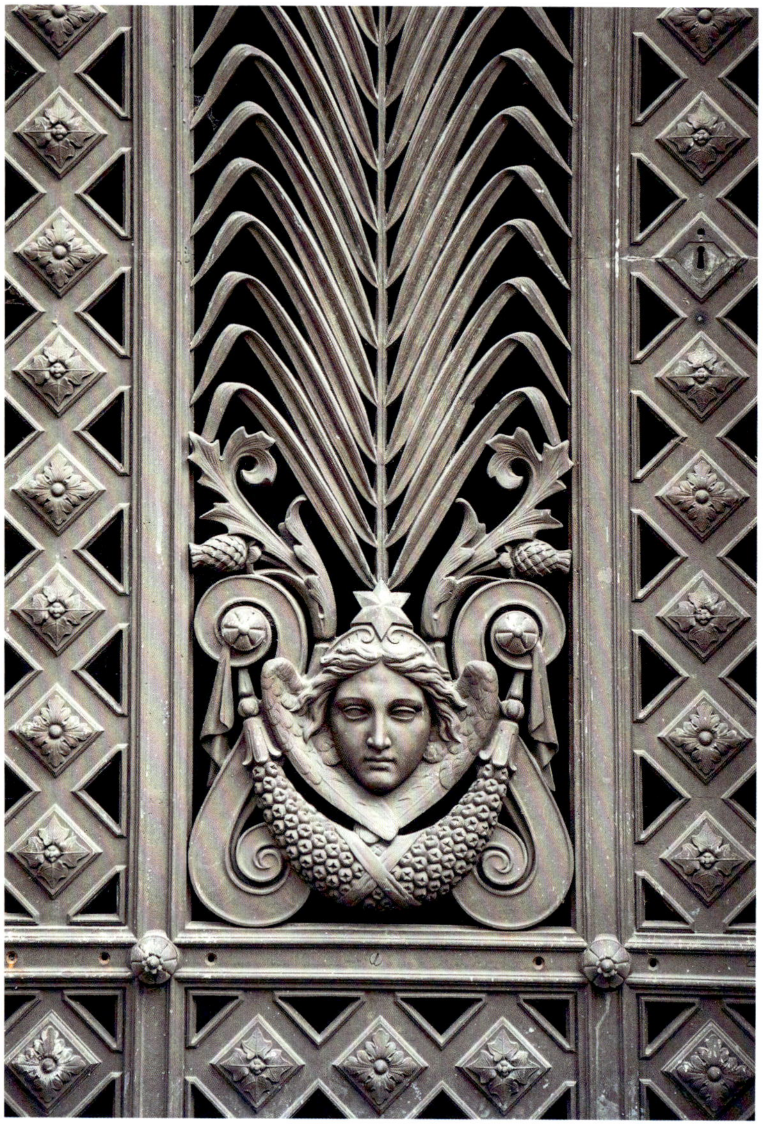

OFT MIT VIEL LIEBE ZUM DETAIL sind die eisernen Eingangstore der Mausoleen gefertigt, wie dieser Ausschnitt verdeutlicht. △ EIN SPAZIERGANG entlang der Hauptachsen mit seinen teils pompösen, teils grazilen Ruhestätten zeigt zweifelsohne, warum Melaten zu den schönsten in Deutschland gehört. ▷

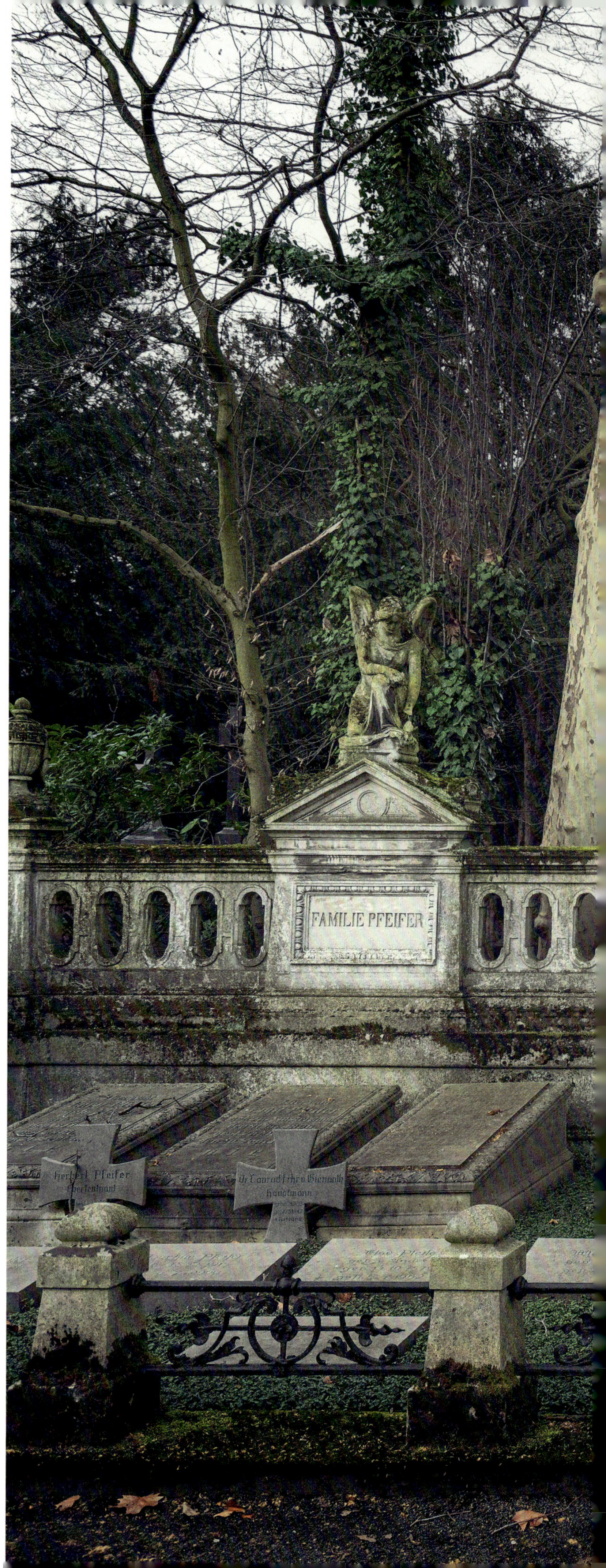

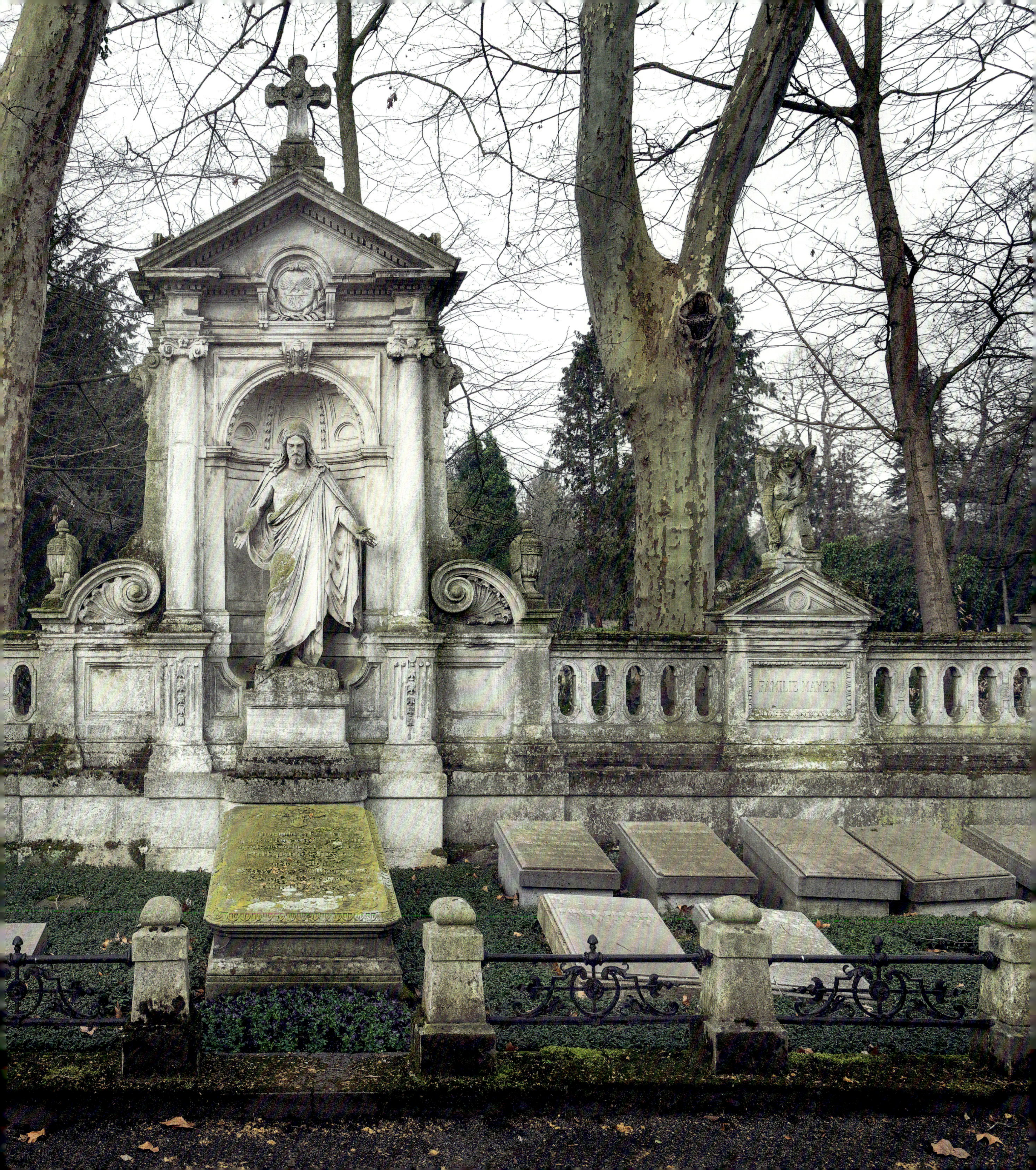
FAMILIE MAYER

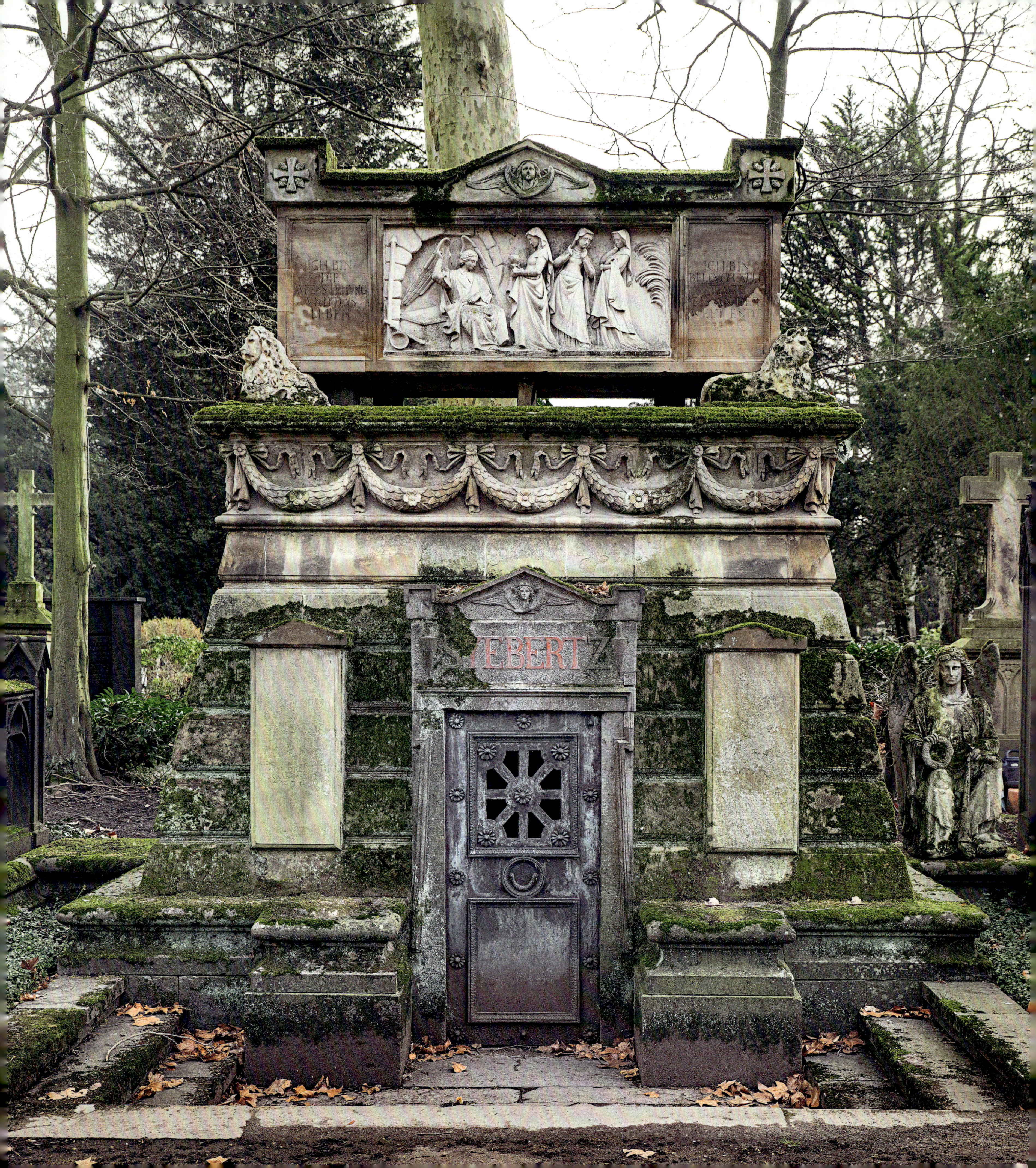
ICH BIN
DIE
AVFERSTEHVNG
VND DAS
LEBEN
ICH BIN
BEI EVCH ALLE
TAGE
BIS AN DER
WELT ENDE

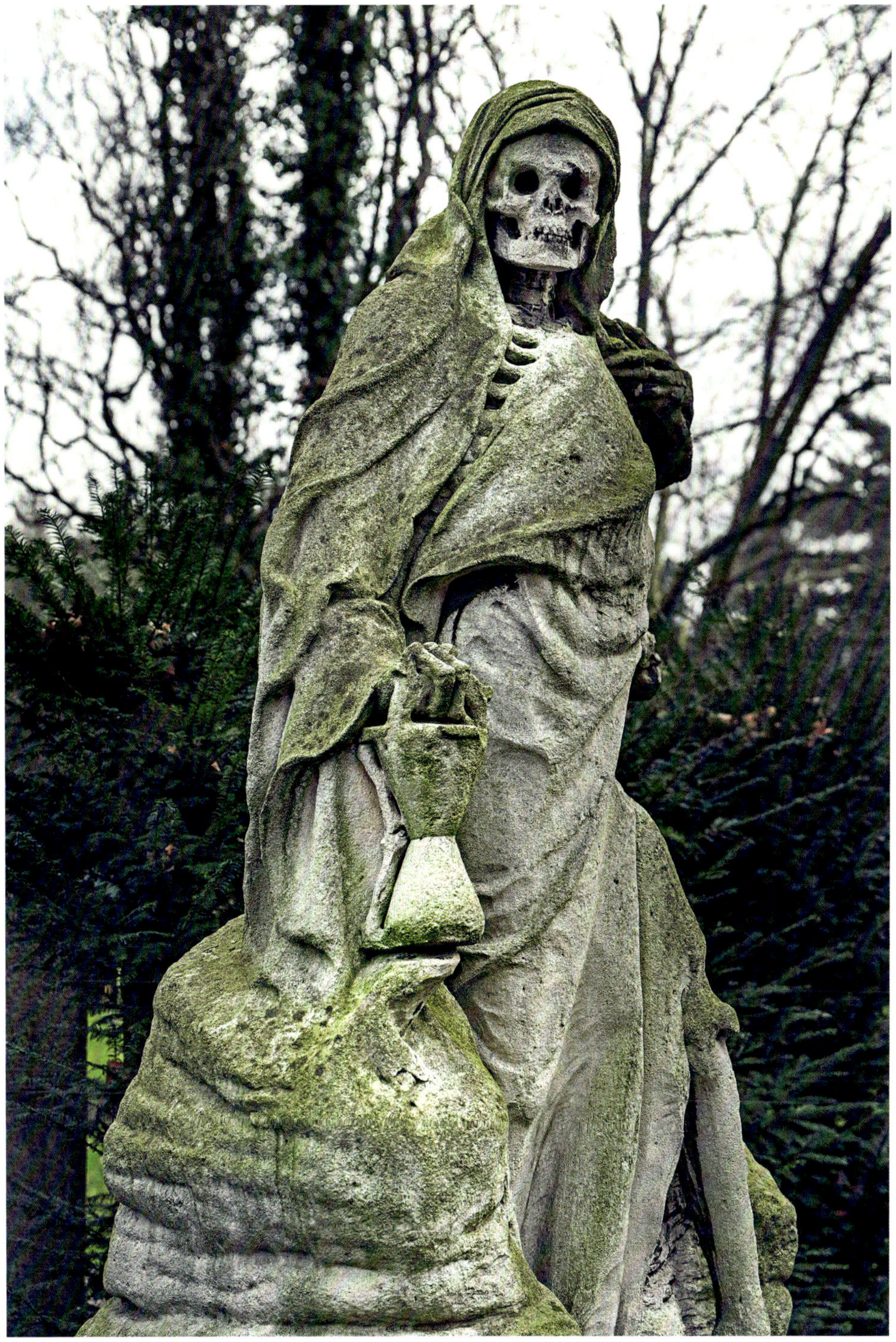

DER »SENSENMANN« von August Schmiemann hat sich zum bekanntesten Wahrzeichen des Friedhofs entwickelt. Er befindet sich etwas abseits von den Hauptwegen. △
ZWAR SIND DIE WEGE fast schon zu gut gepflegt, dem verträumten Charme der Gräber nimmt dies aber zum Glück nichts weg. ◁

DIE IMPOSANTE KAPELLENANLAGE mit dem hohen Glockenturm und Krematorium bildet das Herzstück der Anlage. Rundum geht es auf eine facettenreiche Reise.

EIN PARADIES VOLLER LINDEN

LEIPZIG · SÜDFRIEDHOF

Der Leipziger Südfriedhof im heutigen Stadtteil Probstheida gilt als einer der größten und kunstgeschichtlich bedeutendsten Friedhöfe Deutschlands. Die 78 Hektar große Parkanlage ist mit ihrem Wegenetz im Stil eines Lindenblattes ein Gesamtkunstwerk im Jugendstil und besticht vor allem durch ihre monumentale Friedhofskapelle.

Im Leipziger Süden, unweit des Völkerschlachtdenkmals, befindet sich mit dem Südfriedhof ein Wahrzeichen der Stadt. Die 78 Hektar große Anlage ist nicht nur der größte Friedhof der Stadt und ganz Sachsens, sondern gehört darüber hinaus zu den schönsten Parkfriedhöfen Deutschlands.

Als sich Leipzig in den letzten Dekaden des 19. Jahrhunderts im Zuge der Industrialisierung immer mehr vergrößerte, begann man 1879 noch vor der Eröffnung des Nordfriedhofes mit der Planung eines weiteren städtischen Friedhofes, des Südfriedhofs. Mit der Planung und Gestaltung des Geländes wurden der Leipziger Gartenbaudirektor Otto Wittenberg und der Architekt Hugo Licht betraut, die sich vor allem an dem 1877 eröffneten parkähnlichen Friedhof in Hamburg-Ohlsdorf orientieren.

LINDENBLATT

Zentrales Element ist das Wegekreuz mit seiner Lindenallee, um das sich geschwungene Wege mit einem artenreichen Baumbestand gruppieren. Die Wegeführung in Gestalt eines Lindenblattes basiert auf der Idee der ursprünglichen Bezeichnung Leipzigs, einer slawischen Siedlung um das Jahr 900. Der Geschichtsschreiber Thietmar von Merseburg erwähnte Leipzig erstmals im Jahr 1015 unter der Bezeichnung »urbs Libzi«: Der Ort, an dem die Linden stehen. 1886 wurde der Südfriedhof schließlich durch den Bürgermeister Carl Bruno Tröndlin eröffnet.

GRÖSSTES FRIEDHOFSGEBÄUDE

Mit seiner Erweiterung 1910 erhielt die Friedhofsanlage ihr heutiges Gesicht. Unter der Leitung des Baudirektors Otto Wilhelm Scharenberg entstand eine imposante Kapellenanlage, die an das Kloster Maria Laach in der Eifel erinnert. Im Mittelpunkt steht die monumentale Haupthalle mit einem 63 Meter hohen Glockenturm, flankiert von zwei kleineren Kapellen. Das Gebäudeensemble im neoromanischen Stil gilt als das größte Friedhofsbauwerk Deutschlands und beinhaltet neben drei Trauerhallen darüber hinaus ein Krematorium mit einem Kolumbarium für die Urnenbestattung.

Auf dem Gelände finden sich über 500 Skulpturen, die von Leipziger Bildhauern wie Max Klinger, Carl Seffner und Walter Arnold gestaltet wurden. Hier finden sich die Gräber von zahlreichen Prominenten, wie dem Dirigenten Kurt Masur, den Malern Werner Tübke und Wolfgang Mattheuer sowie den Verlegerfamilien Baedeker und Ullstein.

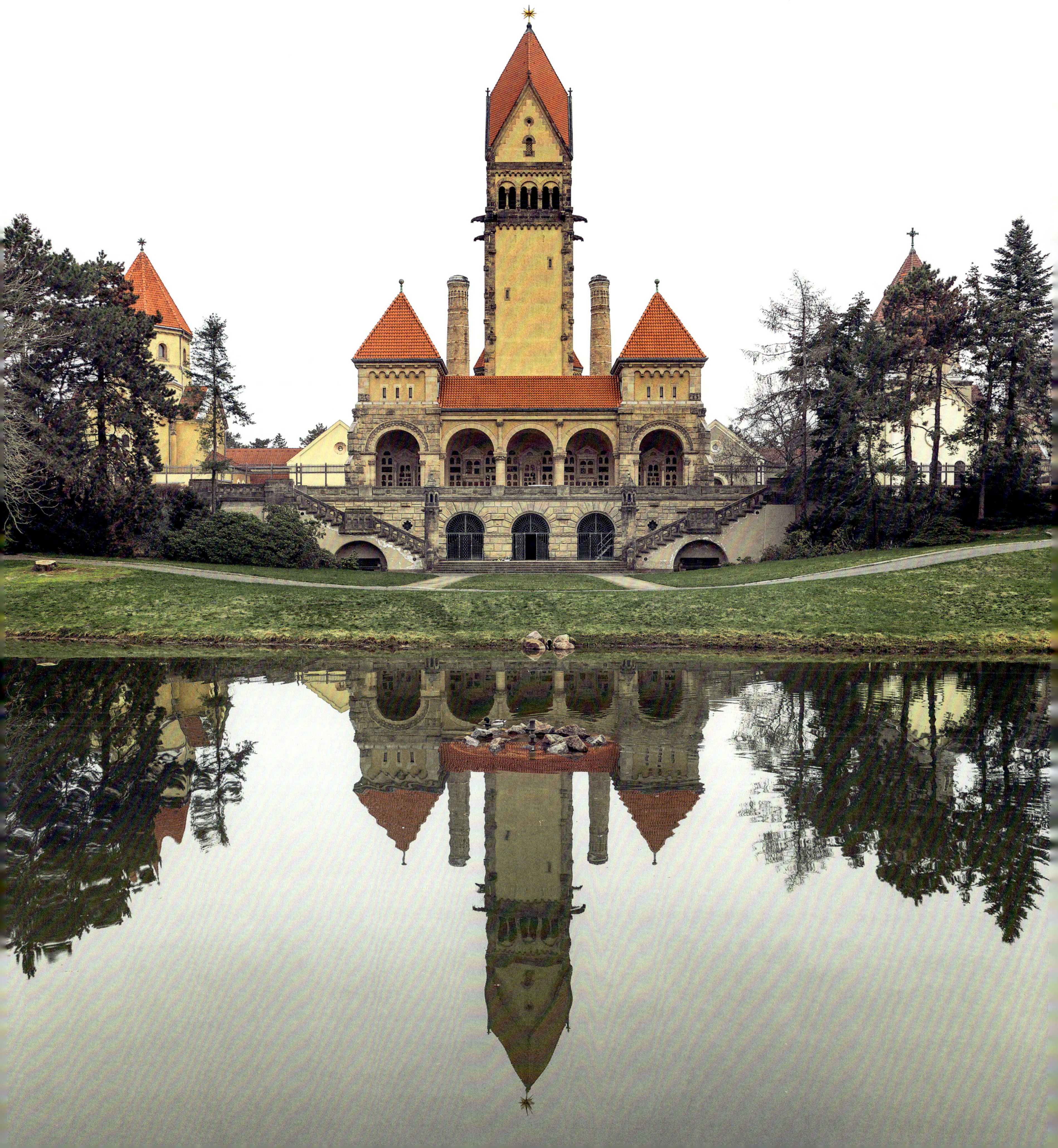

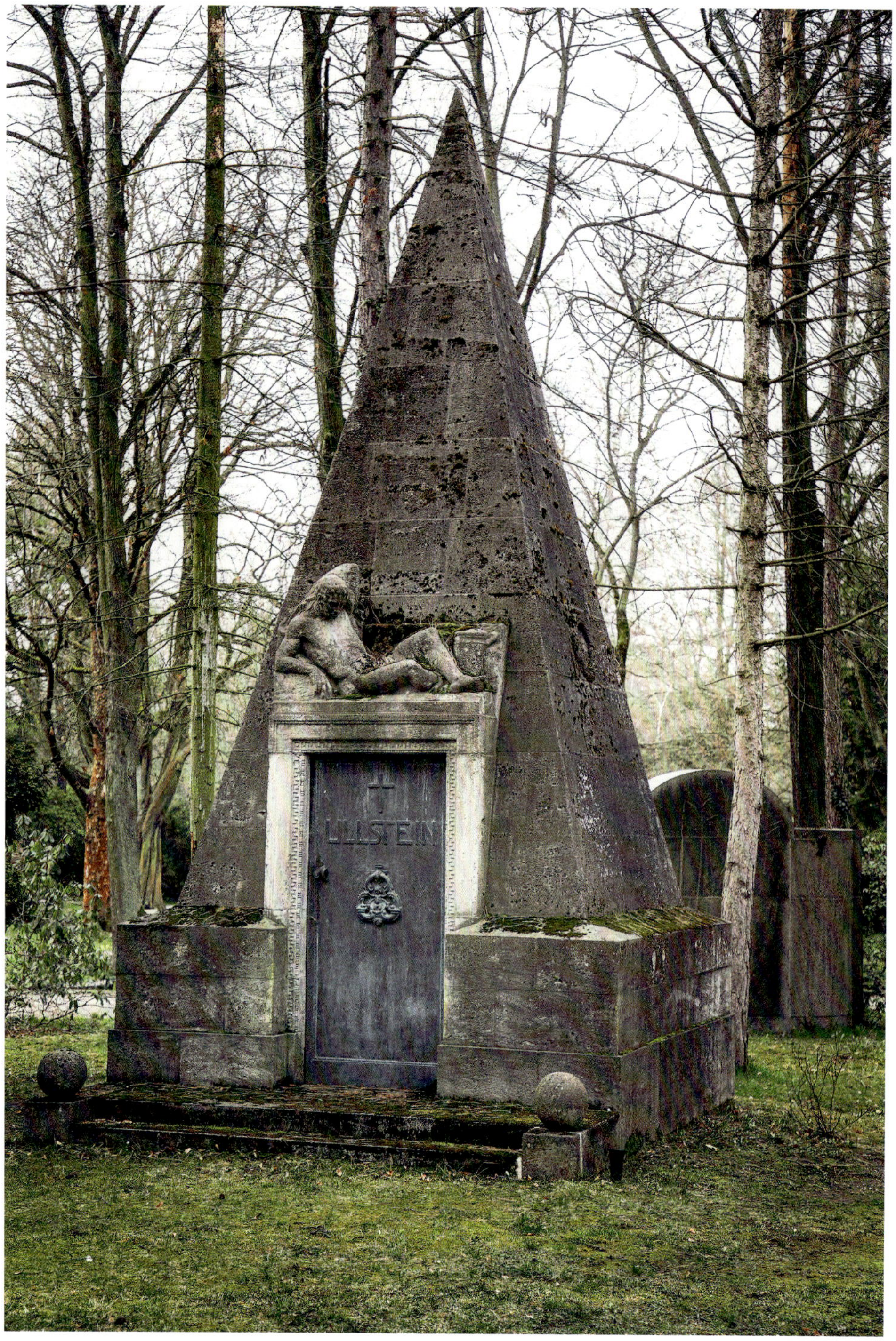

UNENDLICH FRIEDVOLL IST DIE STIMMUNG auf dem Südfriedhof, dessen schönste Abschnitte sich wie ein Ring um die zentrale Kapelle gruppieren. △

WÄHREND IM WESTEN DIE MAUSOLEEN liegen, findet man im Süden die kleineren, aber nicht minder schönen Oasen, die überall hervorblitzen. ▷

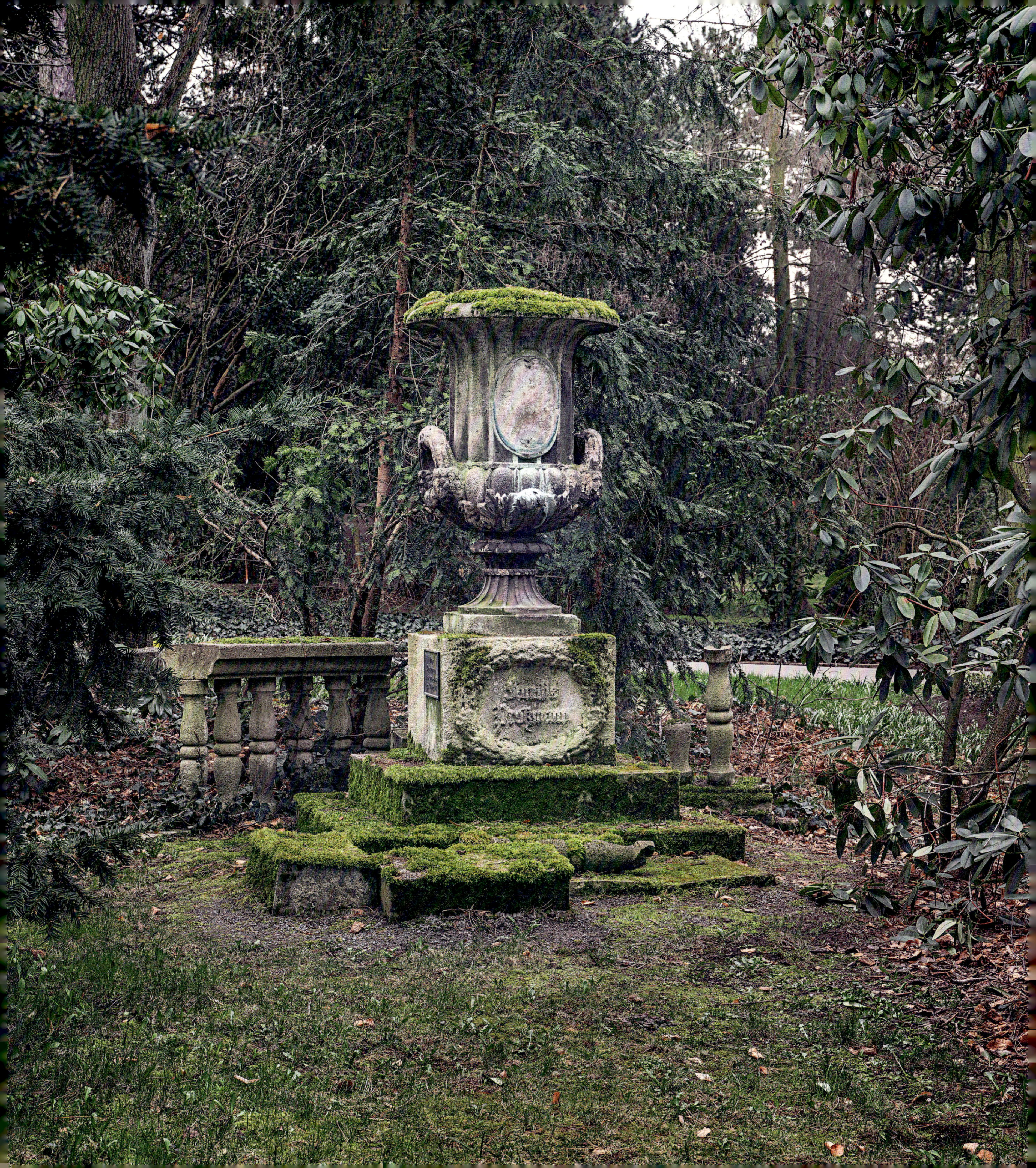

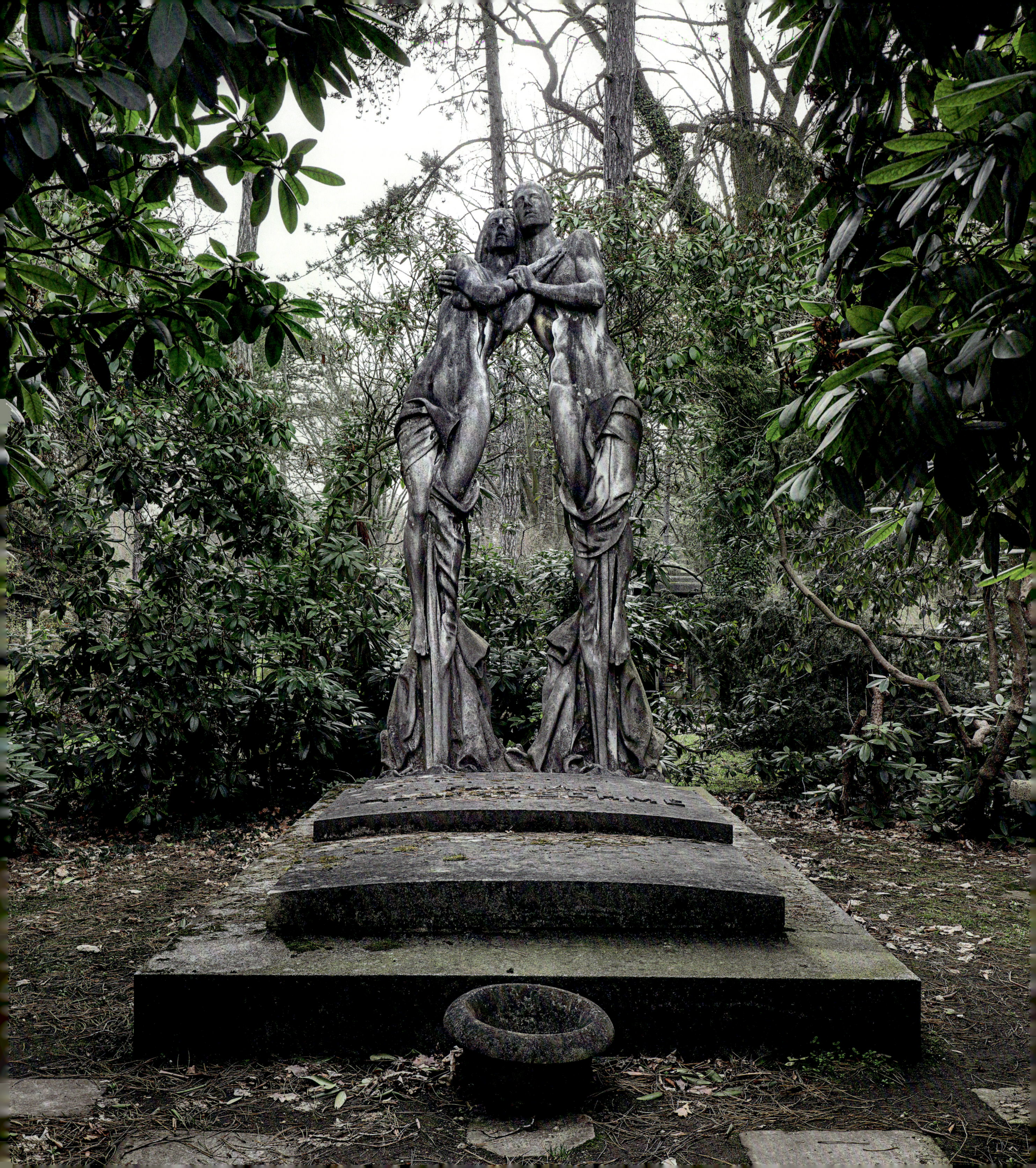

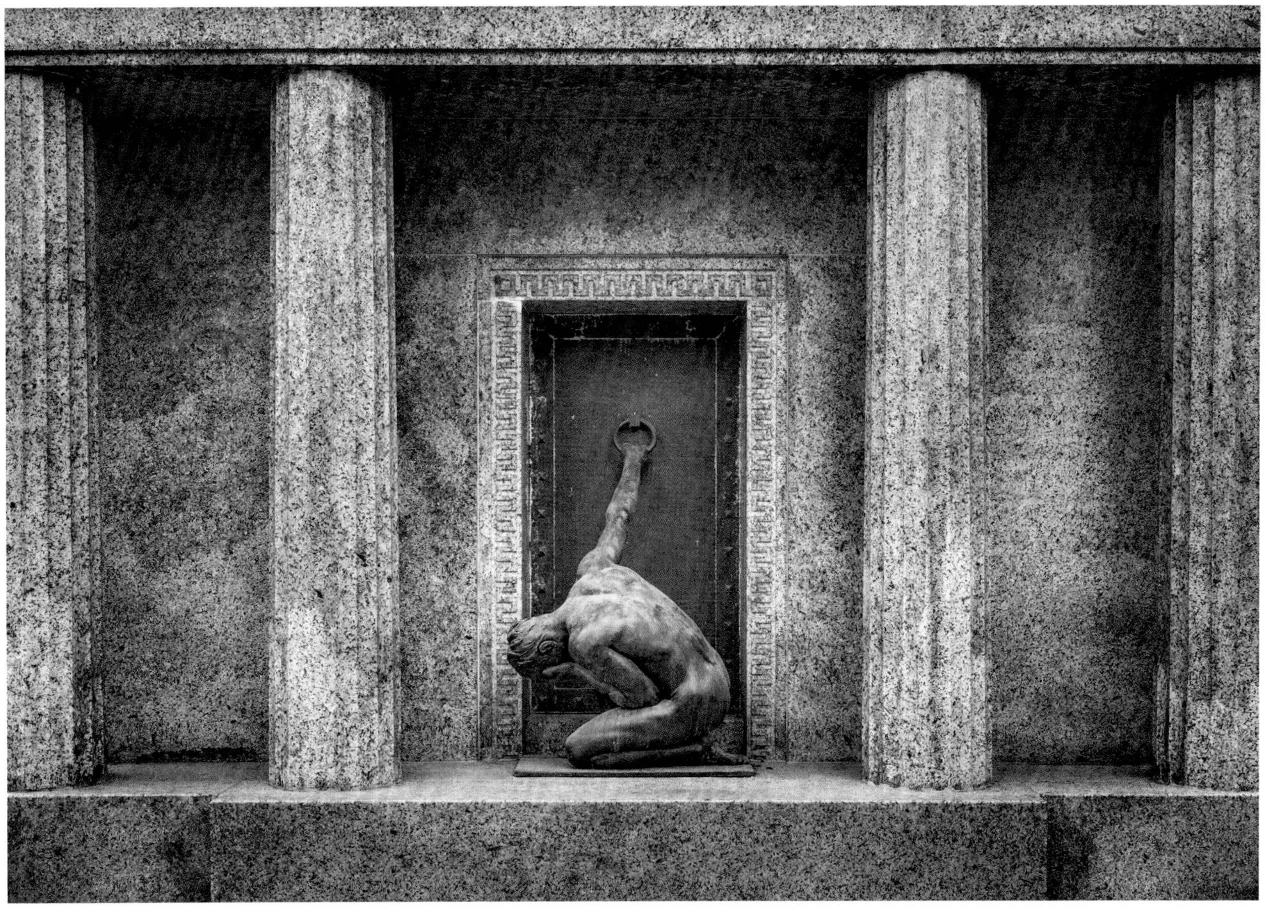

AUF KEINEN FALL darf jedoch der Weg an der westlichen Friedhofsmauer fehlen, da diese gesäumt ist von einzigartigen Sujets, wie hier das Wandgrabmal des Industriellen Heinrich Hermann Schaub, entworfen von Emil Franz Hänsel. △
AUCH DER BLICK durch das Dickicht der Hecken lohnt sich, um solche versteckten Skulpturen zu entdecken, wie sie hier nordostlich von der Kapellenanlage gelegen sind. ◁

»WERD ICH ZUM AUGENBLICKE SAGEN: Verweile doch! Du bist so schön!« – Johann Wolfgang Goethe. Goldener Herbst im nördlichen Friedhofsareal.

AUDIENZ BEI AUREUS

MAINZ · HAUPTFRIEDHOF

Der Hauptfriedhof der rheinland-pfälzischen Landeshauptstadt Mainz beeindruckt mit seinem parkähnlichen Charakter in Hanglage und ist ein einzigartiges Zeugnis der Grabmalkunst des 19. und 20. Jahrhunderts. Die Geschichte der 20 Hektar großen Begräbnisstätte reicht zurück bis in die Römerzeit und gilt darüber hinaus als Vorbild des legendären Pariser Friedhofes Père Lachaise.

Oberhalb der Mainzer Innenstadt liegt in unmittelbarer Nähe zum Universitätscampus der geschichtsträchtige Hauptfriedhof. Mit seiner Garten- und Grabmalkunst bietet der Hauptfriedhof ein reichhaltiges Potpourri der unterschiedlichsten Gestaltungsformen des 19. und 20. Jahrhunderts. Die bildhauerische Bandbreite reicht von einfachen Sandsteinen über barocke, neogotische und neoklassizistische Denkmale bis hin zu Jugendstilbauten und Pyramiden, Obelisken und wandförmigen Grabsteinen.

MÄRTYRERTOD

Das Gelände im Zahlbachtal wurde weit vor der Eröffnung des heutigen Hauptfriedhofes als Begräbnisplatz genutzt und reicht zurück bis in die Gründerzeit durch die Römer vor 2000 Jahren. In der ersten Hälfte des fünften Jahrhunderts soll hier der später heiliggesprochene erste Bischof von Mainz Aureus den Märtyrertod durch die Hunnen gefunden haben. Der Ausspruch »Komm', wir gehen zum Aureus« ist heute ein Synonym für einen Besuch des Hauptfriedhofes. Am Haupteingang erinnert das Aureustor von 1826 mit der Inschrift »Kostbar ist der Tod des Gerechten vor dem Angesichte des Herrn« an das historische Ereignis.

IMPOSANTE GRUFTSTRASSEN

Die Entstehung des Hauptfriedhofes fällt in die napoleonische Besatzungszeit, die Ende 1797 ihren Anfang nahm. Aufgrund eines kaiserlichen Dekretes, Friedhöfe fortan außerhalb der damaligen Stadtgrenzen anzulegen, setzte der Mainzer Präfekt Jeanbon Baron de Saint André dies auf dem westlichen Hang im Zahlbachtal im Jahr 1803 um. Das Areal von knapp 3 Hektar war zunächst rechteckig angeordnet und besaß kein geordnetes Wegesystem.

Im Zuge der Erweiterungen wuchs der Hauptfriedhof auf 20 Hektar an und erhielt ein geometrisches Wegenetz und eine Grobgliederung in 75 Gräberfelder. An den Hauptachsen wurden Alleen angelegt. Hervorzuheben sind vor allem das 1903 errichtete Krematorium mit einer aufwendigen Kupferkuppel, eine der ersten Anlagen dieser Art in Deutschland, und am Hang gelegen, die beiden Gruftstraßen mit Gruftanlagen bedeutsamer Mainzer Familien wie der Familien Kupferberg, Henkell und Schott. Weitere Persönlichkeiten sind der Mainzer Komponist und Dichter Peter Cornelius, der Gründungsintendant des ZDFs Karl Holzamer und der Chemiker Fritz Straßmann.

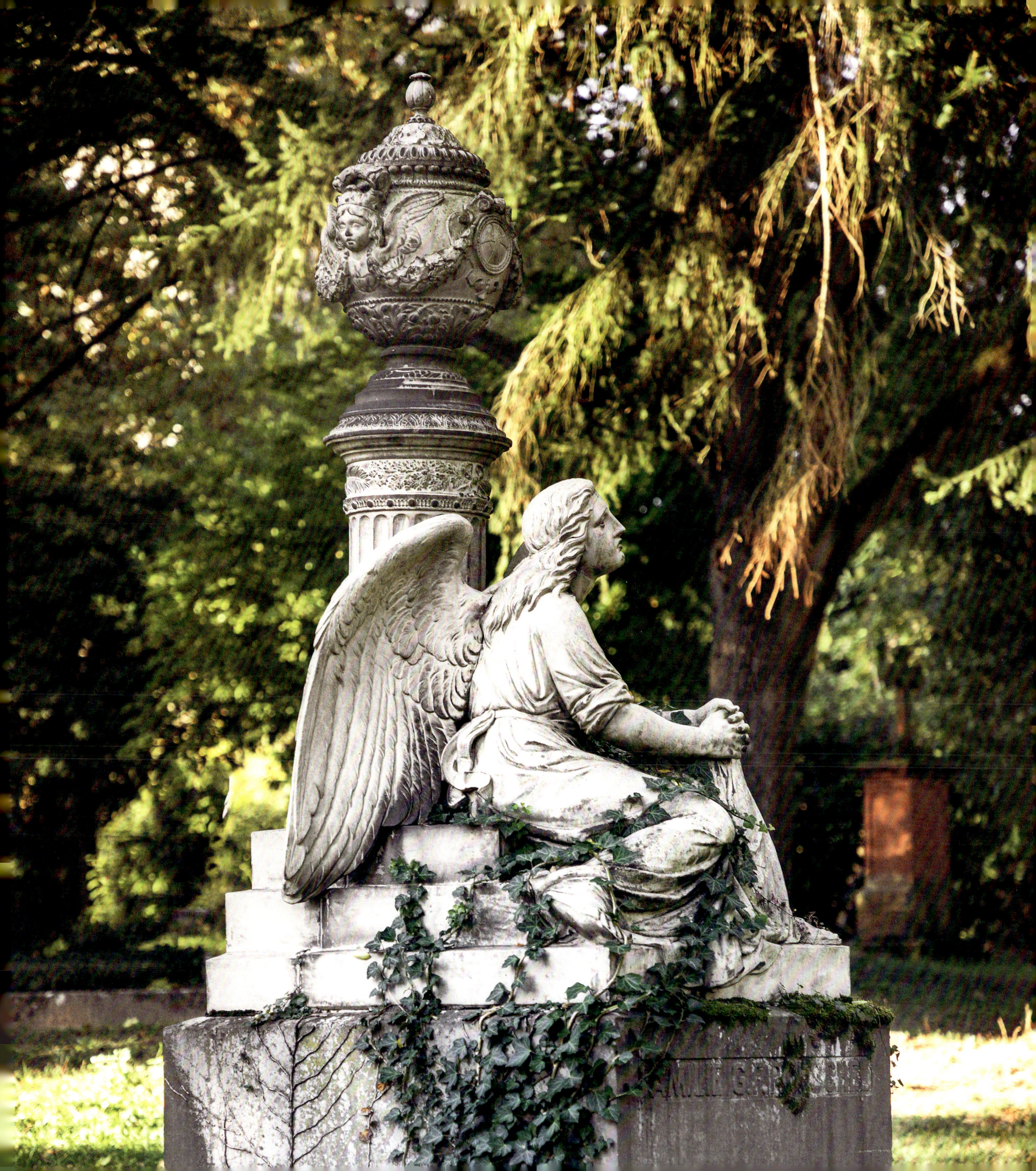

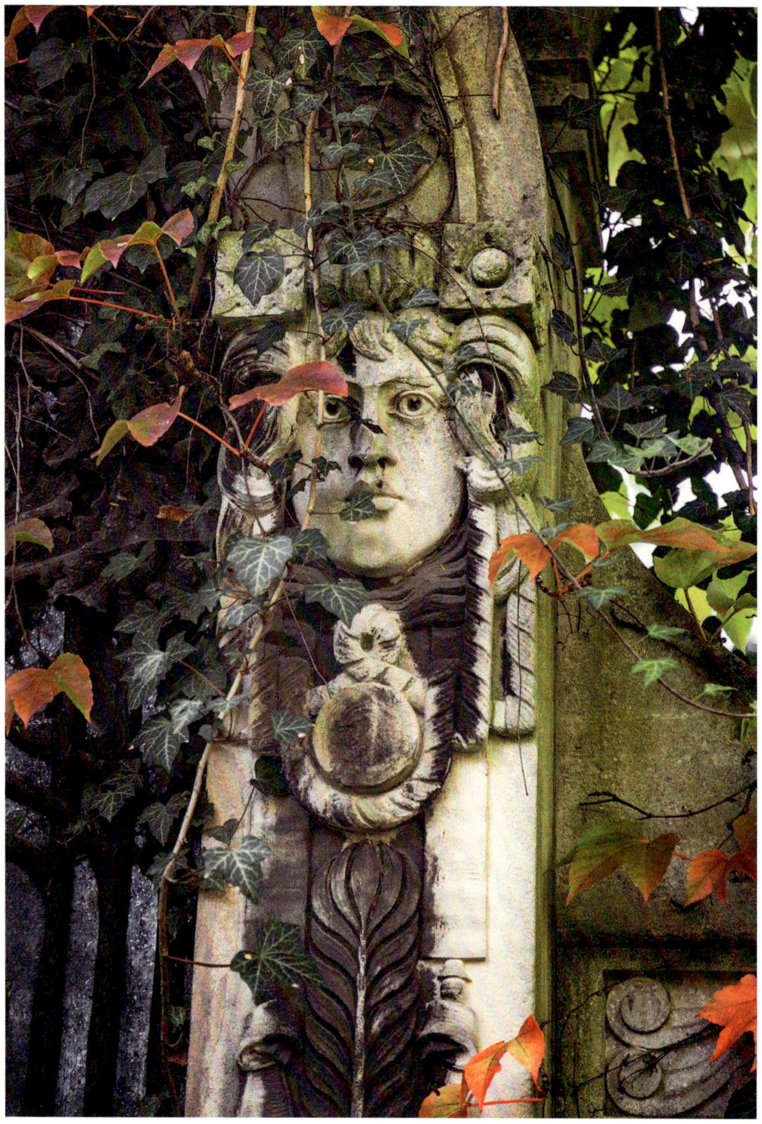

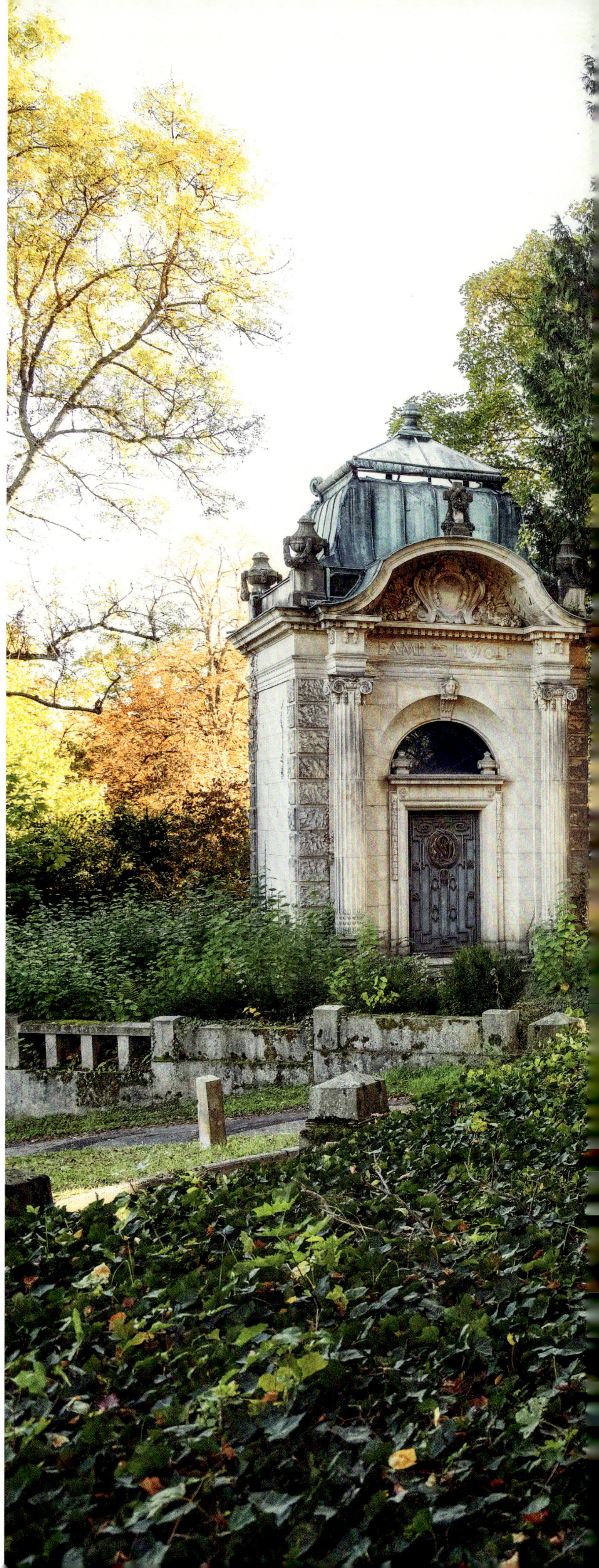

AUCH BEI VIELEN KLEINEREN GRABMALEN, die sich überall verstreut über dem Hügel finden, ist viel Liebe ins Detail gelegt worden. DEN HÖHEPUNKT des terrassenartig angelegten Hügels bilden die größten Mausoleen – wie Paläste sind sie von überall zu sehen. ▷

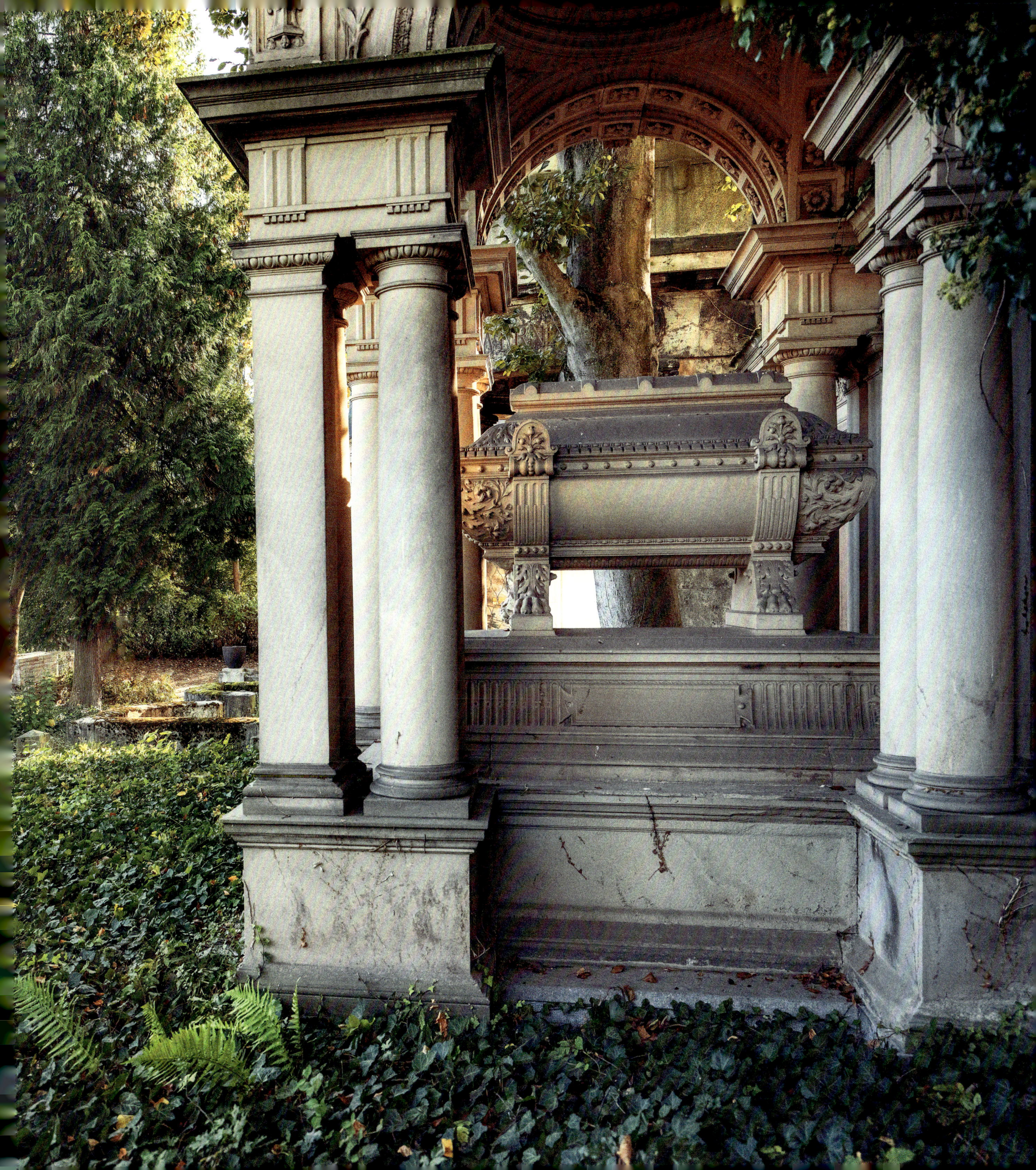

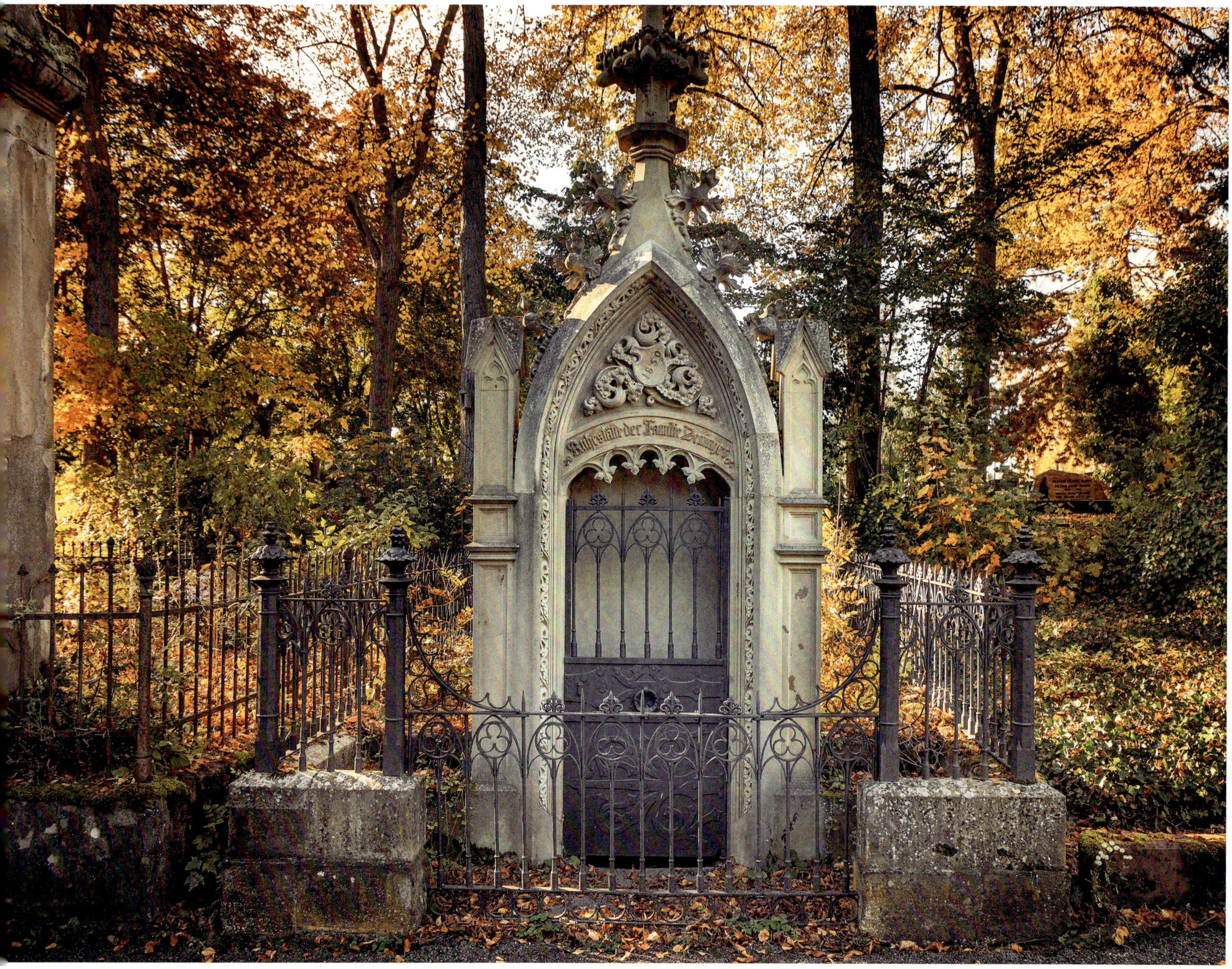

AUF DEN ZENTRALEN TERRASSENWEGEN auf dem Hügel reiht sich ein wunderschön gestaltetes Mausoleum nach dem anderen, fast immer mit grazilen Türen und Ornamenten. Oft führt eine Treppe gleich hinab zu den Grüften.

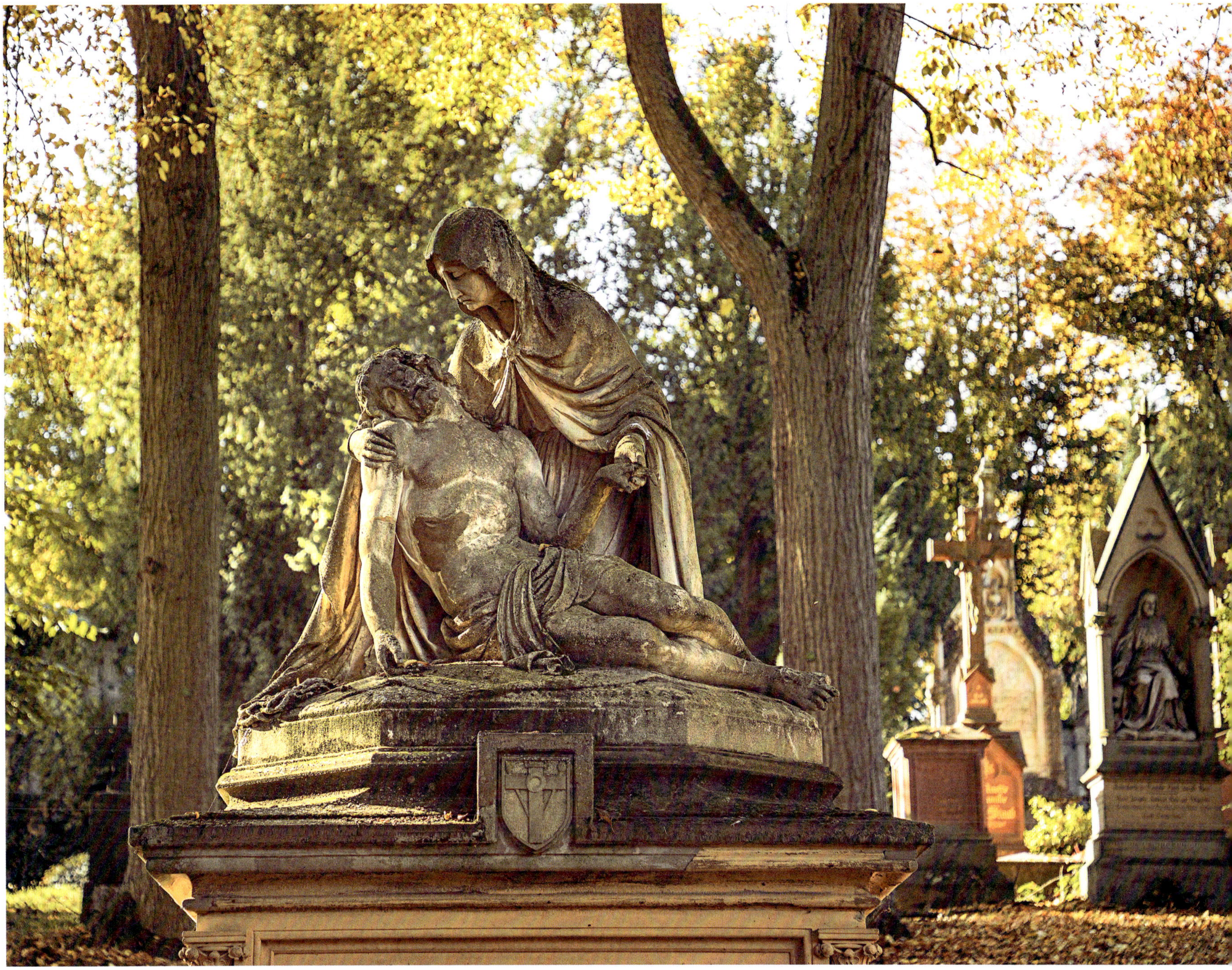

DAS GOLDENE HERBSTLICHT legt sich sanft auf die Skulpturen und Brunnen, welche die Kreuzungen auf den Wegen säumen, die sich den Friedhofshügel hinaufschlängeln.

ENGELSBILDER an der Friedhofsmauer im südlichen Areal des Friedhofes.

SARKOPHAG FÜR JEDERMANN

MÜNCHEN · ALTER SÜDFRIEDHOF

Im Süden der bayrischen Landeshauptstadt München befindet sich im Stadtteil Isarvorstadt vor den ehemaligen Stadtmauern am Sendlinger Tor der Alte Südfriedhof, der zugleich die größte innerstädtische Grünfläche von München darstellt. Das Bild des knapp zehn Hektar großen Friedhofes ist geprägt von alten Grabstätten und langen Alleen, Brunnen und Denkmalen, die von der über 450-jährigen Geschichte des Friedhofes erzählen.

Eingerahmt von der Theresienwiese im Osten und der Isar im Westen befindet sich vor dem Sendlinger Tor der Alte Südfriedhof. Er ist nicht nur der älteste Zentralfriedhof Münchens, sondern gehört auch zu den ältesten Kommunalfriedhöfen Deutschlands. Doch die Geschichte des Gottesackers reicht viel weiter zurück.

Als es im 16. Jahrhundert zu lokalen Ausbrüchen der Pest kam, ließ Herzog Albrecht V. 1563 vor den südlichen Stadtmauern der jetzigen Altstadt Münchens einen Pestfriedhof anlegen. Neben den Opfern der Pest fanden hier hauptsächlich Menschen aus dem ärmeren Teil der Bevölkerung eine letzte Ruhestätte. Wer es sich leisten konnte, ließ sich auf einen der innerstädtischen Kirchhöfe bestatten.

BAUERNAUFSTAND

Auch ein Massengrab wurde hier angelegt, um die Gefallenen der Sendlinger Mordweihnacht zu bestatten. Der Vorfall geht zurück auf eine kämpferische Auseinandersetzung zwischen bayerischen Widerstandskämpfern und Truppen der Reichsarmee unter dem Oberbefehl des habsburgischen Kaisers Joseph I. in der Nacht zum 25. Dezember 1705 in Sendling bei München. Der Aufstand wurde mit äußerster Brutalität niedergeschlagen. Von den etwa 1100 gefallenen Bauern, die München zurückerobern wollten, wurden auf dem Gelände des Alten Südfriedhofes mehr als 500 Opfer beerdigt.

NEUER ZENTRALFRIEDHOF

Als Ende des 18. Jahrhunderts die innerstädtischen Kirchhöfe zu überfüllen drohten und die hygienischen Zustände sich immer weiter verschlechterten, wurden die Begräbnisplätze um die Frauenkirche, die Kreuzkirche, die Salvatorkirche und das Franziskanerkloster sukzessive geschlossen. Auf Anordnung von Kurfürst Karl Theodor II. wurden im Jahr 1789 Bestattungen innerhalb der Stadtmauern generell verboten. So avancierte der Alte Südfriedhof vom einstigen Armenfriedhof zum neuen Zentralfriedhof Münchens. Im Jahr 1818 erhielt die Stadt München im Zuge der neuen bayerischen Verfassung ihre kommunale Selbstbestimmung wieder. Auch das Friedhofswesen wurde fortan städtisch verwaltet, was zur Folge hatte, dass die konfessionelle Bindung auf dem Friedhof aufgehoben wurde. 1818 wurde mit dem Weinhändler Johann Balthasar Michel der erste Protestant auf dem Friedhof bestattet.

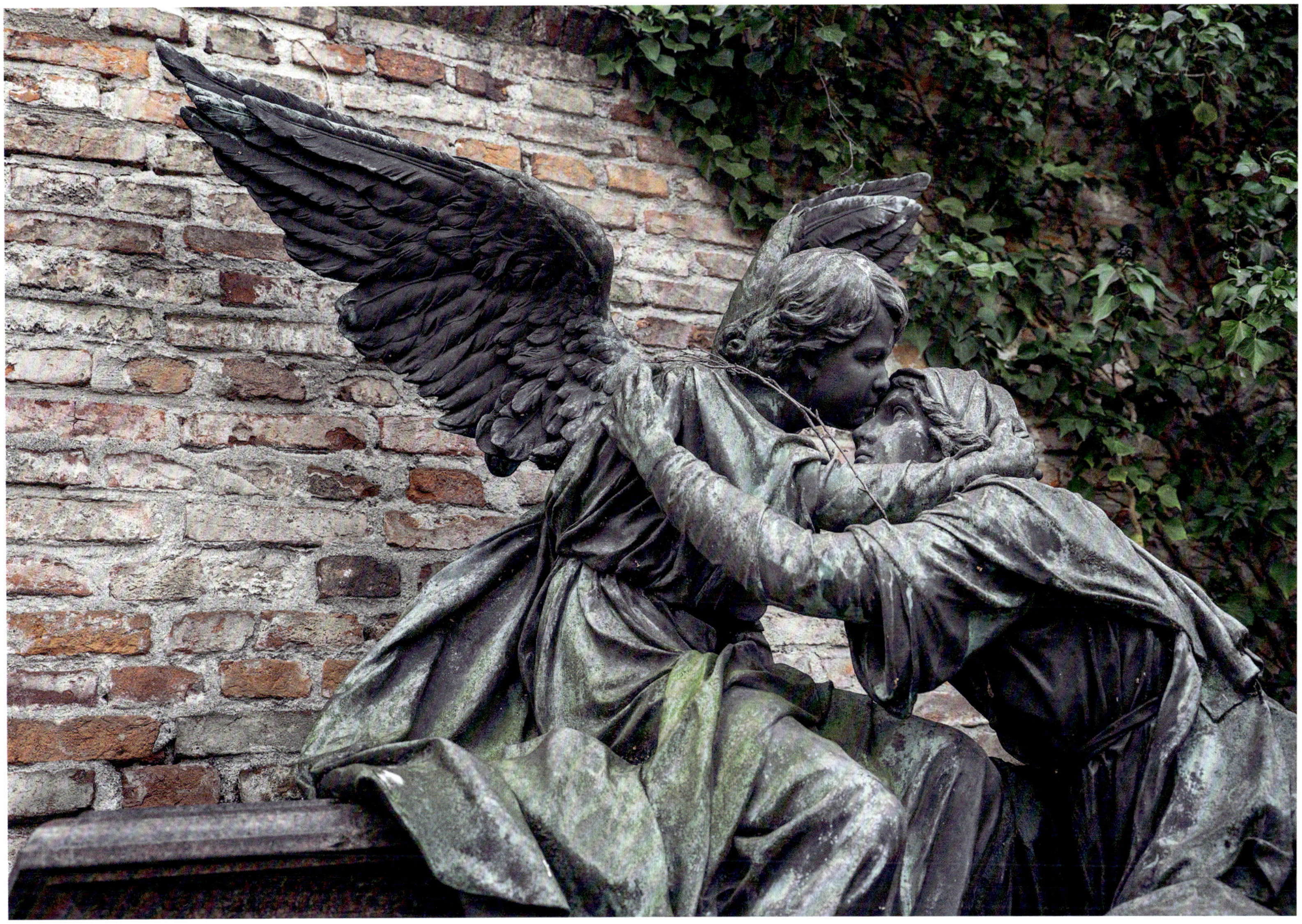

Durch den königlichen Hofbaumeister Gustav Vorherr unter Mitwirkung des Gartenarchitekten Friedrich Ludwig von Sckell wurde der Friedhof in den Jahren 1818 bis 1821 grundlegend umgestaltet. Der Grundriss in Form eines Sarkophags geht zurück auf die sogenannte Revolutionsarchitektur, eine visionär utopische Bauweise, dem Klassizismus entlehnt. Die Reihengräber wurden in einer klar definierten, geometrischen Anordnung gestaltet. Im südlichen Halbkreis öffnen sich entlang der Außenmauer des Friedhofs Arkadengrüfte, die den wohlhabenden Münchner Familien vorbehalten sind. Der Architekt Friedrich von Gärtner erweiterte den Friedhof im Jahr 1850 um einen Campo Santo, einen nach innen geöffneten Bogengang zur Umschließung des Areals.

Im Zweiten Weltkrieg wurde der Friedhof durch einen Bombenangriff 1943 schwer beschädigt. Nach den Plänen des Architekten Hans Döllgast wurde er in den Jahren 1954 und 1955 wiederaufgebaut und im Jahr 1973 unter Denkmalschutz gestellt. Unter den Gräbern prominenter Persönlichkeiten finden sich der Maler Carl Spitzweg, der Komponist und Vater von Richard Strauss, Franz Strauss, und der Physiker und Optiker Joseph von Fraunhofer.

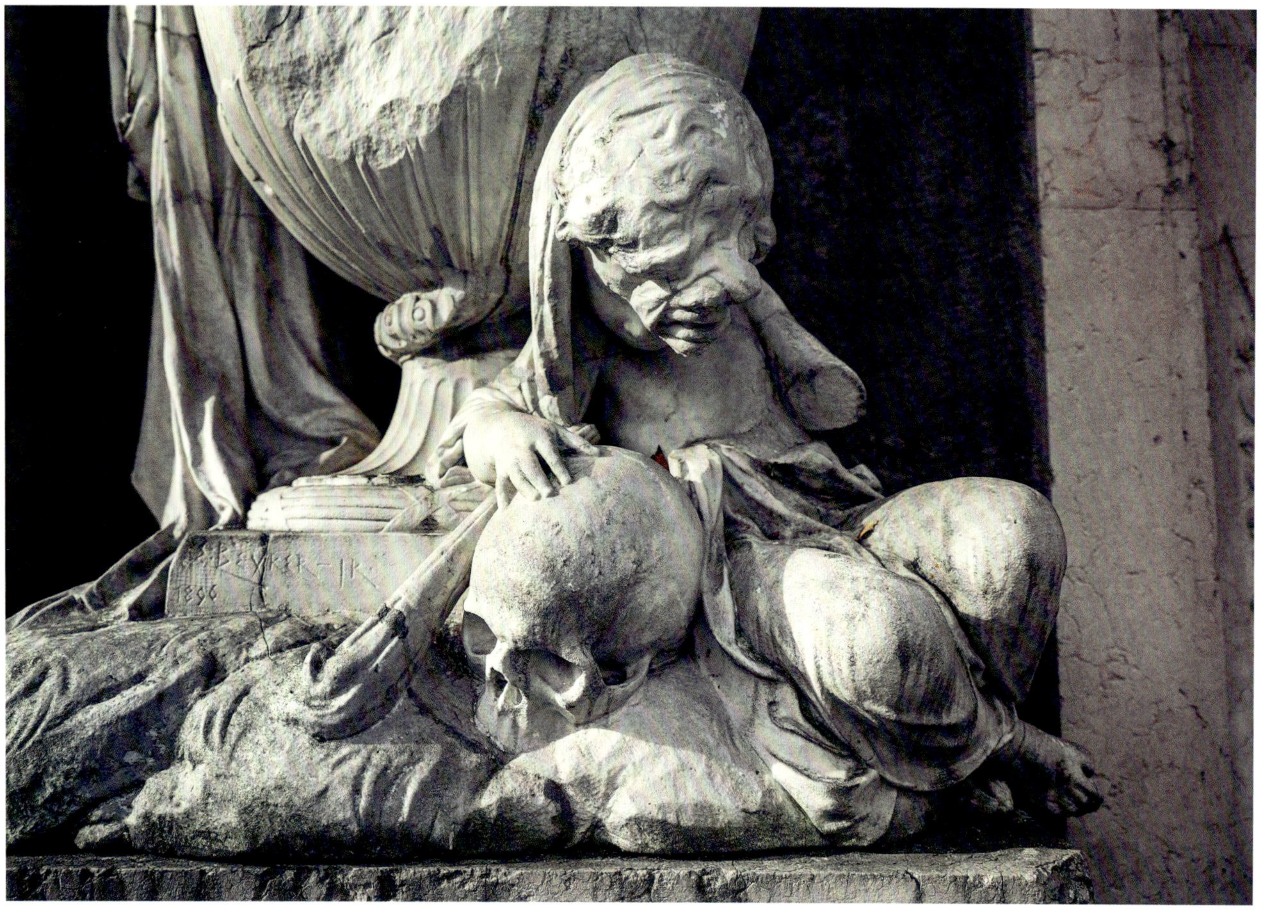

DAS SÜDLICHE FRIEDHOFSAREAL lädt zunächst zu einem Rundgang mit vielen spannenden Details entlang der inneren Friedhofsmauern ein. △
DIE GRABFELDER, hier im frühlingshaften Gewand, sind sehr grün und teils chaotisch, gleichzeitig jedoch idyllisch angelegt. ▷

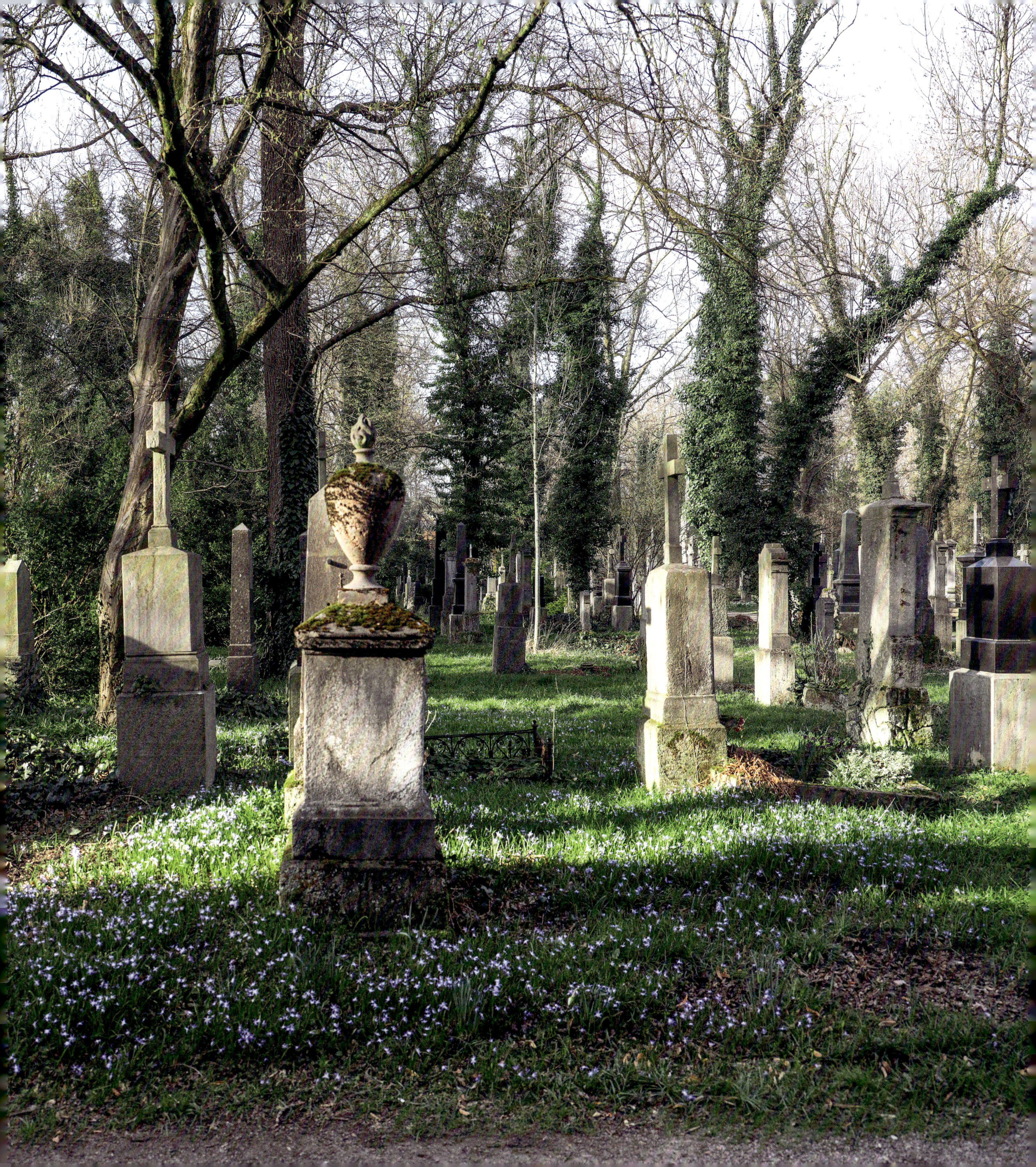

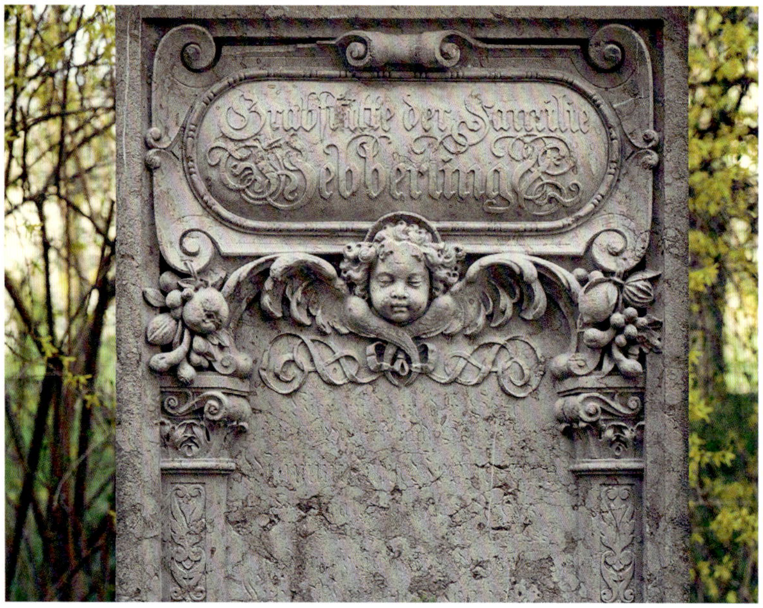

GRAZILE DETAILS finden sich an vielen Stellen der alten Grabmale, hier im nördlichen Teil. △
DIE FRIEDHOFSMAUER des südlichen Areals ist an allen Seiten ein Hochgenuss. Als zweiter deutscher Friedhof neben Dresden gibt es hier ebenfalls einen kleinen Camposanto. ▷

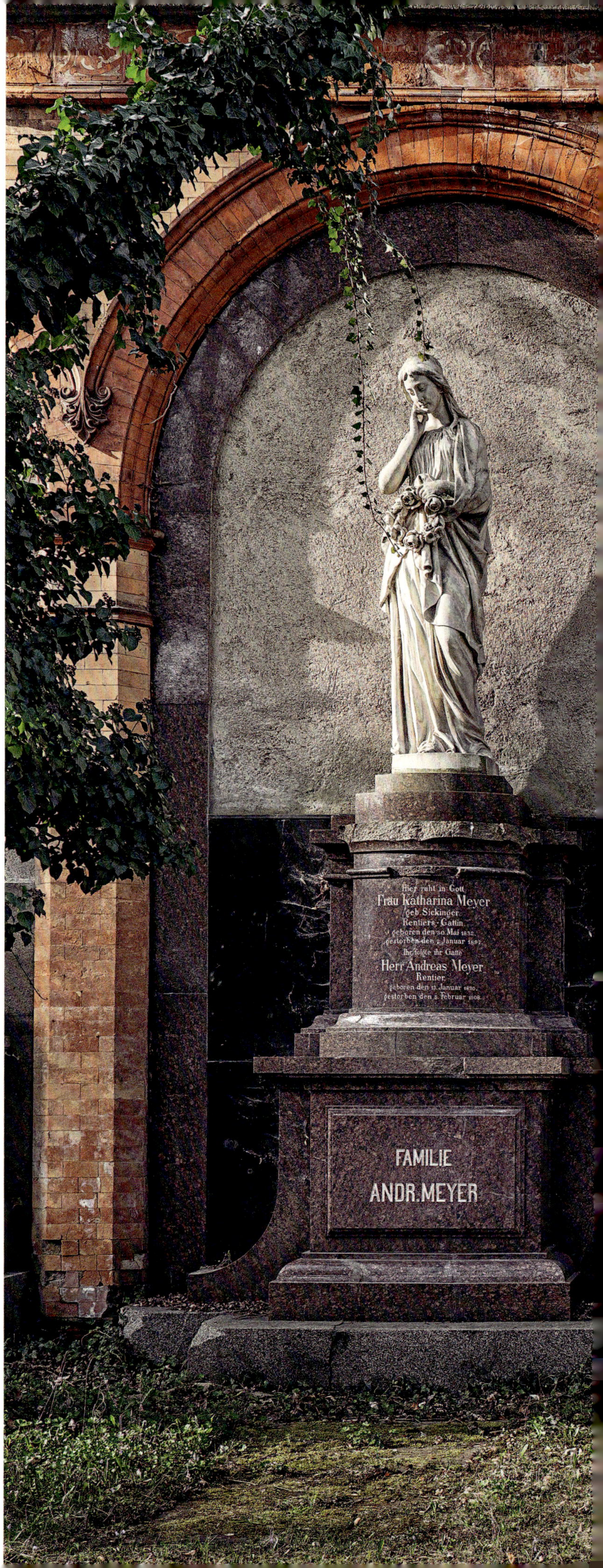

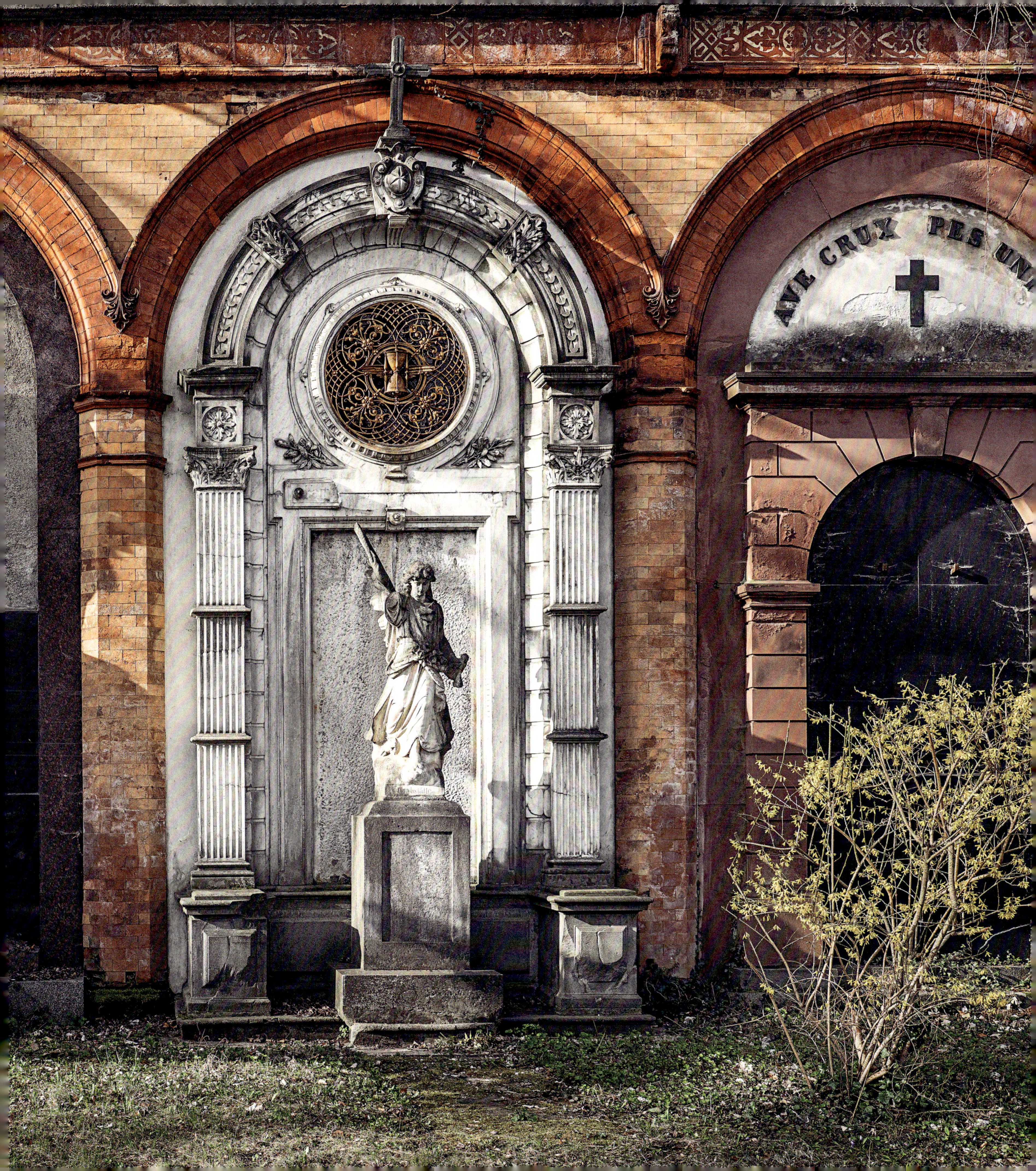
AVE CRUX

ALTE IMPOSANTE UMBETTUNG entlang der nördlichen Friedhofsmauer.

HAIN DER SELIGEN

STAHNSDORF · SÜDWESTKIRCHHOF

Zwischen Potsdam und Berlin liegt in der brandenburgischen Gemeinde Stahnsdorf ein Kleinod der Superlative. Der Südwestkirchhof ist mit seinen 200 000 Bäumen einer der größten Waldfriedhöfe Deutschlands. Naturbelassene Waldgebiete wechseln sich mit Heidelandschaften und Waldlichtungen ab. Verschlungene Grabmale, pompöse Mausoleen und verträumte Urnenhaine laden zum Verweilen ein.

Inmitten der Wälder der Parforceheide liegt südwestlich von Berlin an der Grenze zu Potsdam ein einzigartiges Friedhofsjuwel verborgen, das nicht nur durch seine Größe imponiert, sondern aufgrund seines Waldcharakters ein unvergleichliches Naturerlebnis darstellt. Der Südwestkirchhof ist mit einer Gesamtfläche von rund 206 Hektar hinter dem Friedhof Ohlsdorf in Hamburg der zweitgrößte Friedhof Deutschlands und der zehntgrößte Friedhof der Welt. Als Waldfriedhof gilt er als eines der wichtigsten Park- und Landschaftsdenkmale des Berliner Umlands.

Als sich im 19. und frühen 20. Jahrhundert die Einwohnerzahl Berlins verzehnfachte, führte dies auch zu einer prekären Lage der innerstädtischen Friedhöfe. Überfüllung und katastrophale hygienische Zustände zwangen die Berliner Stadtpfarreien in ihrem Zusammenschluss als Stadtsynodalverband dazu, nach einer zukunftssicheren Lösung im Großraum Berlins zu suchen.

Im Jahr 1902 erstand der Synodalverband für rund eine Million Mark ein 150 Hektar großes teils Kiefern bewachsenes Waldland südwestlich von Berlin in Stahnsdorf, das später um rund 50 Hektar erweitert wurde.

IMPOSANTE HOLZKAPELLE

Ein Novum des Südwestkirchhofes ist der Leitgedanke, dass jede Kirchengemeinde einen bestimmten Begräbnisplatz zugewiesen bekommt. So setzt sich der Friedhof in seiner Struktur aus einzelnen Berliner Gemeindefriedhöfen zusammen, die durch eine Gesamtplanung mit einheitlicher Verwaltung verbunden sind. Nach den Plänen des Gartenbaumeisters Louis Meyer wurde das ursprüngliche Landschaftsbild erhalten.

Zu den Gräberfeldern führt ein zwei Kilometer langer Ringweg, ein engmaschiges Wegenetz verbindet die Gräber untereinander. Bedeutende Sichtachsen werden nur punktuell durch Alleen, Rondelle oder aufwendige Brunnenanlagen unterstützt. Hervorzuheben ist vor allem die an eine norwegische Stabholzkirche erinnernde Holzkapelle im Jugendstil des Architekten Gustav Werner. Der im März 1909 eröffnete Friedhof avancierte schnell zum Prominentenfriedhof. Hier liegen unter anderem der Erfinder Ernst Werner von Siemens, der Komponist Engelbert Humperdinck, der Verlagsbuchhändler Johann Ludwig Gustav Langenscheidt und der Filmregisseur Friedrich Wilhelm Murnau.

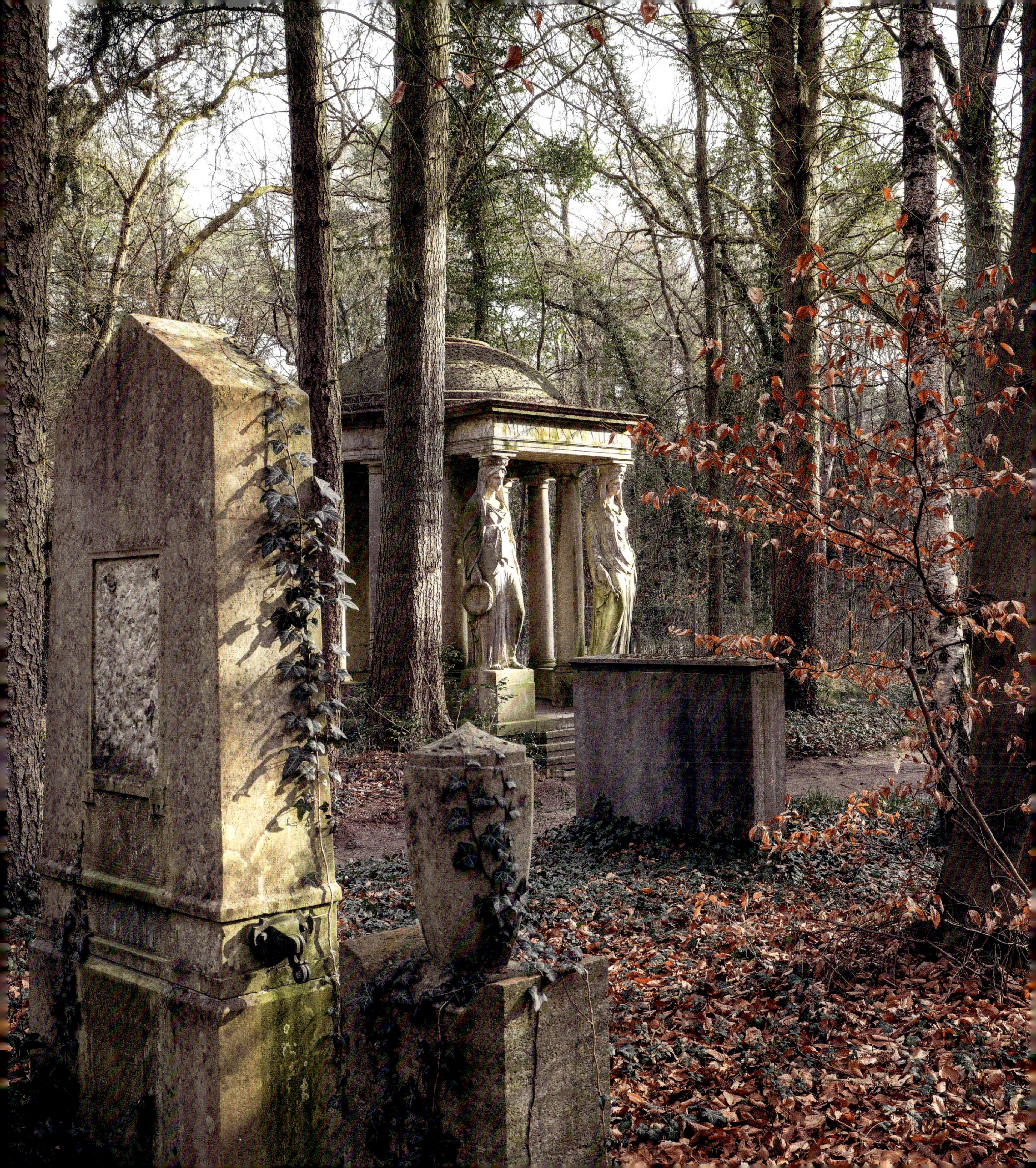

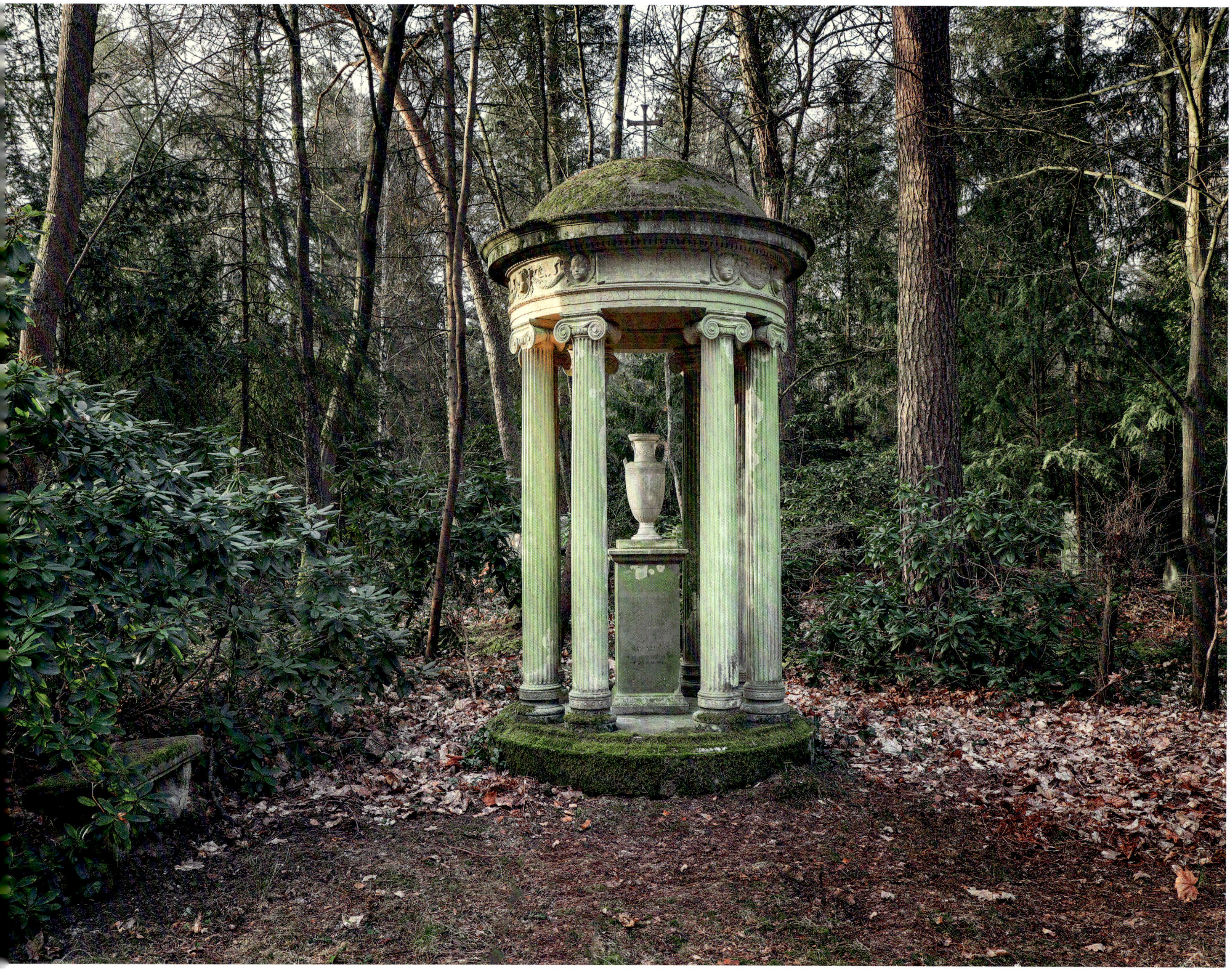

EINZIGARTIG VERSCHMELZEN die unterschiedlichsten Areale und Ruhestätten mit dem Wald. Hier darf alles leben und sich verändern. Zwischen dem Urnenhain und der verwunschenen Friedhofsmauer gibt es immer wieder architektonische Kleinode inmitten der Natur.

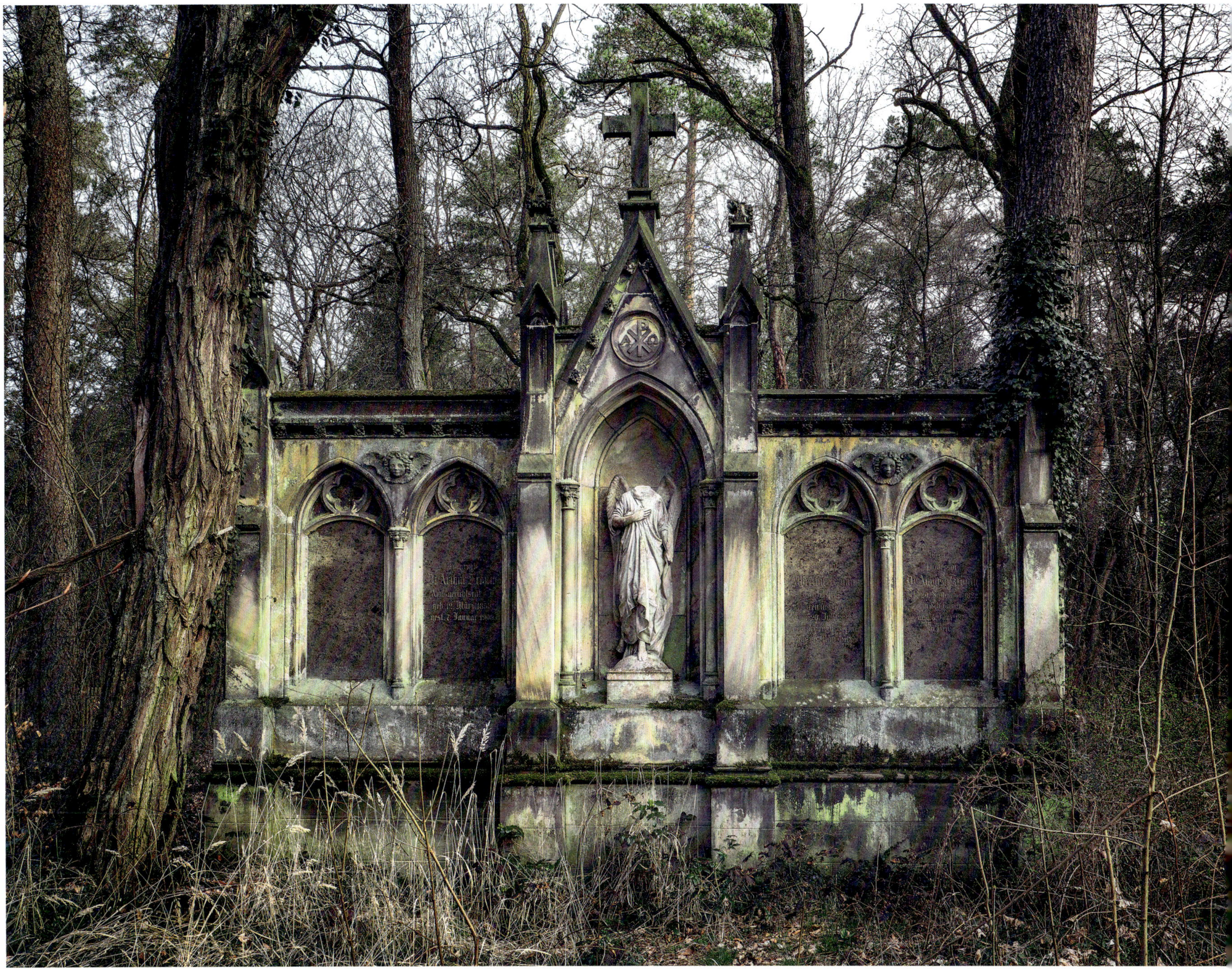

DER KOPFLOSE WÄCHTER hält den Stolz weiter aufrecht. Immer wieder fallen vor allem in Deutschland gestohlene Hände und Köpfe auf. Traurig und doch sorgt dies manchmal für besondere neue Eindrücke – wie vergessene Schlösser blitzen manche Grabstätten aus dem Wald hervor.

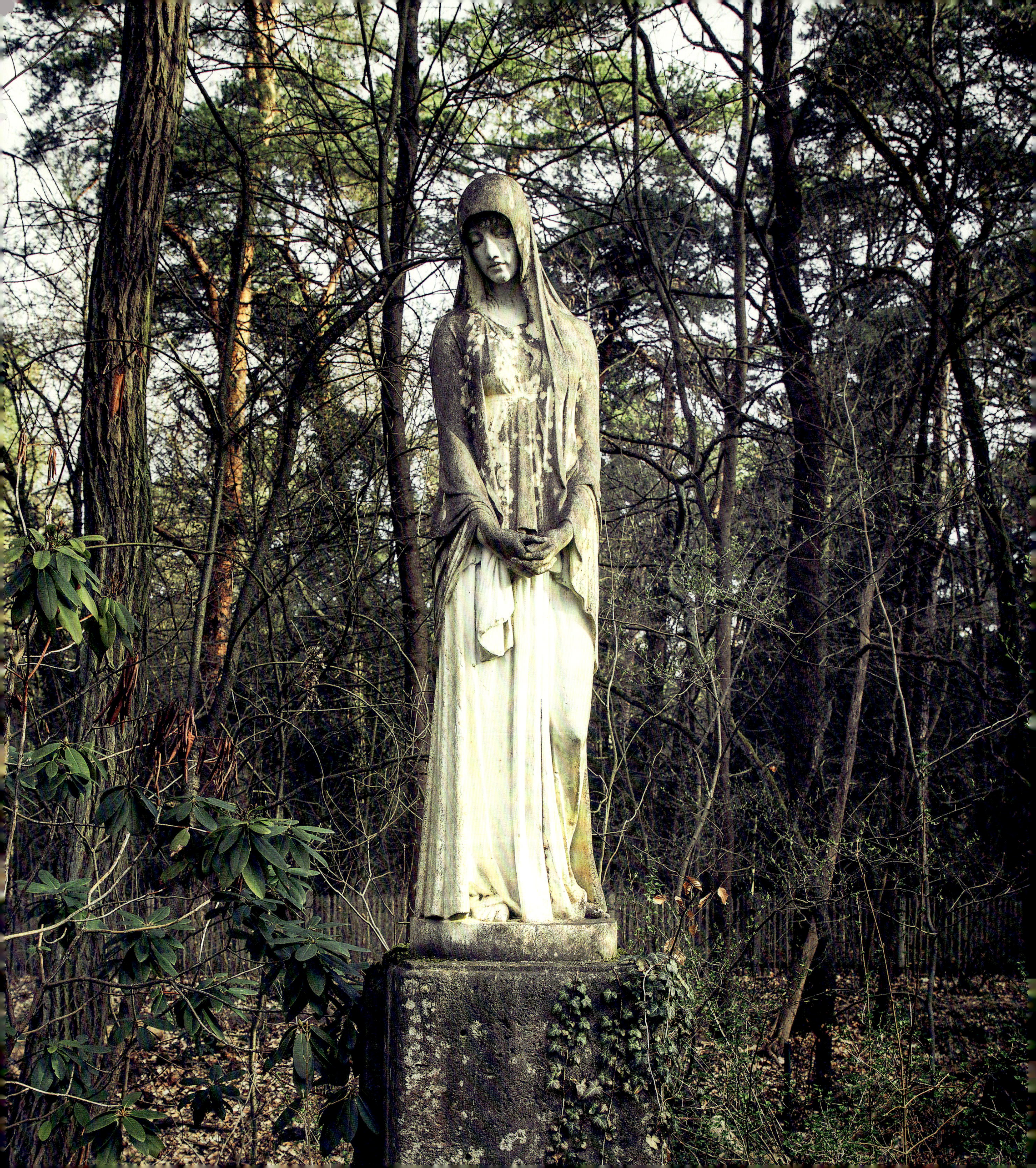

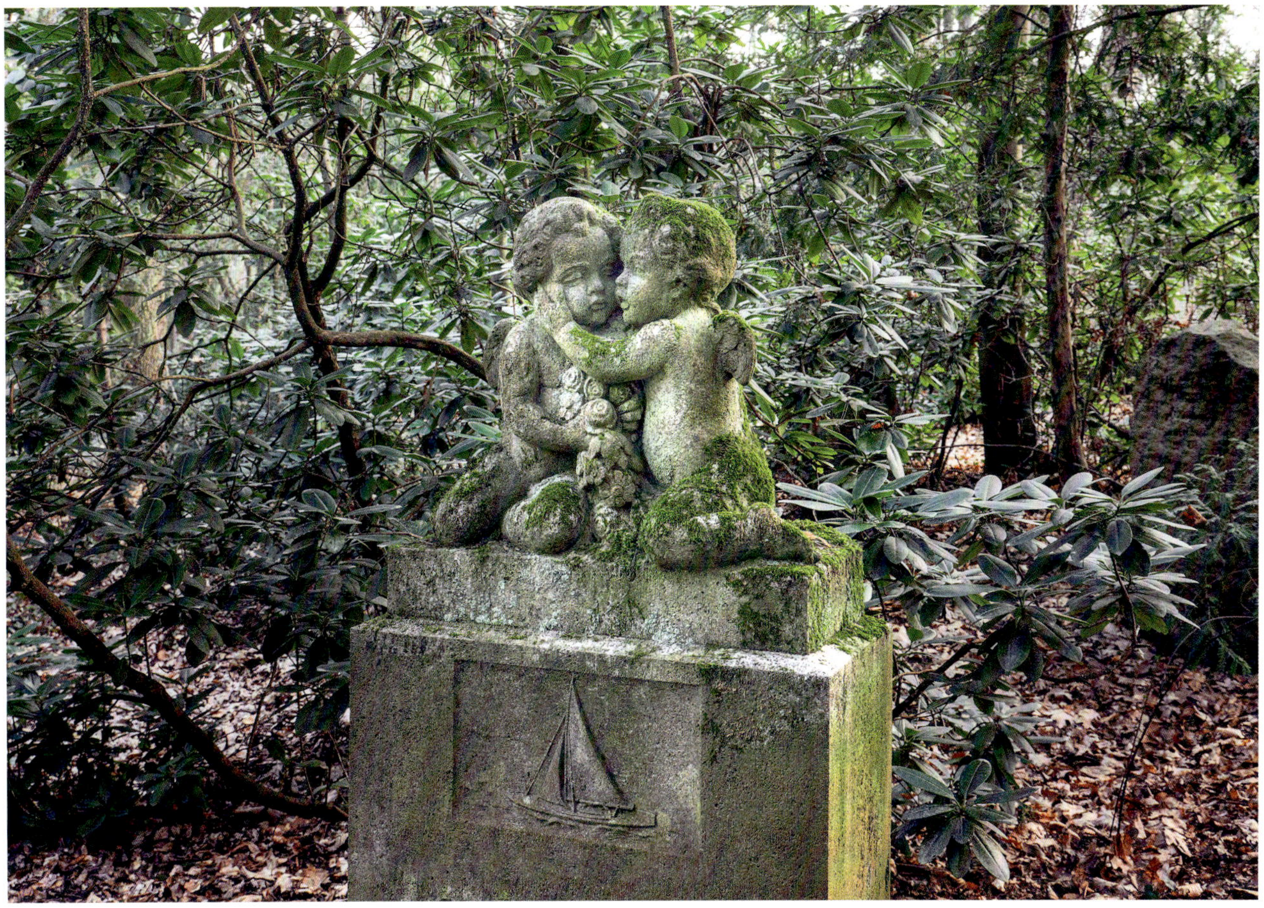

UNZÄHLIGE KLEINE UND GROSSE AUSDRUCKSSTARKE FIGUREN können auf dem Südwestkirchhof aufgespürt werden. Auffällig sind die verhältnismäßig wenigen Engelskulpturen. Eindringlich und voller Melancholie unterstützen sie die einzigartige Waldatmosphäre.

AUSGEFALLENE GRABMALE wie das der Familie von Herrenkirchen von 1917 finden sich auf dem nördlichen Hügel, wo es wilder und bewachsener wird.

BÄUME FÜR DIE EWIGKEIT

WIESBADEN · NORDFRIEDHOF

Abseits des Großstadtrummels der hessischen Landeshauptstadt Wiesbaden liegt inmitten eines Waldgebietes der idyllische Nordfriedhof. Er besticht nicht nur durch seine kunstvollen Grabmale bedeutender Bildhauer, sondern zieht den Betrachter auch durch einen umfangreichen Baumbestand in seinen Bann. Neben hochgewachsenen Ziertannen und Koniferen sind vor allem die an den Gräbern gepflanzten Lebensbäume sehenswert.

Im Norden Wiesbadens liegt am Stadtrand auf einer schmalen, lang gezogenen Anhöhe zwischen dem Nerotal und dem Adamstal im Walddistrikt Höllkund der baumreiche Nordfriedhof. Mit einer Größe von 14,5 Hektar blickt der zweitgrößte Friedhof Wiesbadens in seiner 145-jährigen Geschichte auf einen hohen Bestand an künstlerisch bedeutsamen Grabmalen zurück.

Als in den letzten Dekaden des 19. Jahrhunderts die Einwohnerzahl Wiesbadens von 2000 auf über 100 000 Menschen drastisch anwuchs und damit die Kapazitäten des »Totenhofes« erschöpft waren, beschloss die Stadt, in nur etwa einem Kilometer Entfernung den neuen Nordfriedhof anzulegen.

EINDRUCKSVOLLE GRABANLAGEN

In der Amtszeit des damaligen Oberbürgermeisters Wilhelm Lanz wurde der neue Nordfriedhof 1877 eingeweiht. Die Friedhofsanlage wurde nach den Gesichtspunkten eines englischen Landschaftsgartens angelegt. Das Wegenetz fügt sich harmonisch in die natürliche Linienführung der Landschaft ein. Auf geometrische Formen wurde weitgehend verzichtet. Da sich vor allem die wohlhabende Wiesbadener Gesellschaft nach einem repräsentativen Friedhof sehnte, wurde eine soziale Trennung in der Grundstruktur berücksichtigt. So finden sich die eindrucksvollen Grabanlagen im südlichen Bereich des Friedhofes wie auch auf dem nördlichen Hügel. Die Grabmale aus der Erstbelegung sind vornehmlich dem Historismus zuzuordnen, der vergangene Baustile wie Gotik, Barock oder Jugendstil aufgreift. Aufgrund der Vielzahl an künstlerisch wertvollen Grabstätten, die unter anderem geschaffen wurden von den Bildhauern Johannes Schilling, bekannt für das Niederwalddenkmal, und Ernst Herter, Schüler der Berliner Akademie, wurde der Nordfriedhof unter Denkmalschutz gestellt.

Neben dem aus Backstein gebauten imposanten Haupttor mit seinen drei Bögen, ist das 1902 eröffnete Kolumbarium hervorzuheben. Das Gebäude im neoromanischen Stil, entworfen von Felix Genzmer, bietet Platz für über 500 Urnen.

Unter den vielen Prominenten, die auf dem Nordfriedhof ihre letzte Ruhestätte gefunden haben, sind unter anderem der Maler Alexej von Jawlensky, der Chemiker Carl Remigius Fresenius, Jazz-Musiker Volker Kriegel oder auch Fußball-Bundestrainer Helmut Schön anzutreffen.

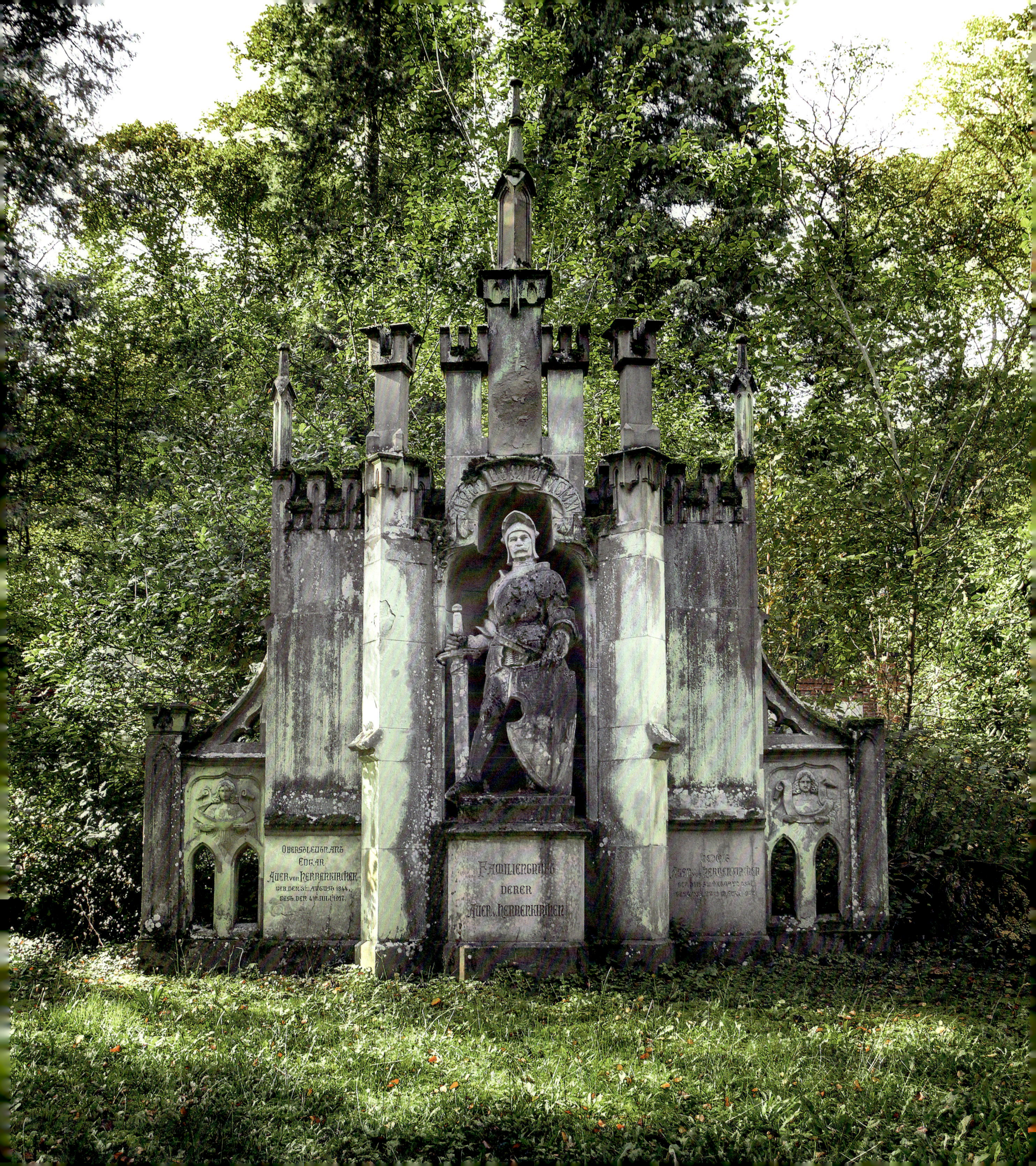
OBERSTLEUTNANT
EDGAR
AUER von HERRENKIRCHEN
GEB. DEN 3 AUGUST 1844
GEST. DEN 4 JULI 1917.
FAMILIENGRUFT
DERER
AUER v. HERRENKIRCHEN

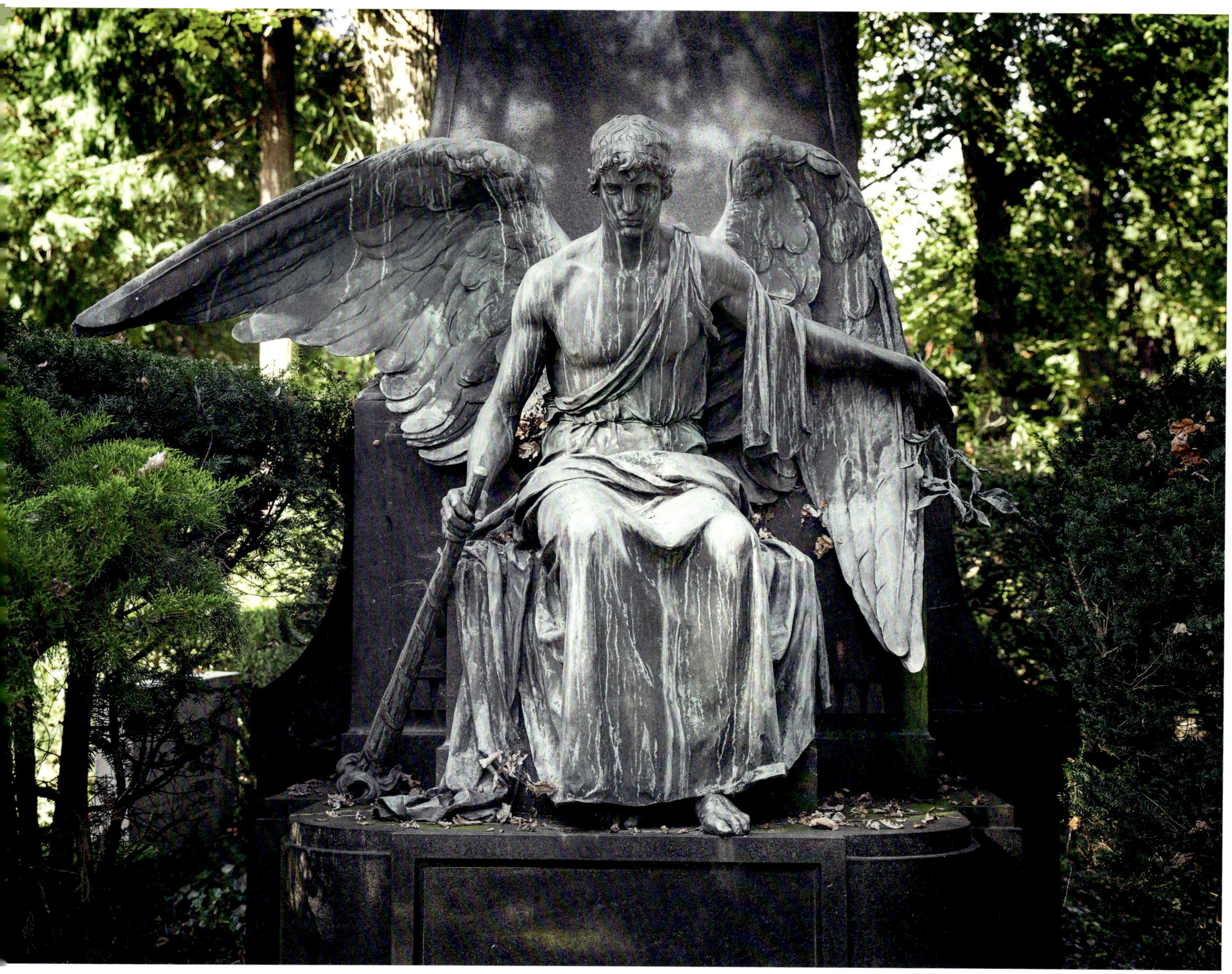

VOM SÜDLICHEN EINGANG aus versammeln sich fast alle prunkvollen Ruhestätten, wie diese einzigartigen Engelsfiguren. Mal gepflegt, mal überwachsen, weiß man als Betrachter kaum, wo man zuerst mit seinem Blick verharren soll.

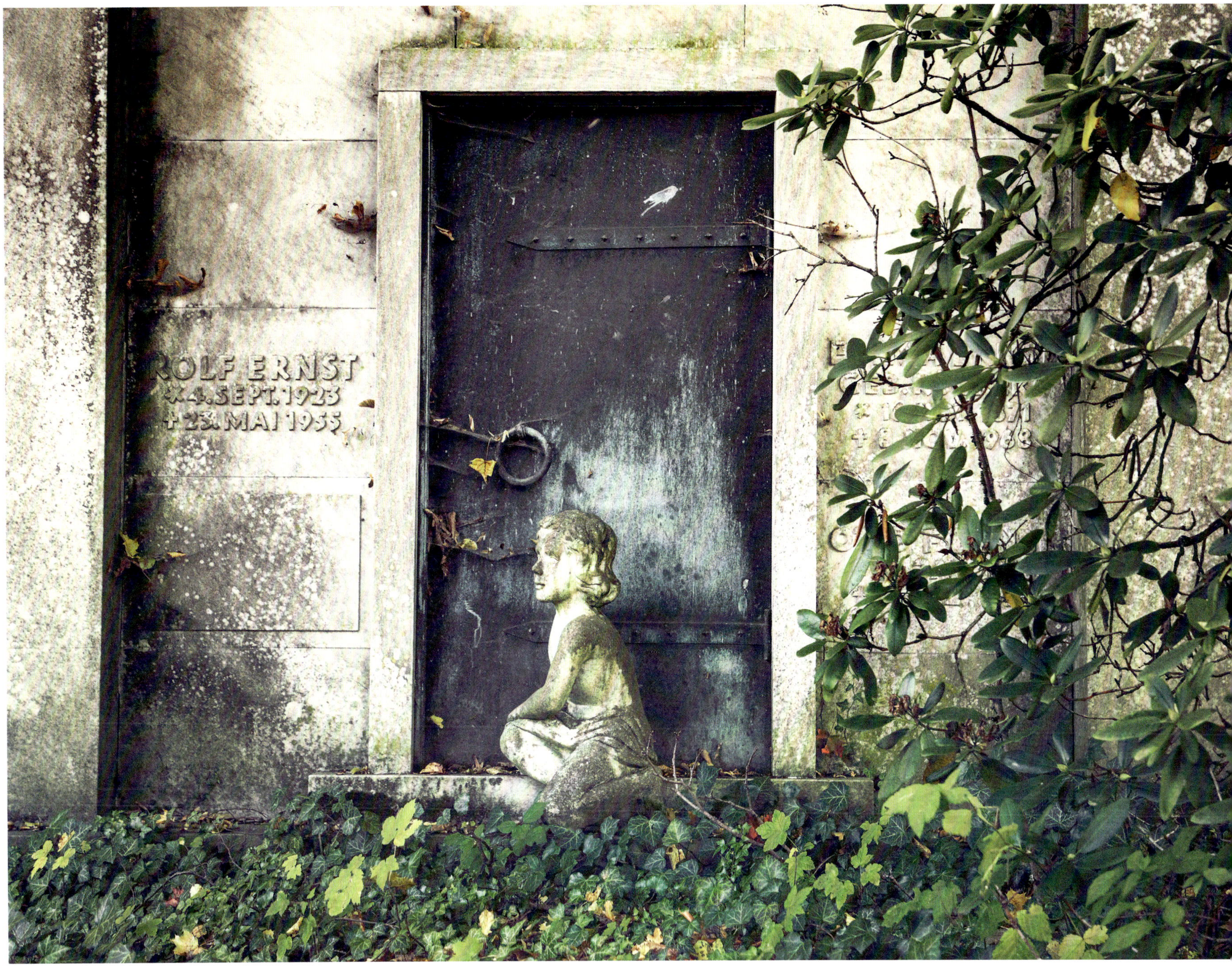

AUFGRUND DER MAJESTÄTISCHEN PRUNKGRÄBER im südlichen Areal übersieht man schnell die kleineren, aber nicht minder spannenden Motive, wie hier an der südöstlichen Friedhofsmauer.

DER JÜDISCHE FRIEDHOF ZECKENDORF auf einem Hügel inmitten eines Waldgebietes mit seinen jahrhundertealten Mazewot.

HÄUSER FÜR DIE EWIGKEIT

ZECKENDORF UND WAIBSTADT

Jüdische Friedhöfe sind oftmals die einzigen stillen Zeugen einer langen und problematischen Geschichte in Deutschland. Stellvertretend dafür steht im Norden Bayerns der jüdische Friedhof in Zeckendorf mit seiner 400-jährigen Geschichte sowie der jüdische Friedhof im baden-württembergischen Waibstadt, der zu den bedeutendsten Kulturdenkmalen in der Region gehört.

Die jüdische Kultur erlebte im 15. und 16. Jahrhundert durch den Humanismus, eine Bildungsbewegung, die auf der Idee basiert, die Entfaltung des Geistes durch Tugend und Wissen zu erreichen, ein gesteigertes Interesse. Christliche Gelehrte wendeten sich der hebräischen Sprache zu und studierten jüdische Texte. Das Interesse war jedoch nicht ausschließlich von Toleranz geprägt. Nicht selten wurde die Forschung dazu genutzt, das Judentum zu diskreditieren. Auch Martin Luther goutierte anfänglich das Judentum, zeigte sich jedoch zusehends enttäuscht, da seine Lehren nicht akzeptiert wurden. Eine Konvertierung zum Christentum sah man als einzige Rettung der Juden an. Es folgten antijüdische Schriften, in denen Luther unter anderem forderte, Häuser von Juden und Synagogen zu verbrennen und ihnen den Unterricht ihrer eigenen Religion und Kultur zu verbieten. Dennoch blieben im Verlauf der Frühen Neuzeit größere Pogrome aus, da Kaiser Karl V. neue Schutzbriefe für die jüdische Bevölkerung ausstellte.

Anfang des 17. Jahrhunderts lebten in Deutschland bis zu 10 000 Juden. Davon lebten allein 3000 Juden in Frankfurt am Main. Die jüdische Bevölkerung wurde in den Städten als Minderheit meist geduldet. Dennoch zogen viele Juden in ländlichen Regionen, um dort in kleinen Gemeinden zu leben. Der Synagogenbau war ihnen untersagt, je nach Territorium besaßen Juden nur eingeschränkte Rechte. Im Zuge des Wiederaufbaus nach dem Dreißigjährigen Krieg wendete sich die Lage der Juden zum Besseren. Seit 1648 waren sie den Landesherren unterstellt, die mit Judenordnungen das Zusammenleben regelten.

600 GRABSTEINE ERHALTEN

So siedelten zu Beginn des 17. Jahrhunderts erste Juden nordöstlich von Bamberg in dem Dorf Zeckendorf. Sie standen dort unter dem Schutz des Klosters Langheim und des Freiherrn von Künßberg. Gemäß den jüdischen Vorschriften durfte ein Friedhof nur außerhalb des Siedlungsgebietes angelegt werden. 1617 erlaubte Hans Mathes von Giech, einem in Bamberg ansässigen fränkischen Adelsgeschlecht, einen jüdischen Friedhof in einem abgelegenen Waldgebiet auf einem Hügel zwischen Zeckendorf und Demelsdorf anzulegen. Der etwa 5000 Quadratmeter große Friedhof wurde auch von den jüdischen Gemeinden von Burgellern, Burglesau, Stübig und Scheßlitz genutzt. Anfänglich wurde der Friedhof auch von der jüdischen Gemeinde Bamberg genutzt, bis

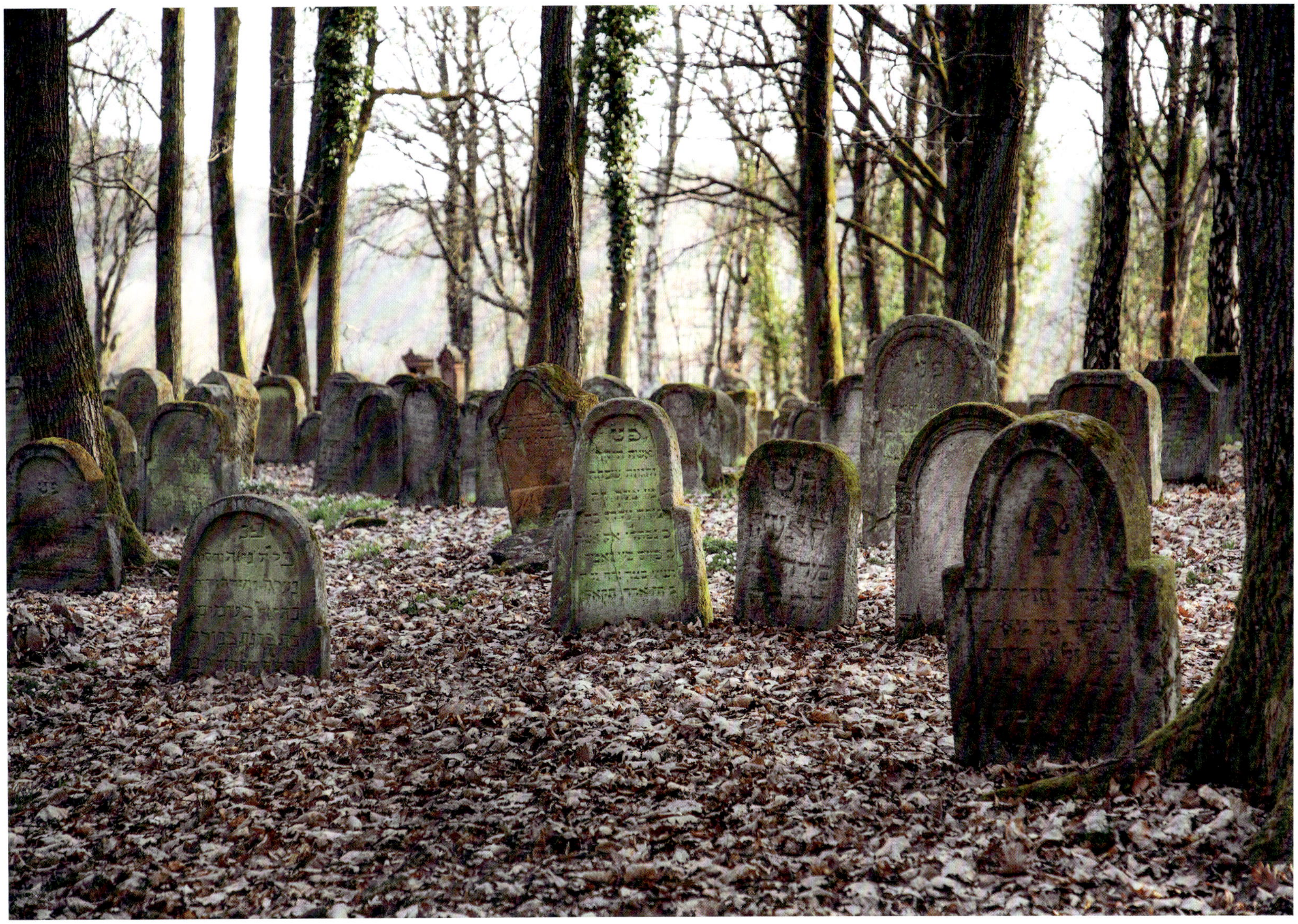

der jüdische Friedhof Walsdorf errichtet wurde. Die letzte Bestattung fand 1941 statt. Während der NS-Zeit wurde der Friedhof mehrfach geschändet. Um die 600 Grabsteine, die in der jüdischen Kultur Mazewot genannt werden, haben die Zeit überdauert. Der älteste erhaltene Grabstein stammt aus dem Jahre 1637.

Der jüdische Friedhof in Waibstadt südöstlich von Heidelberg im Mühlbergwald zählt zu den wichtigsten Kulturstätten des Kraichgaus. Es handelt sich dabei um den zweitgrößten jüdischen Friedhof Baden-Württembergs. Die Geschichte der Juden Waibstadts reicht zurück bis in die erste Hälfte des 14. Jahrhunderts. Da die ländliche Gemeinde stets recht klein blieb, ließen Juden ihre Toten zunächst auf den jüdischen Friedhöfen in Speyer und Worms bestatten. Mitte des 17. Jahrhunderts wurde die Begräbnisstätte in Waibstadt eröffnet und bis 1860 als Verbandsfriedhof für bis zu 30 jüdische Gemeinden in der Umgebung genutzt. Als sich im 19. Jahrhundert die Rechtslage veränderte hin zu einer bürgerlichen Gleichstellung, war es der jüdischen Bevölkerung gestattet, Grundstücke zu erwerben. Das zuvor lediglich gepachtete Friedhofsgelände wurde 1870 von 20 jüdischen Gemeinden, die sich zum Begräbnisverein Waibstadt zusammengeschlossen hatten, gekauft. Gleichzeitig wurde ein angrenzendes Grundstück zur Erweiterung des Friedhofs erworben. Die 2556 erhaltenen Grabsteine verteilen sich über eine Fläche von 2,33 Hektar. Der älteste bekannte Grabstein wird auf das Jahr 1690 datiert.

NOVEMBERPOGROME

Westlich des Friedhofs befindet sich das Mausoleum des jüdischen Unternehmers Hermann Weil. Da der jüdische Ritus Urnenbestattungen verbietet, ließ Weil 1924 in unmittelbarer Nähe einen imposanten achteckigen Kuppelbau mit anschließendem Ehrenhof und vorgelagerter Treppenanlage im Stil des Salomonischen Tempels in Jerusalem errichten. Während der Novemberpogrome 1938 wurde das Gebäude schwer beschädigt. In den 1980er-Jahren wurde das Mausoleum erstmals saniert. Eine neuerliche umfassende Sanierung fand 2010 bis 2012 statt. Die gesamte Friedhofsanlage ist als geschütztes Kulturdenkmal eingetragen, da Friedhöfe oft die einzigen sichtbaren Zeugen des jüdischen Lebens in der Vergangenheit sind.

DER JÜDISCHE FRIEDHOF IN WAIBSTADT ist eins geworden mit dem Wald. Er gehört zu den faszinierendsten Kulissen, die ich für dieses Buch erlebt habe.

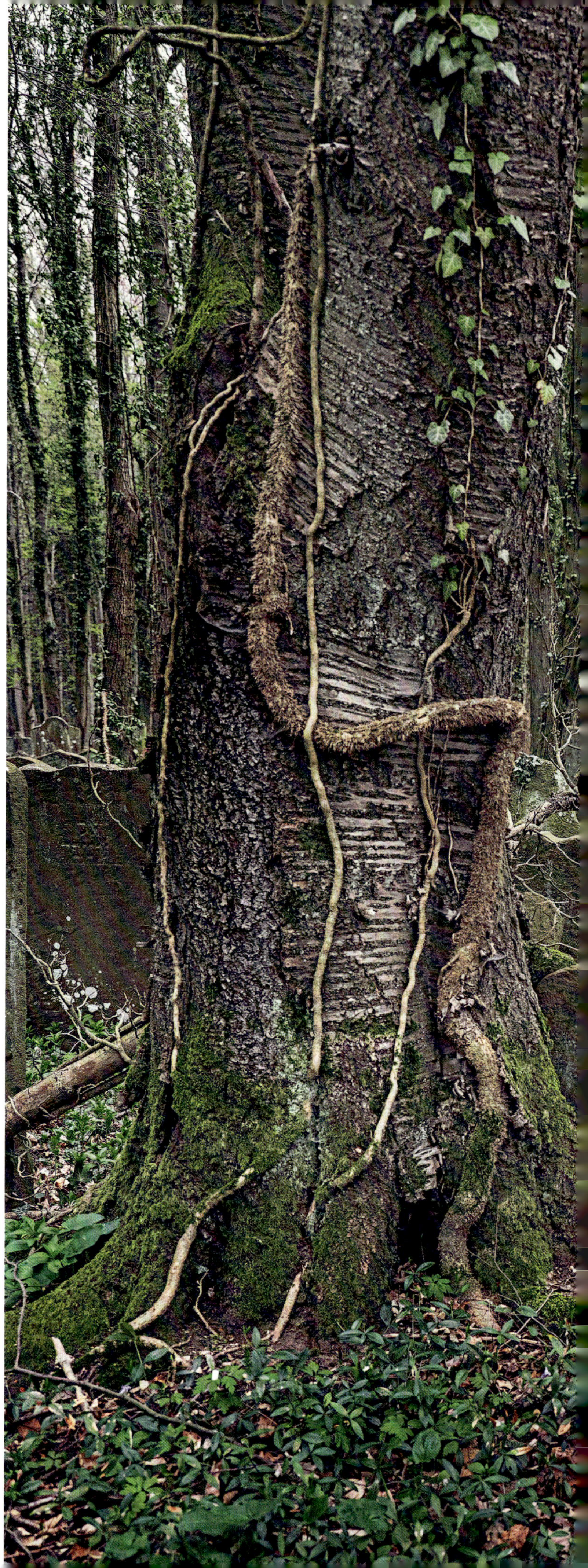

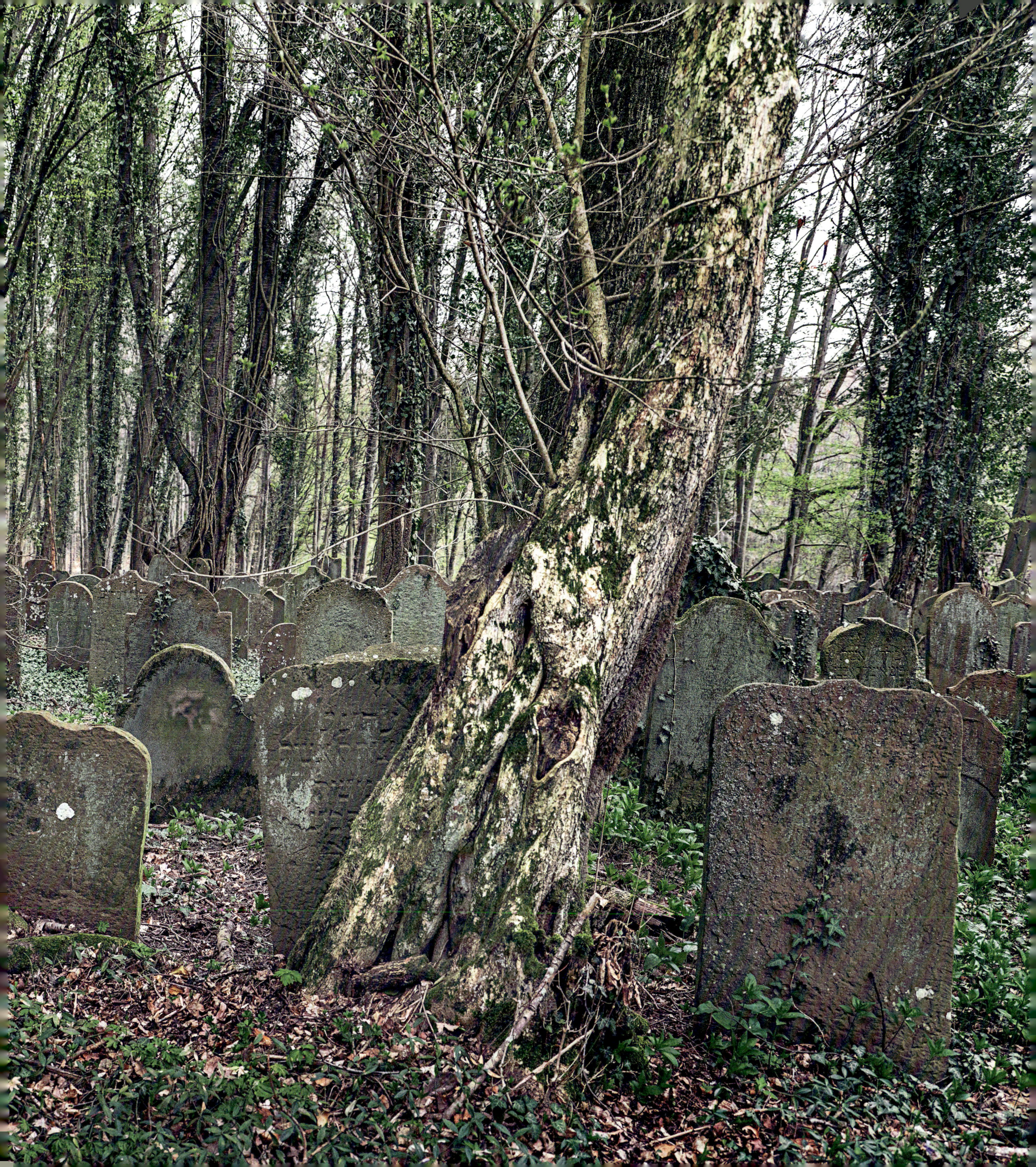

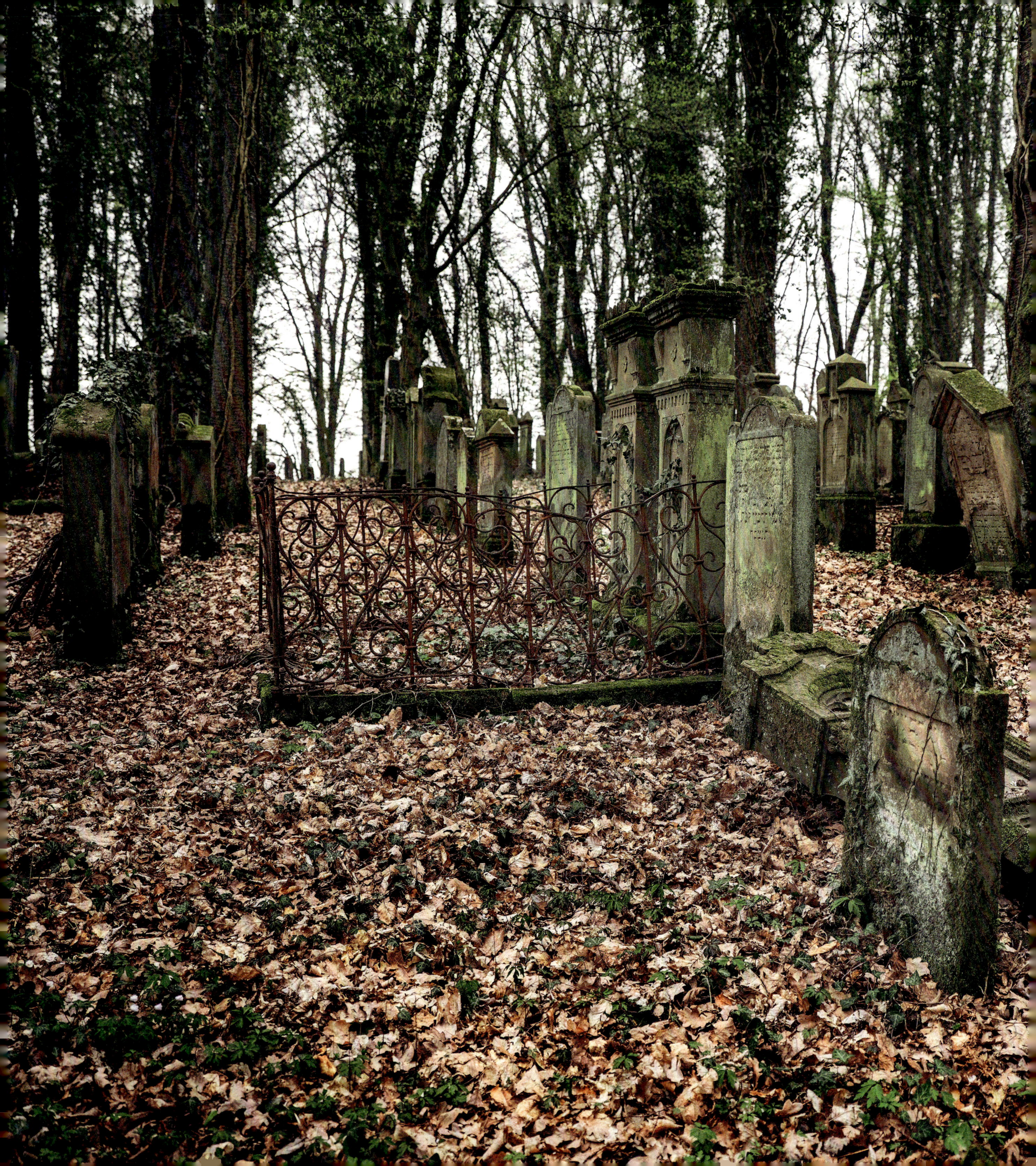

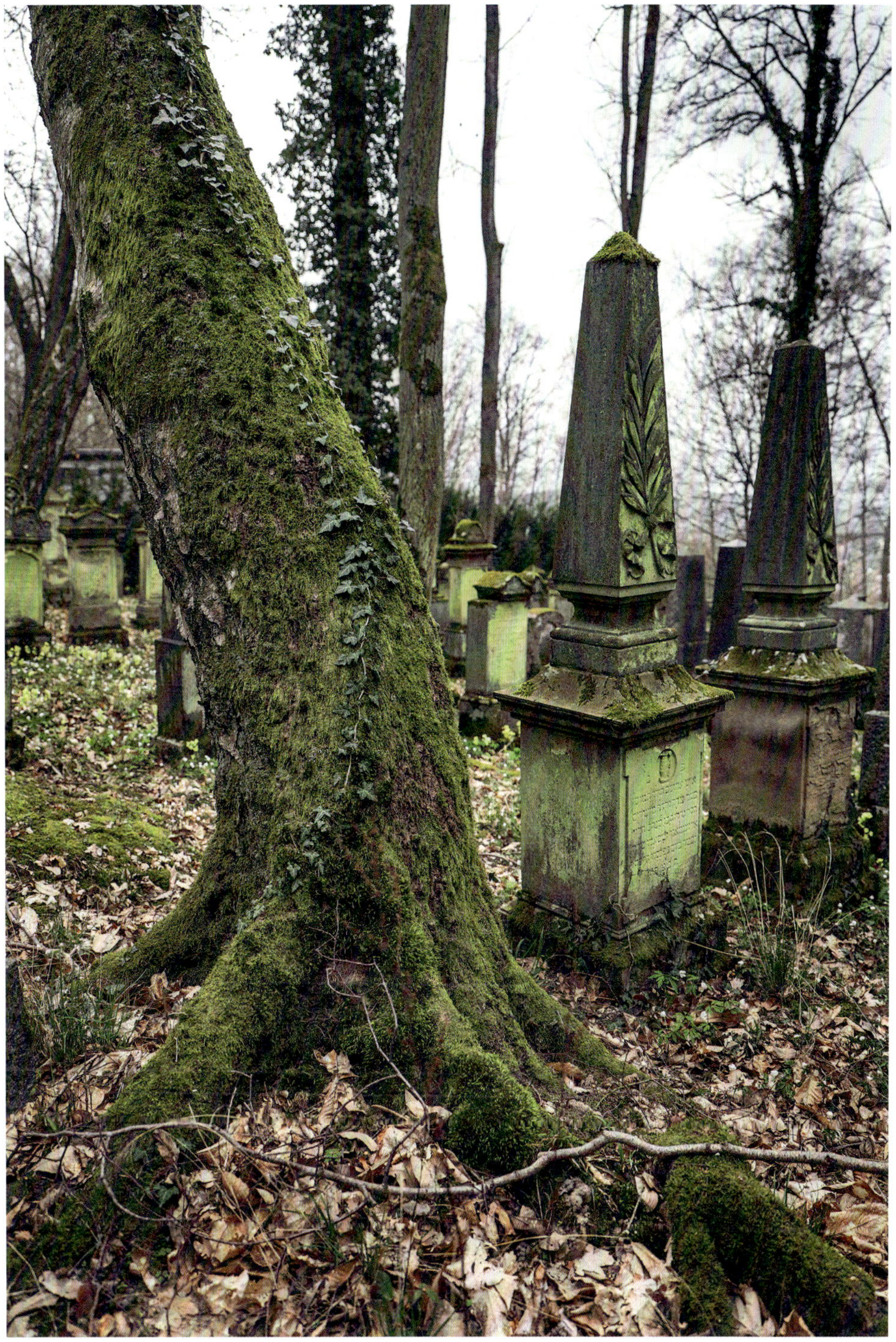

UNZÄHLIGE GRABMALE, teils in Reih und Glied, aber auch völlig durcheinander, ziehen sich durch eine riesige Fläche tief im Wald bei Waibstadt. Es wirkt wie eine Symbiose aus Leben und Tod in einem grünen Gewand.

GRÜFTE UND BEINHÄUSER

Die monumentale Bestattungsform der Gruft war schon seit Anbeginn der Hochkulturen einem auserwählten Personenkreis vorbehalten. Bereits im alten Ägypten wurden Könige, Priester und hohe Beamte in Grabkammern beigesetzt, wo sie in Sarkophagen für die Ewigkeit konserviert wurden. Die ältesten Grüfte gehen zurück auf das Jahr 2700 v. Chr. aus der Zeit des altägyptischen Königs Djoser.

Gruft leitet sich ab vom griechischen Wort »Krypta« und bezeichnet einen unterirdisch gelegenen Kirchenraum, in dem Kleriker, Adelige und Könige teils bis heute beigesetzt werden. Der wesentliche Unterschied zu einer Erdbestattung besteht darin, dass der Sarg in einem ausgemauerten Raum gelagert wird, wo nach alter Tradition für die Gläubigen sichergestellt werden soll, dass der Leichnam bis zum Jüngsten Gericht unversehrt bleibt.

Im Gegensatz dazu stellt das Beinhaus, auch Ossuarium genannt, abgeleitet vom lateinischen Wort »Os« für Knochen, einen Raum zur Aufbewahrung von Gebeinen dar. Im Zuge des Bevölkerungszuwachses im Mittelalter diente es vornehmlich als Sammelstelle alter Knochen in Katakomben und Kapellen, um Platz für neue Bestattungen zu schaffen. Wie bei der Gruft steht auch hier das Versprechen an die Auferstehung im Vordergrund.

FRESKO aus dem 17. Jh. eines Beinhauses in Paruzzaro, Italien

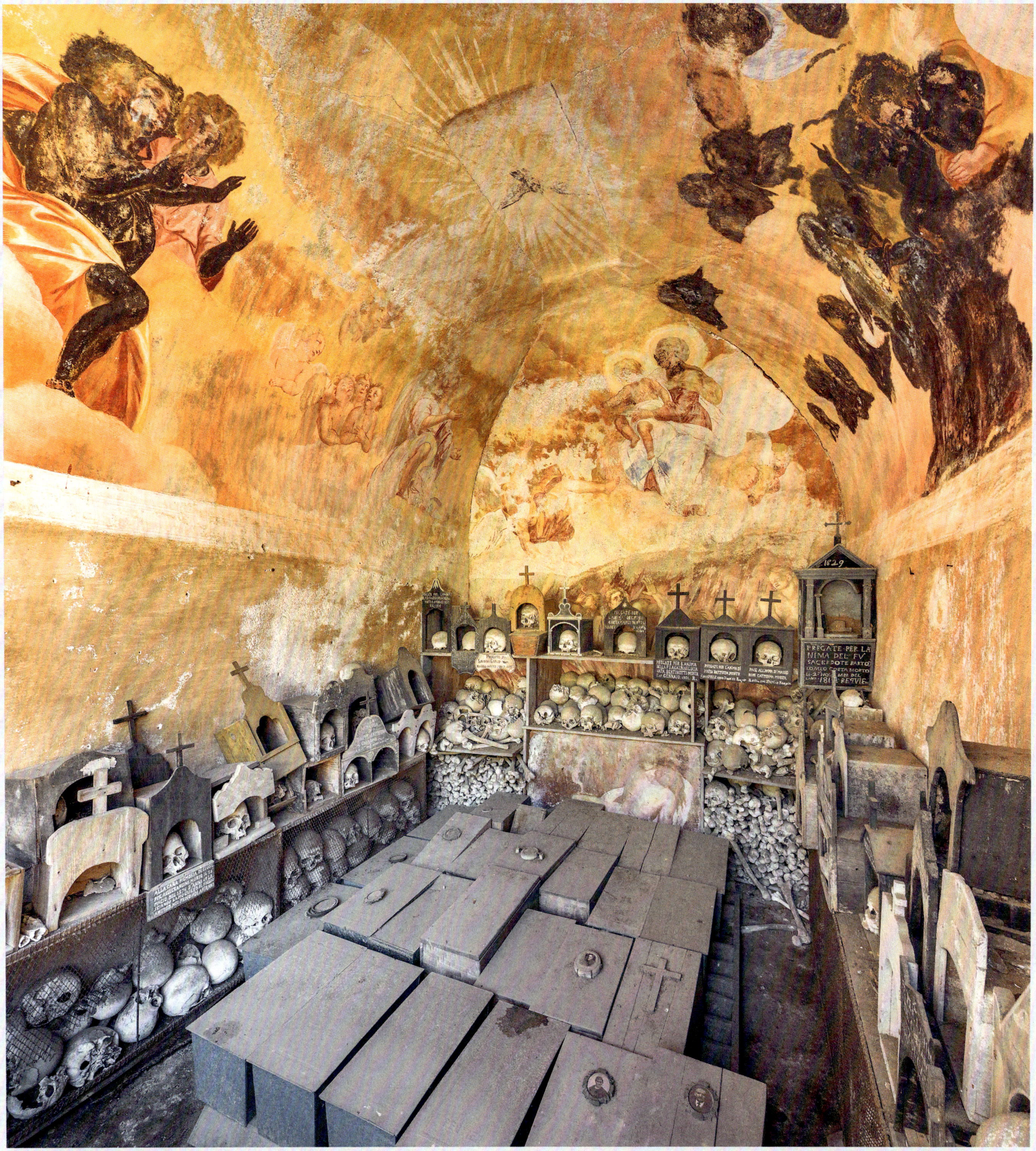
1829

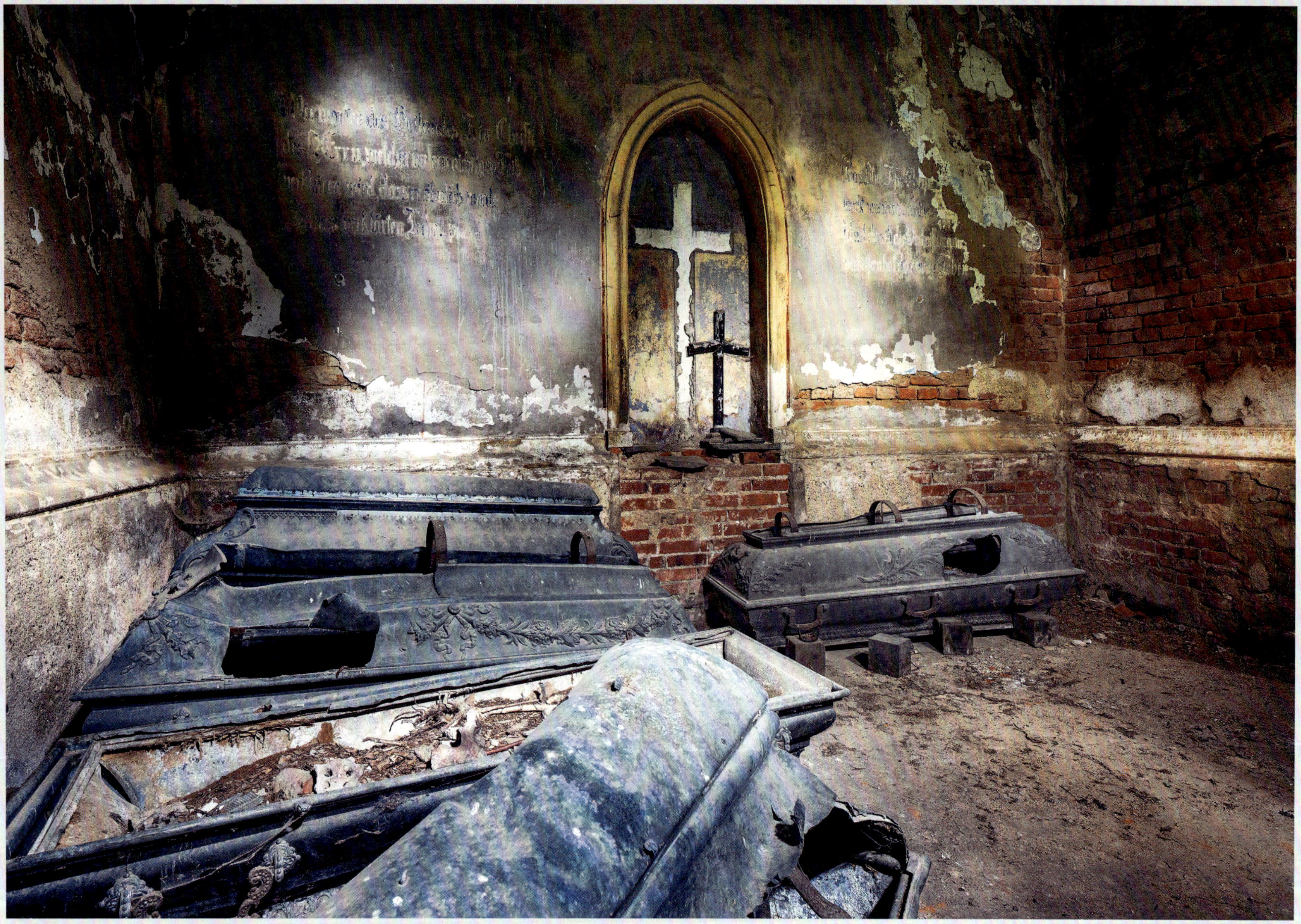

DIESE KLEINE GRUFT im Süden Polens versteckt sich unscheinbar am Waldrand auf einem Hügel. Kein richtiger Weg führt mehr dorthin. Im Inneren erwarten den Betrachter faszinierende Farben und eine unvergleichliche Patina. Bis auf die Knochen in den alten Särgen haben Grabräuber alles geplündert.

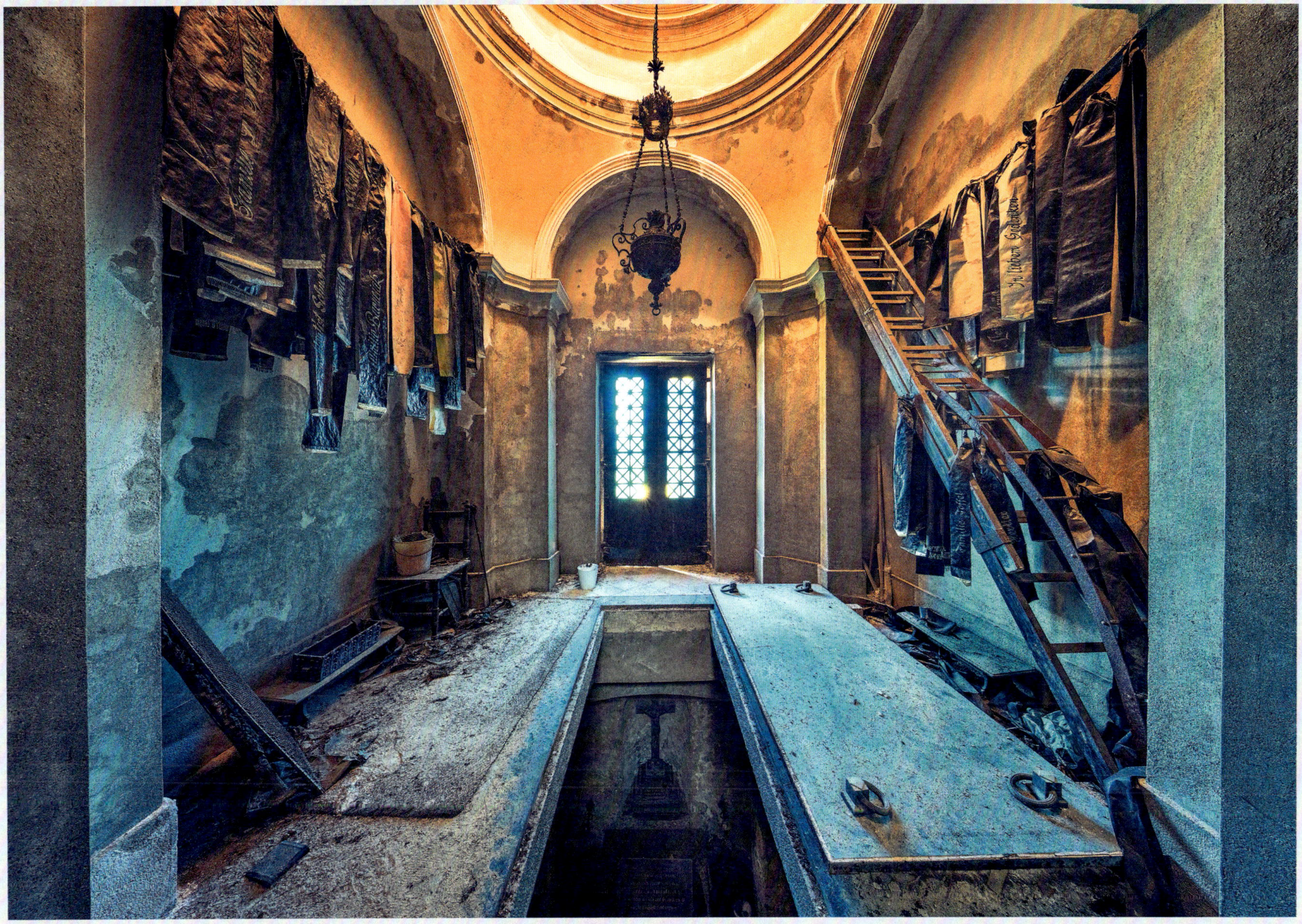

DAS BETRETEN VON GRUFTEN und Mausoleen hat bis heute nichts von seinem Reiz verloren und bleibt immer wieder von Neuem ein faszinierendes Erlebnis. Was erwartet mich? Welche Farben und Besonderheiten, welche Geschichte, was erzählt dieser Ort?

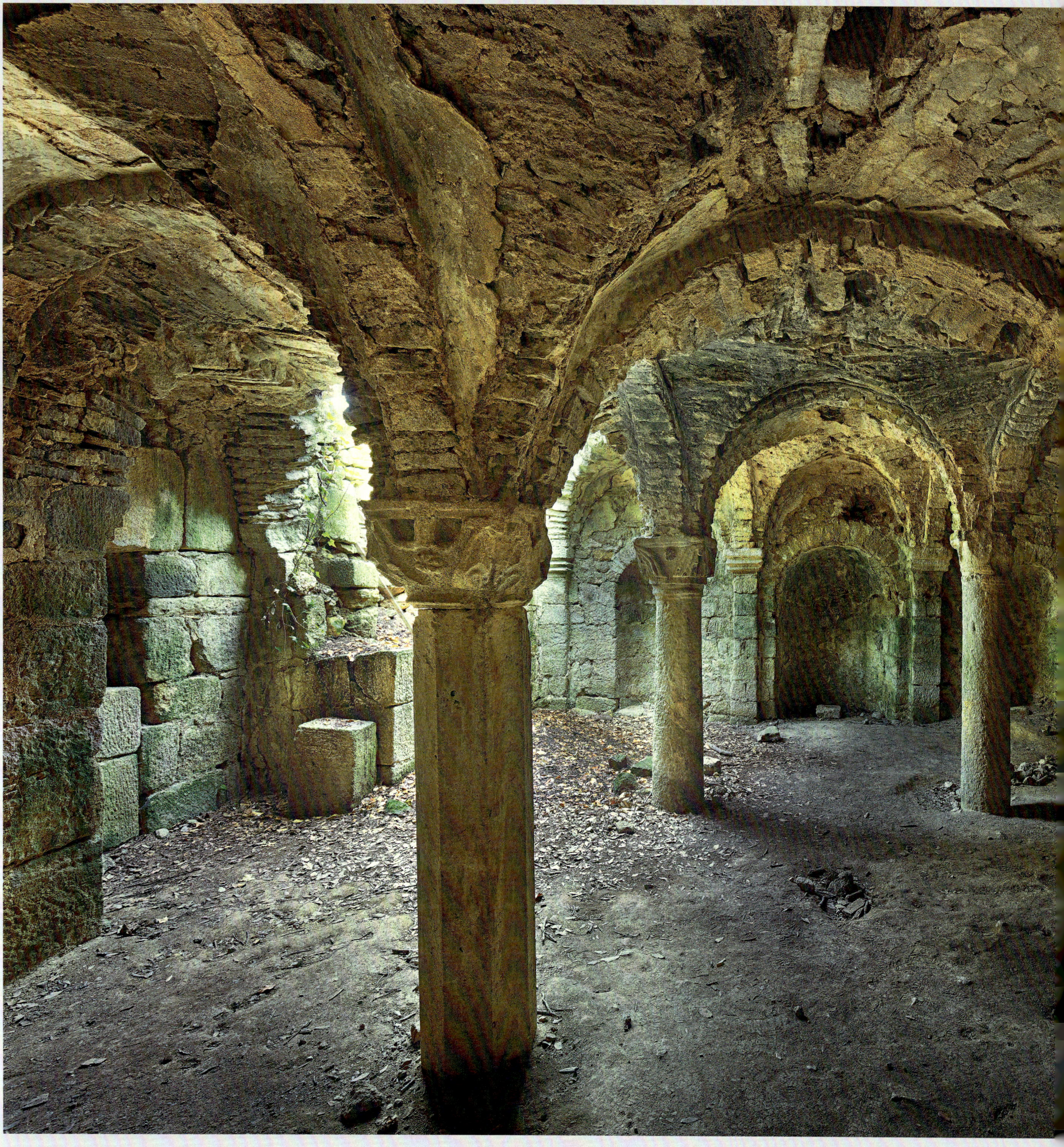

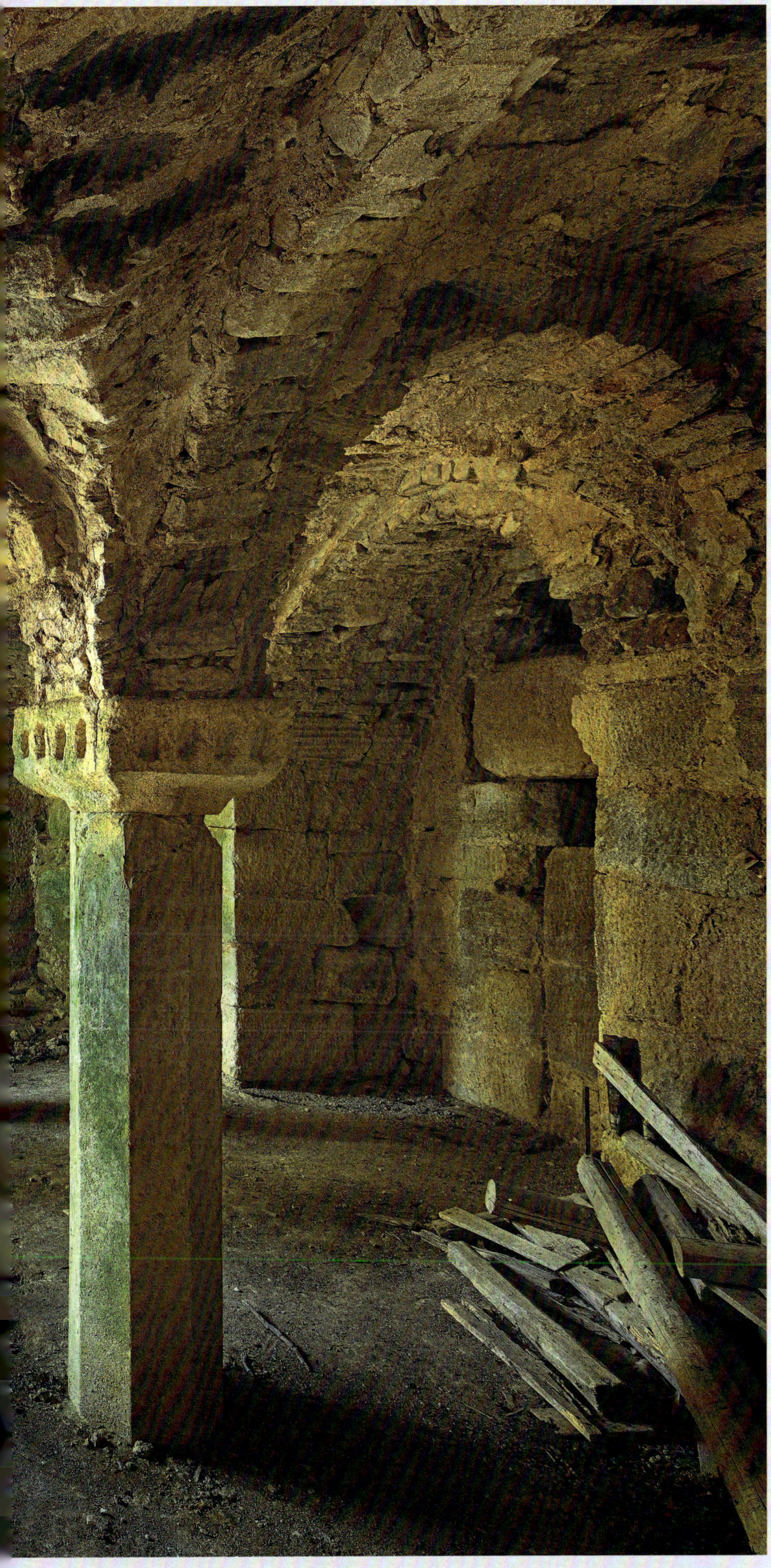

» Die Stille stellt keine Fragen, aber sie kann uns auf alles eine Antwort geben. «

Ernst Ferstl

DIE ROMANISCHE KRYPTA In der Toskana ist das letzte Überbleibsel einer Klosteranlage, sie liegt praktisch unsichtbar in einem kleinen Waldstück. Von der einstigen Abtei sind heute nur noch einige Felsen zu sehen – nur ein schmaler Eingang führt in die kleine und stimmungsvolle Krypta.

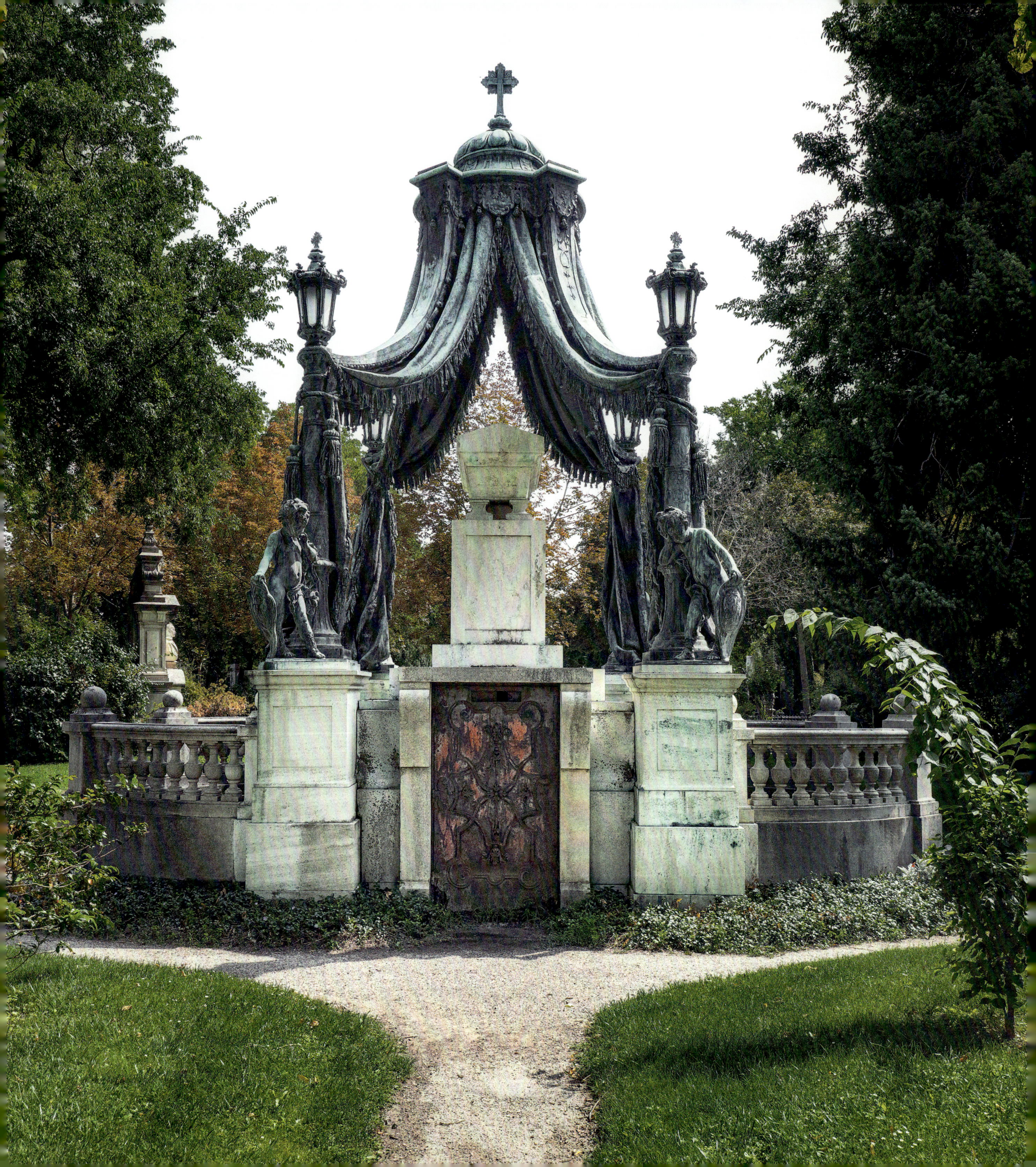

ÖSTERREICH

Österreich hat ein ganz besonderes Verhältnis zum Tod. Vor allem in Wien wird anders gestorben. So verschwenderisch und unkonventionell dem Wiener Lebensstil gefrönt wird, so speziell ist auch das Verhältnis zur Vergänglichkeit. Nicht umsonst steht im Stephansdom neben einem Altar das Epitaph: Optima philosophia et sapientia est meditatio mortis. »Es ist die höchste Philosophie und Weisheit, sich den Tod vor Augen zu halten.«

ARKADEN kurz hinter dem Haupteingang des Zentralfriedhofs in Wien.

STADT DER TOTEN

WIEN · ZENTRALFRIEDHOF – FRIEDHOF SANKT MARX

Der Wiener Zentralfriedhof im Stadtteil Simmering zählt aufgrund seiner architektonischen Pracht und Größe zu den besonderen Sehenswürdigkeiten der österreichischen Hauptstadt und ist über die Grenzen hinaus bekannt als eine der größten Friedhofsanlagen Europas. In seinem Schatten steht der nicht minder architektonisch ansprechende Sankt Marxer Friedhof, der einzige gut erhaltene Biedermeierfriedhof der Welt.

Fernab der Geschäftigkeit des Wiener Stadtlebens befindet sich an der südöstlichen Peripherie mit dem Wiener Zentralfriedhof geradezu eine Stadt innerhalb der Stadt. Der Zentralfriedhof ist nicht nur eine der bedeutendsten Friedhofsanlagen der Welt, sondern er ist mit einer Fläche von fast zweieinhalb Quadratkilometern beinahe genauso groß wie die Wiener Innenstadt selbst. Damit zählt das weitläufige Areal mit seinen 330 000 Grabstellen zu den größten Friedhofsanlagen Europas.

Der Zentralfriedhof ist nicht nur ein Hort unvergleichlicher Jugendstil-Architektur mit imposanten Bauwerken wie Arkadengrüften, Mausoleen und einmaligen Monumenten, sondern ist auch ein beliebtes Naturparadies für Mensch und Tier.

JUGENDSTILKIRCHE

Nachdem die im Jahr 1784 eröffneten fünf Kommunalfriedhöfe aufgrund des rapiden Bevölkerungszuwachses Mitte des 19. Jahrhunderts innerhalb des Linienwalls ihre Kapazitäten ausgeschöpft hatten, beschloss der Gemeinderat im Dezember 1866, die Anlage des Zentralfriedhofs weit außerhalb der damaligen Stadtgrenzen in Kaiserebersdorf und Simmering zu genehmigen. Das Frankfurter Architektenteam Karl Jonas Mylius und Alfred Friedrich Bluntschli hat 1871 in nur drei Jahren Bauzeit Wiens neue Totenstadt erschaffen, sodass im November 1874 die Eröffnung stattfinden konnte. Das ursprüngliche Areal bestand aus einem unregelmäßigen Fünfeck, wobei der Mittelpunkt der Kapellenhof mit der nach Entwürfen von Max Hegele erbauten Jugendstilkirche »Zum Heiligen Karl Borromäus« bildete. Eine der zahlreichen Besucherattraktionen sind die unzähligen Ehrengräber, unter ihnen sind die Schriftsteller Friedrich Torberg und Arthur Schnitzler, die Schauspieler Hans Moser und Helmut Qualtinger und Musiker wie Johannes Brahms, Franz Schubert, Ludwig van Beethoven, aber auch Falco und Udo Jürgens.

Der Zentralfriedhof bietet aber auch abseits der pompösen Perfektion ganz andere Facetten. So etwa der vom Haupteingang aus im Osten liegende jüdische Friedhof mit seinen wunderschönen Mausoleen und verwunschen Grabmalen, wo die Totenruhe im Einklang mit der Natur unberührt verweilen darf.

Der St. Marxer Friedhof ist der einzige der fünf gegründeten Kommunalfriedhöfe, der bis heute erhalten geblieben ist. Die Gründung

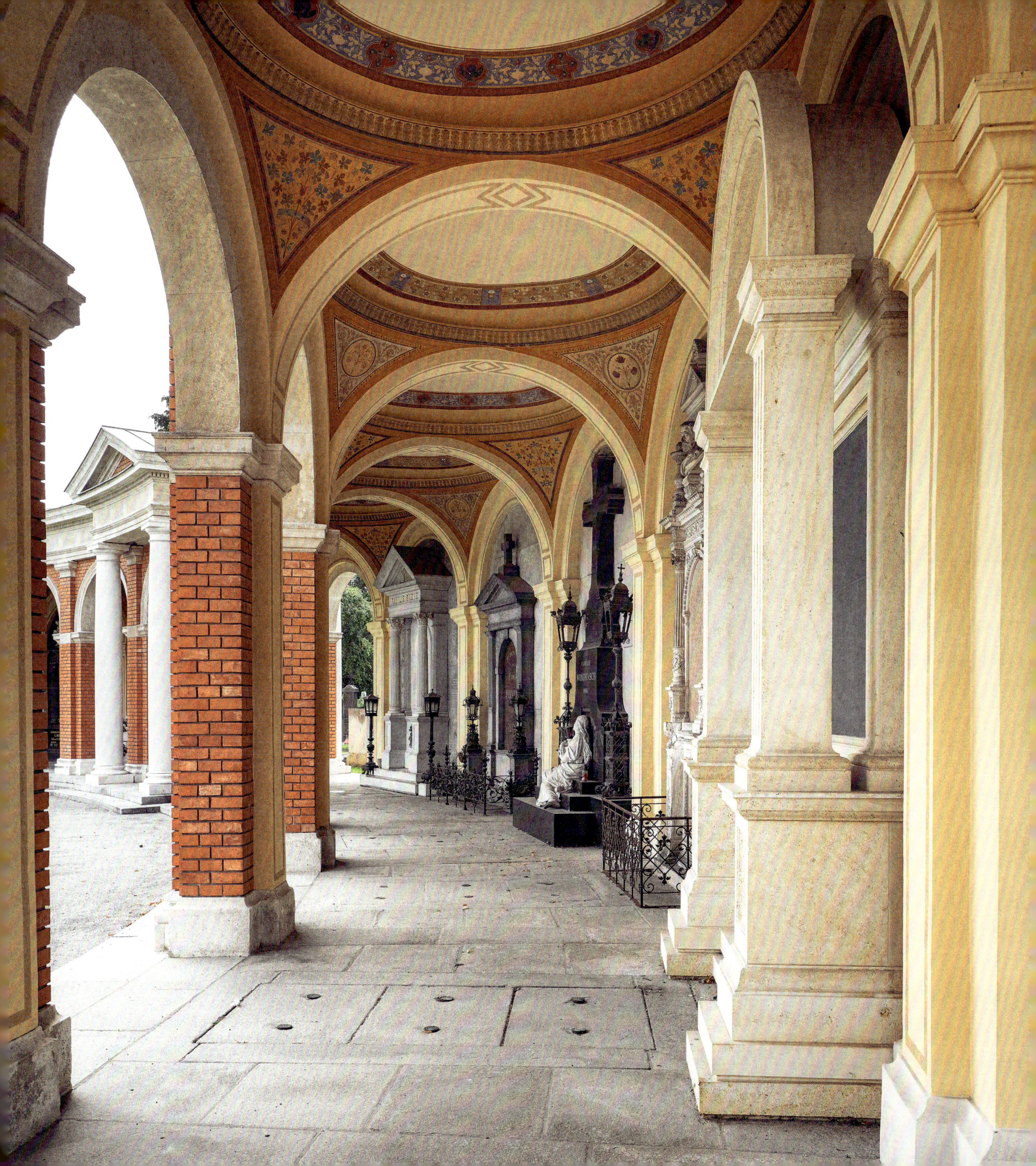

der Kommunalfriedhöfe außerhalb der Stadt war aus hygienischen Gründen dringend notwendig geworden. Im Zuge der Josephinischen Reformen gegen Ende des 18. Jahrhunderts erließ Kaiser Joseph II. eine Seuchen- und Hygieneverordnung, um die innerstädtischen Friedhöfe zu schließen. Begräbnisse durften fortan nur noch außerhalb des Linienwalls stattfinden.

GRABSTÄTTE MOZARTS

Der rund sechs Hektar große Sankt Marxer Friedhof wurde im Mai 1784 in der Vorstadt Landstraße eröffnet. Sein Name ist zurückzuführen auf eine Kapelle des dort gelegenen Bürgerspitals, die dem heiligen Markus geweiht war. Der Friedhof weist im Wesentlichen den Charakter eines Biedermeierfriedhofs auf und ist eine Oase der Stilepochen. Auf der mittlerweile denkmalgeschützten Kultur- und Erholungsstätte findet man den Empirestil genauso wie den Historismus oder auch den Klassizismus. Nach nur 90 Jahren musste der Friedhof wegen Platzmangels wieder schließen. Die wohl bekannteste Persönlichkeit des Friedhofes ist Wolfgang Amadeus Mozart, der im Bereich der Schachtgräber ohne Kreuz oder andere Kennzeichnung seine letzte Ruhe fand.

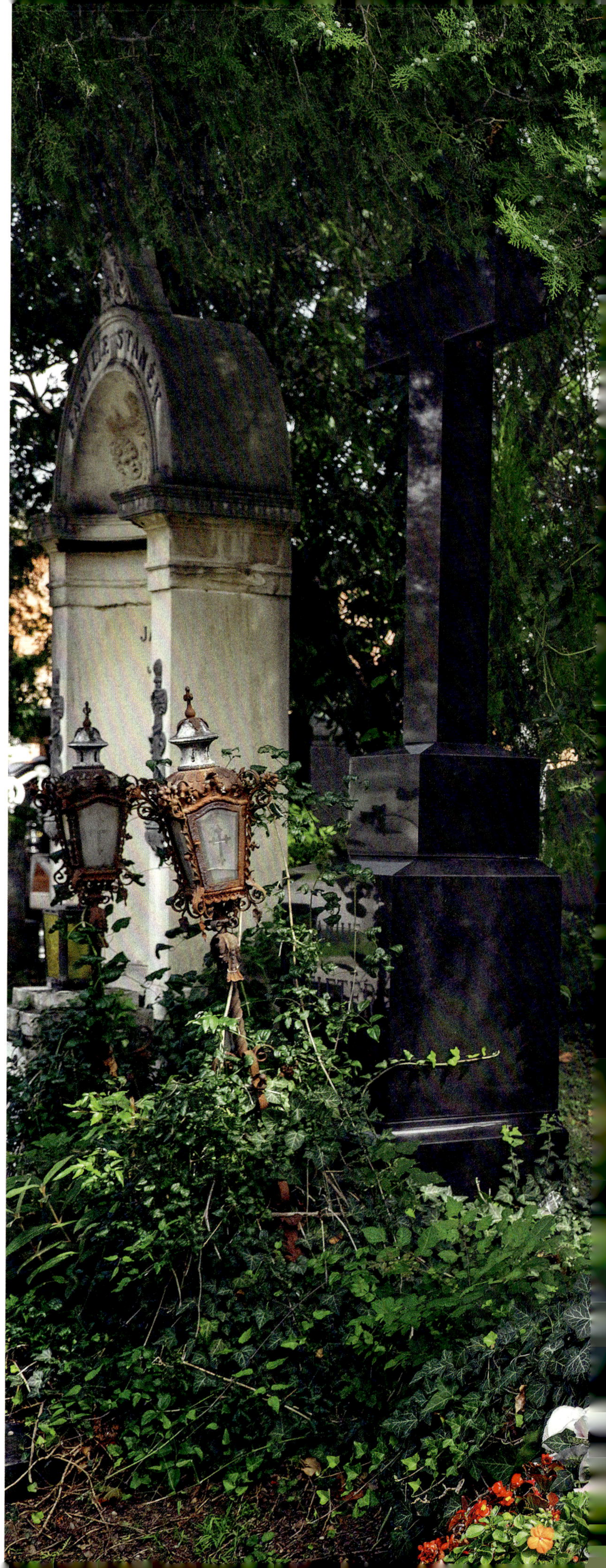

DER ZENTRALFRIEDHOF ist fast schon surreal hübsch und gepflegt, und doch finden wir hier die ersehnte märchenhafte Verwünschung und Unvollkommenheit.

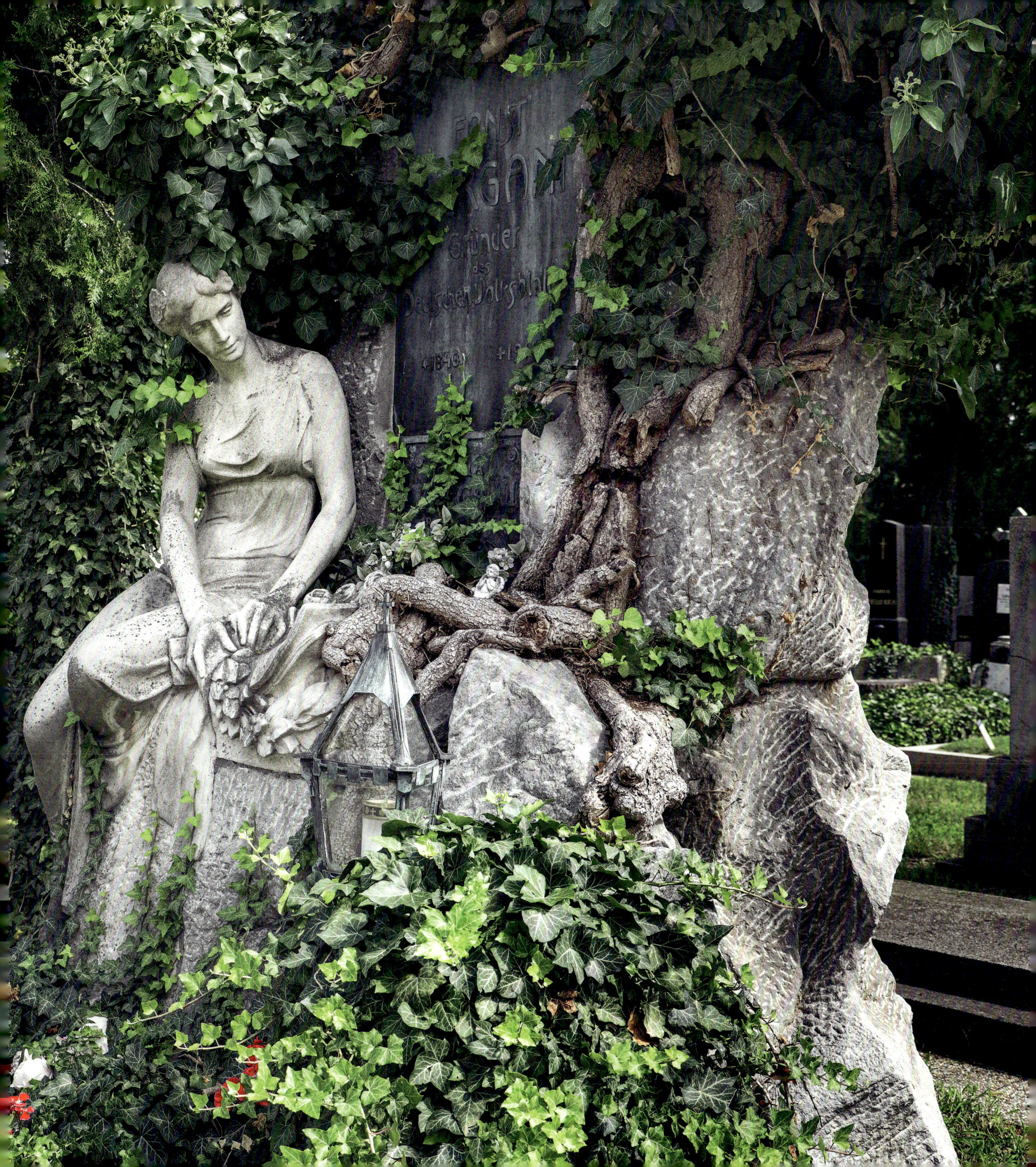
ERNST
Gründer
des

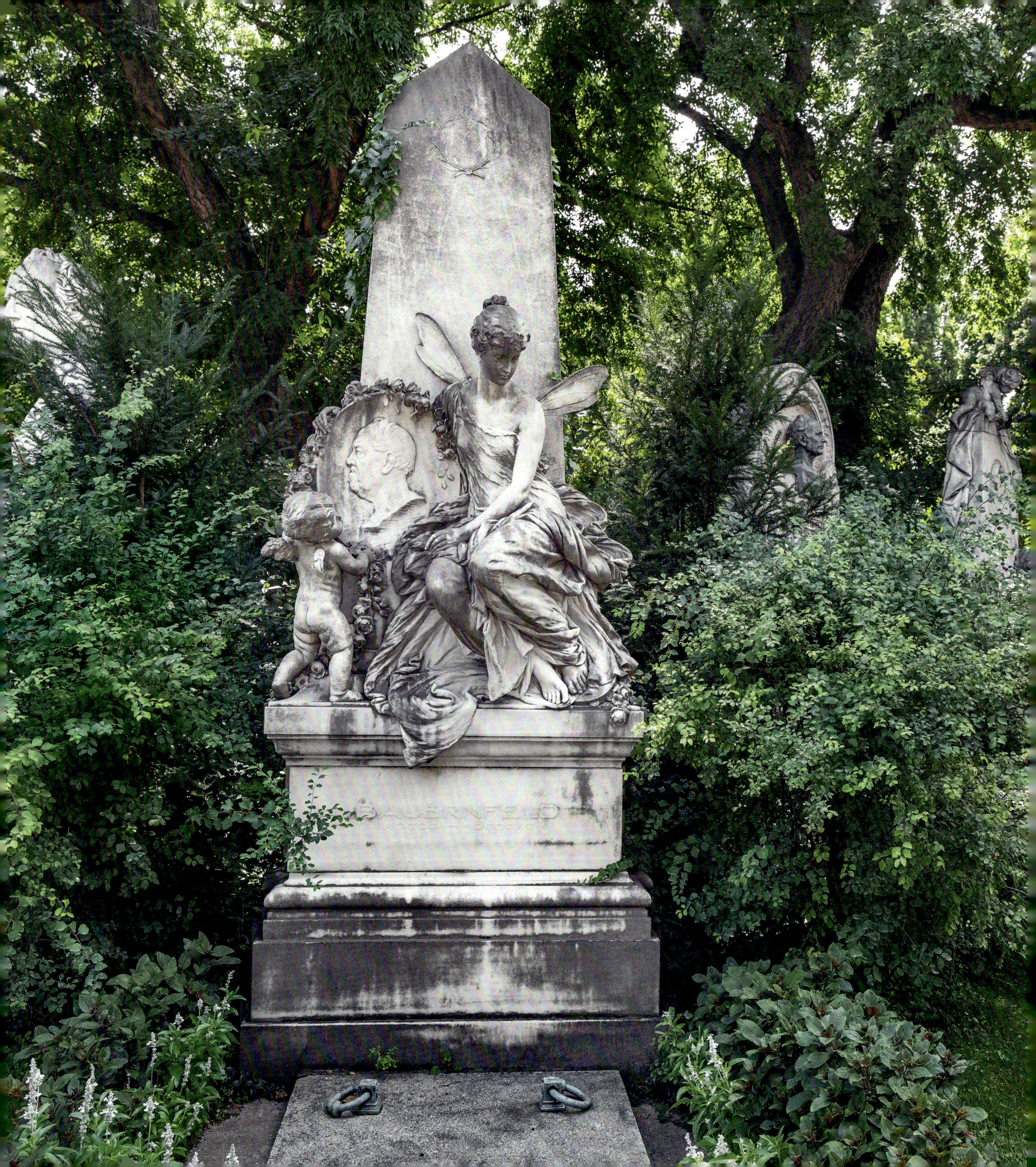
BAUERNFELD

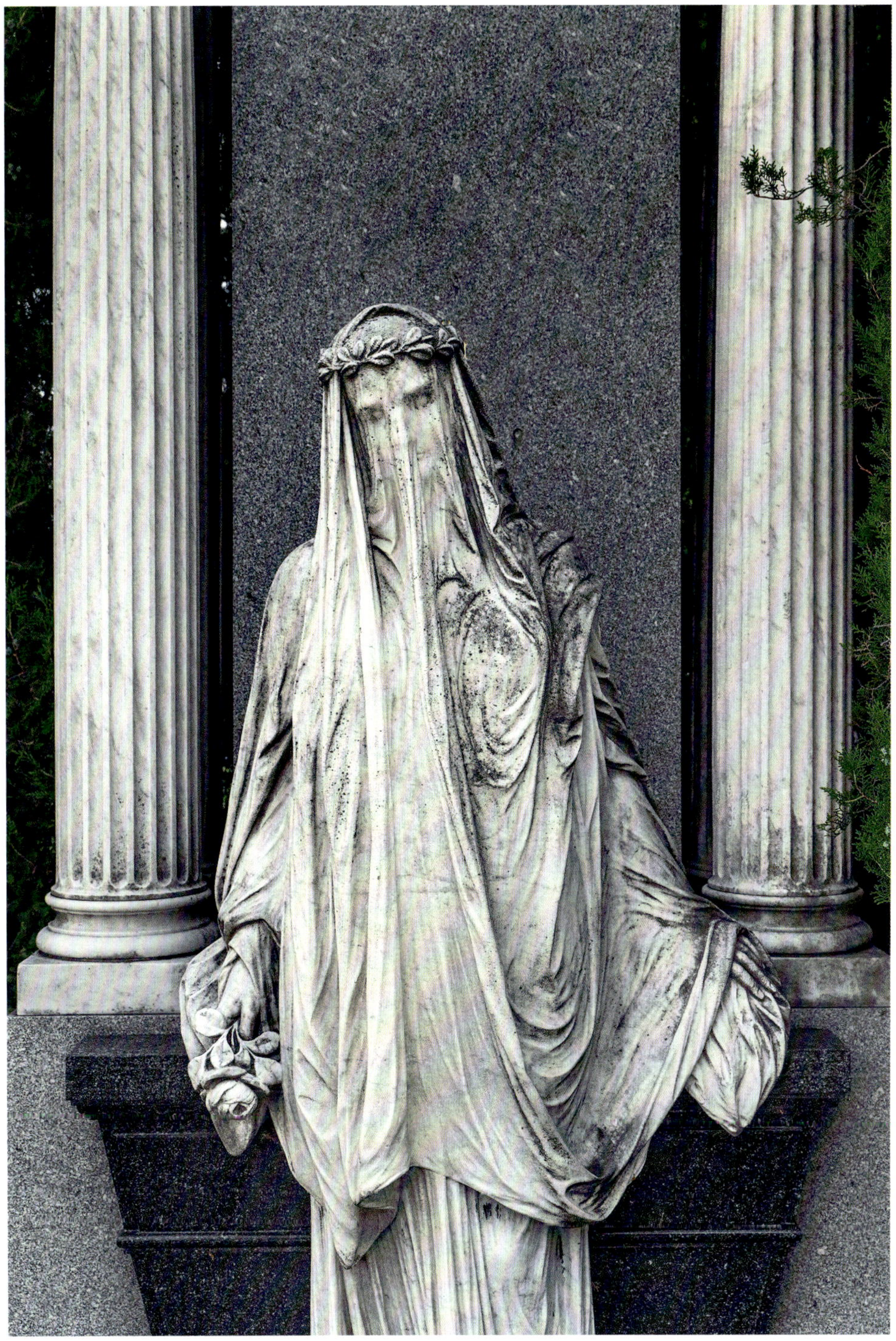

DIE GRABFELDER DER EHRENGRÄBER sind unterteilt in verschiedene Gewerke, doch mache ich mir persönlich nicht viel aus Prominenz. Es ist die Fülle der einzigartigen Figuren, die mich hier in den Bann gezogen haben.

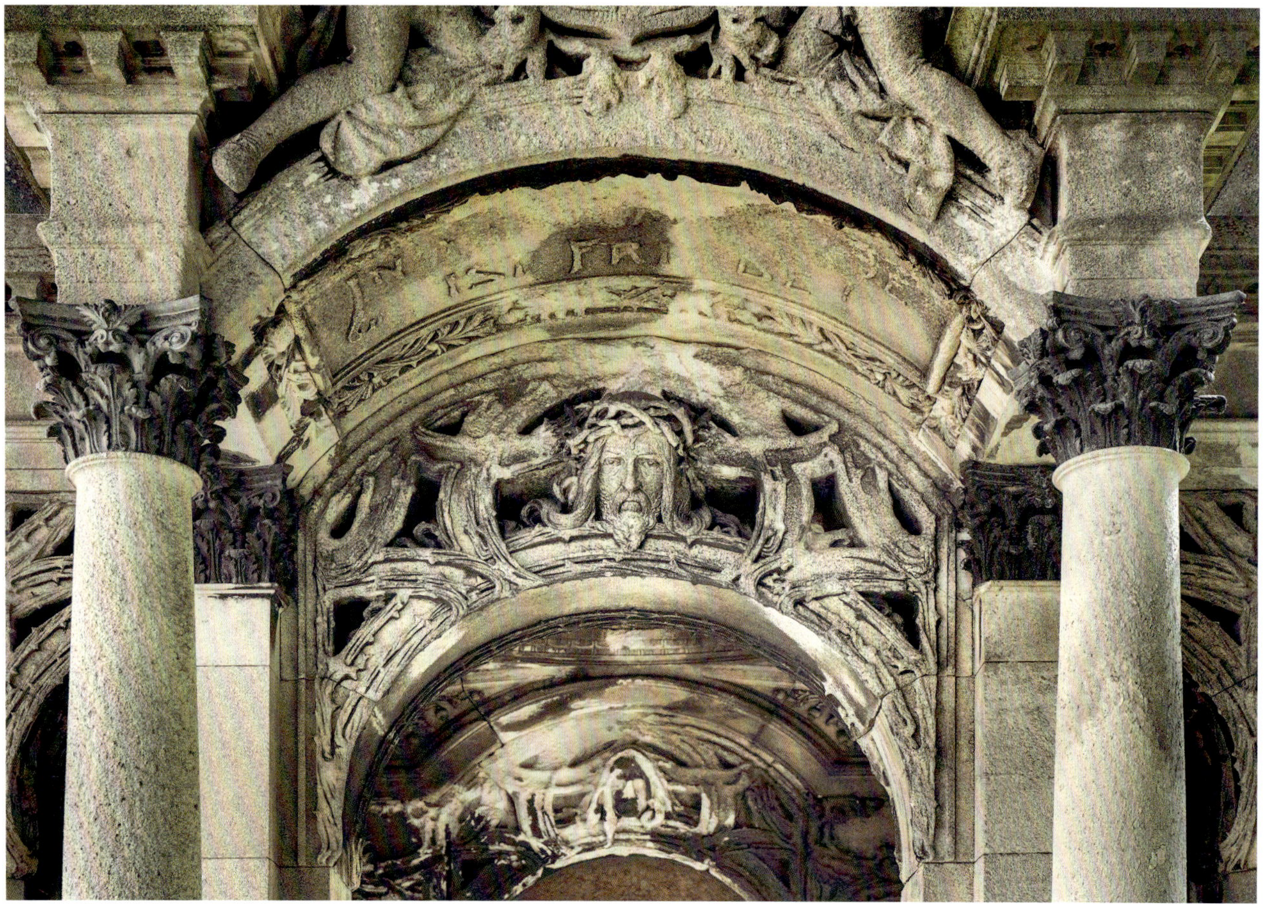

AUCH IM UMFELD der beeindruckenden Friedhofskirche gibt es viel zu entdecken.
Hier habe ich Werke angetroffen, die ich in dieser Art nirgendwo anders gefunden habe.

SELBST WIENS ZENTRALFRIEDHOF kann manchmal wild und verwunschen sein, zumindest
nordwestlich im großen jüdischen Friedhofsareal. Hier gilt eine andere Friedhofskultur,
wo die Natur den Lauf der Zeit bestimmt. ▽▽

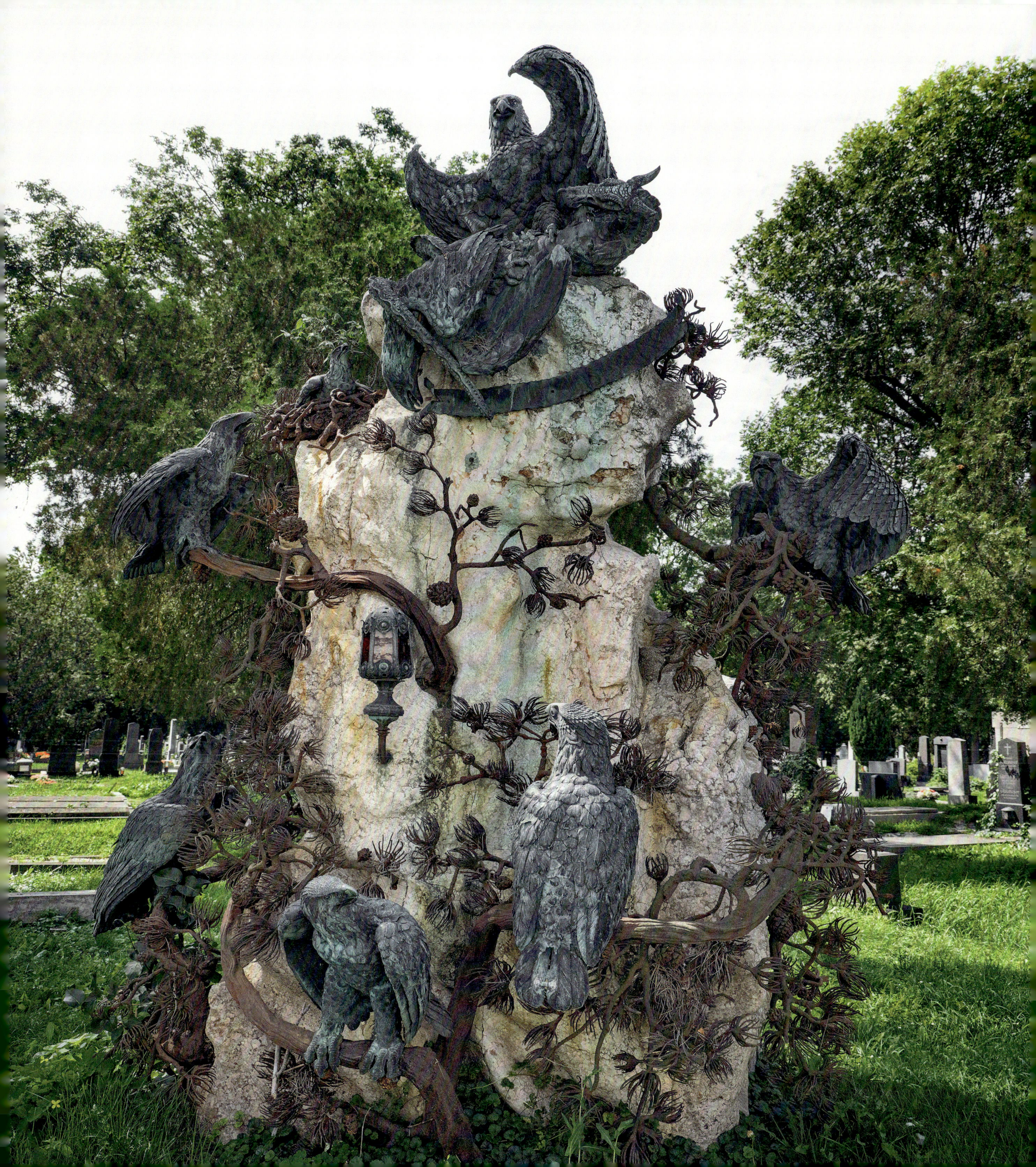

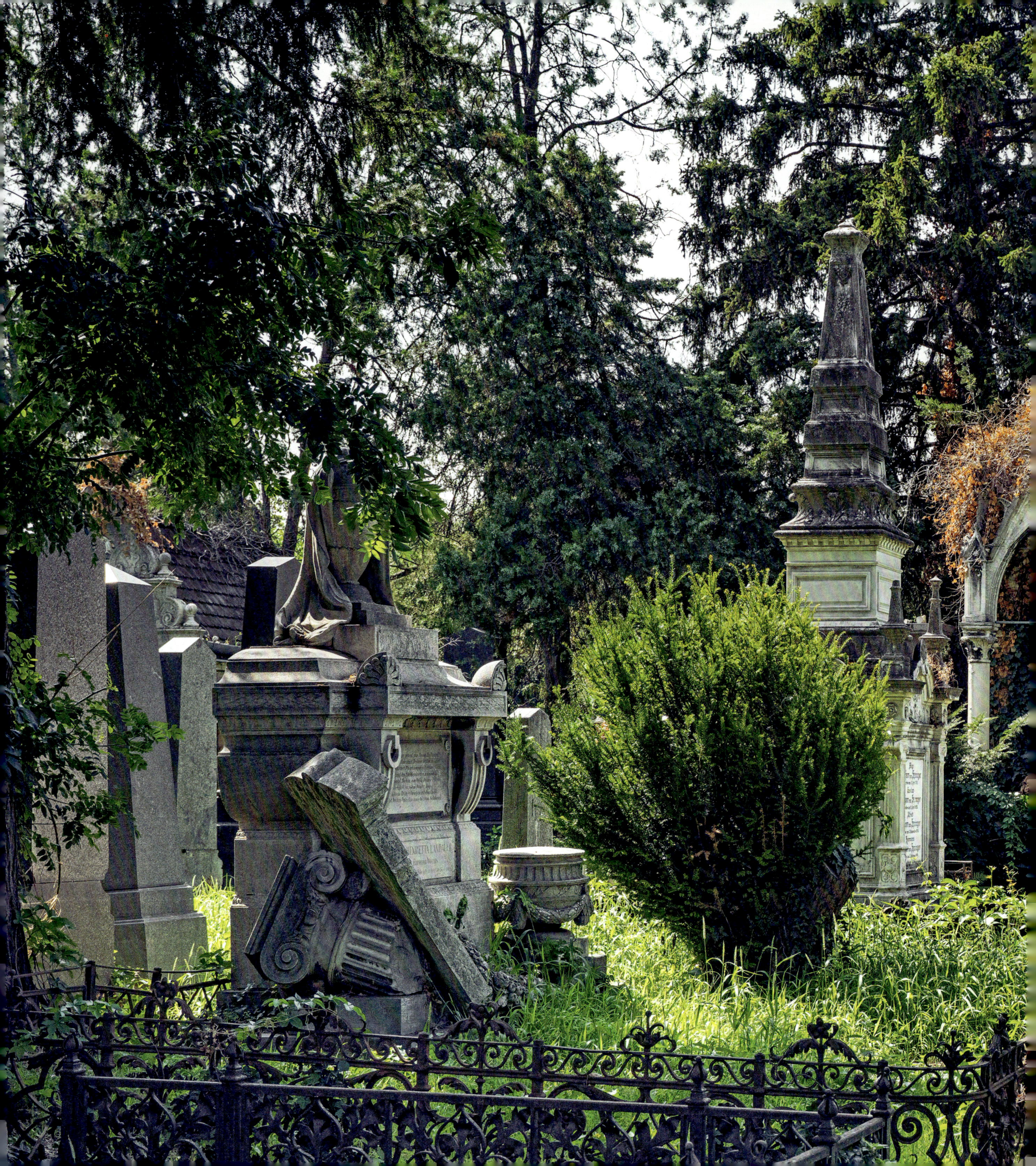

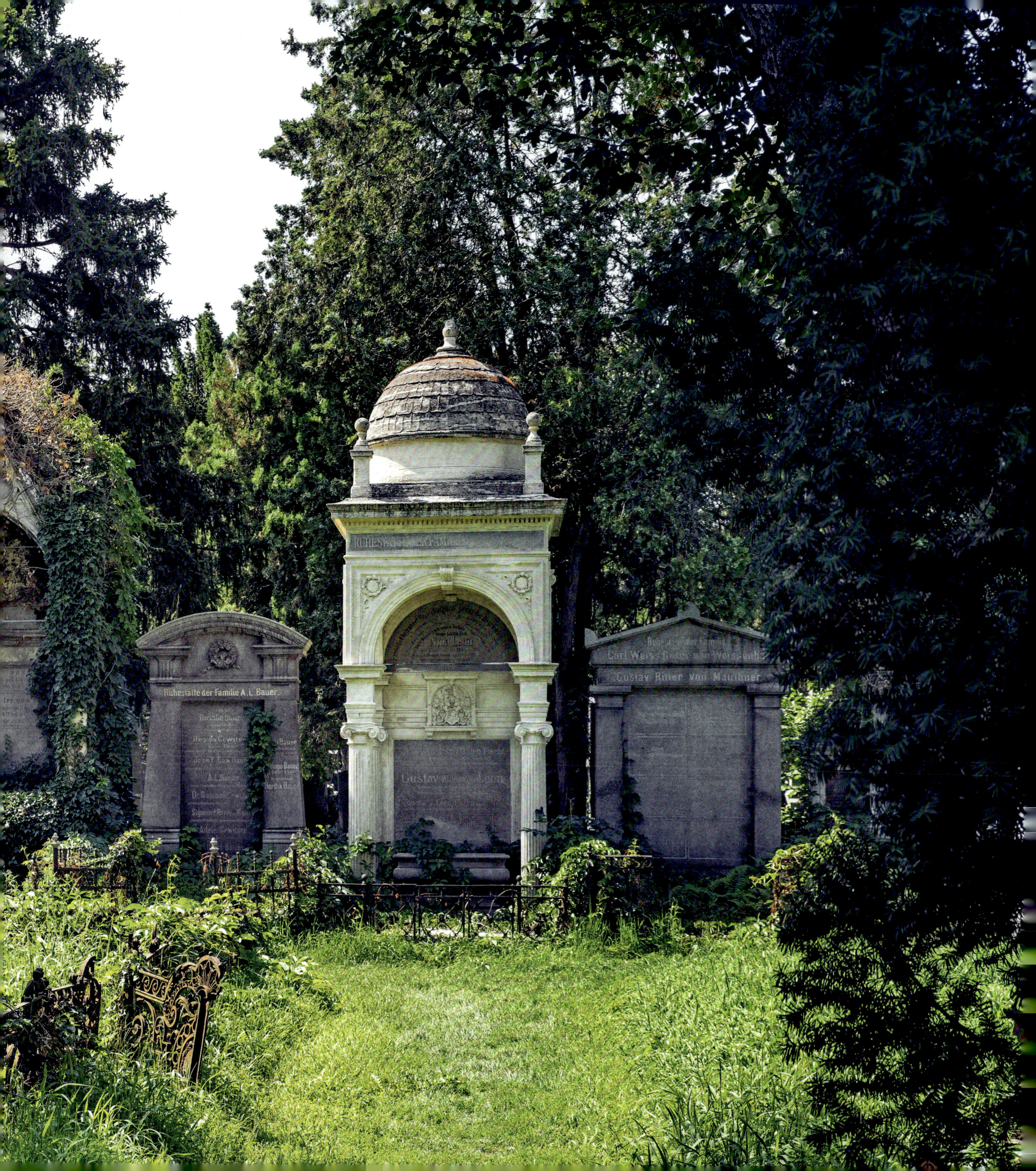
Ruhestätte der Familie A. L. Bauer
Gustav Ritter von Mauthner

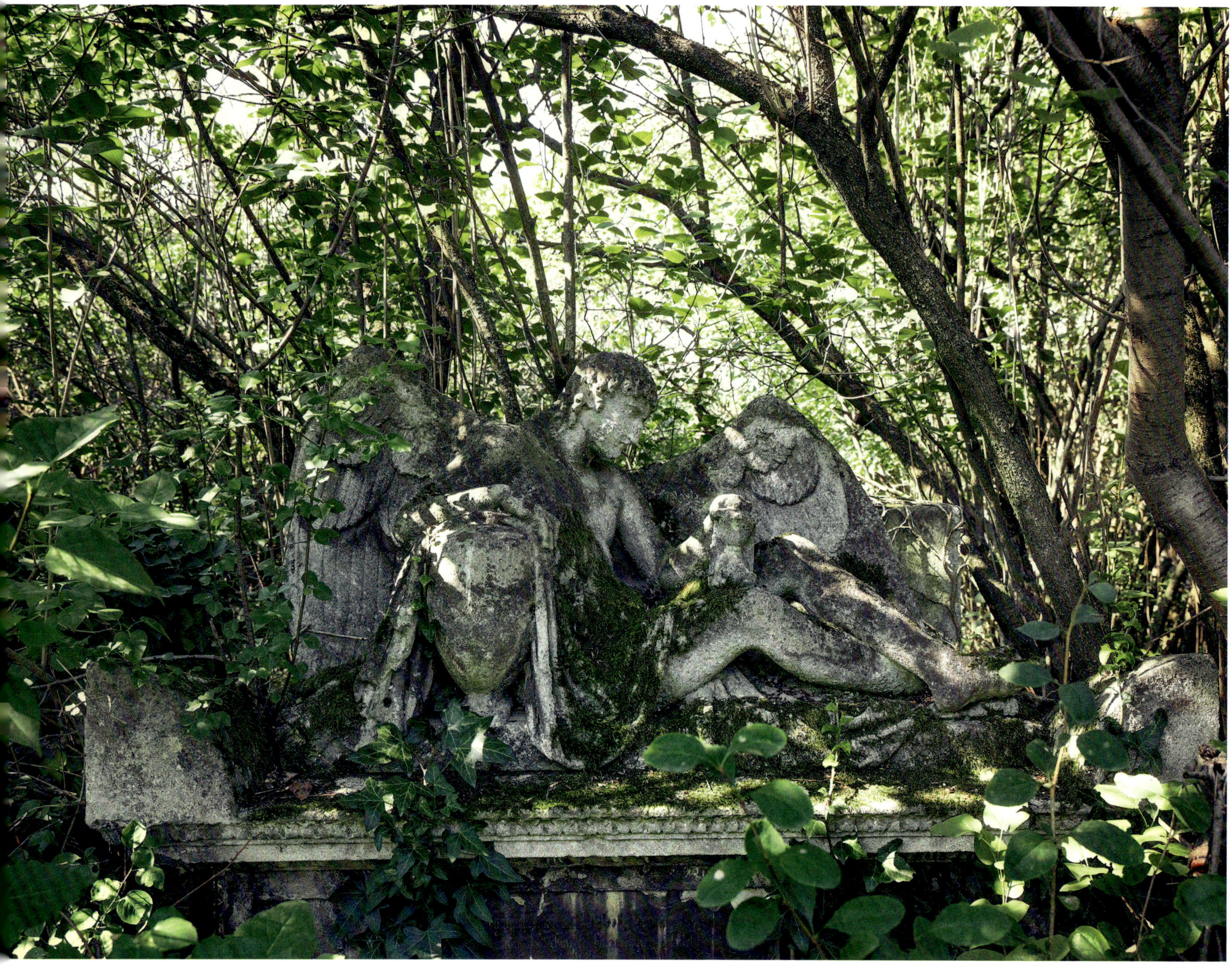

ZU UNRECHT steht der mittlerweile stillgelegte Sankt-Marx-Friedhof im Schatten des Zentralfriedhofes. Wem der Zentralfriedhof zu unversehrt und gepflegt daherkommt, ist hier gut aufgehoben. Eine nicht enden wollende Fülle alter Gräber und Figuren wartet darauf, entdeckt zu werden.

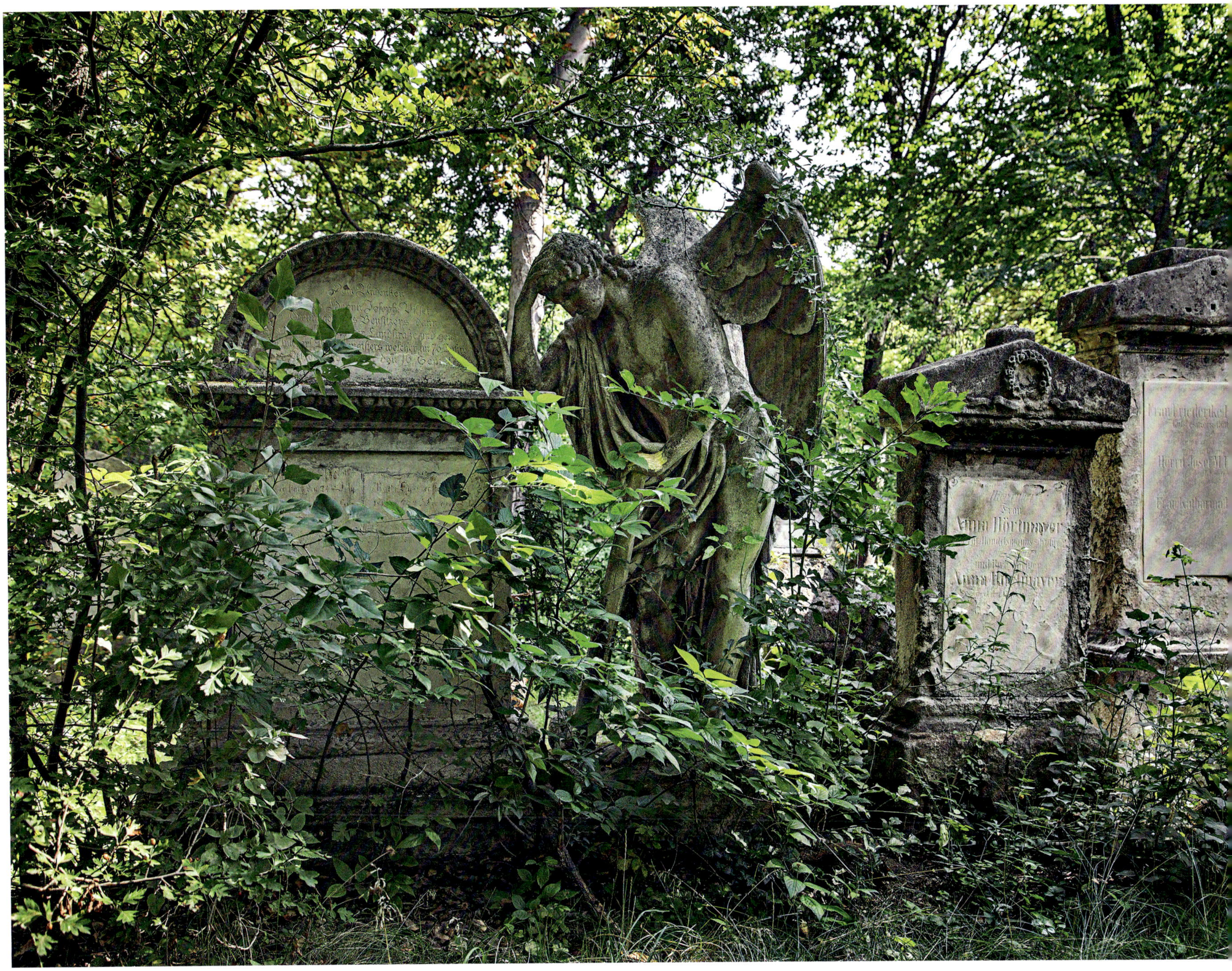

DIE ERKUNDUNG ist hier tatsächlich ernst gemeint, denn gerade die abgelegeneren Bereiche sind so verwildert und zugewachsen, dass man sich auf der Suche nach besonderen Figuren tatsächlich durch eine dichte Pflanzenwelt kämpfen muss.

MAUSOLEEN

Die Bestattung in einem Mausoleum gilt seit fast 2400 Jahren als ein Privileg der Reichen, Adligen und Herrscher. Die prächtigen Bauwerke zeugen von Macht und Reichtum.

Ein Mausoleum ist ein imposantes Grabmal in Form eines eigenständigen Gebäudes. Es enthält einen Andachtsraum oder eine kleine Grabkapelle sowie eine darunter liegende Gruft, in der Särge oder Sarkophage mit den sterblichen Überresten der Verstorbenen beigesetzt werden.

Namensgeber ist das berühmte Grabmal des Maussolos, das sogenannte Maussol-eion in Halikarnassos, im heutigen Bodrum an der türkischen Ägäis. Maussolos war Statthalter von Karien im 4. Jahrhundert vor Christus. Sein Grabmal, das Mausoleum von Halikarnassos, zählt zu den Sieben Weltwundern der Antike: Es war knapp 50 Meter hoch und mit weißem Marmor verkleidet und gilt als Höhepunkt des architektonischen Schaffens in seiner Epoche. Als eines der letzten antiken Weltwunder wurde das Mausoleum erst im 16. Jahrhundert zerstört.

Vom späten 18. bis zum frühen 20. Jahrhundert haben Industrielle, Kaufleute und hohe Beamte Mausoleen nach antiken Vorbildern auf städtischen Friedhöfen erbauen lassen. Heutzutage sind viele dieser eindrucksvollen Grabstätten dem natürlichen Verfall preisgegeben.

ABSEITS DER GRABFELDER an einem kleinen See liegt dieses Mausoleum wie eine Insel der Ruhe da. Friedhof Walle, Bremen

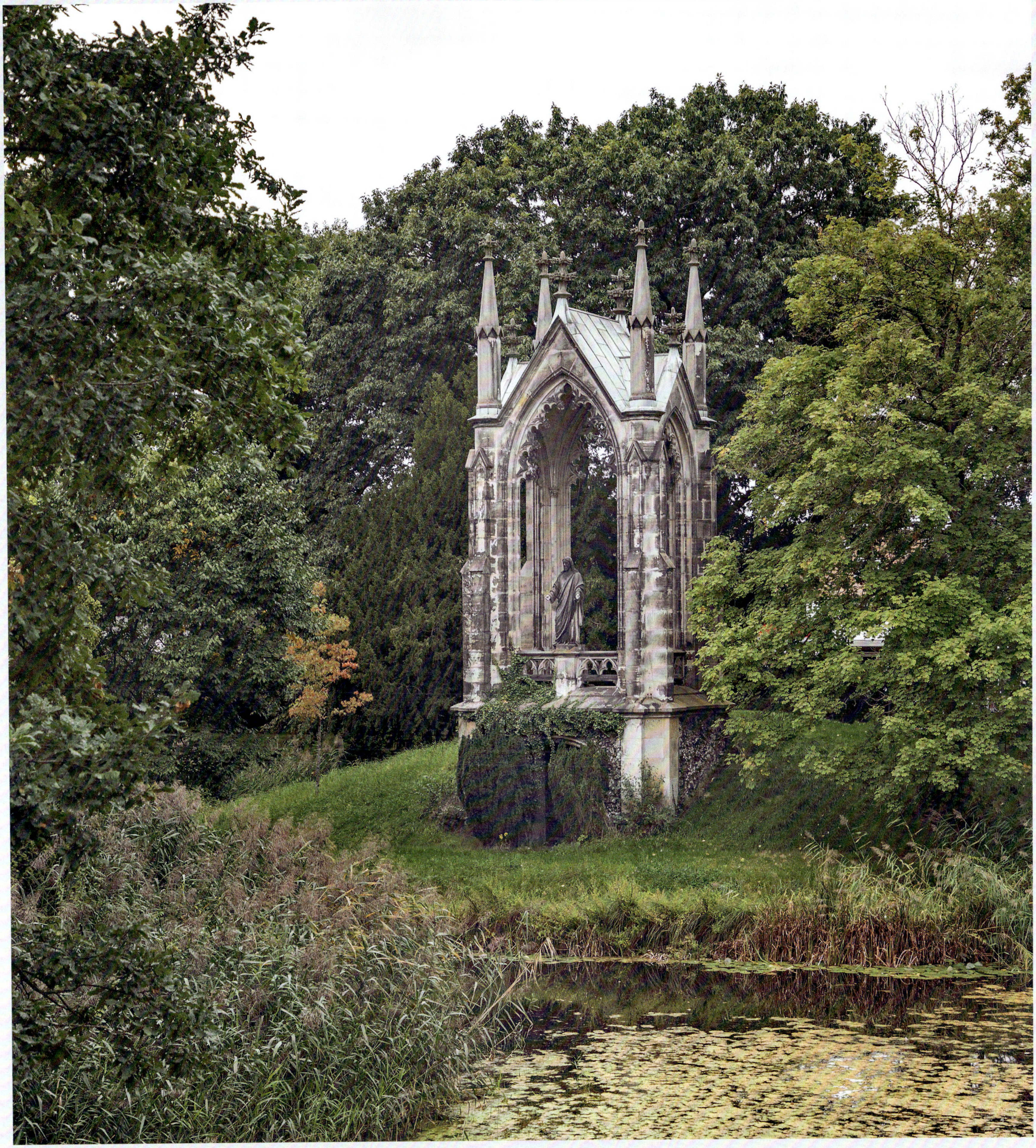

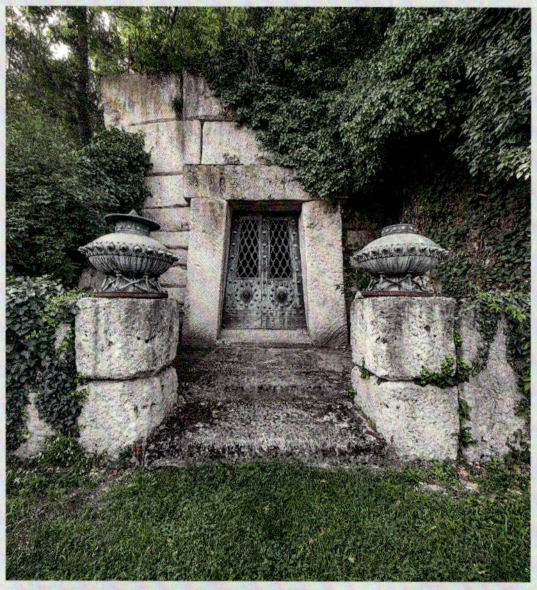

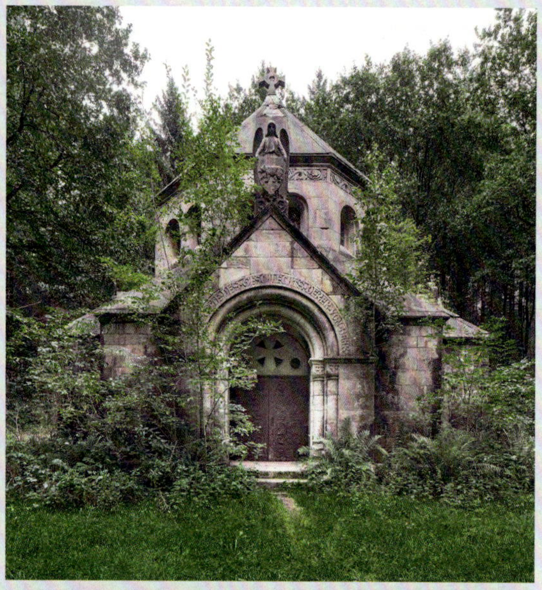

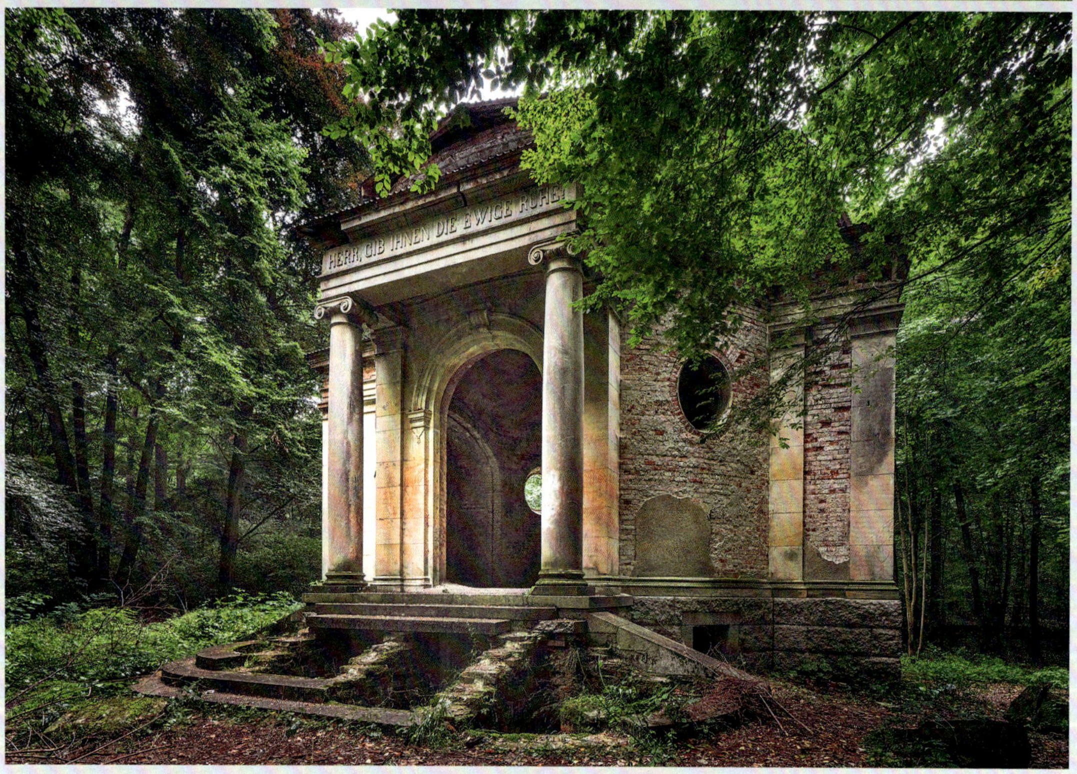

DIE UNTERSCHIEDLICHEN ARCHITEKTURSTILE und die Präsentation der Mausoleen ist stets faszinierend bis kurios. Hier zu sehen sind Mausoleen in Österreich, Niedersachsen und Polen. Mal gliedern sie sich in die Friedhöfe ein, manchmal verstecken sie sich einsam in Wäldern.

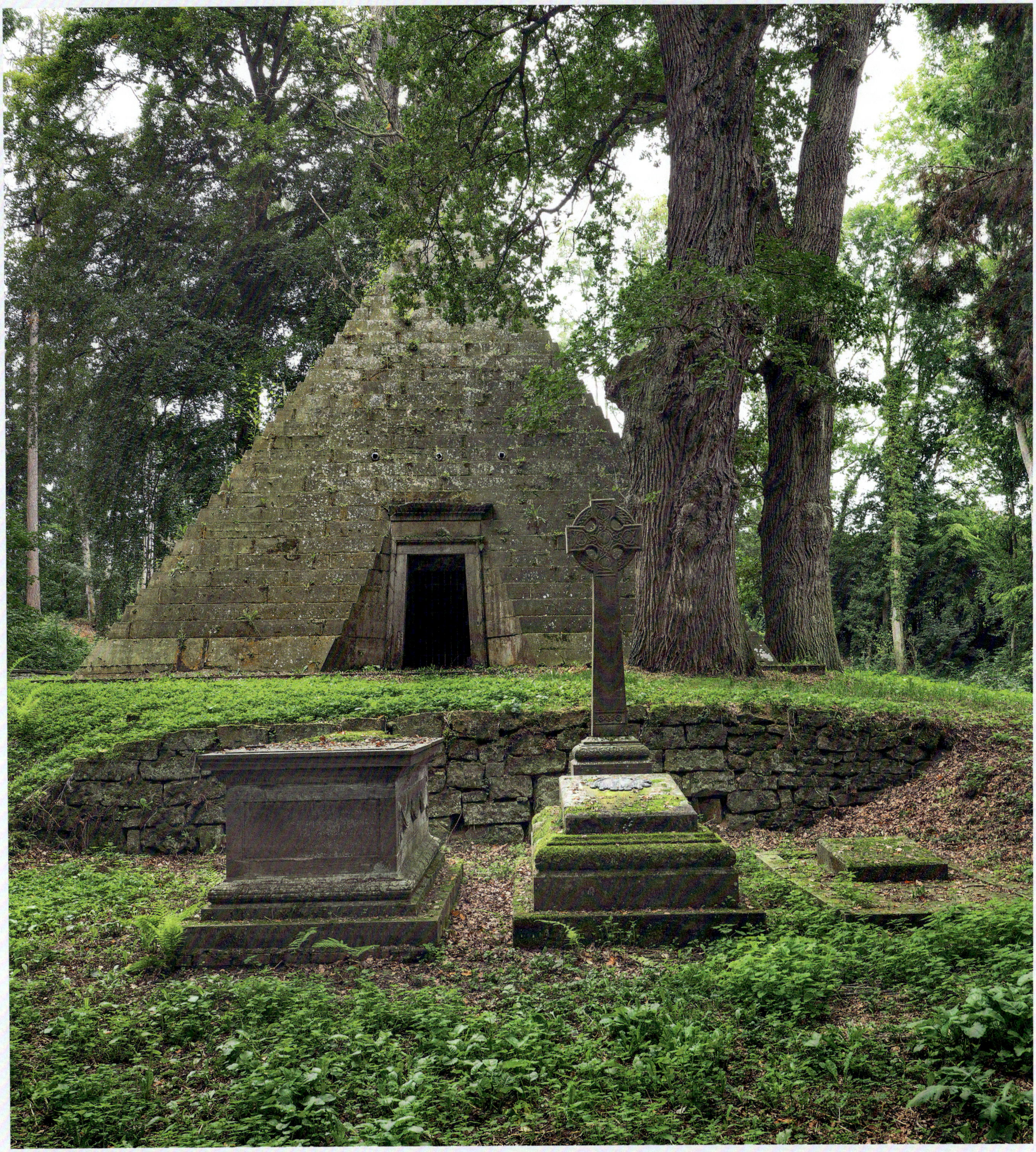

» Das kostbarste Vermächtnis eines Menschen ist die Spur, die seine Liebe in unseren Herzen zurückgelassen hat. «

Irmgard Erath

DAS ERSTE SONNENLICHT bringt Wärme in einen kalten Frühlingstag. Im Vordergrund zu sehen eines der wenigen prunkvollen Mausoleen. Hauptfriedhof Weimar

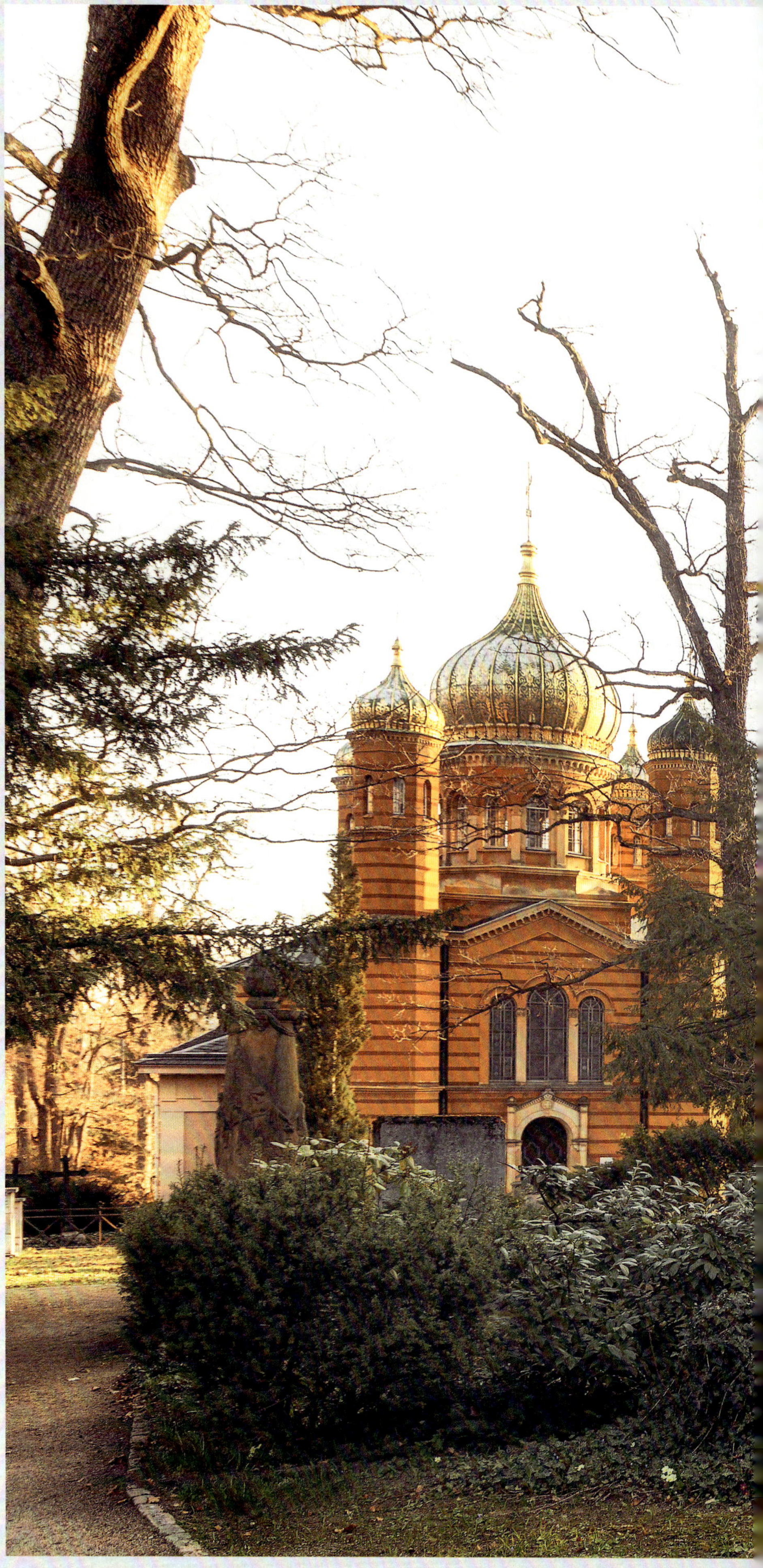

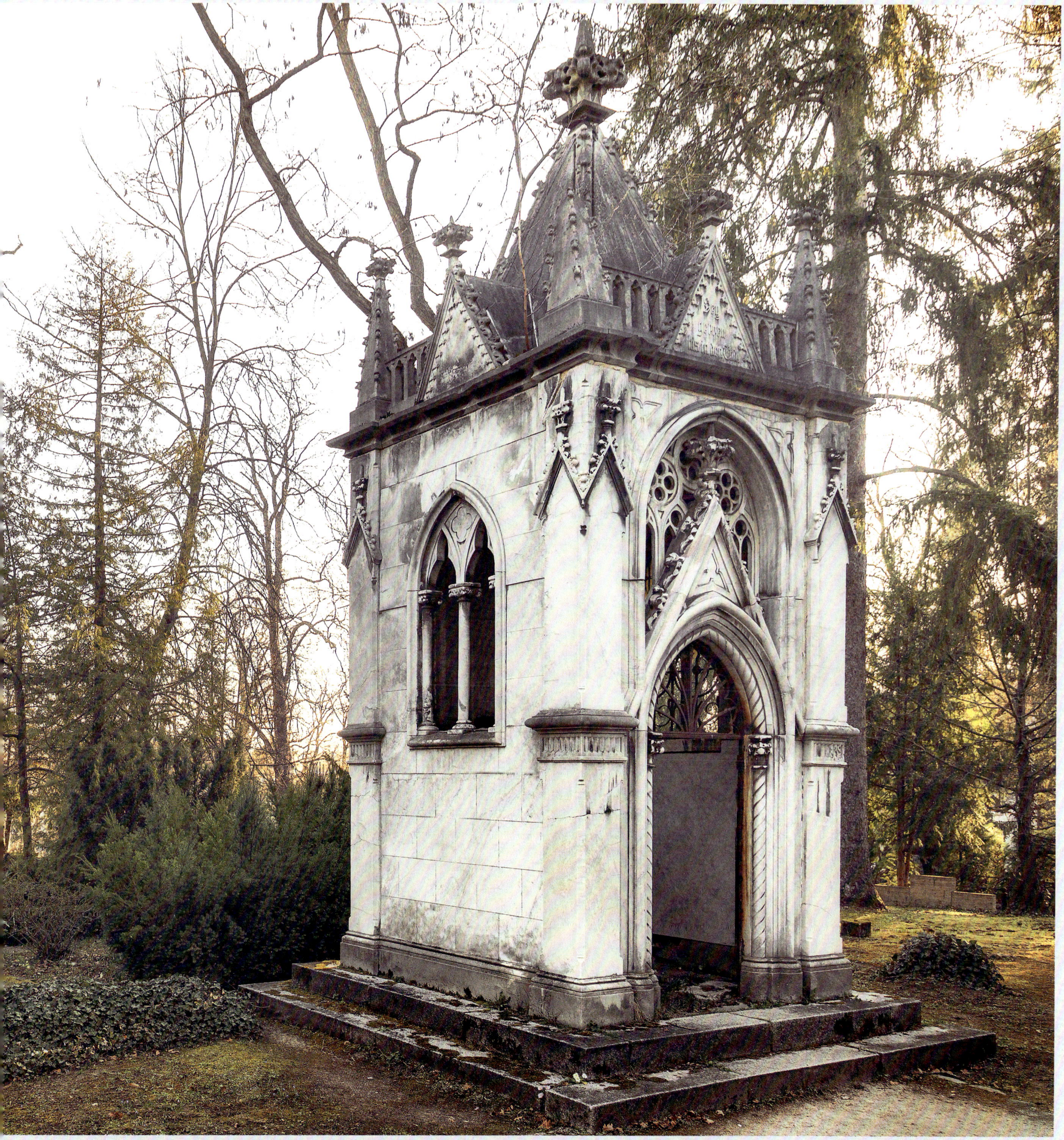

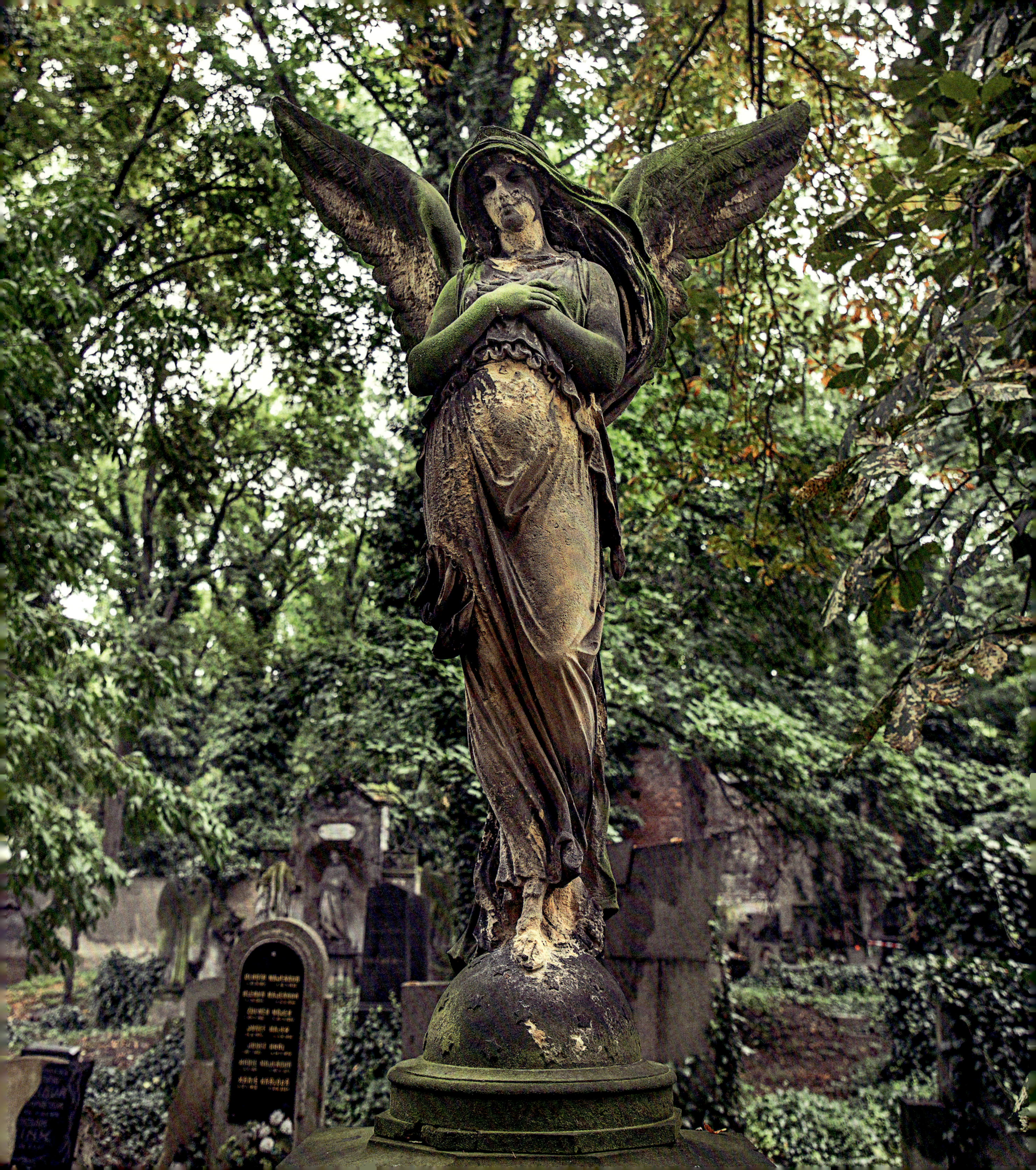

TSCHECHIEN

Das Verhältnis zum Tod ist in Tschechien nach dem Zweiten Weltkrieg tief geprägt vom kommunistischen Regime der 1950er-Jahre, das eine säkulare Beerdigung propagierte. Kirchliche Bestattungsrituale wurden nur noch selten und zumeist in Dörfern praktiziert. Der Tod wurde zum Tabu. Nicht umsonst heißt eine tschechische Redewendung: »Ich habe das wie den Tod vergessen.«

WIE EIN ROTER TEPPICH in eine verwunschene Welt breitet sich die erste Nord-Süd-Achse am Haupteingang aus.

FRIEDVOLLES DUTZEND

PRAG · FRIEDHOF OLŠANY

Außerhalb der Prager Altstadt befindet sich im Osten der Friedhof Olšany, der größte und bedeutendste Begräbnisplatz der tschechischen Hauptstadt. Die über 50 Hektar große Friedhofsanlage ist ein Ensemble aus zwölf Teilfriedhöfen, das als Einheit ein Ort der Ruhe und des Erinnerns darstellt und auf eine ereignisreiche 340-jährige Geschichte zurückblicken kann.

Im Osten Prags befindet sich unweit des Stadtzentrums im Stadtteil Žižkov mit dem Friedhof Olšany die größte Begräbnisstätte der tschechischen Hauptstadt. Das über 50 Hektar große Friedhofsgelände in Form eines weitläufigen Rechtecks ist durch die Straße Jana Želivského zweigeteilt und setzt sich zusammen aus insgesamt zwölf Teilfriedhöfen. Schätzungen zufolge wurden in der über 340-jährigen Geschichte des Friedhofes über zwei Millionen Menschen bestattet.

PESTFRIEDHOF

Als sich Ende des 17. Jahrhunderts die hygienischen Bedingungen in den innerstädtischen Friedhöfen immer weiter verschlechterten und in den Jahren von 1680 und von 1713–1715 die Pest wütete, begann man 1680 außerhalb der Stadtgrenzen mit der Errichtung eines Pestfriedhofes in der Gemeinde Olšany. An die Pesttoten erinnert auf dem Friedhofsgelände, das heute die Nummer eins trägt, die St. Rochus-Kapelle von 1682, die dem Pestheiligen Rochus gewidmet ist.

Ende des 18. Jahrhunderts als Tschechien zum Heiligen Römischen Reich gehörend unter der Regentschaft von Kaiser Joseph II. die innerstädtischen Friedhöfe 1784 schließen musste, wurde der Pestfriedhof 1786 in einen offiziellen Gemeindefriedhof für die Bürger der Alt- und der Neustadt umgewandelt. Seit 1860 finden auf dem ersten und dem zweiten Friedhof keine Bestattungen mehr statt. Einige bedeutende Gräber des mittlerweile stark dem Verfall preisgegebenen Friedhofs wurden in den 70er-Jahren des 20. Jahrhunderts restauriert.

Auf den anderen sieben Kirchenfriedhöfen, die im Verlauf des 19. Jahrhunderts eingeweiht wurden, finden bis heute Bestattungen statt. Der zehnte konfessionelle Friedhof wurde 1910 eröffnet. Der erste konfessionsfreie Gemeindefriedhof wurde 1896 errichtet, der zweite, der sich im Stadtteil Stare Strasnice befindet, im Jahre 1917. Der zweite Gemeindefriedhof mit dem zehnten kirchlichen Friedhof sind von den übrigen Friedhofsteilen durch die Straße Zelivského getrennt.

Auf dem zweiten Gemeindefriedhof wurde neben den Militärgräbern eine russisch-orthodoxe Kirche erbaut. In deren Umgebung wurden viele Angehörige russischer Familien bestattet, die nach 1917 aus Russland emigrierten. Die Kirche wurde nach den Vorbildern von Kirchen von Pskov und Novgorod aus dem 16. Jahrhundert erbaut. Neben russischen Emigranten ist in der Kirche auch der tschechische Politiker

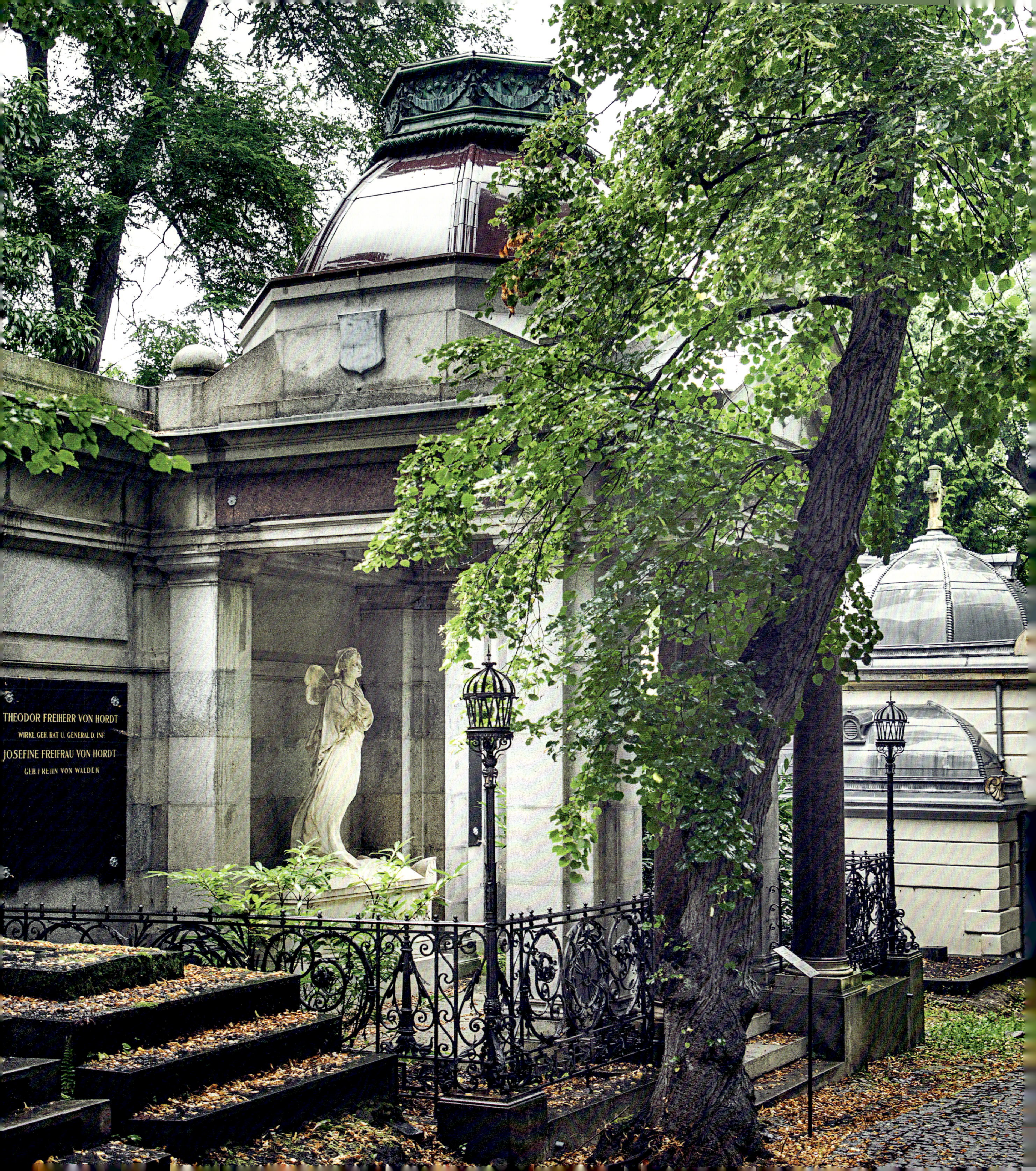
THEODOR FREIHERR VON HORDT
WIRKL. GEH. RAT U. GENERAL D. INF.
JOSEFINE FREIFRAU VON HORDT
GEB. FREIIN VON WALDEK

Karel Kramar bestattet, der erste Ministerpräsident der Tschechoslowakei, sowie seine Gattin Nadeshda, die sich um den Bau der Kapelle verdient machte.

Militärgräber aus dem Zweiten Weltkrieg befinden sich entlang des nördlichen Teils des zehnten Friedhofs und des zweiten Gemeindefriedhofs. Am westlichsten liegt der Prager Commonwealth-Friedhof, wo Angehörige der britischen Streitkräfte und ihrer Verbündeten bestattet wurden. Auf dem Friedhof findet man des Weiteren einen Ehrenfriedhof für Soldaten der Roten Armee, die 1945 in Prag gefallen sind.

GRAB FRANZ KAFKAS

Unmittelbar neben dem Hauptfriedhof erwarb die jüdische Gemeinde im östlichen Teil des Areals ein Grundstück und legte dort 1890 den neuen jüdischen Friedhof an. Es ist aufgrund seiner Größe von 10 Hektar der größte seiner Art in der Tschechischen Republik und zählt aufgrund seiner Jugendstil-Monumente zu den wichtigsten Kulturstätten. Der vermutlich meistbesuchte Ort ist das Grab des Schriftstellers Franz Kafka.

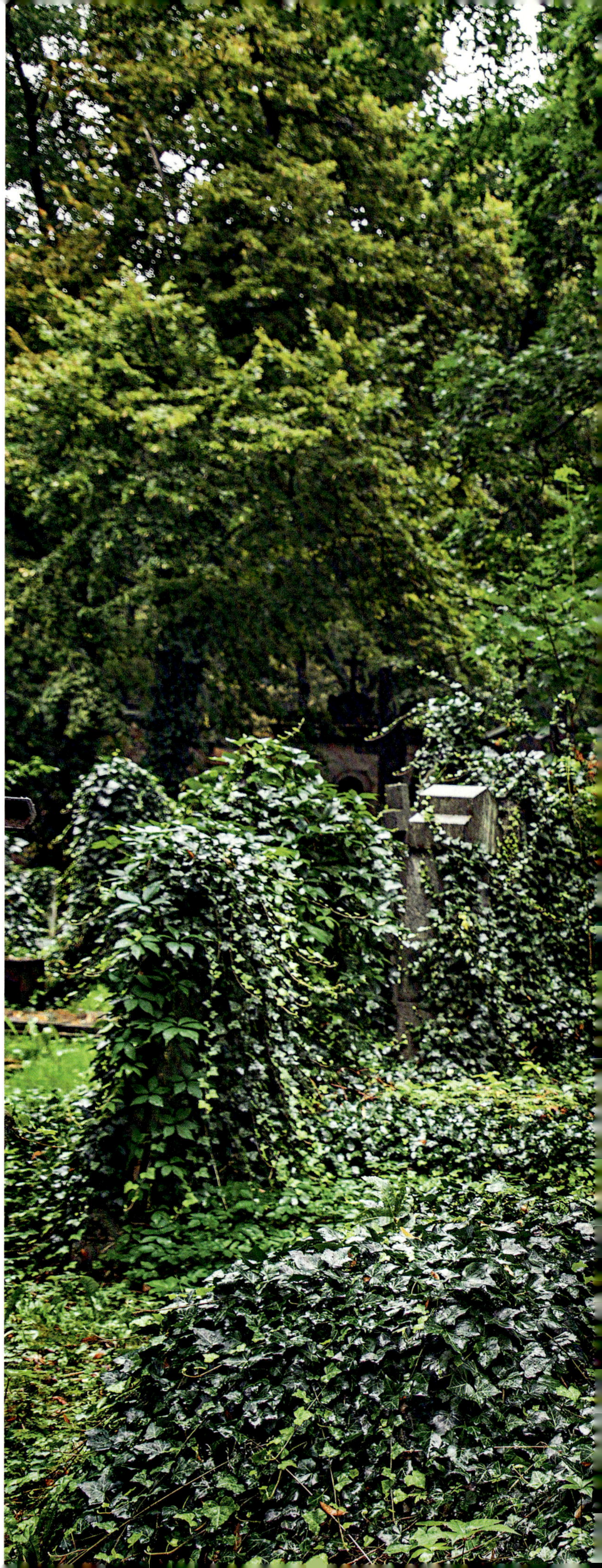

DER GESAMTE SÜDWESTLICHE TEIL des Friedhofs scheint unter einem fast geschlossenen Efeu-Teppich zu liegen, aus dem unzählige Figuren hervorstechen.

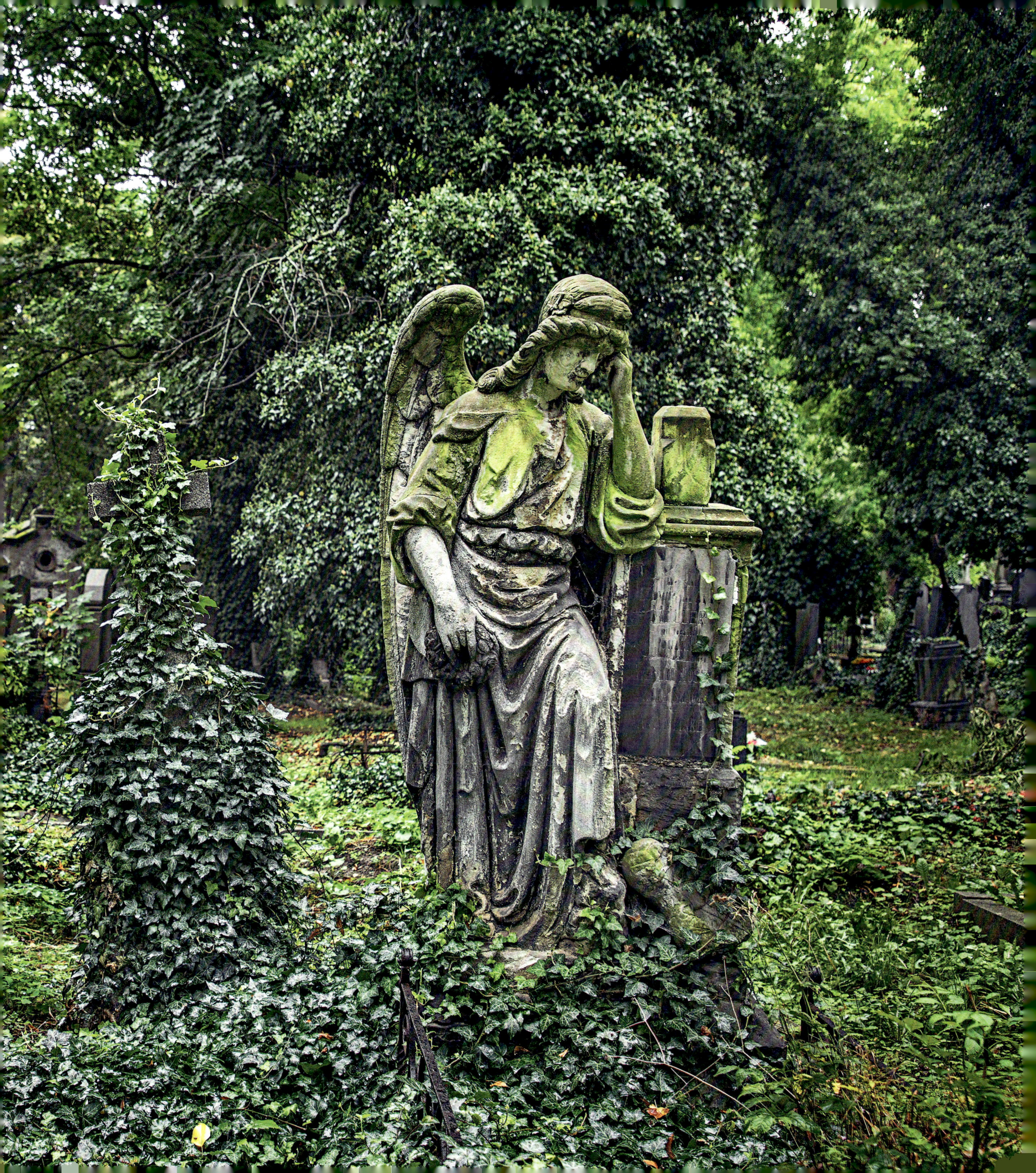

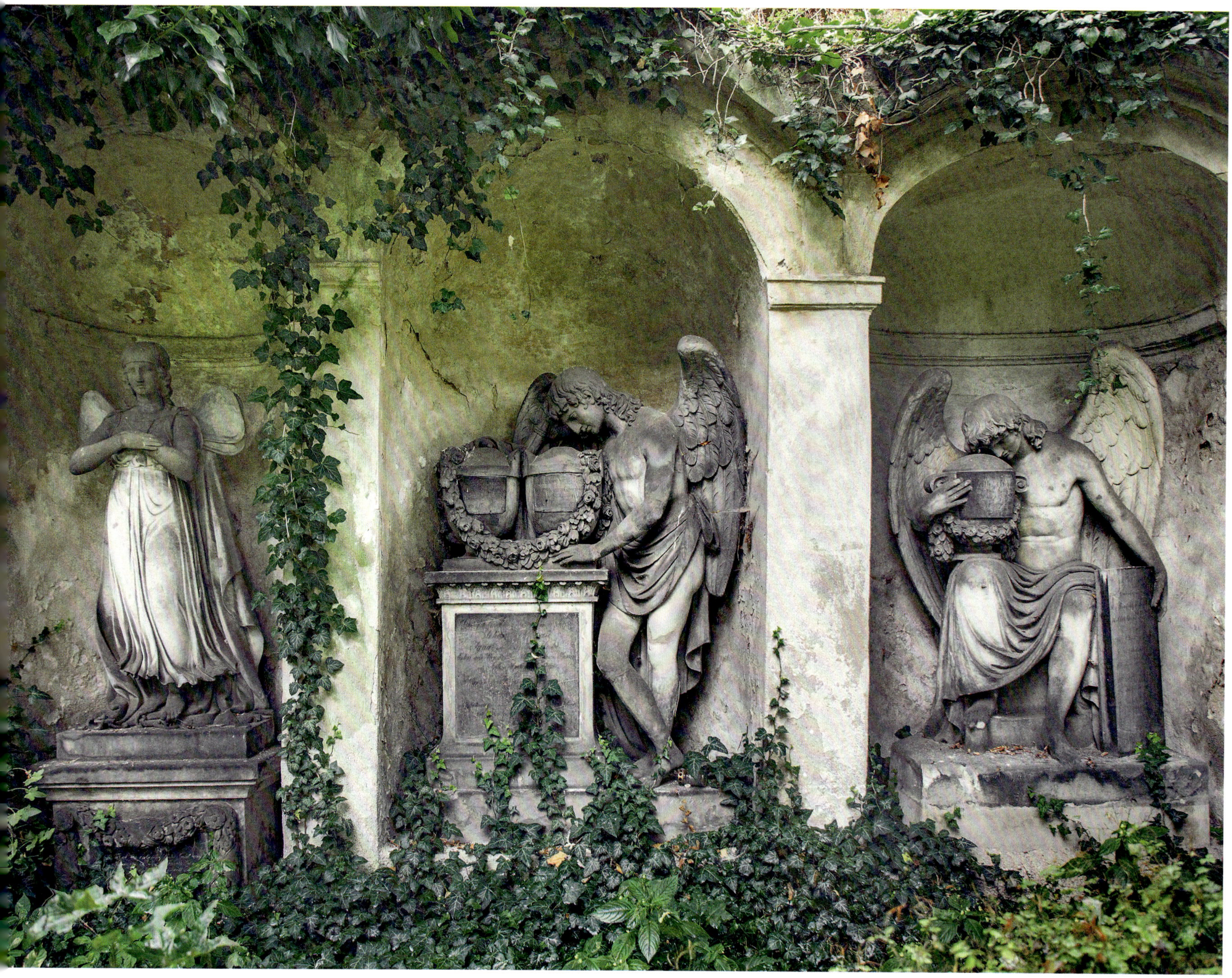

MIT DEM BETRETEN des südwestlichen Areals wird der Besucher umhüllt von Anmut, Frieden und Melancholie. Gefesselt von dieser Atmosphäre, den wunderschönen und lebendig gewandeten Figuren fällt es mir schwer, diesen Ort wieder zu verlassen, der ursprünglich gar nicht als Schwerpunkt geplant war.

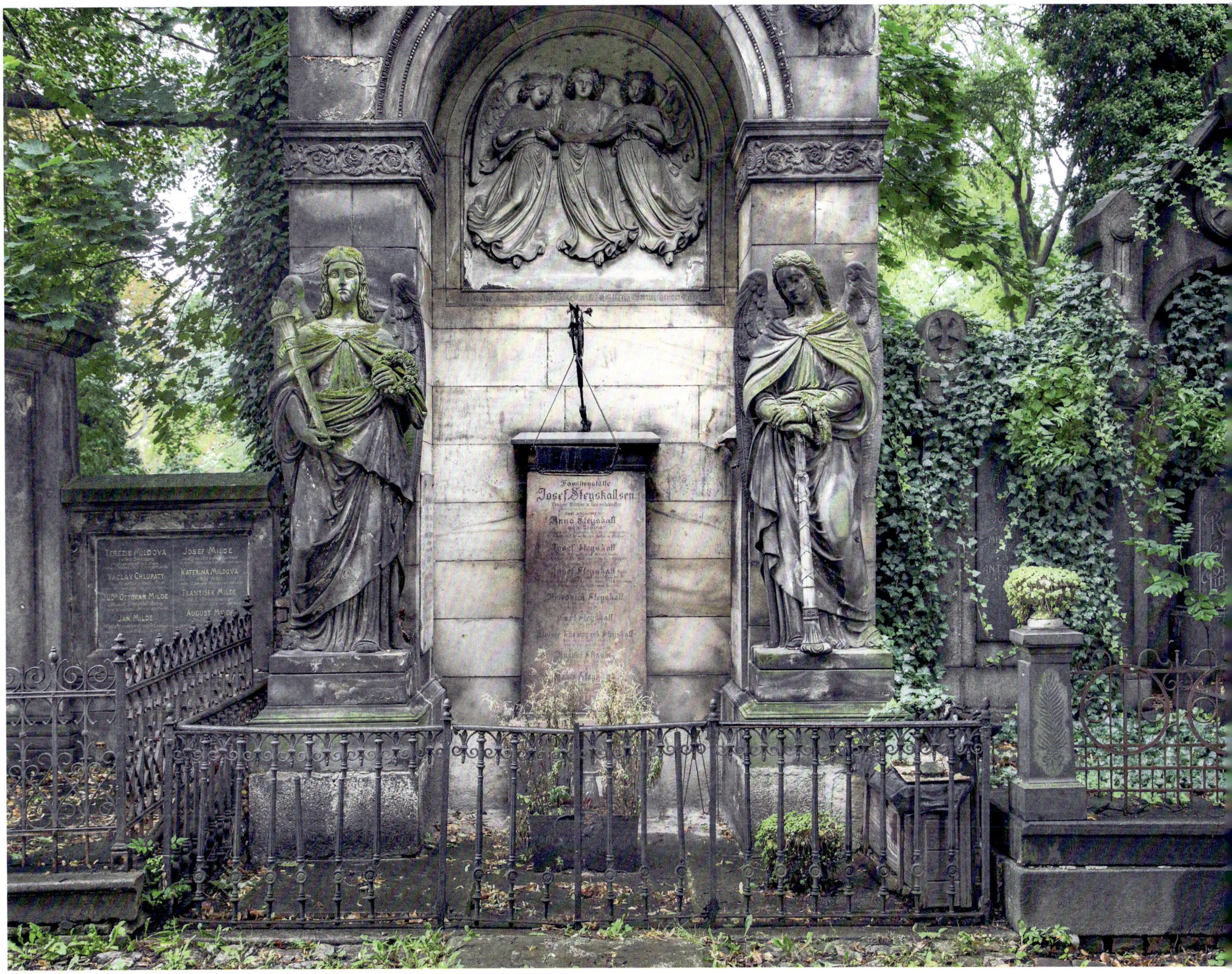

DER BESUCH stand zunächst unter keinem guten Stern, da bei meiner Ankunft Prag von schweren Gewittern heimgesucht wurde. Eine Herausforderung, doch selbst nach vier Stunden im Dauerregen mit nassen Füßen und durchnässtem Equipment konnte ich nicht aufhören, die intensive Stimmung zu genießen.

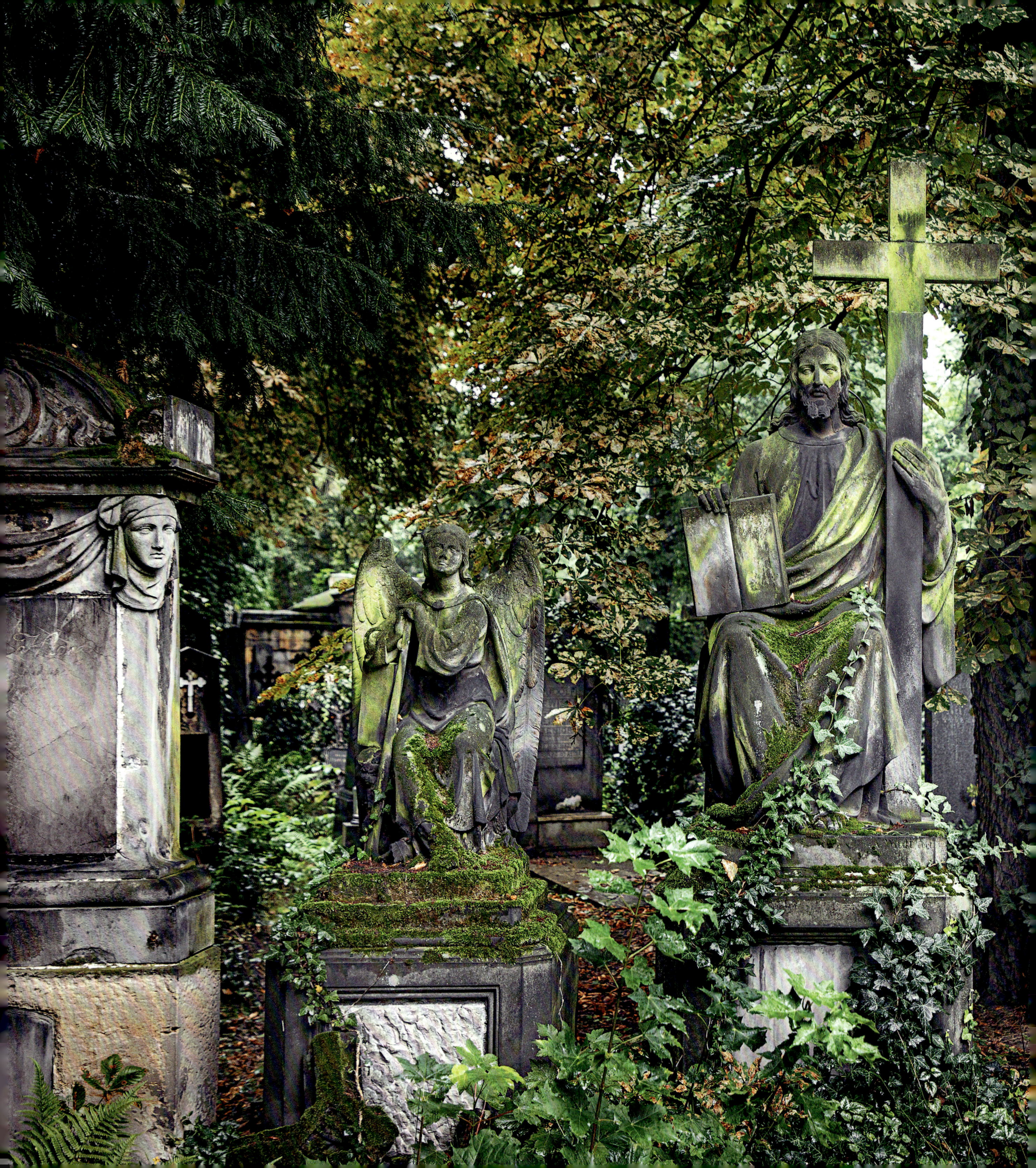

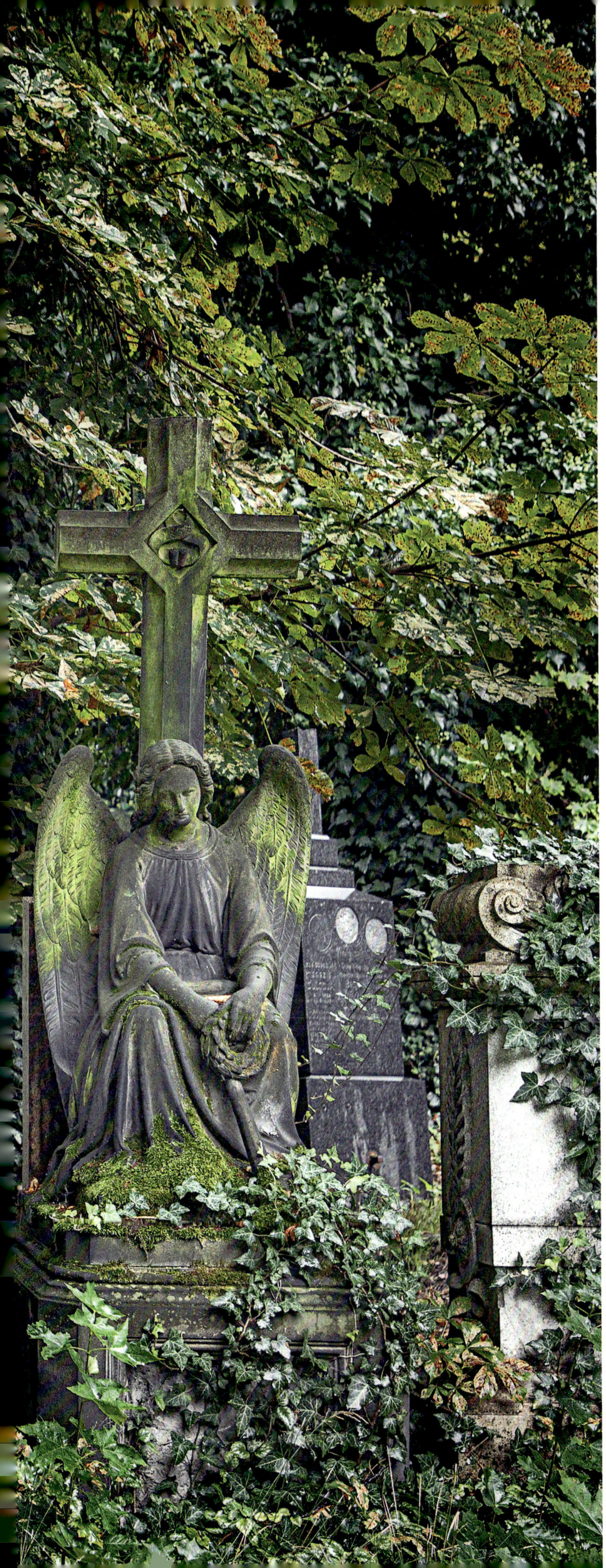

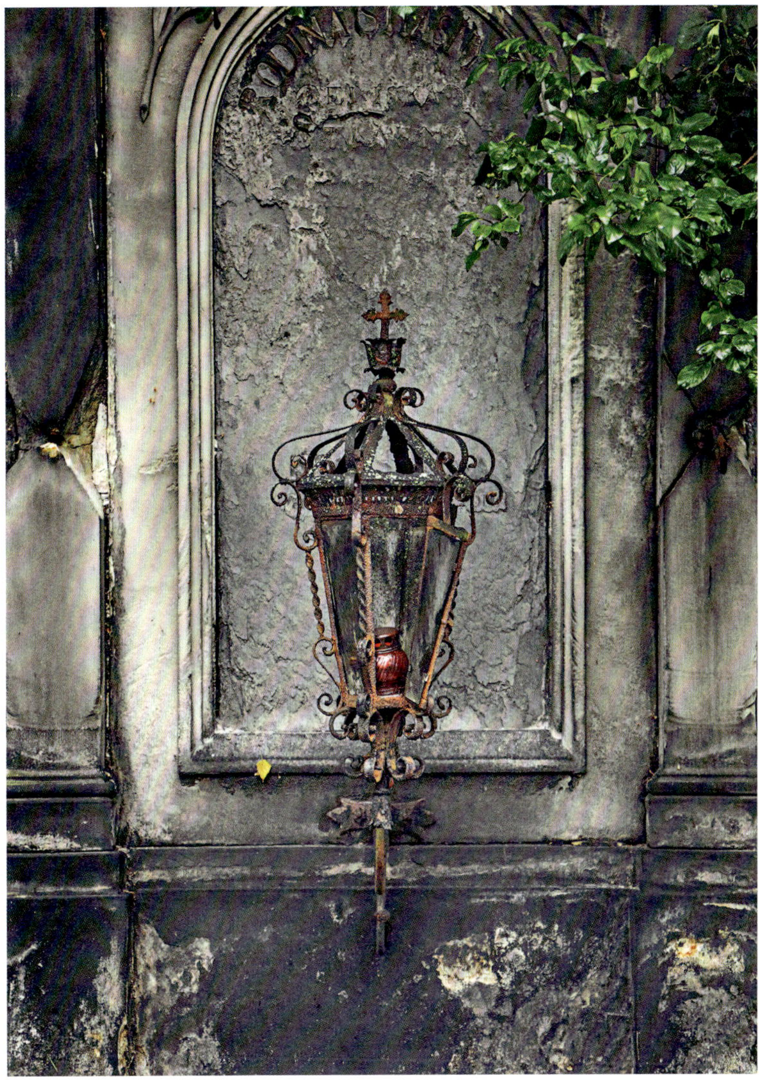

OB PRUNKVOLLE SKULPTUREN, die verschlungene Botanik oder die einzigartig schönen rostigen Details alter Kreuze, hier können nur Bruchstücke das eigentliche Erlebnis erfassen. Dieser Ort wird zum Pflichtbestandteil, auch um dem Treiben der Großstadt zu entfliehen.

KREISFÖRMIG um den kleinen Hügel gruppiert, liegen ohne Abgrenzungen die Gräber unscheinbar in einem alten Schlosspark.

STEINERNE ZEUGEN

CHODOVÁ PLANÁ · ALTER JÜDISCHER FRIEDHOF

An der Grenze zu Deutschland liegt im Westen Tschechiens am Rande des Dorfes Chodová Planá auf einem Hügel inmitten eines Wäldchens ein alter jüdischer Friedhof. Die verwitterten Grabsteine sind die einzigen Zeugen der jüdischen Gemeinde, die hier zwischen Mitte des 17. Jahrhunderts und der Zeit des Nationalsozialismus' lebten.

Im Westen der Tschechischen Republik liegt an der Grenze zu Deutschland in dem kleinen Ort Chodová Planá an der alten Handelsstraße von Pilsen nach Nürnberg ein geschichtsträchtiger jüdischer Friedhof. Der Name Chodová Planá (deutsch: Kuttenplan) deutet auf eine frühe Ansiedlung von Choden hin, wie die königlich privilegierten tschechischen Grenzwächter genannt wurden. 1623 kam die Herrschaft Chodová Planá in Besitz des bayerischen Adelsgeschlechts der Haimhausen, blieb aber stets Teil des Königreichs Böhmen.

Als 1686 die Juden aus Planá vertrieben wurden, fanden einige Familien Zuflucht im benachbarten Dürrmaul und Kuttenplan, wo bereits Juden ansässig gewesen sein müssen, da die erste Erwähnung einer Synagoge auf das Jahr 1645 datiert ist. Um den großen Dorfplatz Kuttenplans etablierte die jüdische Gemeinde ihr eigenes Viertel.

In der zweiten Hälfte des 17. Jahrhunderts sprach das Adelsgeschlecht Haimhausen der jüdischen Gemeinde inmitten eines Wäldchens vor dem Dorf den Hügel Kellerberg zu, damit sie dort ihren Friedhof anlegen konnten. Auf dem 1300 Quadratmeter großen Gelände sind etwa hundert verwitterte Grabsteine in den unterschiedlichsten Formen, meist aus dem 18. und 19. Jahrhundert, erhalten geblieben. Die aus Granit und Sandstein gefertigten Grabsteine sind reichlich verziert mit Motiven aus dem Pflanzen- und Tierreich und enthalten Symbole der Leviten und der Kohanim.

BAROCKE SYNAGOGE

Zu Beginn des 18. Jahrhunderts wurden den Juden Privilegien zugestanden, die ihnen Handel, Gewerbe und in der Religionsausübung gewisse Freiheiten ermöglichten. 1759 ließ der Graf Siegmund von Haimhausen, Direktor des bayerischen Münz- und Bergwerkskollegiums, eine barocke Synagoge aus Stein errichten. Ab Mitte des 18. Jahrhunderts lebten in Kuttenplan zwischen 20 und 30 jüdische Familien.

Anfang des 19. Jahrhunderts errichtete die jüdische Gemeinde inmitten des Dorfes in unmittelbar Nähe der Dorfkirche ein neues Synagogengebäude. Anfang der 1930er-Jahre lebten nur noch wenige Juden in Kuttenplan. Während des Zweiten Weltkrieges wurde das Synagogengebäude als Stallung benutzt, später abgerissen. Der jüdische Friedhof bleibt das einzige Zeugnis ihrer Vergangenheit.

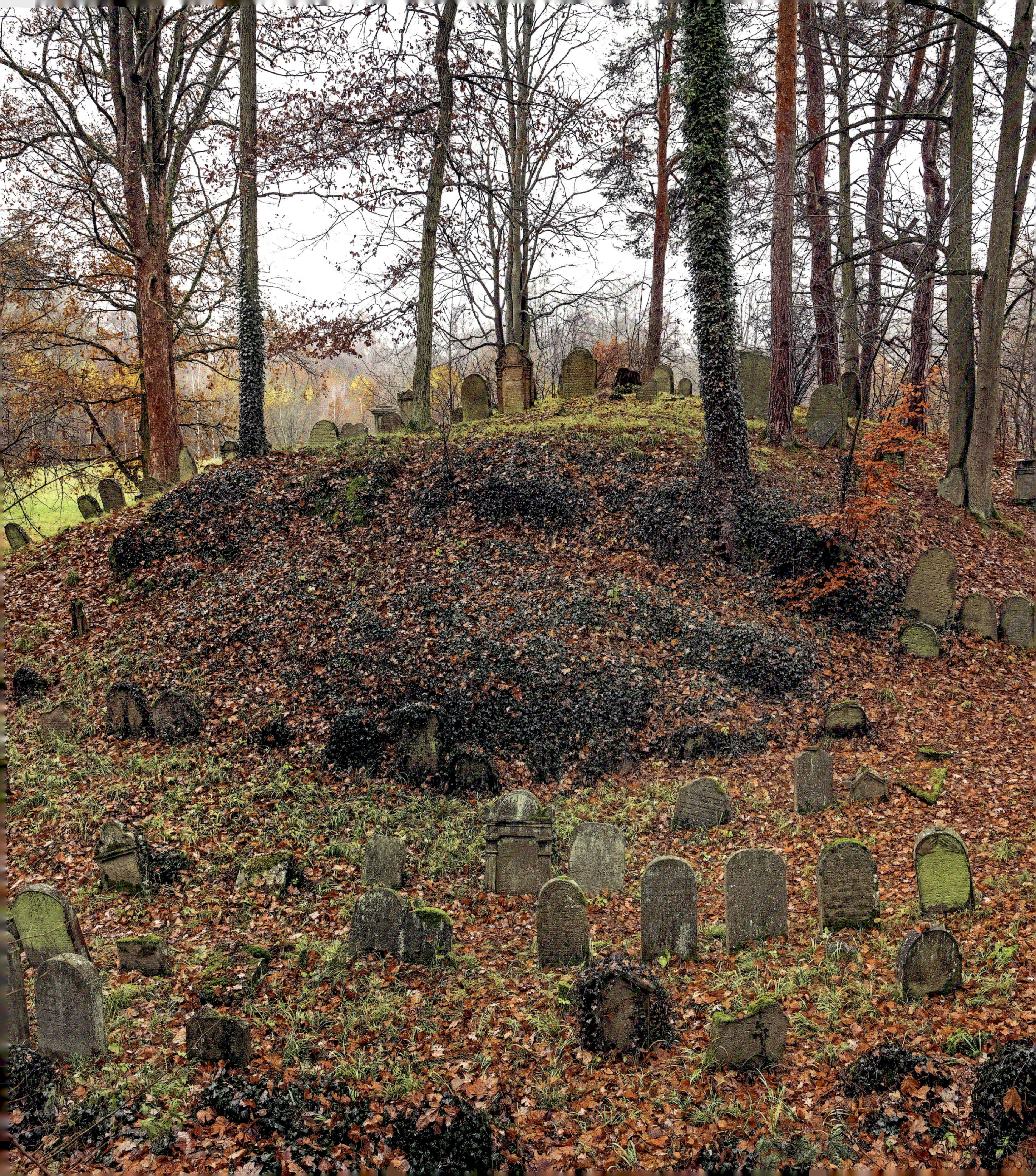

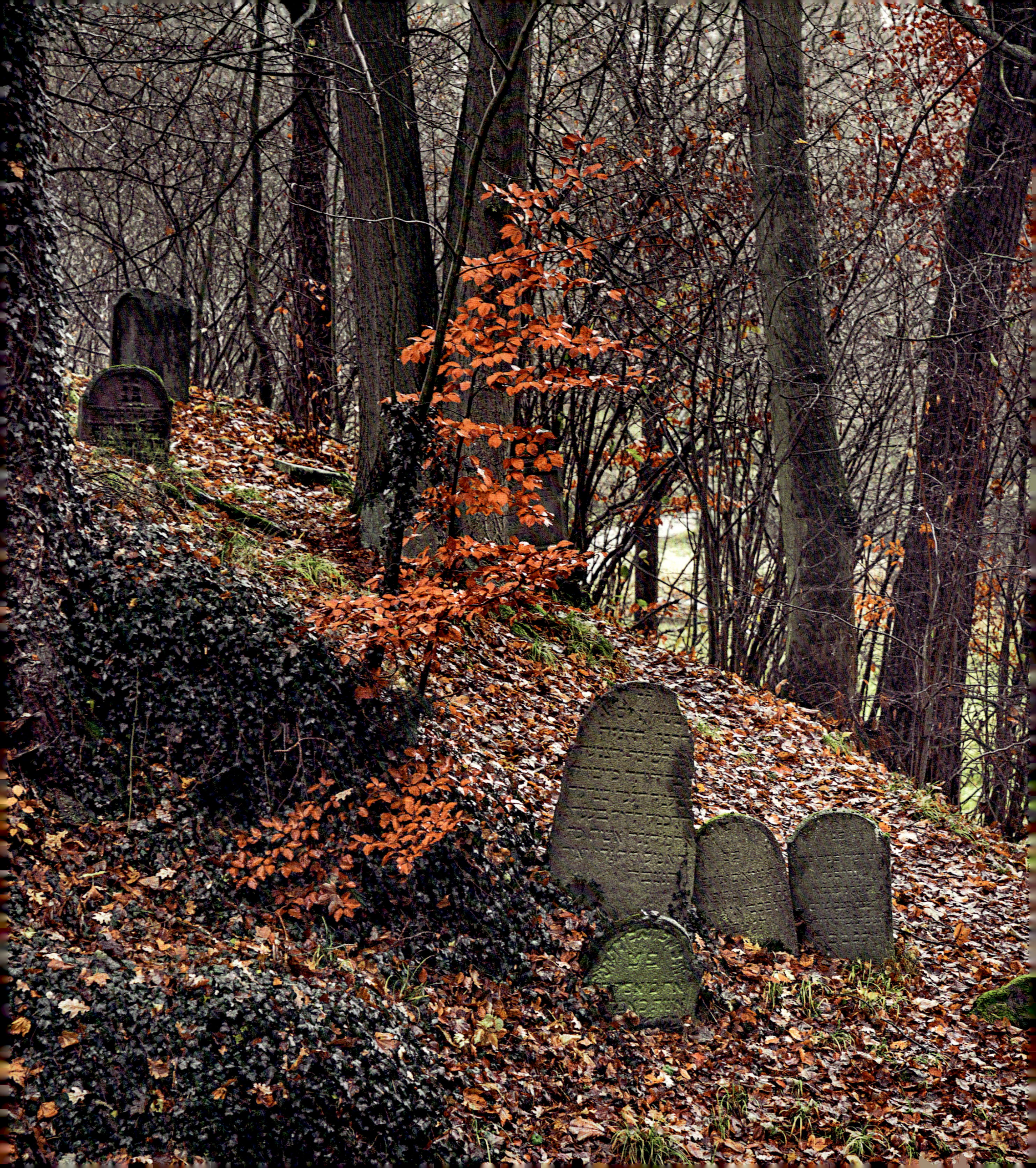

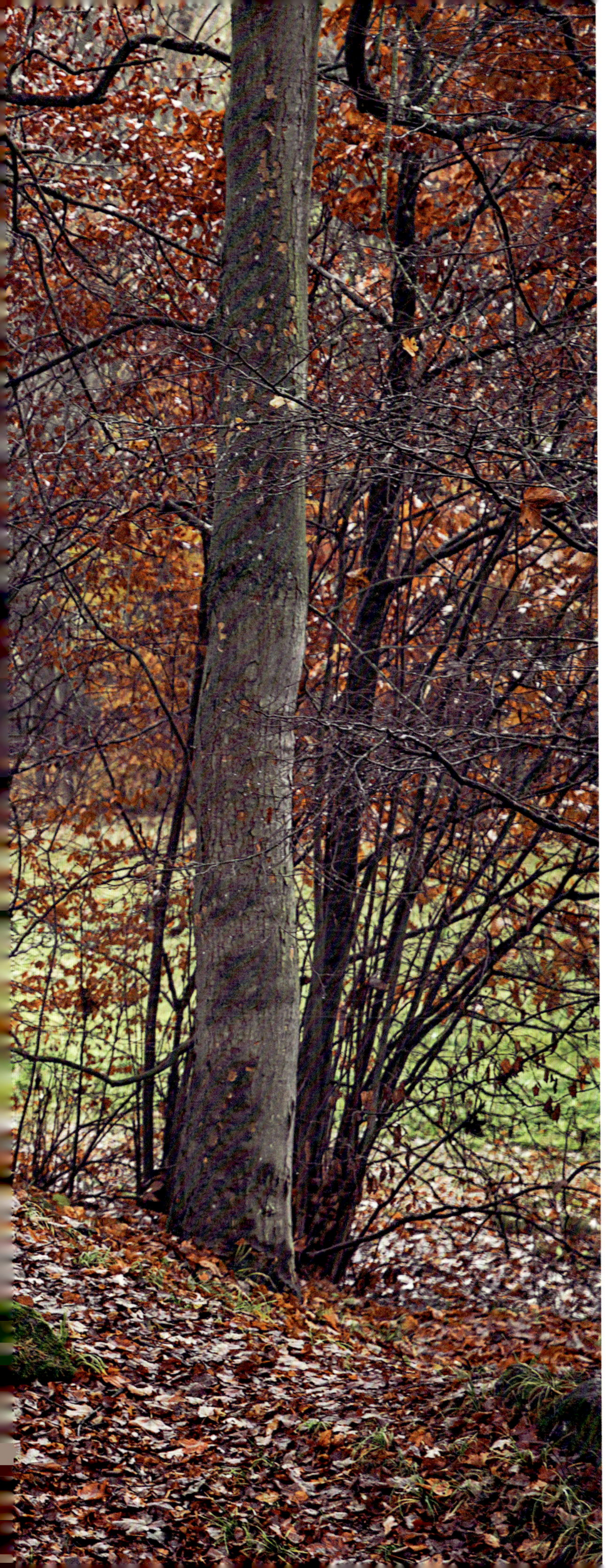

Es ist ein kalter und nasser Herbsttag auf meiner letzten Reise durch Tschechien in diesem Jahr. Ohne große Erwartungen mache ich mich auf durch den Regen und werde sofort von der friedlichen Melancholie und den letzten Farben des Spätherbstes gefesselt. Manchmal sind es die unscheinbarsten Orte, die die größte Faszination ausüben können.

Sven Fennema

DIE ETWA HUNDERT VERWITTERTEN GRABSTEINE sind die einzigen Zeitzeugen der jüdischen Gemeinde in Chodová Planá.

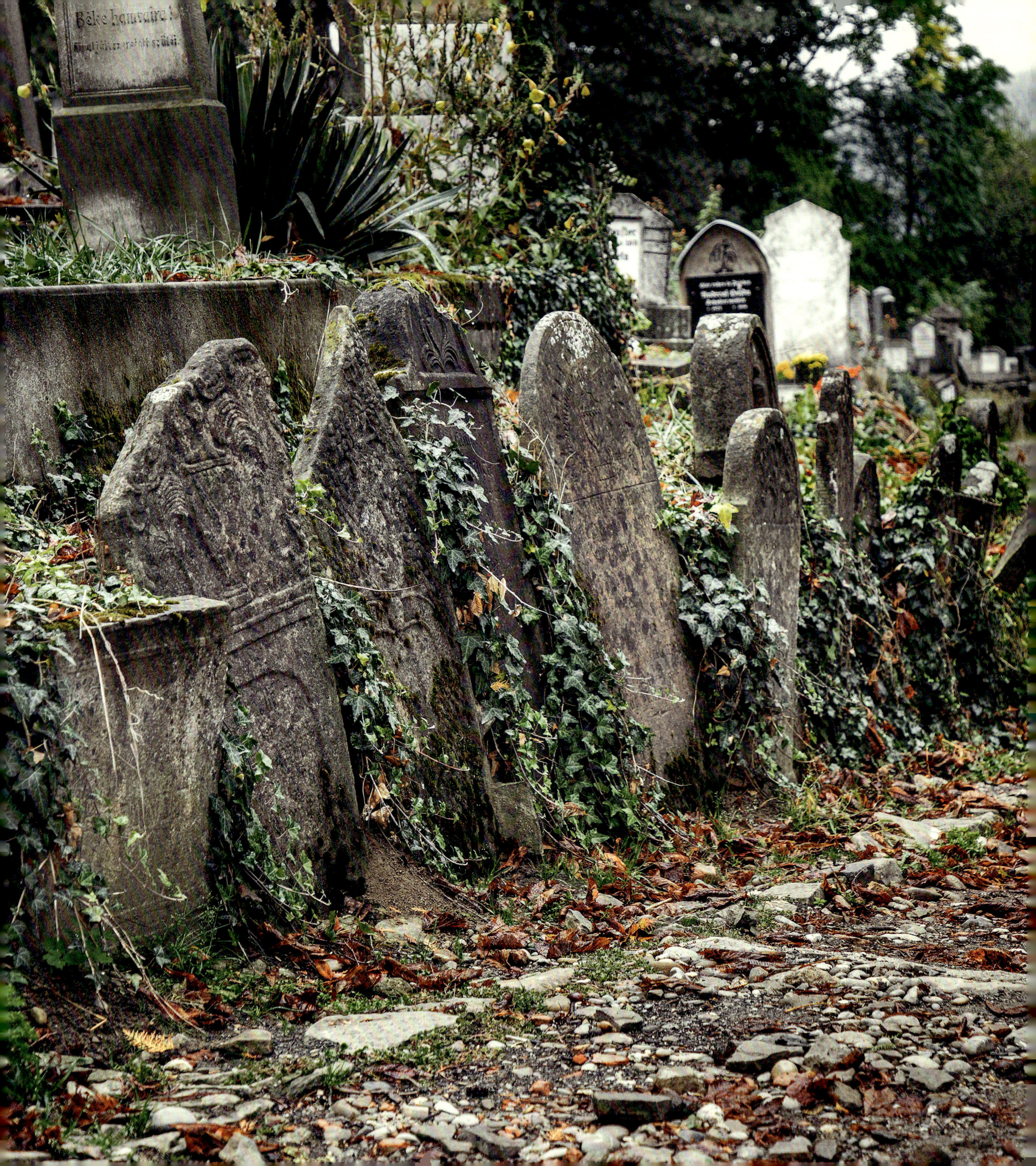
Béke hamvaira

RUMÄNIEN

Die Bestattungskultur Rumäniens ist geprägt von einem ungeahnten Gemeinschaftsgefühl. Vor allem in ländlichen Regionen ist meist das gesamte Dorf an den Abschiedsritualen der rumänisch-orthodoxen Kirche beteiligt. Die verträumt malerische Friedhofslandschaft Siebenbürgens mit ihren Kirchenburgen, Klosterkirchen und Holzkirchen, die bis in das frühe 16. Jahrhundert zurückreichen, wurden zum UNESCO-Weltkulturerbe erklärt.

NICHT NUR DIE IMPOSANTE LAGE am höchsten Punkt von Sighişoara ist hier spannend, man kann sich hier auch beim Stöbern der Grabinschriften verlieren.

BERG DER VERGÄNGLICHKEIT

SIGHIŞOARA · BERGFRIEDHOF – GOSTINARI · FRIEDHOF BARBU BELLU

In der bewaldeten Region Siebenbürgens im südöstlichen Karpatenraum befindet sich in der mittelalterlichen Stadt Sighişoara ein einzigartiger Bergfriedhof, der gleichsam ein spannendes Kapitel deutsch-rumänischer Geschichte bereithält. Im Süden der rumänischen Hauptstadt Bukarest liegt in Gostinari vor den Ruinen der Kirche Barbu Bellu ein Friedhof, dessen Schönheit vor allem durch seine Einfachheit besticht.

Im Herzen Siebenbürgens liegt in Sighişoara (deutsch: Schäßburg), der Heimat des sagenumwobenen Vlad III. – besser bekannt als Dracula –, am Hang des Schulberges vor der Bergkirche ein eindrucksvoller Bergfriedhof.

Die Gründung Schäßburgs geht zurück auf deutsche Einwanderer, die Siebenbürger Sachsen, die in der zweiten Hälfte des 12. Jahrhunderts aufgrund von Hungersnöten und Seuchen in den mittelrheinischen und moselfränkischen Gebieten hier ein neues Leben begannen. Sie sind die älteste noch existierende deutsche Siedlergruppe in Osteuropa und bilden im heutigen Rumänien eine deutschsprachige Minderheit, die die Reliktmundart Siebenbürgisch-Sächsisch spricht.

TERRASSENARTIGE STRUKTUR

Auch der Bergfriedhof ist eng mit den deutschen Aussiedlern verknüpft. Nach über hundert Stufen eines holzgedeckten Treppengangs hat man das Plateau des 429 Meter hohen Schulbergs mit seiner imposanten dreischiffigen gotischen Hallenkirche erreicht, auf dessen Gelände sich der Bergfriedhof befindet.

Als man im 18. Jahrhundert dazu überging, die Begräbnisstätten außerhalb der Wohngebiete zu verlegen, wurde der Friedhof von den Mitgliedern der Evangelischen Kirche Augsburgischen Bekenntnisses in Rumänien, einer evangelisch-lutherischen Minderheitskirche, am westlichen Hang angelegt. Bis zum Ende des 19. Jahrhunderts haben sich auf der Bergkuppe etwa 1300 Gräber versammelt, oftmals eng aneinander und nur schwer zugänglich. Zu Beginn des 20. Jahrhunderts wurde der Friedhof nach den Plänen des Kaufmannes und Gemeindemitgliedes Heinrich Hausenblasz und des Zeichenlehrers Georg Donath erweitert. Der Nordhang erhielt ober- und unterhalb des Hauptweges eine terrassenartige Struktur und ein neues Wegesystem, das bis heute den Bergfriedhof mit nunmehr über 2.000 Gräbern prägt.

Am Nordwesthang gibt es zudem einen stillgelegten Armenfriedhof, der weitestgehend von der Natur zurückerobert wurde. Auf den Grabsteinen ist der Todestag oft die einzige Information, der Name des Verstorbenen fehlt meistens. Im westlichen Teil des Südhangs wurde während des Ersten Weltkrieges ein Soldatenfriedhof angelegt, 1944 kam ein zweiter für die Opfer des Zweiten Weltkrieges dazu, der in den 1990er-Jahren mit Hilfe der Deutschen Kriegsgräberfürsorge restau-

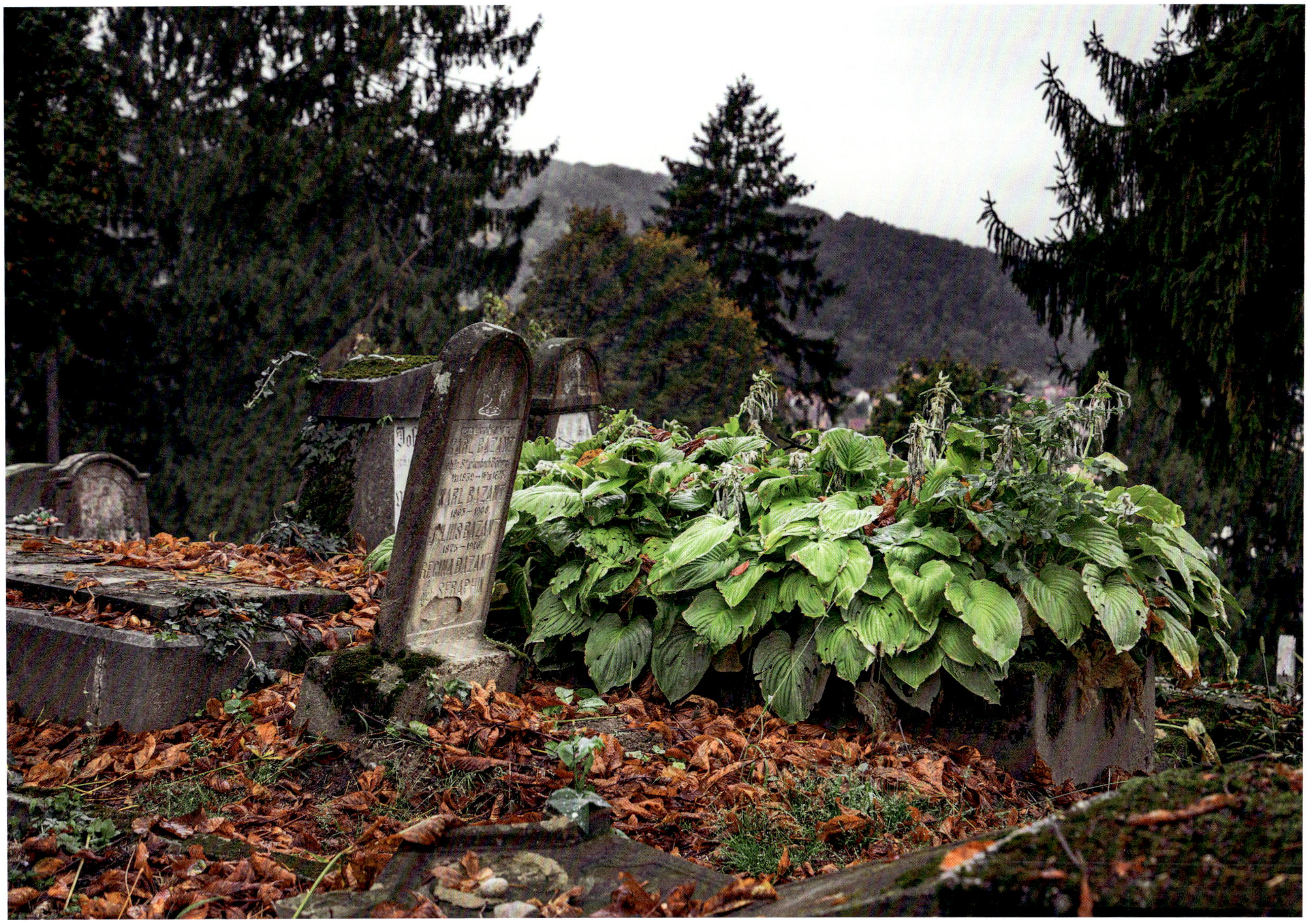

riert und neu gestaltet wurde. Unter den prominenten Persönlichkeiten haben auf dem Bergfriedhof der Autor Michael Albert, bekannt für seine volkstümlichen Gedichte, sowie die Komponisten Emil Silbernagel und Gustav Fleischer ihre letzte Ruhestätte gefunden.

Im südlichen Umland von Bukarest befindet sich in der Ortschaft Gostinari ein wahrlich mystischer Ort. Auf dem Gelände der Ruine einer Einsiedlerkirche mit einem imposanten Glockenturm, die der Großgrundbesitzer Ştefan Bellu 1818 erbauen ließ, befindet sich ein Friedhof, auf dem immer noch Bestattungen stattfinden. Da die Region stark verarmt ist, sind die Gräber sehr einfach gehalten. Oft findet man nur ein einfaches Holzkreuz, gezimmert aus Dachlatten. Inschriften sind mit schwarzer Farbe aufgetragen. Auch der Glanz der Kirche währte nur kurz. Nach nur 39 Jahren wurde das Kirchengebäude vom Sohn Alexander aufgegeben und ist seitdem dem Verfall preisgegeben. Das Dach der Kirche ist mittlerweile vollständig zerstört. Im Laufe der Zeit ging der Besitz schließlich über an Baron Barbu Bellu, den Enkel des Gründers, nach dem das Anwesen letztlich benannt wurde.

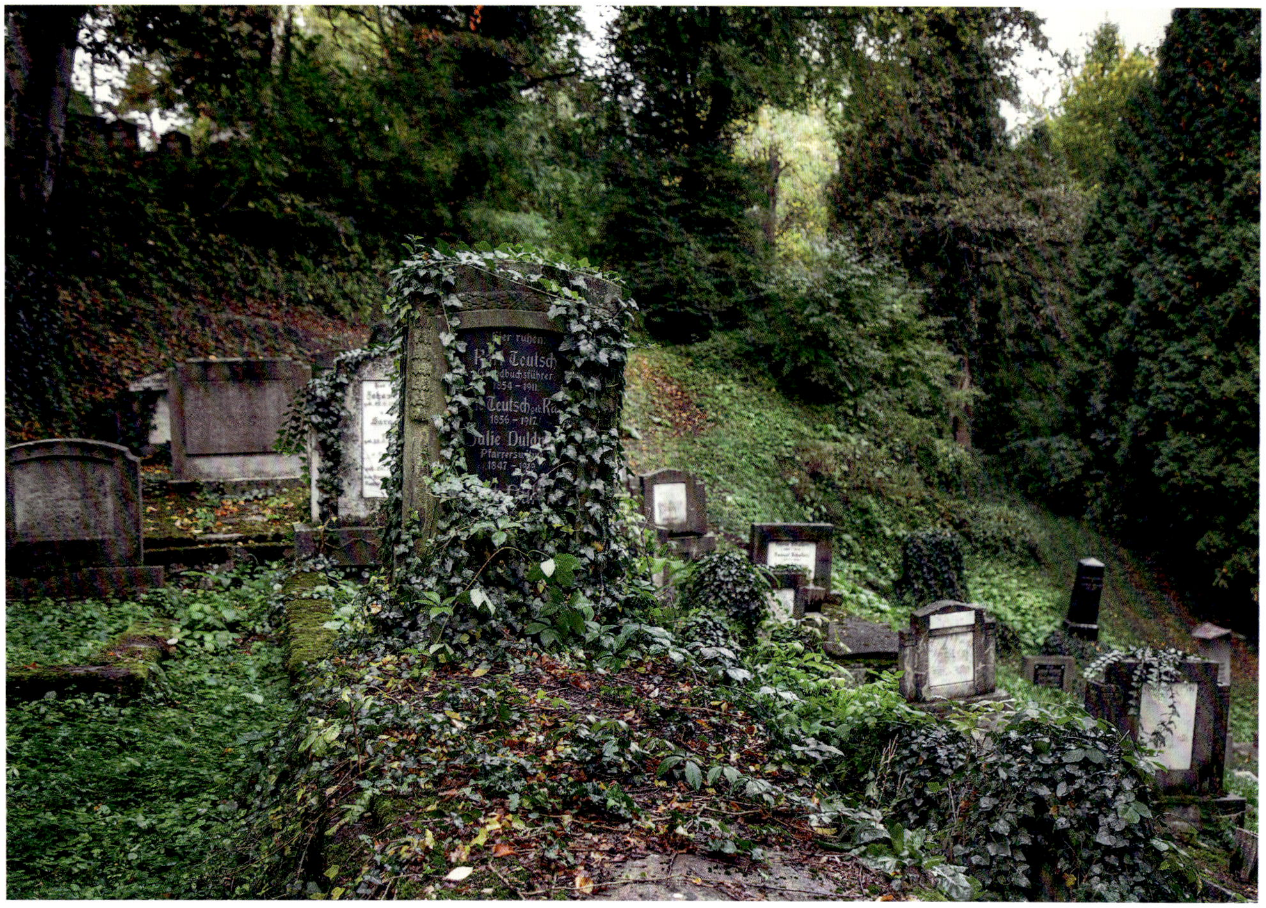

IM HINTEREN TEIL DES FRIEDHOFS von Sighișoara werden die Grabstätten von der Natur heimgesucht. Den Berghang hinab geht es über verträumte Grabfelder mit verwitterten Inschriften. Es ist ein Ort, der lange in Erinnerung bleibt, nicht nur wegen der vielen Stufen, die nötig sind, um ihn zu erreichen.

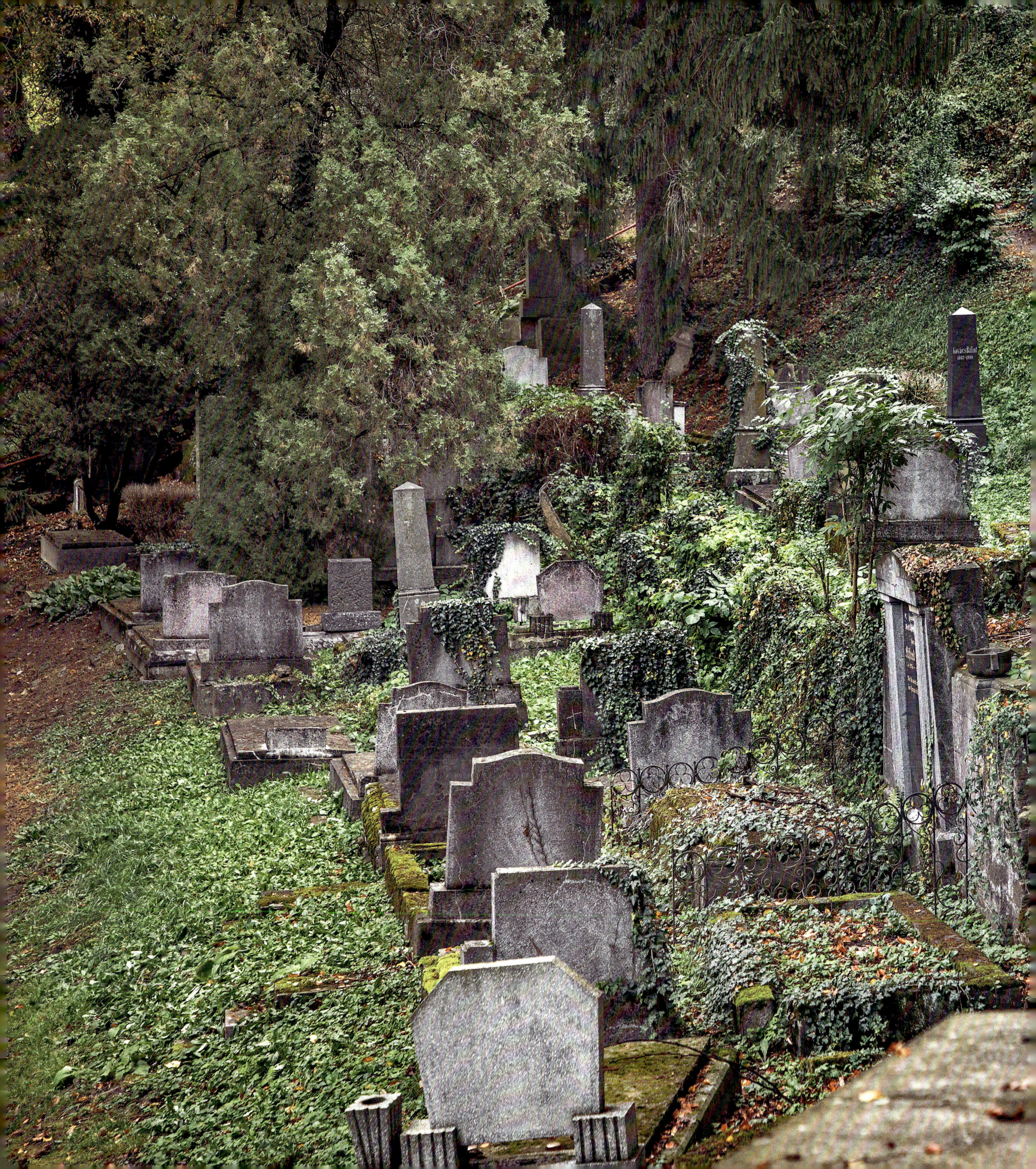

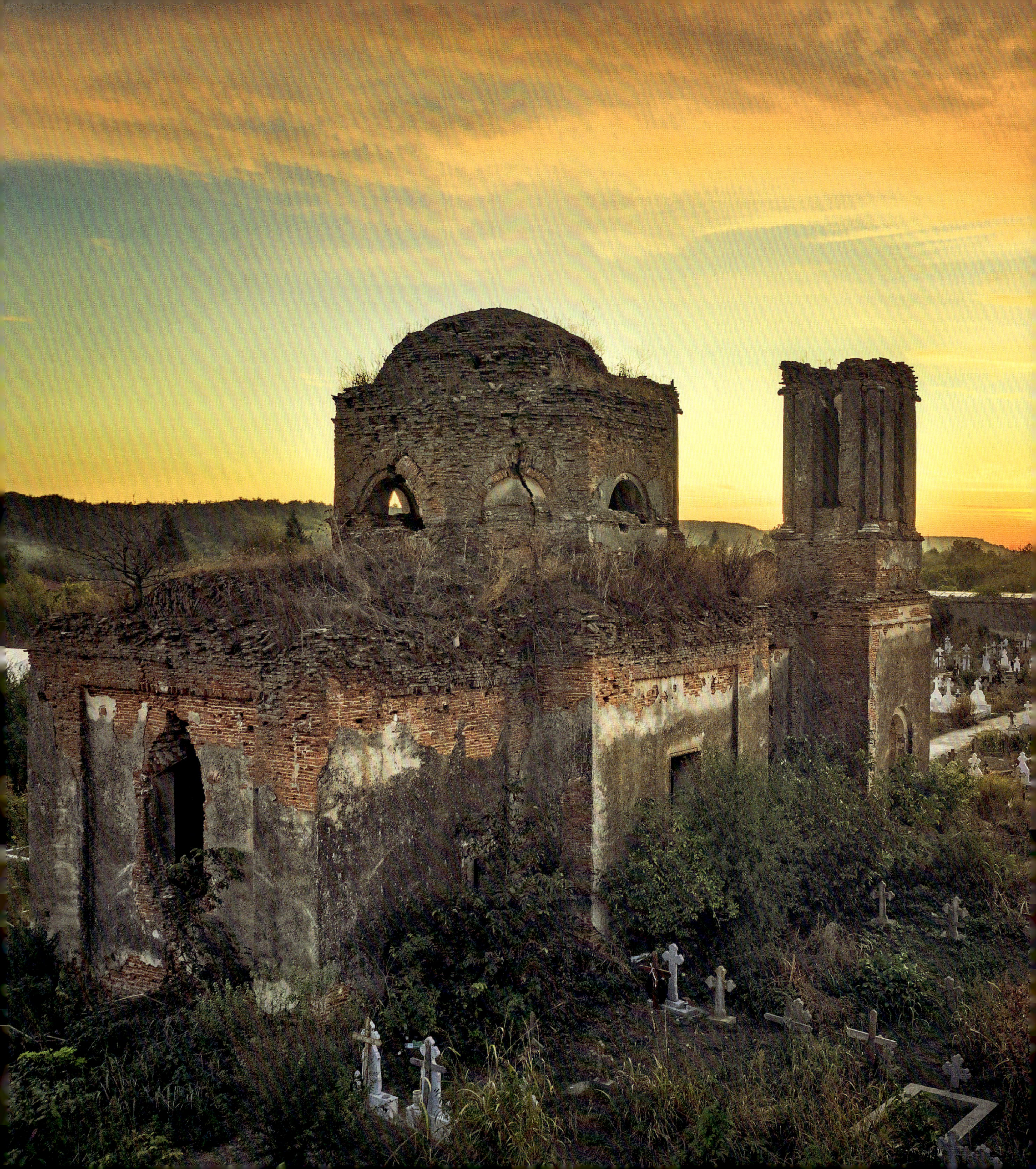

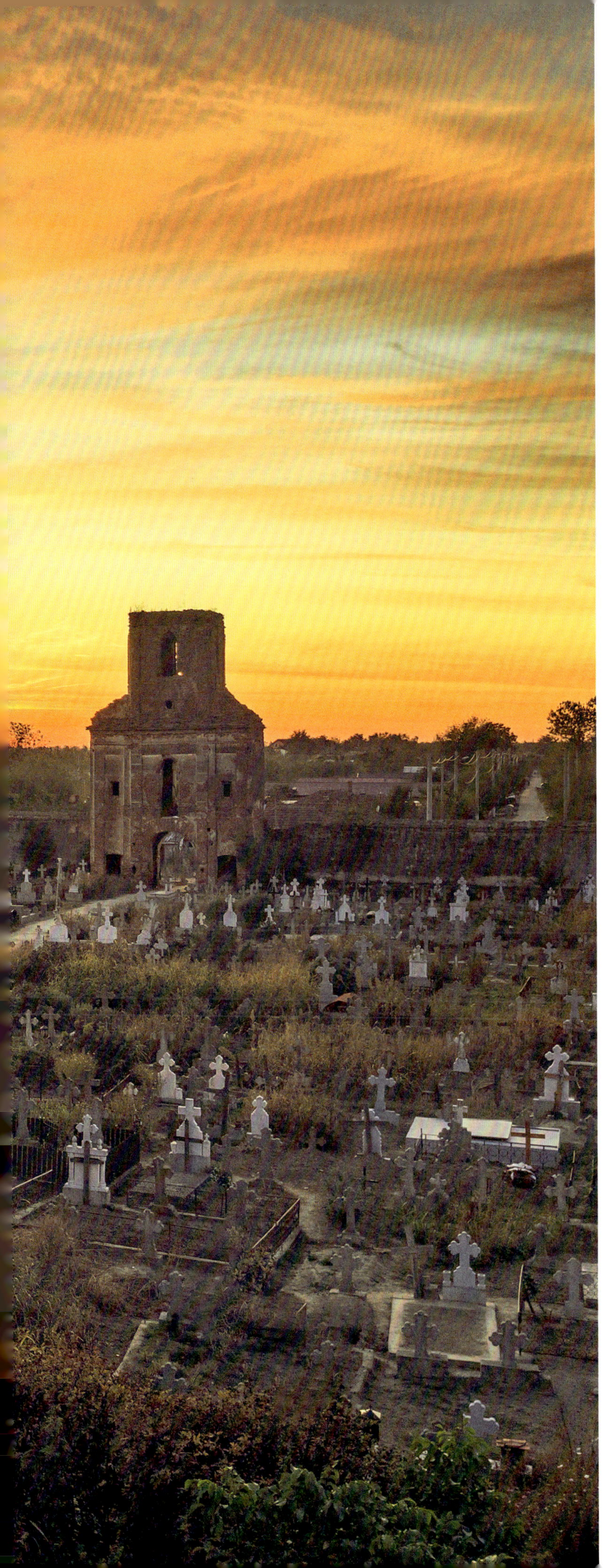

» Wenn ich das Wunder eines Sonnenuntergangs oder die Schönheit des Mondes bewundere, dehnt sich meine Seele in Anbetung des Schöpfers aus. «

Mahatma Gandhi

DIE LETZTE HERBSTSONNE tauchte die Kirche und diesen einzigartigen Friedhof voller Kontraste in eine Ehrfurcht gebietende Stimmung. Einsiedlerkirche Barbu Bellu mit Friedhof, Gostinari.

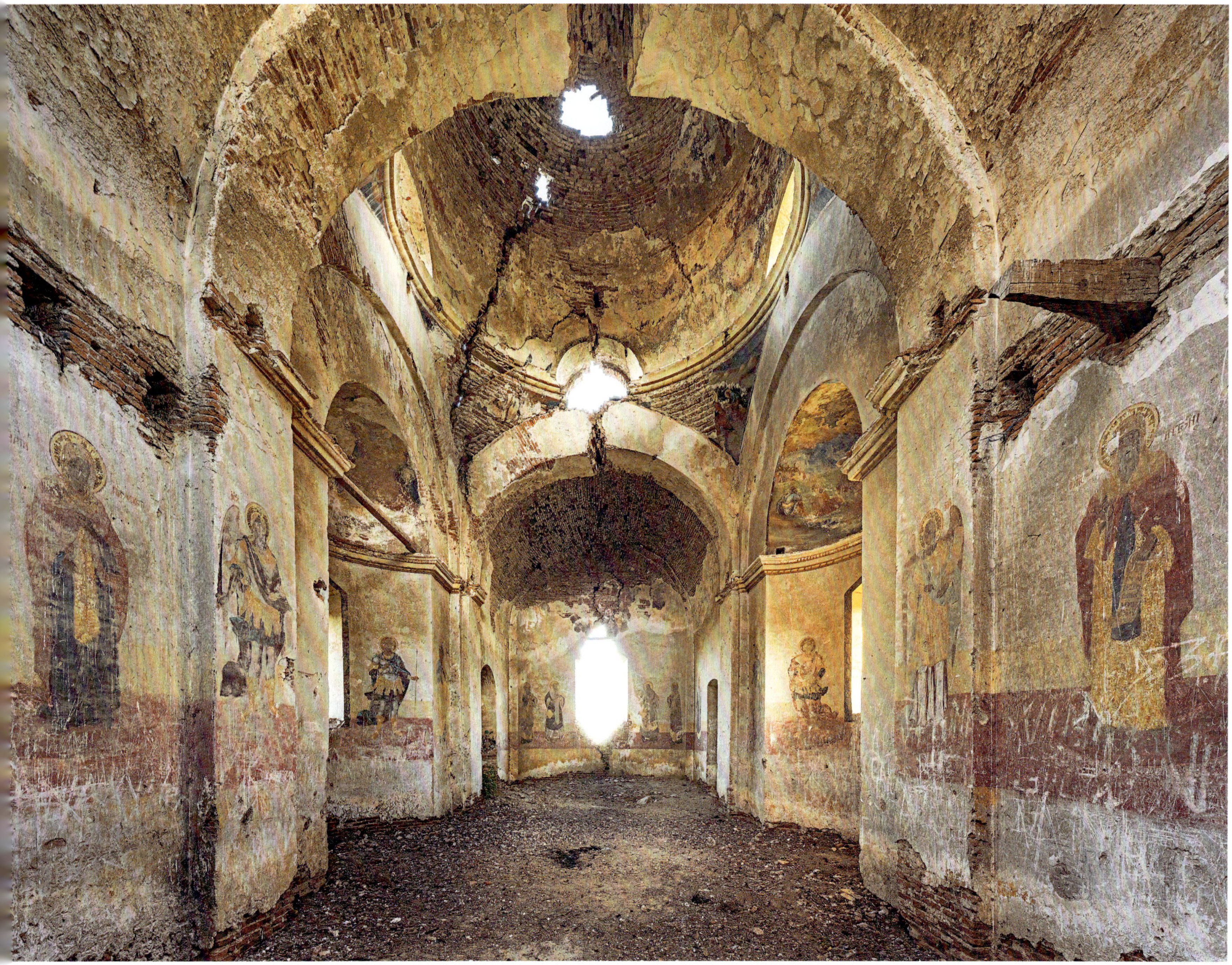

DAS INNERE DER KIRCHE BARBU BELLU. Selbst als Ruine wirkt das Bauwerk noch imposant – sehr ungewöhnlich, da der Friedhof noch aktiv ist. Doch die Region ist verarmt. Viele Gräber sind sehr einfach gehalten mit einem Holzkreuz aus Dachlatten, die Inschrift ist mit schwarzer Farbe aufgetragen.

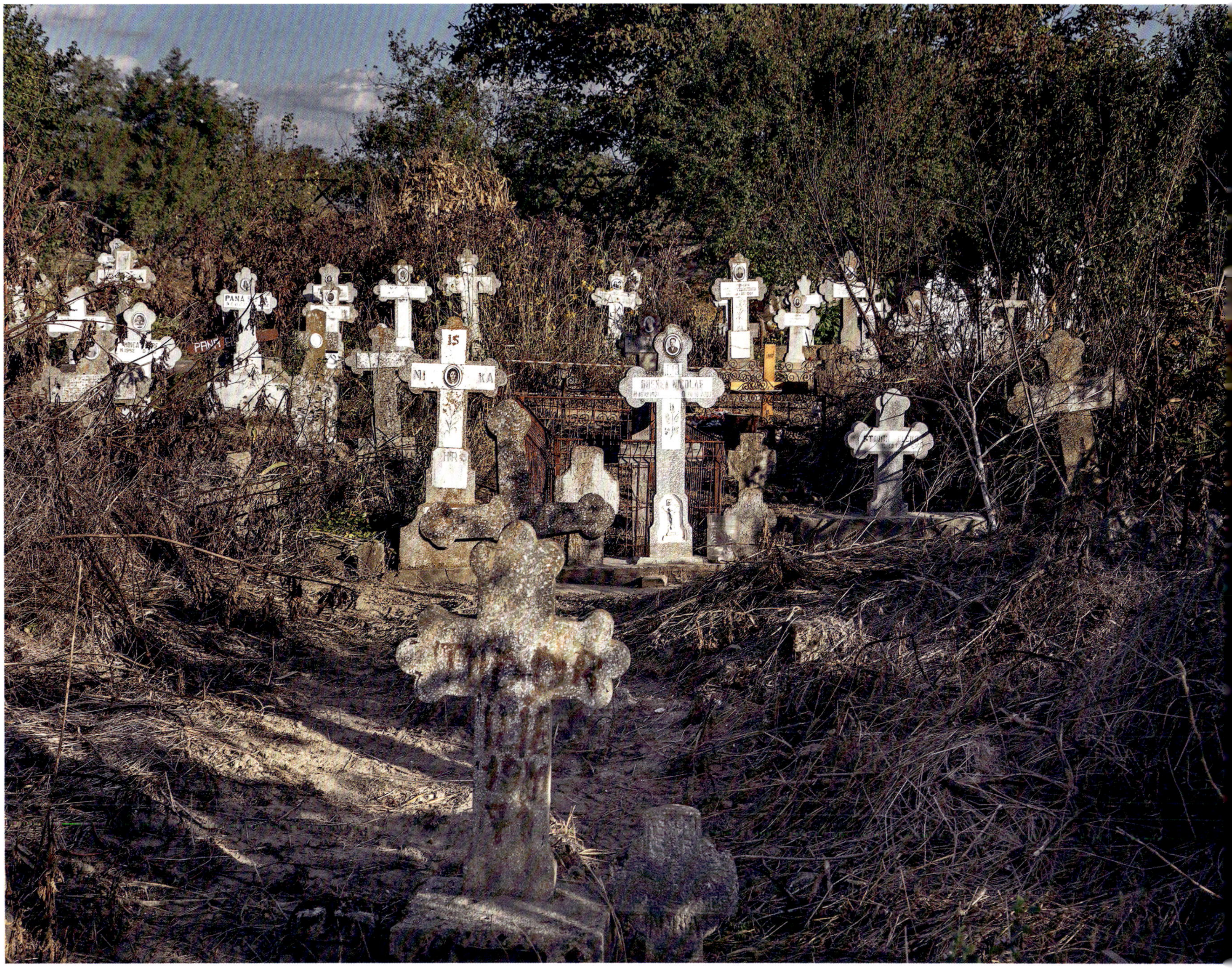

AUF DEM WEG NACH GOSTINARI gab es einen überraschenden Zufallsfund am Wegesrand. Ein kleiner Ort mit erstaunlich vielen Gräbern, fast alle verwildert und kreuz und quer bestückt. Doch an vielen Stellen sieht man, dass auch dieser Bereich regelmäßig für neue Bestattungen genutzt wird.

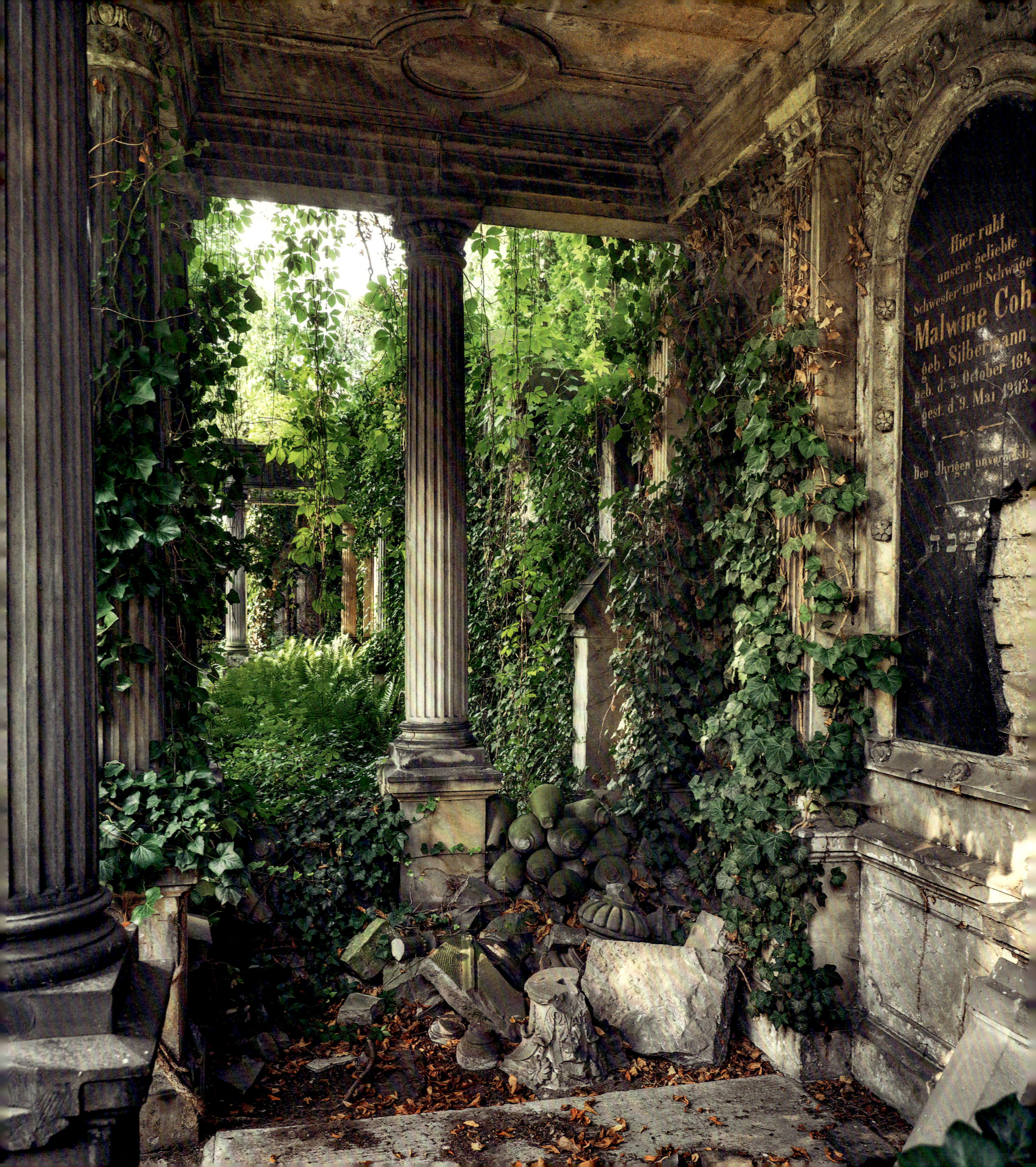
Hier ruht
unsere geliebte
Malwine
geb. Silbermann
gest. d. 9. Mai 1903.

POLEN

Wie kaum eine andere Nation weckt der Tod in Polen die Lebensgeister. Vor allem zu Allerheiligen strömen Millionen römisch-katholische Gläubige auf die Friedhöfe, um der Verstorbenen zu gedenken. Die Gräber werden mit Sträußen und Kränzen geschmückt. Unzählige Kerzen lassen die Friedhöfe in der Nacht in einem hellen Licht erscheinen. Der Tag wird im Kreis der Familie festlich zelebriert.

DIE MITTIGEN GRABFELDER sind stark überwachsen, oft mit solchen Hauben aus Efeu. Es ist eine Frage der Zeit, bis kaum noch Grabsteine zu sehen sind.

EIN HAUCH VON EDEN

BRESLAU · ALTER JÜDISCHER FRIEDHOF

Im Südosten der Metropole Breslau kann man in eine fast vergessene Welt eintauchen. Hier liegt, umgeben von hohen Friedhofsmauern, der Alte Jüdische Friedhof, der mit seiner fast 170-jährigen Geschichte ein beeindruckendes Zeitzeugnis darstellt. Architektonisch aufwendig gestaltete Gräber, Epitaphe und Mausoleen, meist von der Natur in ein malerisches Grün getaucht, machen den Besuch zu einem visuell einmaligen Erlebnis.

Inmitten der lebendigen Großstadt Breslau befindet sich in südöstlicher Richtung an einer der Hauptverkehrsadern ein kleiner Garten Eden. Kaum einsehbar liegt hier wie aus der Zeit gefallen der Alte Jüdische Friedhof verborgen, der von der langen jüdischen Tradition der Stadt erzählt.

Die ersten Zeugnisse jüdischen Lebens stammen aus dem frühen Mittelalter als sich entlang der Handelswege Mittel- und Osteuropas jüdische Gemeinden niederließen. Erhalten geblieben ist ein Mazewa, ein jüdischer Grabstein, aus dem Jahr 1203, der von dem ersten jüdischen Friedhof der Stadt vor dem Ohlauer Tor stammt und heute im Breslauer Stadtmuseum ausgestellt ist. Im Jahr 1345 wurde der Friedhof von König Johann von Böhmen enteignet und die zahlreichen Grabsteine zum Bau der Stadtmauer verwendet. Nachdem die jüdische Gemeinschaft über 400 Jahre lang auf Friedhöfe benachbarter Städte ausweichen musste und ein weiterer Friedhof in der Nähe des heutigen Hauptbahnhofes erneut geschlossen wurde, entstand schließlich im November 1856 ein neuer jüdischer Friedhof an der früheren Lohestraße, der im Laufe der Zeit zum ältesten erhaltenen jüdischen Friedhof der Stadt avancierte. Auf der fünf Hektar großen Begräbnisstätte befinden sich 12 000 Grabsteine, umschlossen von einer hohen Mauer. Alleen durchziehen den quadratisch angelegten Friedhof, Farnplantagen bevölkern die großen Mausoleen, Efeu regnet geradezu von den Mauern herab und viele Grabfelder sind von einem dichten grünen Teppich bedeckt, sodass die Grabsteine oft nur noch als verwachsene Hügel zu erkennen sind.

DAUERHAFTE TOTENRUHE

So entsteht schnell der Eindruck, dass die Grabmale ungepflegt wirken und vernachlässigt wurden. Doch anders als auf den deutschen Friedhöfen, wo Gräber meist nur für eine bestimmte Dauer fein säuberlich angelegt werden, steht im Zentrum der jüdischen Friedhofskultur die dauerhafte Totenruhe, die verbindlich und unantastbar ist. Dieser Umgang mit der eigenen Vergänglichkeit, eingebettet in den Kreislauf der Natur, erzeugt ein Gefühl der Erhabenheit und Lebendigkeit, wie man es nur auf einem jüdischen Friedhof finden kann.

Im Bereich der Friedhofsmauer liegen die aufwendigen Grabbauten und Grabdenkmale der wohlhabenderen Gesellschaft. Hier kann man eindrucksvolle Epitaphe, oft von Säulen flankiert, Mausoleen und Grabmale mit klassizistischen Giebeln oder Friese bestaunen.

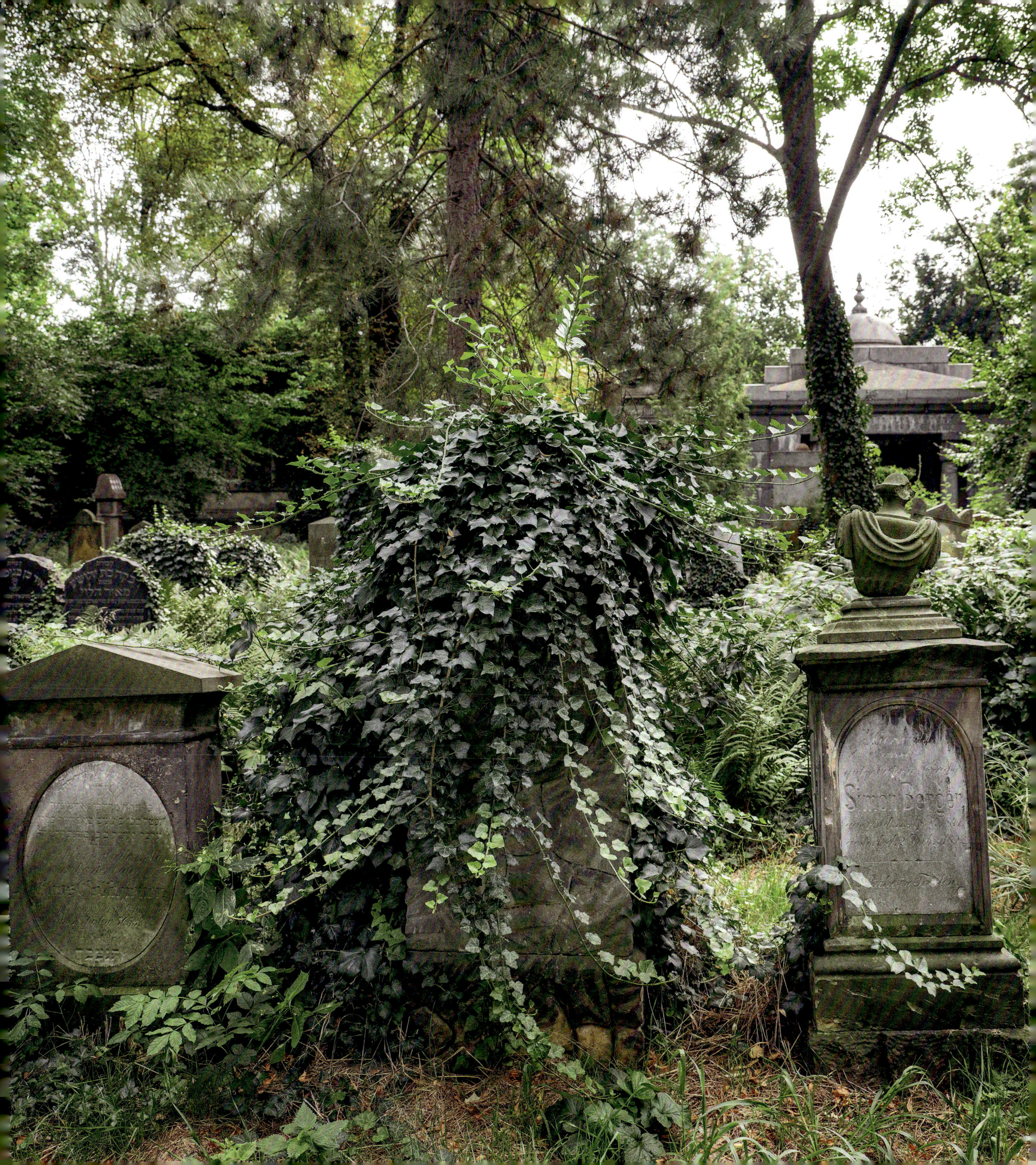
Simon Berger

Unter den Persönlichkeiten, die hier ihre letzte Ruhestätte gefunden haben, sind Ferdinand Lassalle, der erste Vorsitzende des Allgemeinen Deutschen Arbeitervereins und Urvater der deutschen Sozialdemokratie, sowie Auguste und Siegfried Stein, die Eltern von Edith Stein. Die in Breslau geborene Jüdin, die zum katholischen Glauben übertrat und Nonne wurde, starb 1942 in Auschwitz. Papst Johannes Paul II. hat sie als Märtyrerin 1998 heiliggesprochen.

MUSEUM

Die erste Bestattung fand im November 1856, die letzten Begräbnisse 1942 statt, im Jahr darauf wurde der Friedhof geschlossen. Von der einstigen lebendigen Gemeinde mit rund 20 000 jüdischen Einwohnern vor dem Zweiten Weltkrieg zählt die Gemeinde Breslaus heute nur noch etwa 300 Mitglieder. In der Nachkriegszeit geriet der Friedhofskomplex in Vergessenheit und war dem Verfall ausgesetzt. 30 Jahre nach Kriegsende wurde der Friedhof schließlich unter Denkmalschutz gestellt und ist heutzutage als Museum ausgewiesen.

EIN HAUCH VON HERBST im spätsommerlichen Breslau, die Uhren scheinen hier wahrlich anders zu gehen.

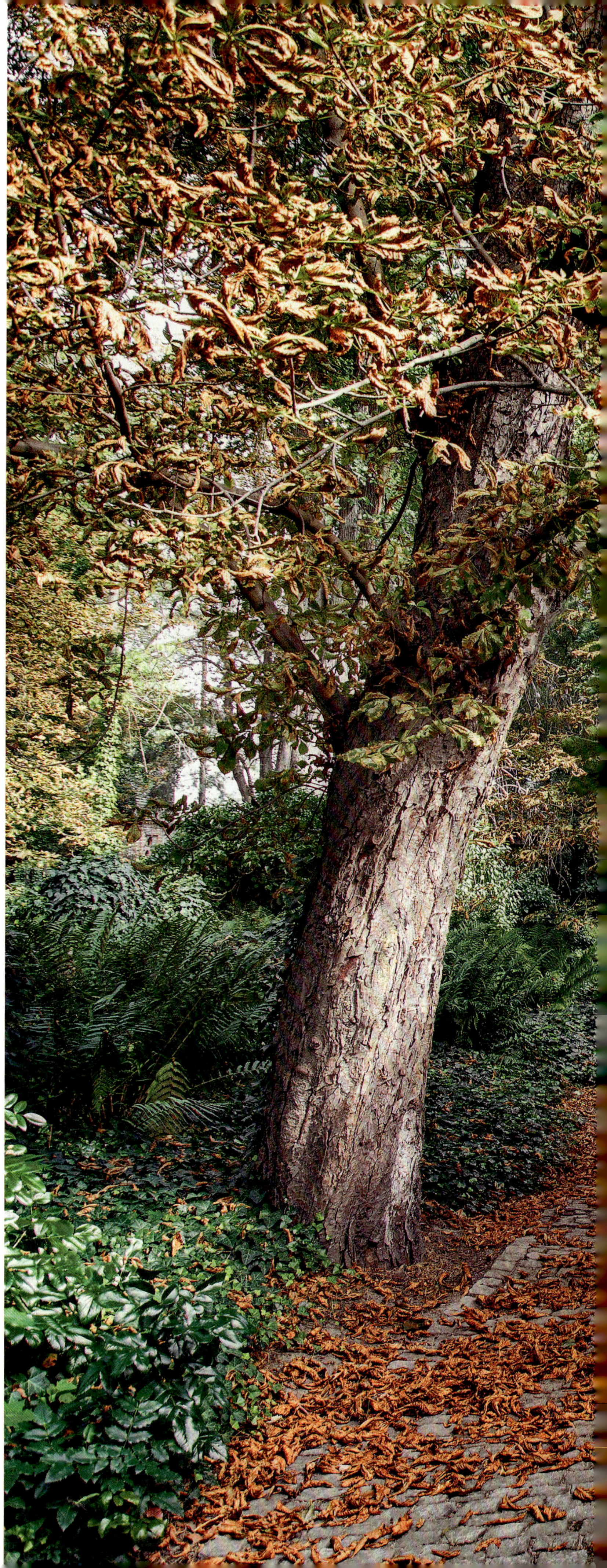

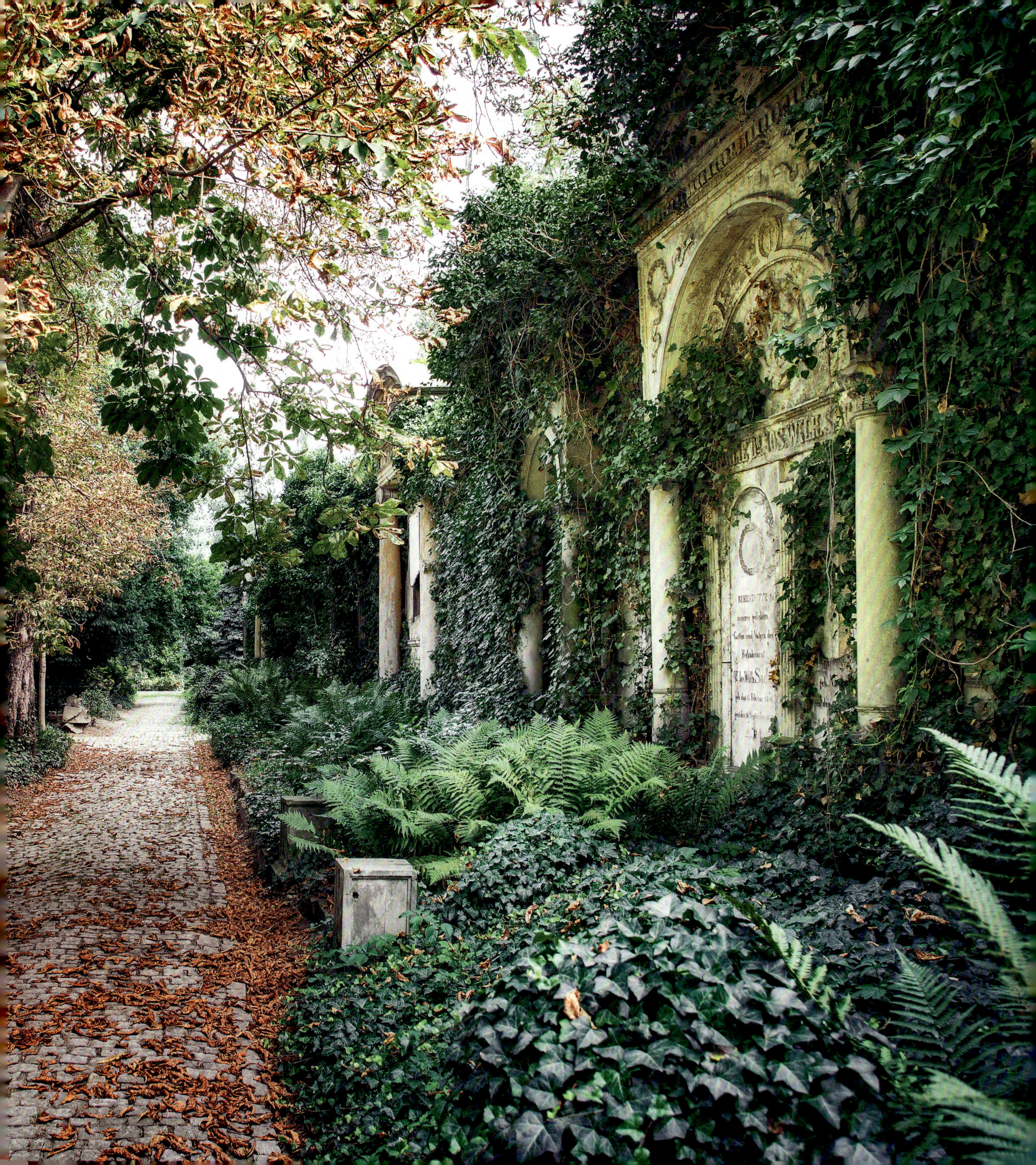

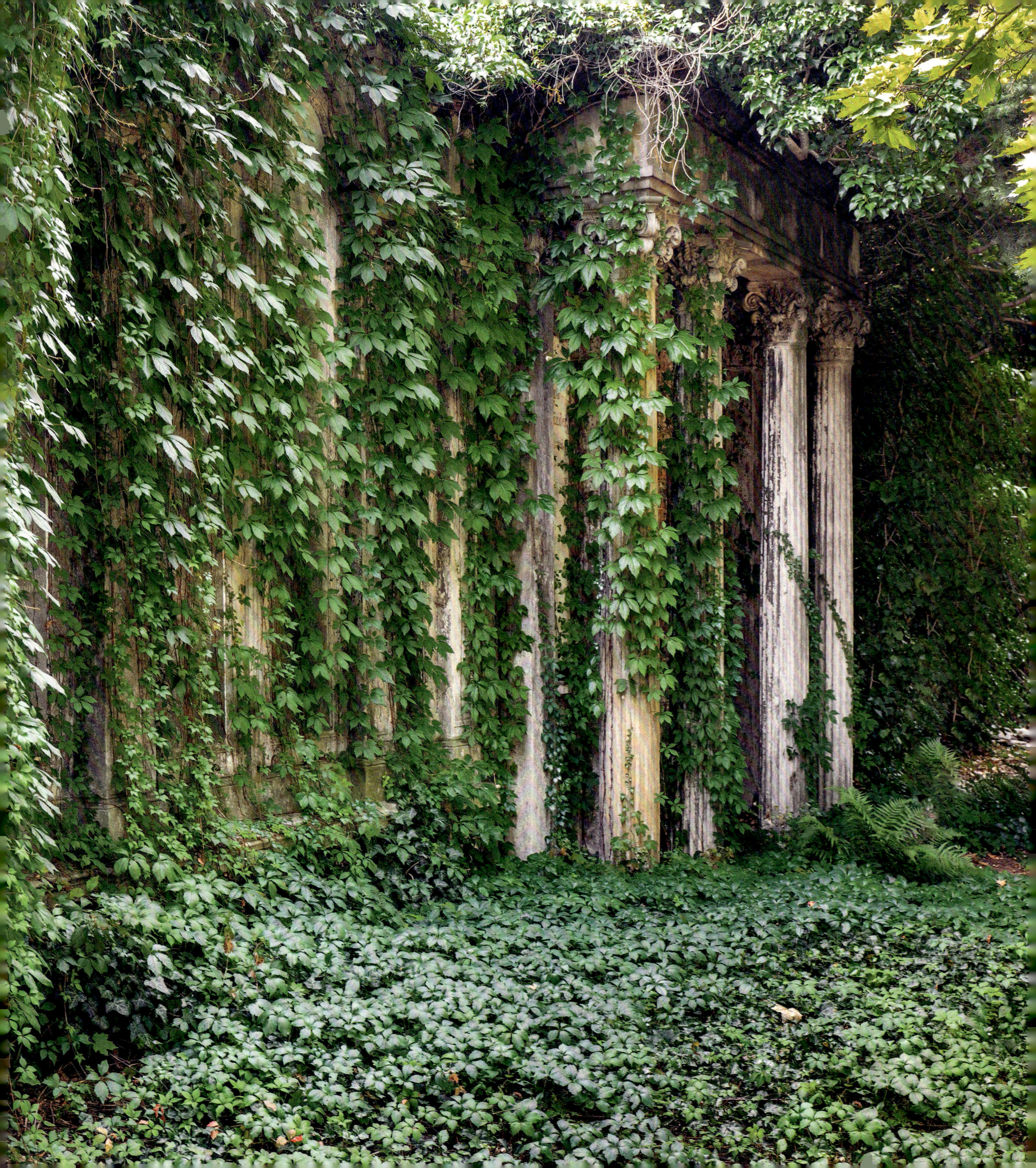

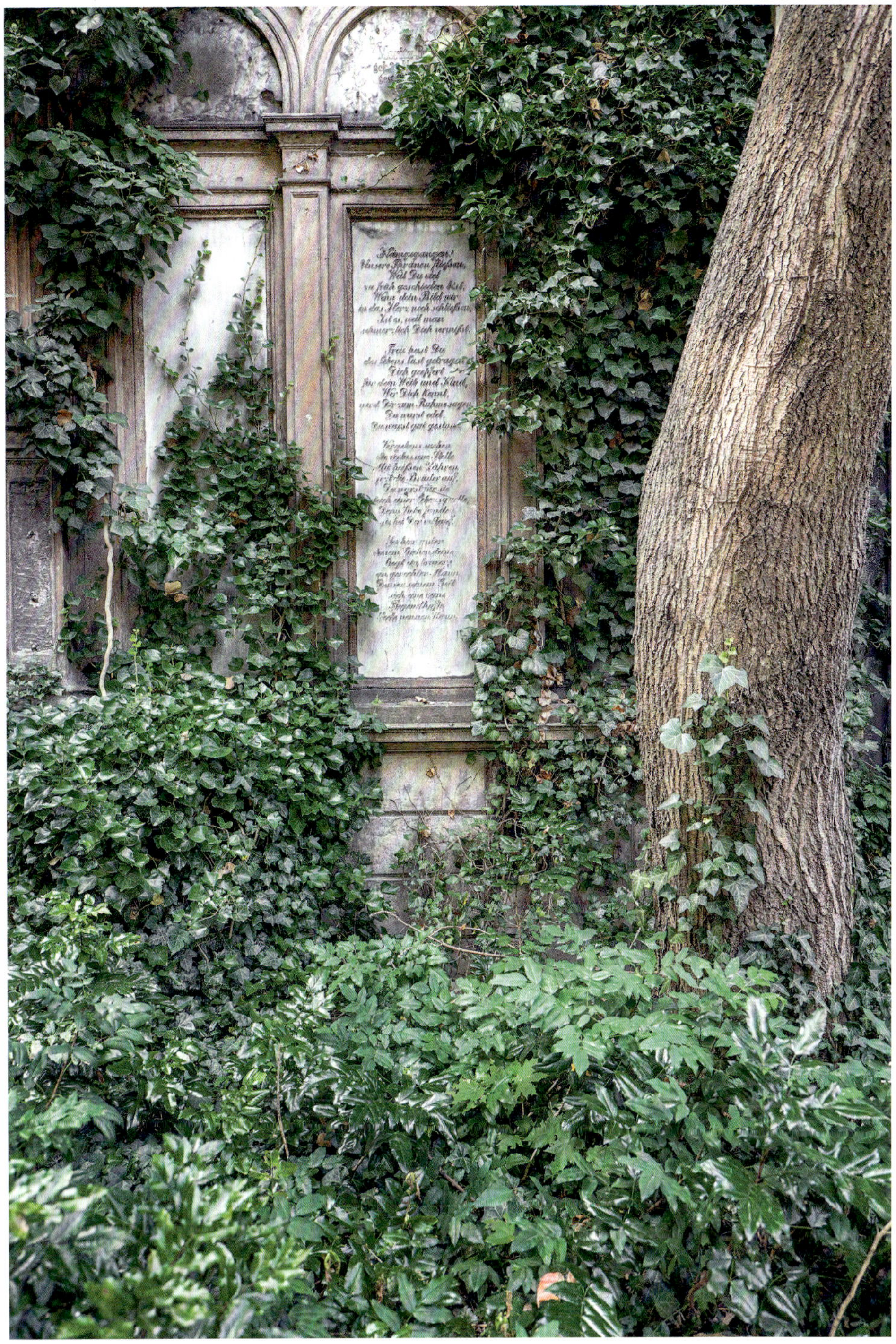

WIE EIN GARTEN EDEN – dieser Gedanke kam mir beim Erkunden des Friedhofs einige Male in den Sinn. Verträumt und friedlich, eine verschlossene heile Welt voller Andacht und Erinnerung. Kaum zu fassen, dass wir uns mitten in einer Stadt mit über 600 000 Einwohnern befinden.

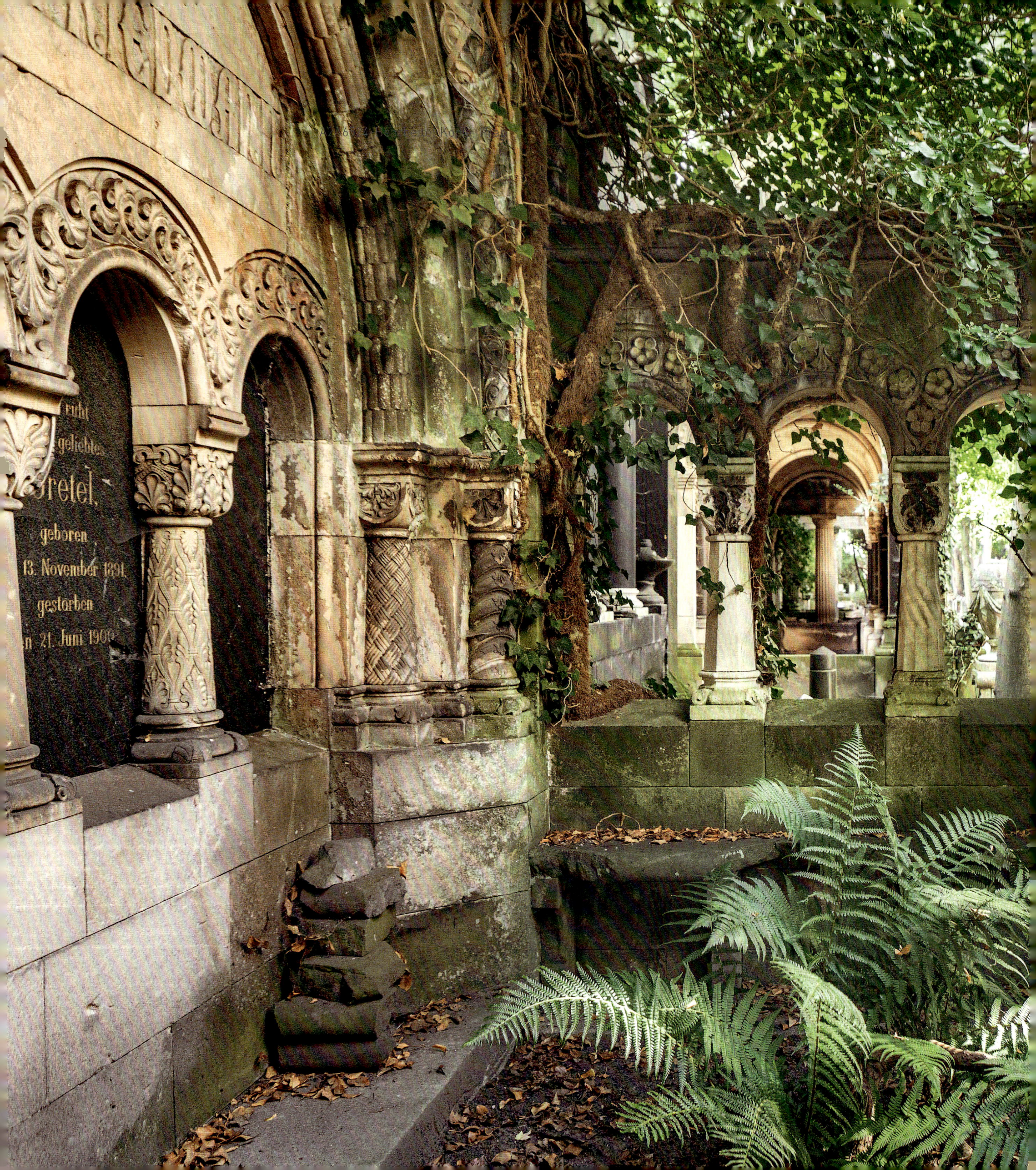
ruht
geboren
13. November 1891,
gestorben
21. Juni 1900

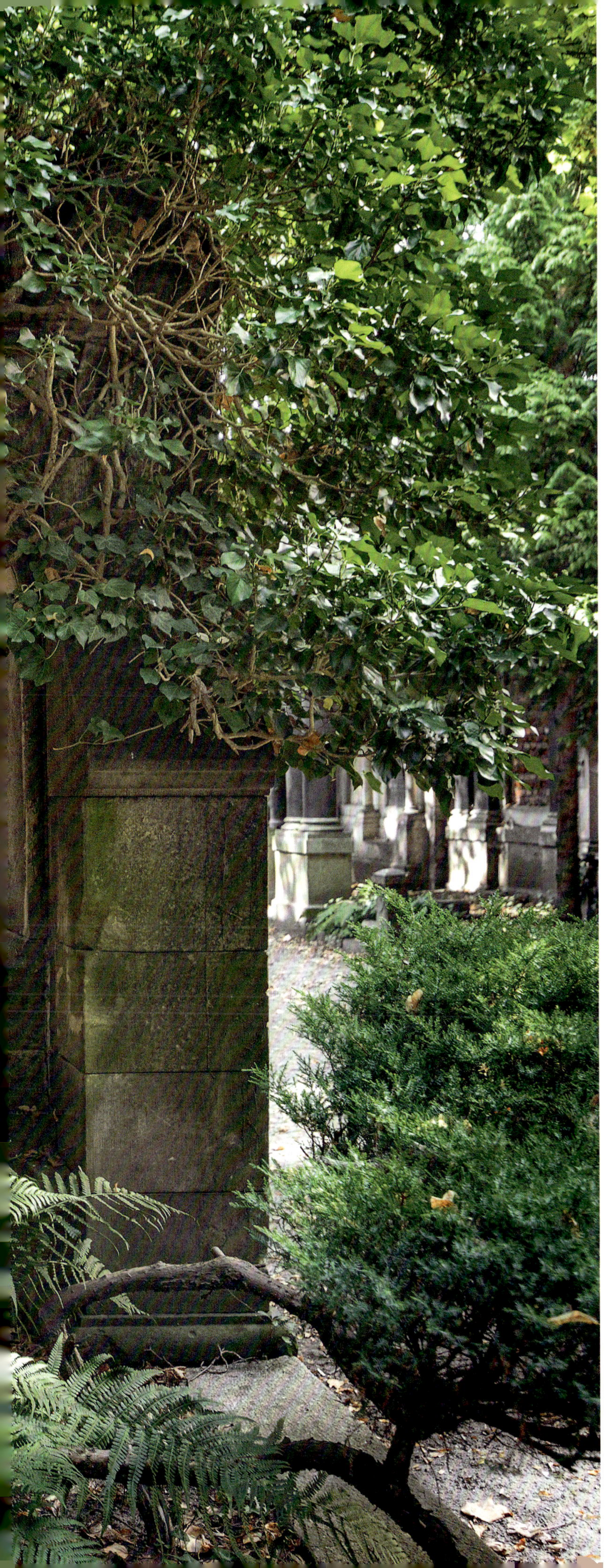

» Die Erinnerung ist das einzige Paradies, aus dem wir nicht vertrieben werden können. «

Jean Paul

DURCH EINE OPULENT GESTALTETE GRABMAUER führt ein Torbogen in diesen abgelegenen Teil des Friedhofs, der hier noch einmal besonders schön von der Natur umschlungen wird.

ENGEL

Engel gelten seit Anbeginn des monotheistischen Glaubens als Botschafter zwischen Gott und dem Menschen. Das Wort Engel ist zurückzuführen auf den griechischen Terminus »angelos«, der in seiner Bedeutung als Bote oder Abgesandter Gottes übersetzt wird. Beschreibungen von Engeln finden sich in den Schriften der drei großen abrahamitischen Religionen. Ob im jüdischen Tanach, im Neuen Testament des Christentums oder im islamischen Koran: Allen Religionen ist der Gedanke gemeinsam, dass Engel spirituelle Wesen sind, meist in geflügelter Menschengestalt, die von Gott erschaffen wurden, diesem untergeordnet sind und als dessen Boten sich frei zwischen dem Himmelreich und der Menschenwelt bewegen können, um göttliche Botschaften zu übermitteln. In den Ausführungen des Theologen Thomas von Aquin sind Engel immaterielle Wesen, die aus reiner Form bestehen und keine Materie besitzen.

In der Bestattungskultur finden die geflügelten Wesen Einzug als Grabengel, die die Verstorbenen ins Jenseits begleiten sollen. Engel schlagen zudem sinnbildhaft eine Brücke zwischen dem Verstorbenen und seinen Angehörigen. Als Grabschmuck spenden sie in Form von Reliefdarstellungen, Marmorskulpturen oder Bronzeplastiken Trost, Frieden und Geborgenheit.

DIE MELANCHOLIE DIESES ENGELS begleitet mich seit meinem ersten Besuch im Jahr 2009. Monumentalfriedhof Staglieno, Genua

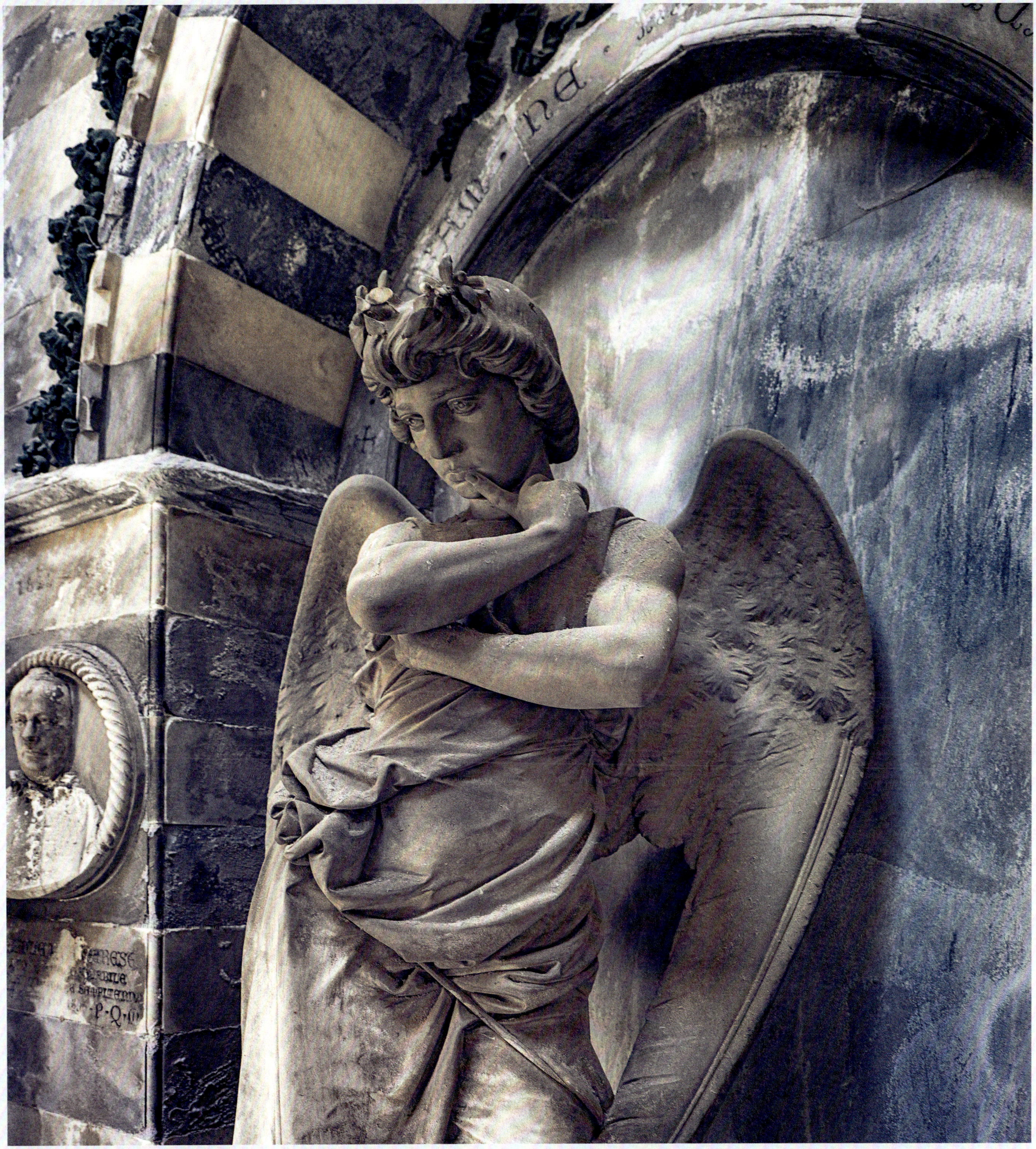

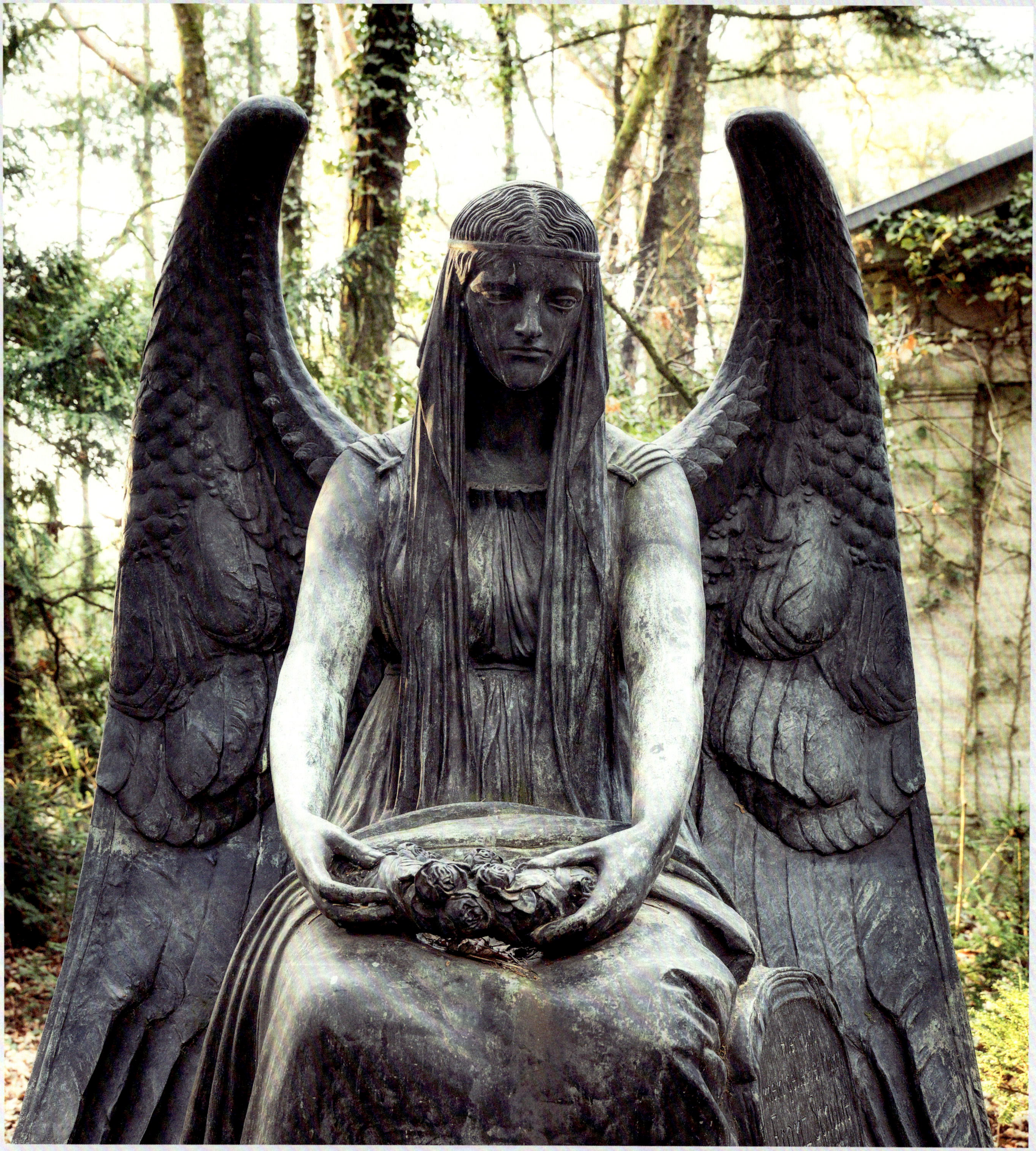

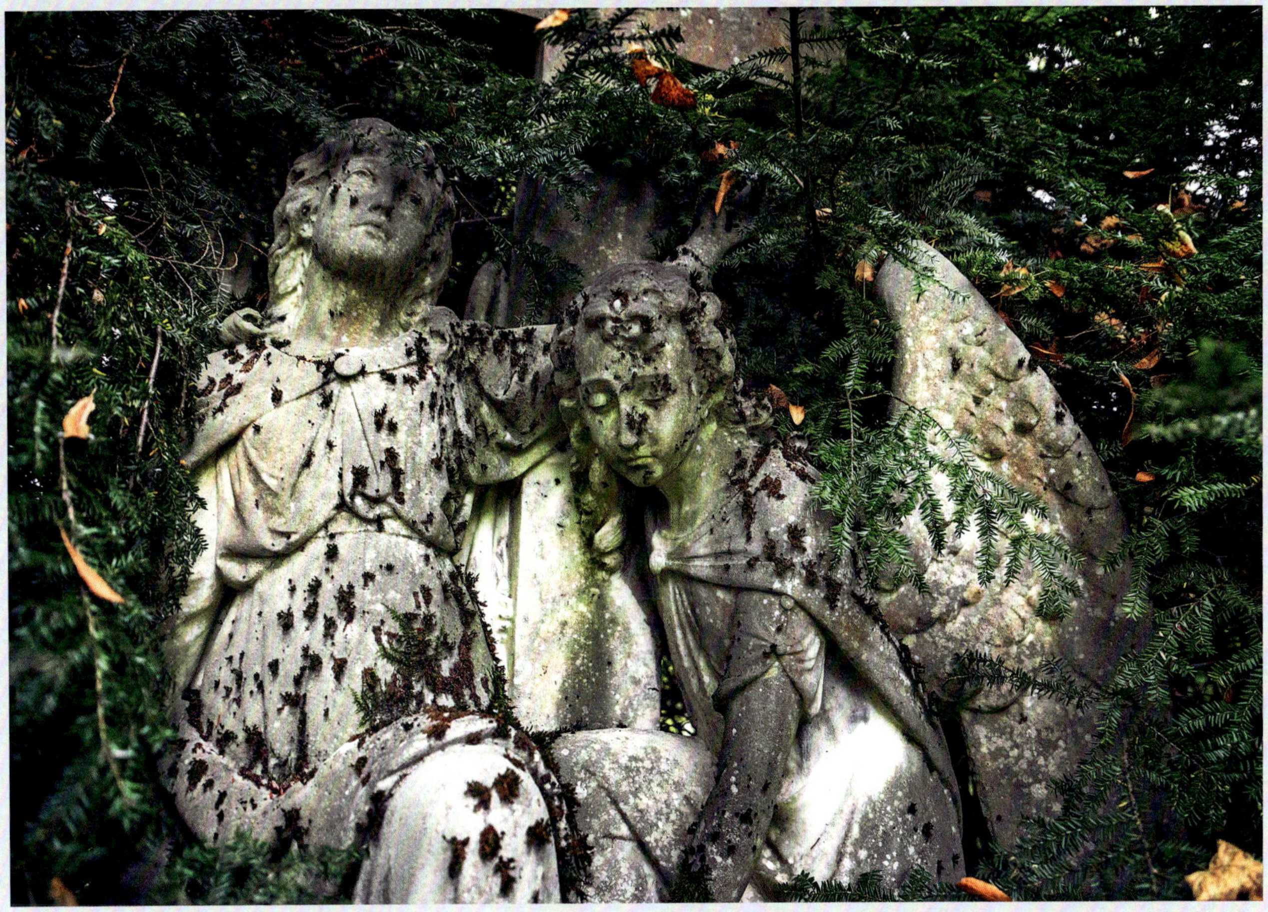

FAST VERBORGEN blitzen die beiden traurigen Engel aus dem Tannengrün hervor auf dem Hauptfriedhof in Baden-Baden △
EINZIGARTIGER SCHWARZER ENGEL auf dem Südwestkirchhof in Stahnsdorf. ◁

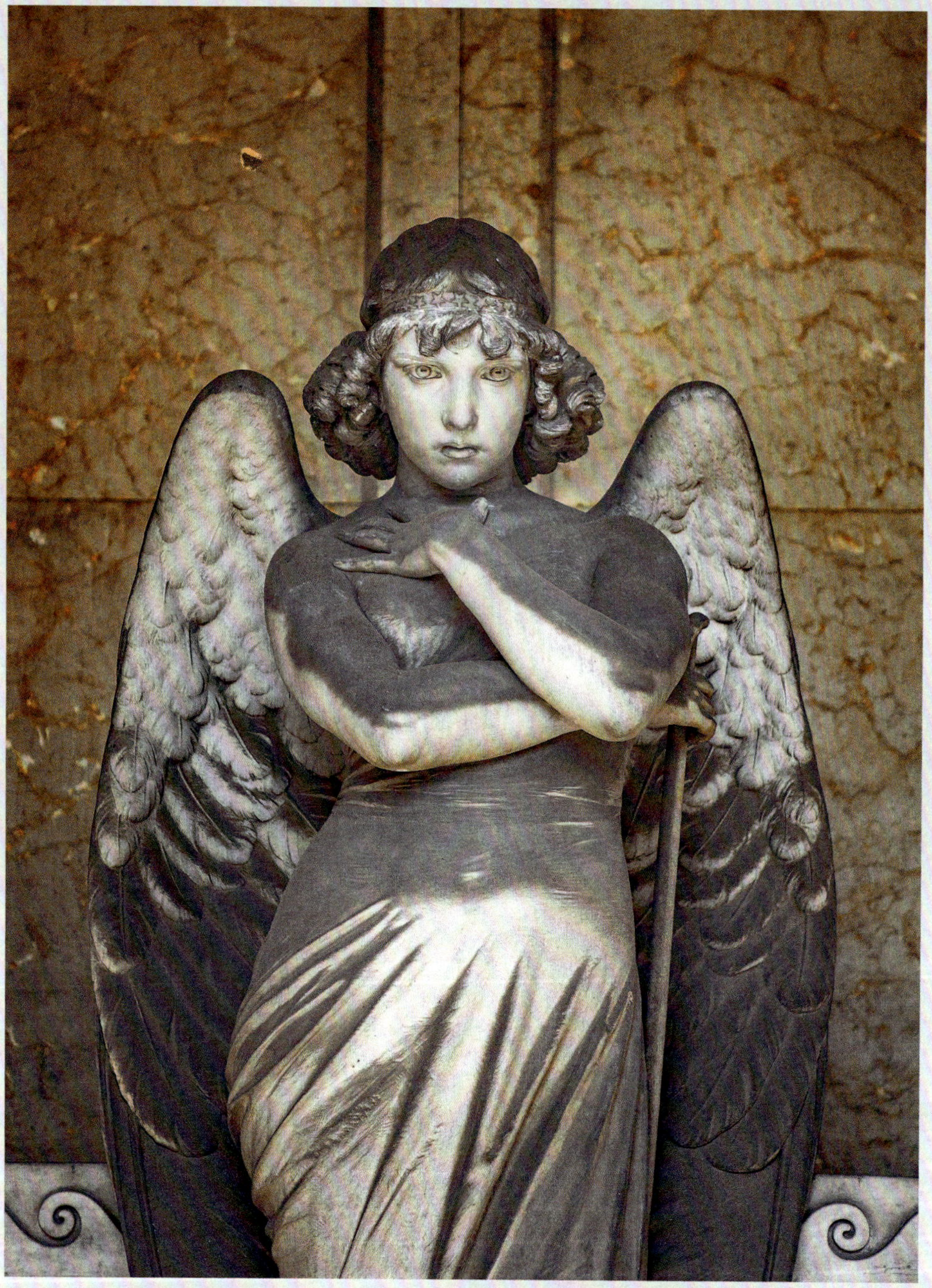

DIESER DURCHDRINGENDE BLICK – auch nach 13 Jahren ist diese Engelsfigur eine meiner absoluten Lieblingsfiguren. Auch der Harfenspieler gehört zum Monumentalfriedhof Staglieno in Genua, dessen Vielfalt man unbedingt in natura erleben muss.

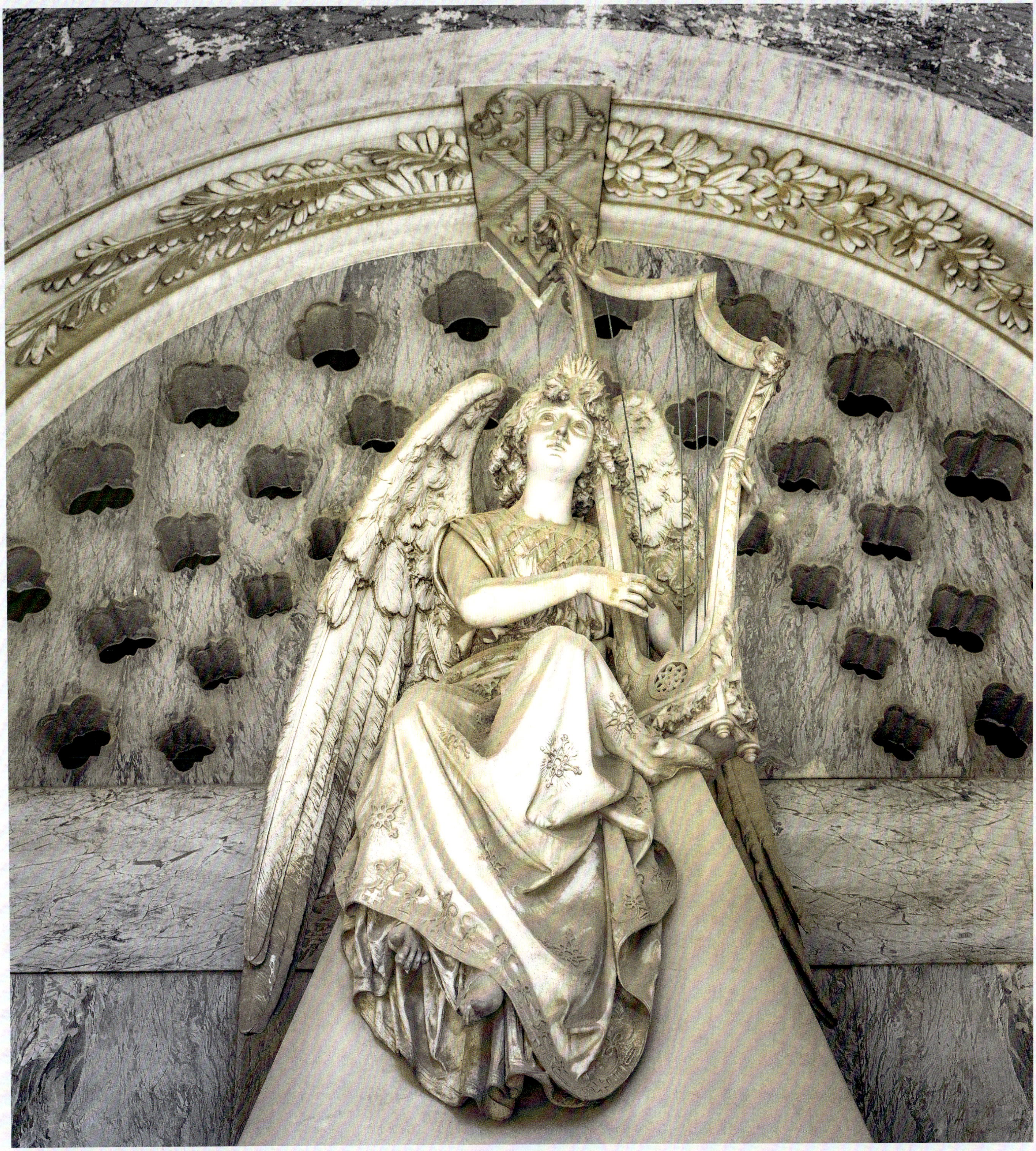

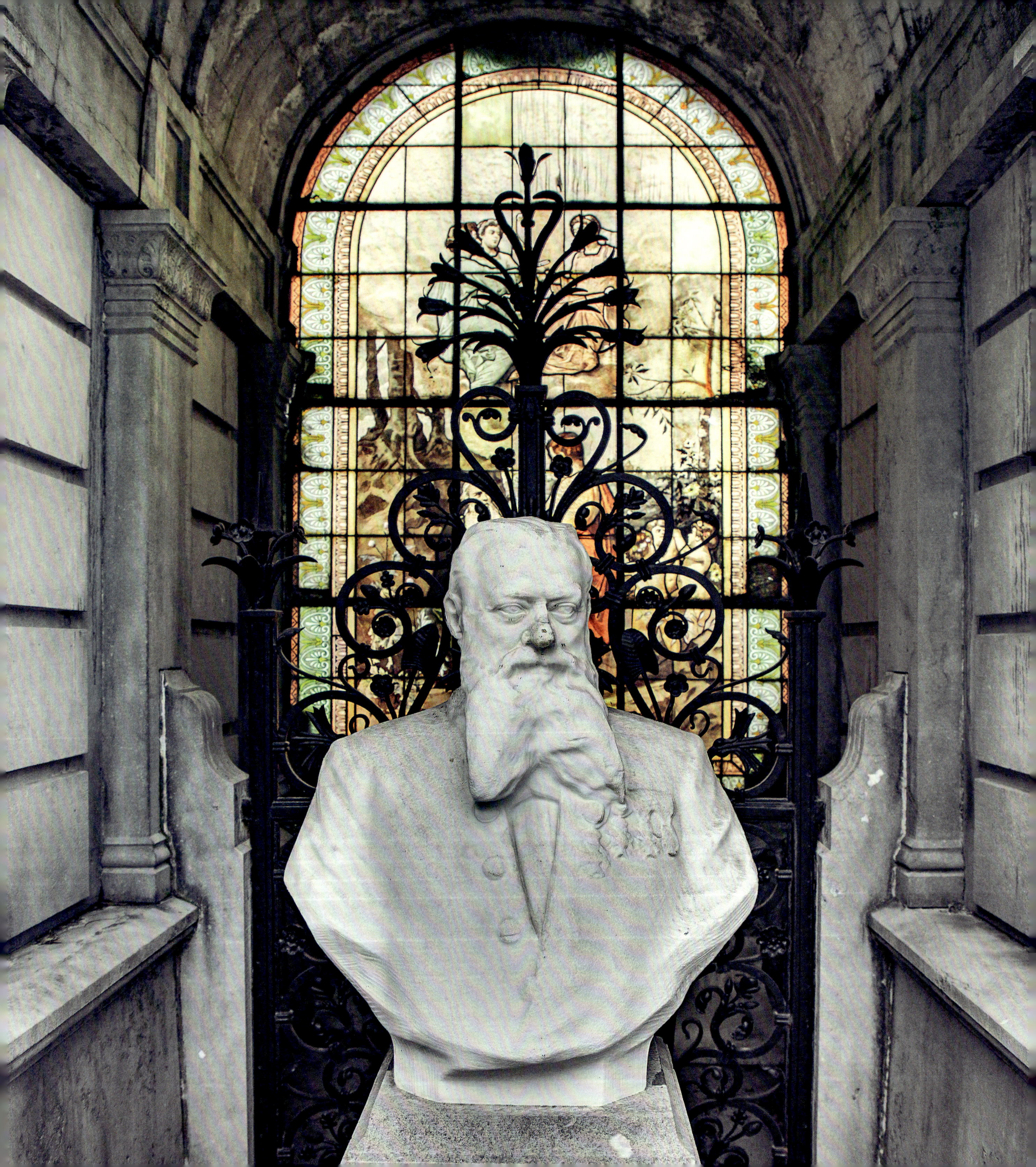

BELGIEN

Lange Zeit galt Belgien als das Land der ewigen Grabstätten. Durch eine Gesetzesänderung wurde 1971 die Dauer der Konzession auf 50 Jahre begrenzt. Falls die Nachfahren nicht mehr zu ermitteln sind, droht der Verfall. Doch in den meisten Fällen lassen die Gemeinden Nachsicht walten, um das Kulturerbe rund um die belgische Beerdigungskultur aufrechtzuerhalten.

DER WUNDERBARE ALTE BAUMBESTAND formt ein stimmungsvolles Dach über die historischen und facettenreichen Grabmale.

IMMERGRÜNES PARADIES

BRÜGGE · ZENTRALFRIEDHOF ASSEBROEK

Im Südosten Brügges, der Hauptstadt der Provinz Westflandern, befindet sich abseits des Stadtkerns mit dem Zentralfriedhof Assebroek einer der ältesten städtischen Friedhöfe Belgiens. Ein Ort der Stille im Einklang mit der Natur, der mit seinem umfangreichen Baumbestand bestehend aus über 200 Jahre alten Buchen, Eiben und Trauerweiden zu begeistern weiß.

Außerhalb der Wallanlagen der Brügger Altstadt befindet sich in südöstlicher Richtung ein von außen zunächst unscheinbar wirkender Friedhof. Doch hinter der hohen immergrünen Friedhofshecke entfaltet der geschichtsträchtige Zentralfriedhof Assebroek seine wahre Schönheit.

Als Belgien im 18. Jahrhundert unter Kaiser Joseph II. mit der jahrhundertealten Tradition brach, Bestattungen innerhalb der Städte im Umfeld der Kirche durchzuführen, wurden die Friedhöfe aus Angst vor Seuchen und drohender Überfüllung außerhalb der Stadt angelegt. So erwarben die Stadtoberen von Brügge im Umland ein zwei Hektar großes Grundstück in dem ländlichen Ort Assebroek, der erst 1970 eingemeindet wurde. Der Friedhof wurde 1787 eröffnet, doch erst ab dem Jahr 1810 wurden Bestattungen der Einwohner von Brügge verpflichtend. Der für seine klassizistischen Kirchen in Belgien bekannte Architekt Pierre Buyck ist für zwei Erweiterungen des Friedhofes in den Jahren 1841 und 1864 verantwortlich. Zuerst kamen Parzellen für Geistliche wie Jesuiten und Mitglieder des Laienordens der Beginen hinzu. Auch die Briten, die im 19. Jahrhundert in der Stadt präsent waren, bekamen einen eigenen Platz. Ein großer Teil des Friedhofs ist seit dem Ersten Weltkrieg mit Kriegsgräbern belegt. Hier ruhen belgische, britische und deutsche Soldaten sowie Zivilisten, die im Krieg ums Leben kamen. Die jüngste Erweiterung bietet Platz für ein Kolumbarium mit einer weitläufigen Wiese und Urnengräbern.

ALTER BAUMBESTAND

Das zwölf Hektar große Areal ist nach strengen geometrischen Formen angeordnet, der jedoch durch den alten Baumbestand einen parkähnlichen Charakter erfährt. An der Hauptachse wurden an einer Allee Blut- und Rotbuchen gepflanzt, die teils über 200 Jahre alt sind. Auch Bäume mit symbolischer Bedeutung haben hier ihren Platz, wie die Trauerweide oder immergrüne Eiben. Ins Auge fallen vor allem die vollkommen mit Moos überzogenen Gräber mit ihren unzähligen liebevollen Verzierungen, die vor allem im Herbst zur Geltung kommen.

Auch Persönlichkeiten haben hier ihre letzte Ruhestätte gefunden, wie etwa der Stadtarchitekt Louis Delacenserie, der Dichter Guido Gezelle und der Brite James Weale, bekannt für seine kunsthistorischen Forschungen in Flandern.

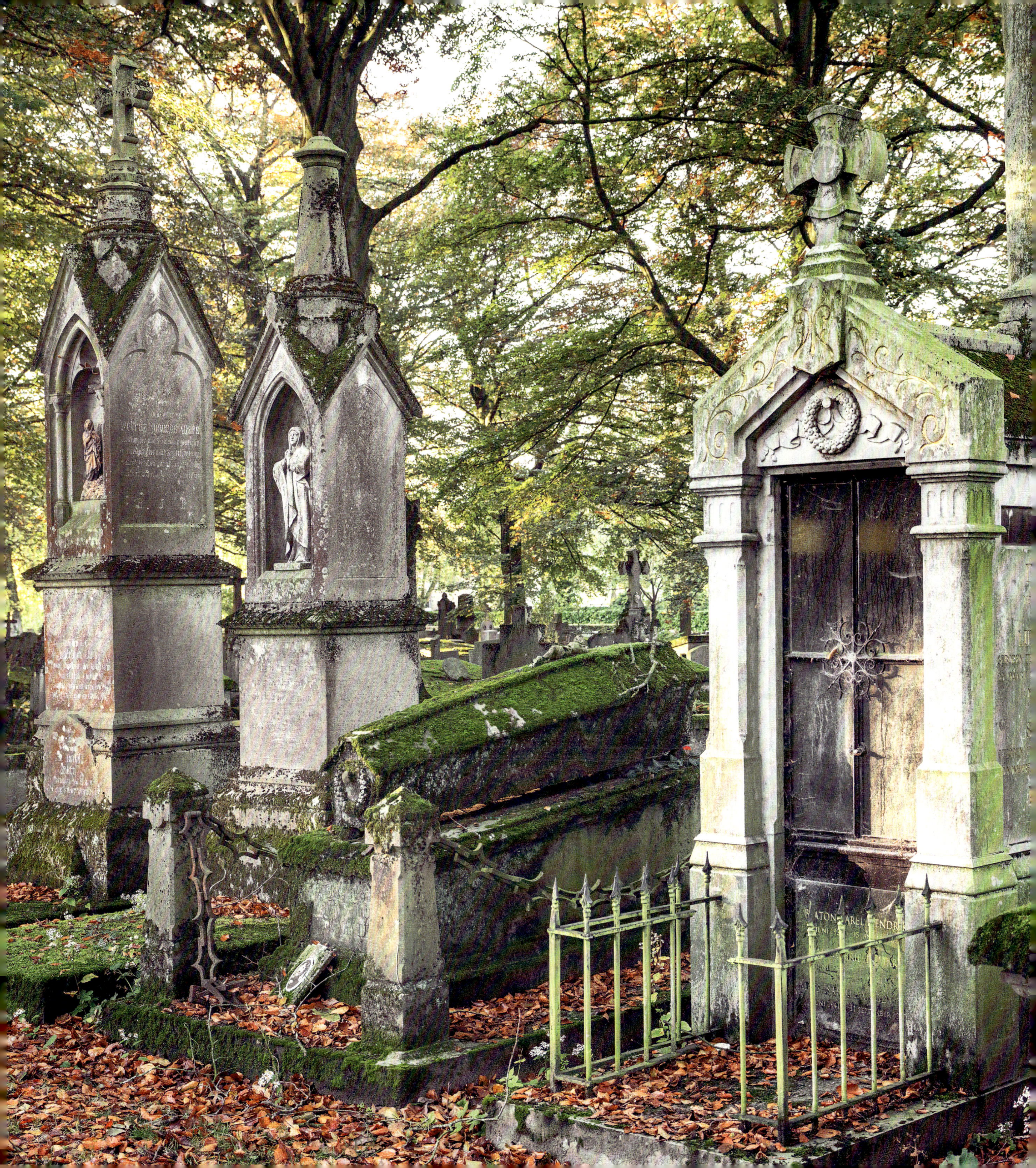

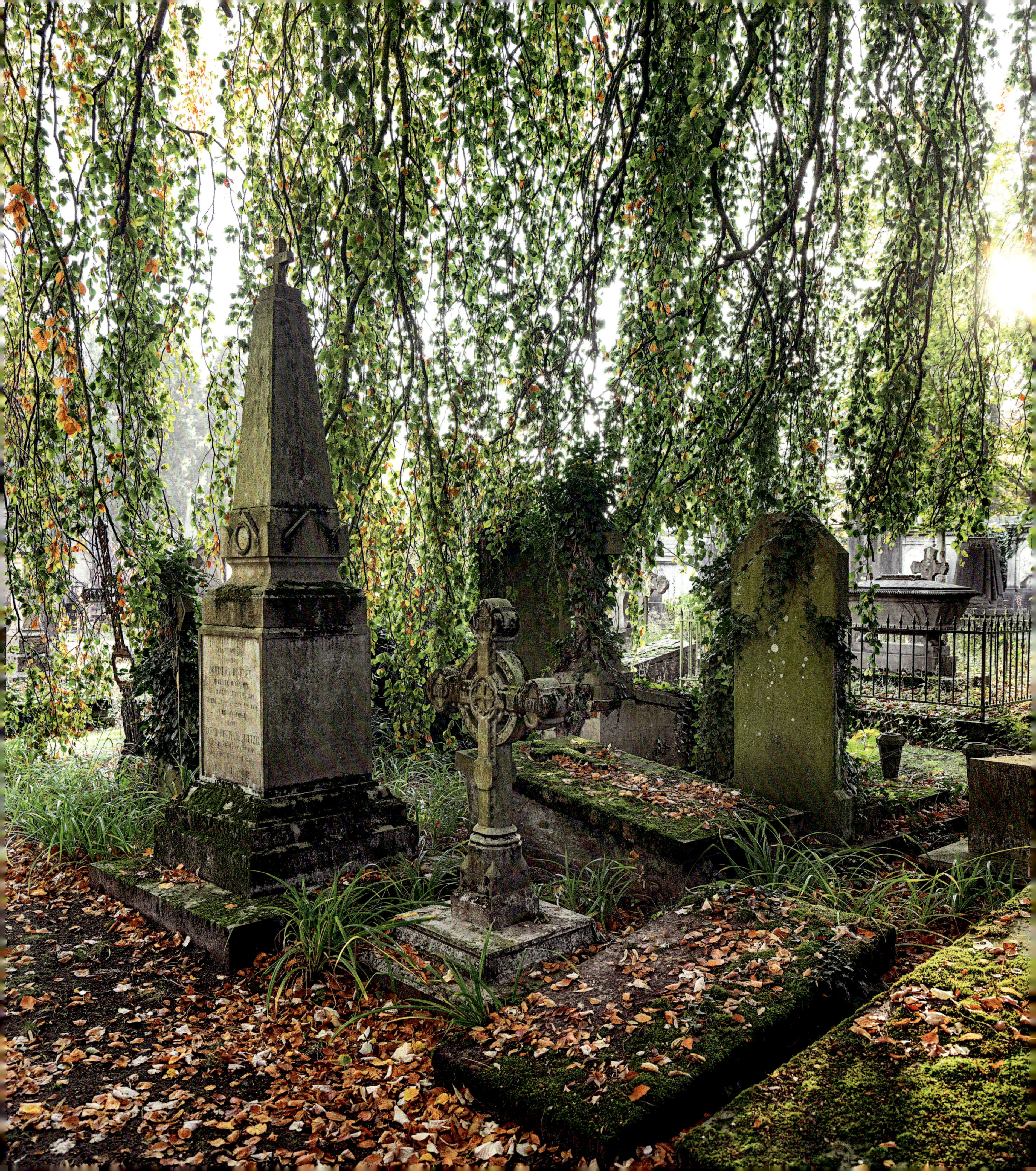

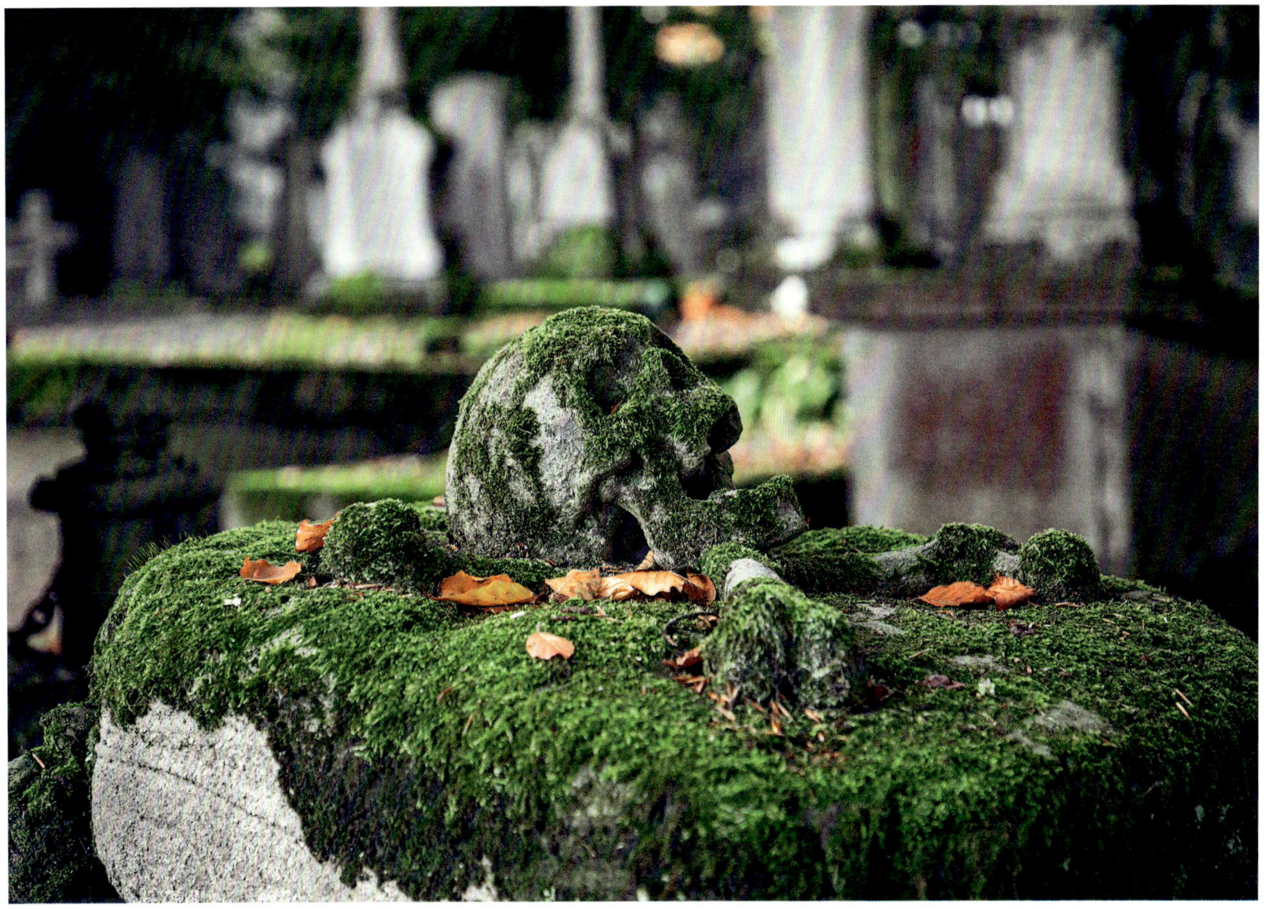

FÜR DEN BESUCH IN BRÜGGE habe ich bewusst einen frühen Morgen im goldenen Herbst gewählt. Der Friedhof besticht nicht nur durch seine einzigartige Detailfülle und ausgefallenen Sujets wie dem vollkommen mit Moos bedeckten Totenschädel. Die uralten Baumalleen, die oft bis in die Gräber herunterhängen, tauchen die historischen Denkmale in eine stimmungsintensive und geheimnisvolle Geschichte.

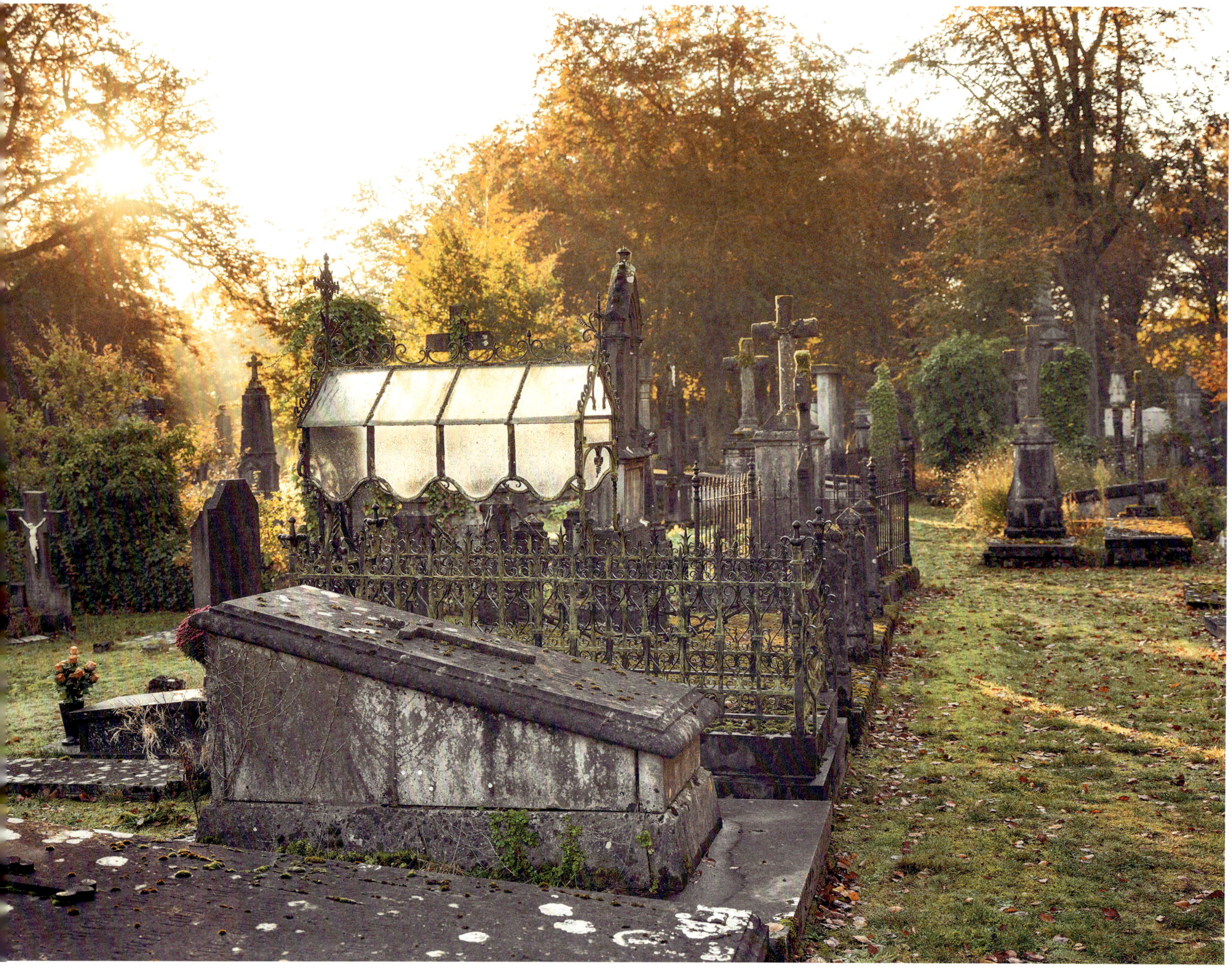

DER GOLDENE SONNENAUFGANG haucht langsam Leben in den Ort der Stille. In diesen Minuten wünschte ich, ich hätte die Zeit anhalten können, um die Farben und die Stimmung etwas länger genießen zu können.

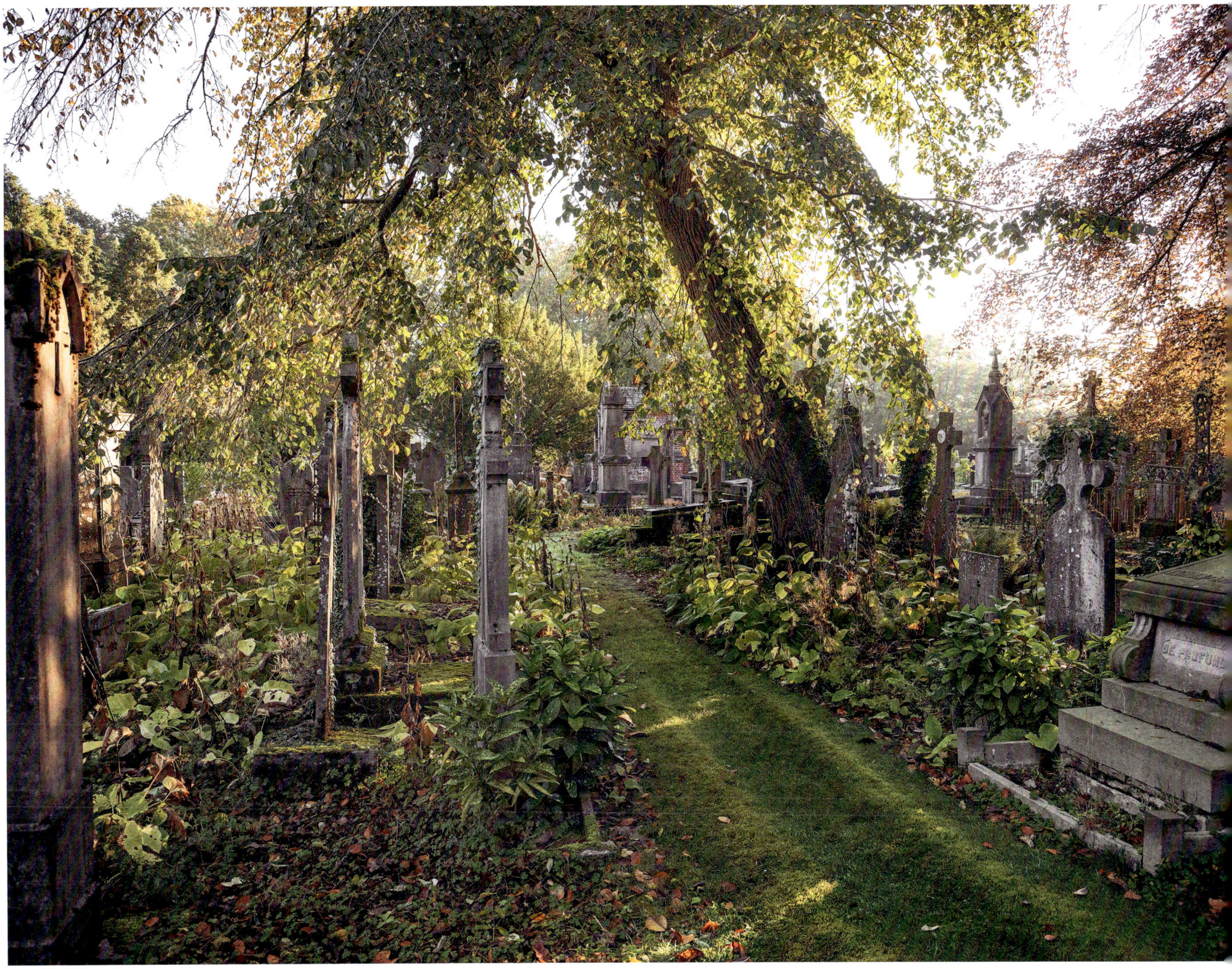

DIE WEGE AUFGEWEICHT und noch feucht vom Morgentau, geben einem noch mehr das Gefühl, fern der normalen Welt zu sein. Brügge hat für mich ohne Zweifel Belgiens schönsten Friedhof, der vor allem durch seine einzigartige Stimmung in Erinnerung bleibt.

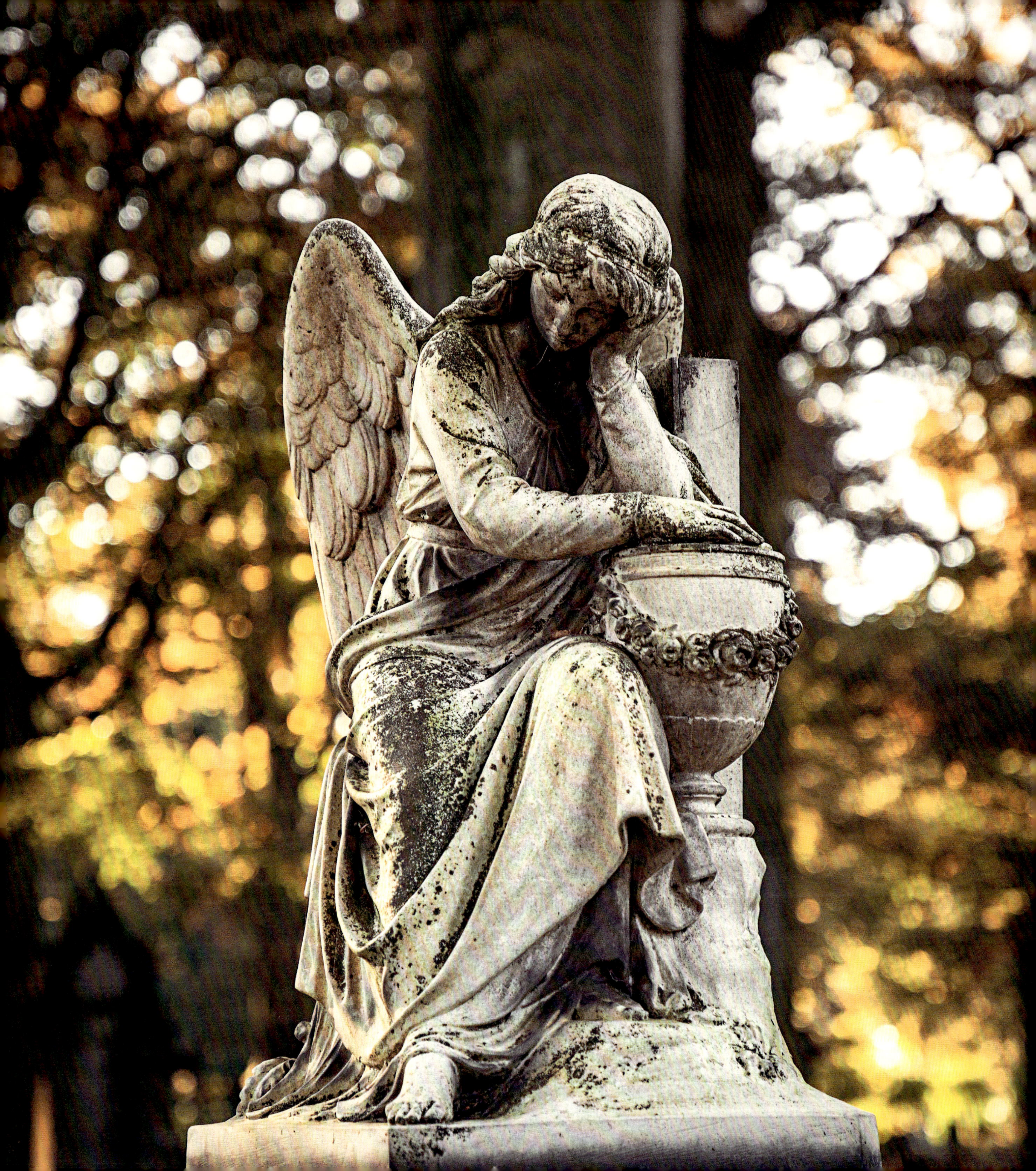

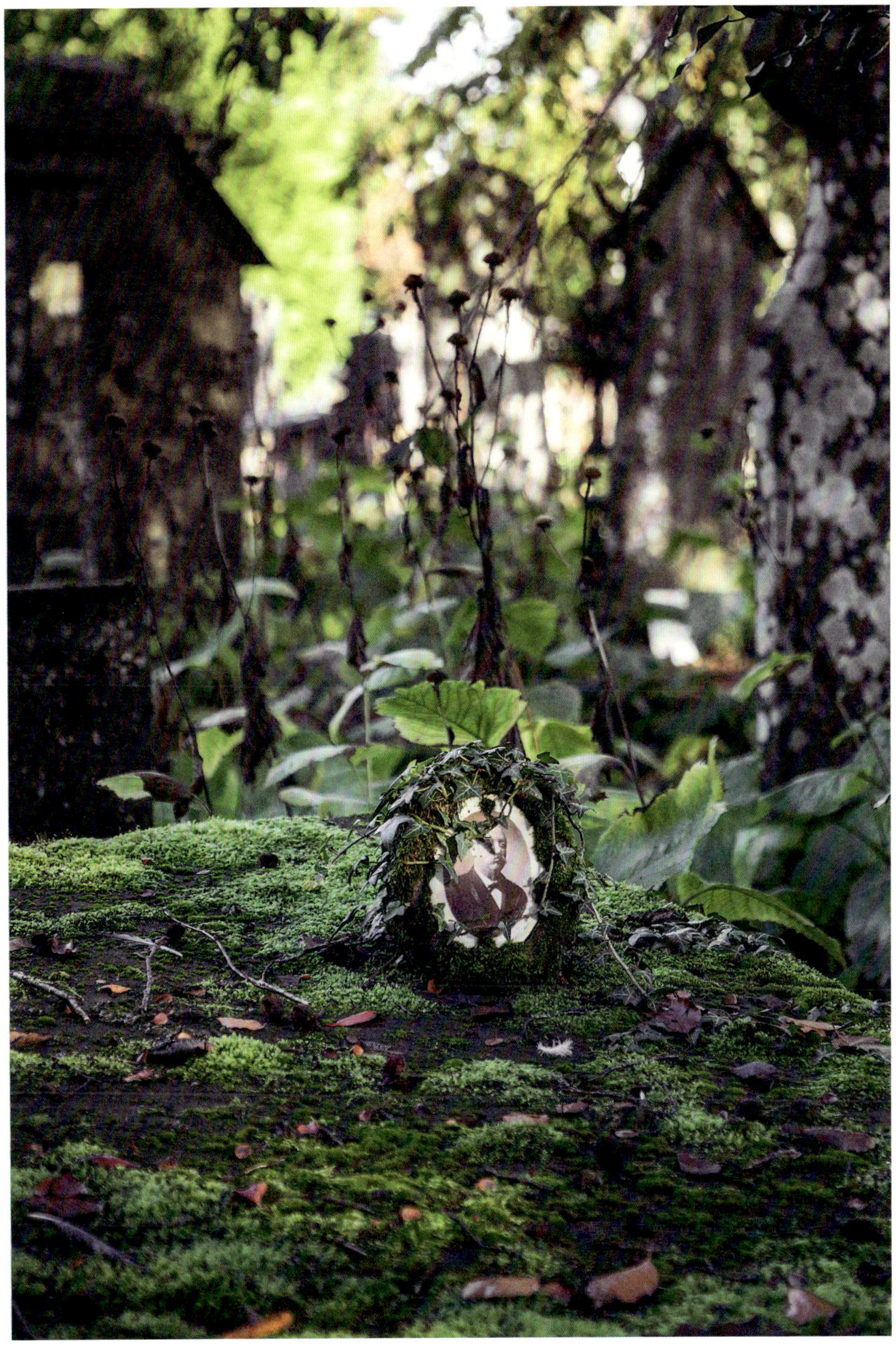

AUF VIELEN GRÄBERN stehen solche alten Fotografien, oft verwittert und nur noch in Teilen zu erkennen. Ein typisches Merkmal in der belgischen Friedhofskultur. △ Prunkvolle Figuren gibt es weniger, dafür recht dezente Engel. Brügge ist kein Ort für Protz und Prunk. ◁

DER FRIEDHOF IN LAKEN ist bekannt für seine herausragende Grabkunst vom Neoklassizismus über die Romantik bis hin zum Expressionismus.

DIE EROBERUNG DES PARADIESES

BRÜSSEL · FRIEDHOF LAKEN – FRIEDHOF DIEWEG

Im Norden der belgischen Hauptstadt Brüssel liegt an der imposanten Liebfrauenkirche, dem größten neogotischen Bauwerk Belgiens, der Friedhof Laken. Er zählt wegen seiner Verbindung zum belgischen Königshaus zu den bedeutendsten Friedhöfen Belgiens. Von ganz anderer Schönheit zeugt der im Süden liegende Friedhof Dieweg, der eine himmlische Symbiose zwischen Natur und Architektur eingegangen ist.

Im Norden der Brüssler Hauptstadt befindet sich unweit des Schlosses Laken, der Residenz des belgischen Königshauses, ein wahrlich majestätisch anmutender Friedhof.

Die ersten Hinweise auf eine Begräbnisstätte gehen zurück bis ins Mittelalter. 1275 wurde zu Ehren der Gottesmutter Maria eine Kirche im Stil der früh-brabantischen Gotik erbaut. Einer Legende nach soll Maria selbst Ausrichtung und Größe des Bauwerks bestimmt haben. Der Chorraum ist erhalten geblieben und kann auf dem historischen Teil des Friedhofs besichtigt werden. Nachdem Anfang der 1830er-Jahre die belgische Königsfamilie ihren Wohnsitz nach Laken verlegte, verwandelte sich mit ihr das Stadtbild. Als 1850 Louise Marie von Orléans, Belgiens erste Königin, verstarb, kam ihr Gatte König Leopold I. ihrem Wunsch nach, hier beerdigt zu werden, und veranlasste den Bau einer neuen Grabeskirche. Die 1872 eingeweihte Liebfrauenkirche mit ihrer Krypta dient den Mitgliedern des belgischen Königshauses seitdem als letzte Ruhestätte. Da zu diesem Zeitpunkt der auf 2,5 Hektar erweiterte Friedhof erneut zu überfüllen drohte, legte der Ingenieur und spätere Bürgermeister Lakens Emile Bockstael unterirdische Grabanlagen an, die sich über ein Netzwerk von mehreren hundert Metern erstrecken. Die Friedhofslandschaft ist geprägt von einer brachialen Betonwüste, die jedoch aufgrund der herausragenden Grabkunst vom Neoklassizismus über die Romantik bis hin zum Expressionismus zu beeindrucken weiß.

200 PFLANZENARTEN

Das Erscheinungsbild des im Süden von Brüssel liegenden Friedhofs Dieweg im Zentrum von Ukkel könnte nicht kontrastreicher sein. Der aufgrund einer Choleraepidemie 1866 entstandene Friedhof ist ein hinter verwachsenen Mauern schlummerndes grünes Kleinod. Hier hat die Natur den seit 1958 geschlossenen Friedhof weitestgehend zurückerobert. Architektur und Flora gehen mit ihren fast völlig von Efeu überwucherten Gräbern oder Sarkophagen eine verwunschen schöne Symbiose ein. Auf einer Fläche von drei Hektar können sich hier über zweihundert Pflanzenarten entfalten. Neben den Architekten Jean-Pierre Cluysenaar und Paul Hankar, liegt hier ebenso der Tim-und-Struppi-Comiczeichner Georges Remi, alias Hergé, begraben.

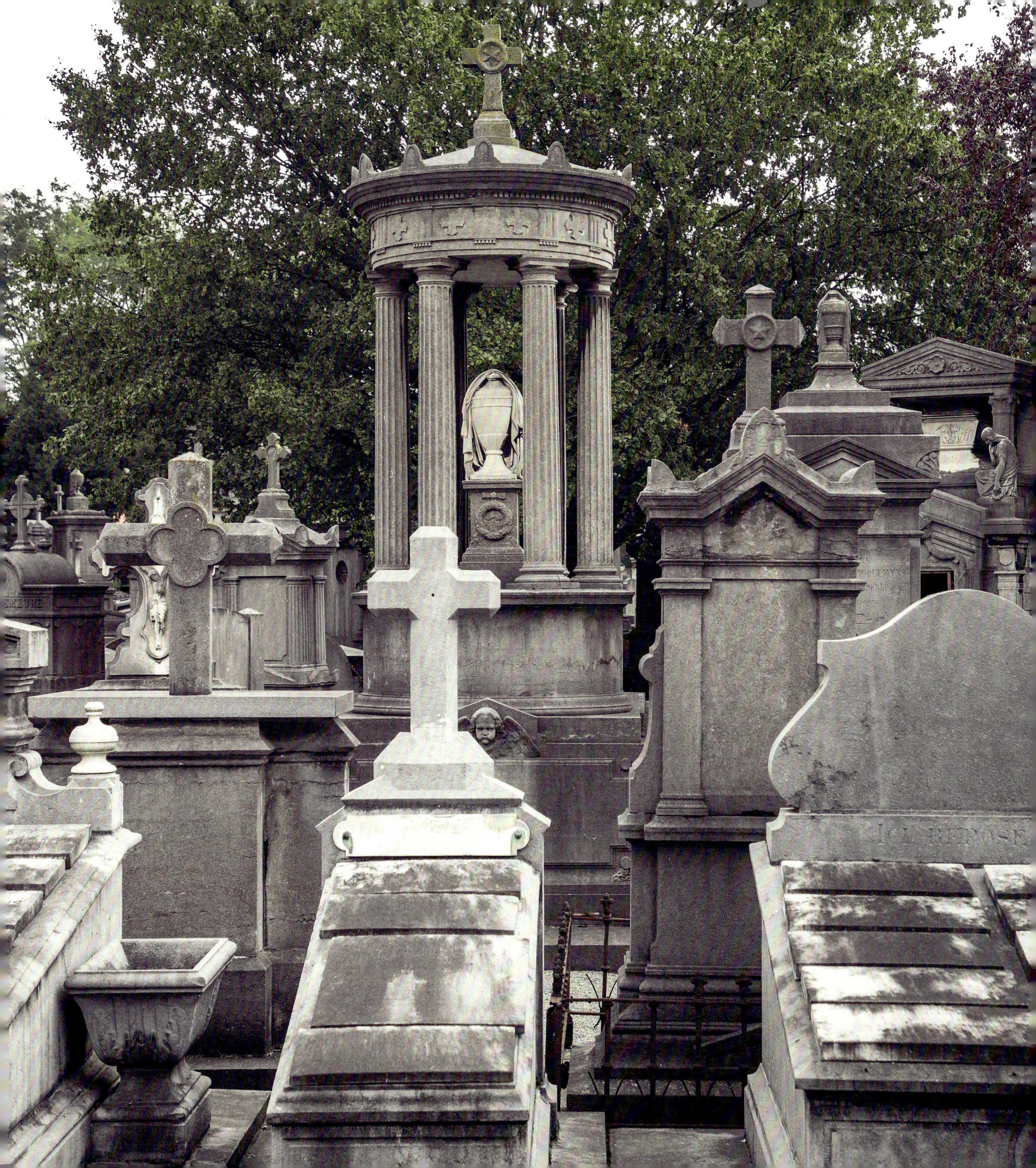

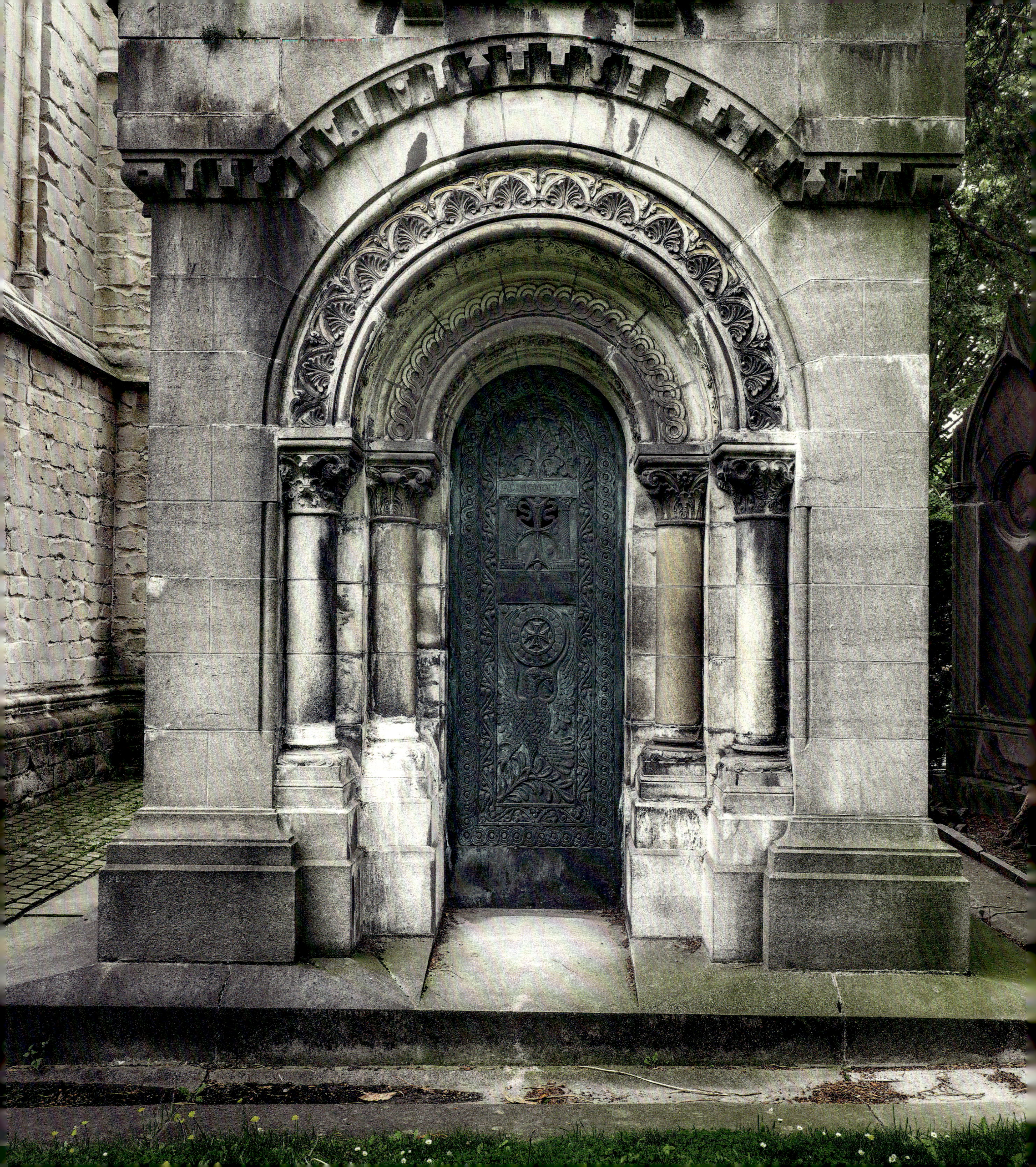
AD MEMORIAM

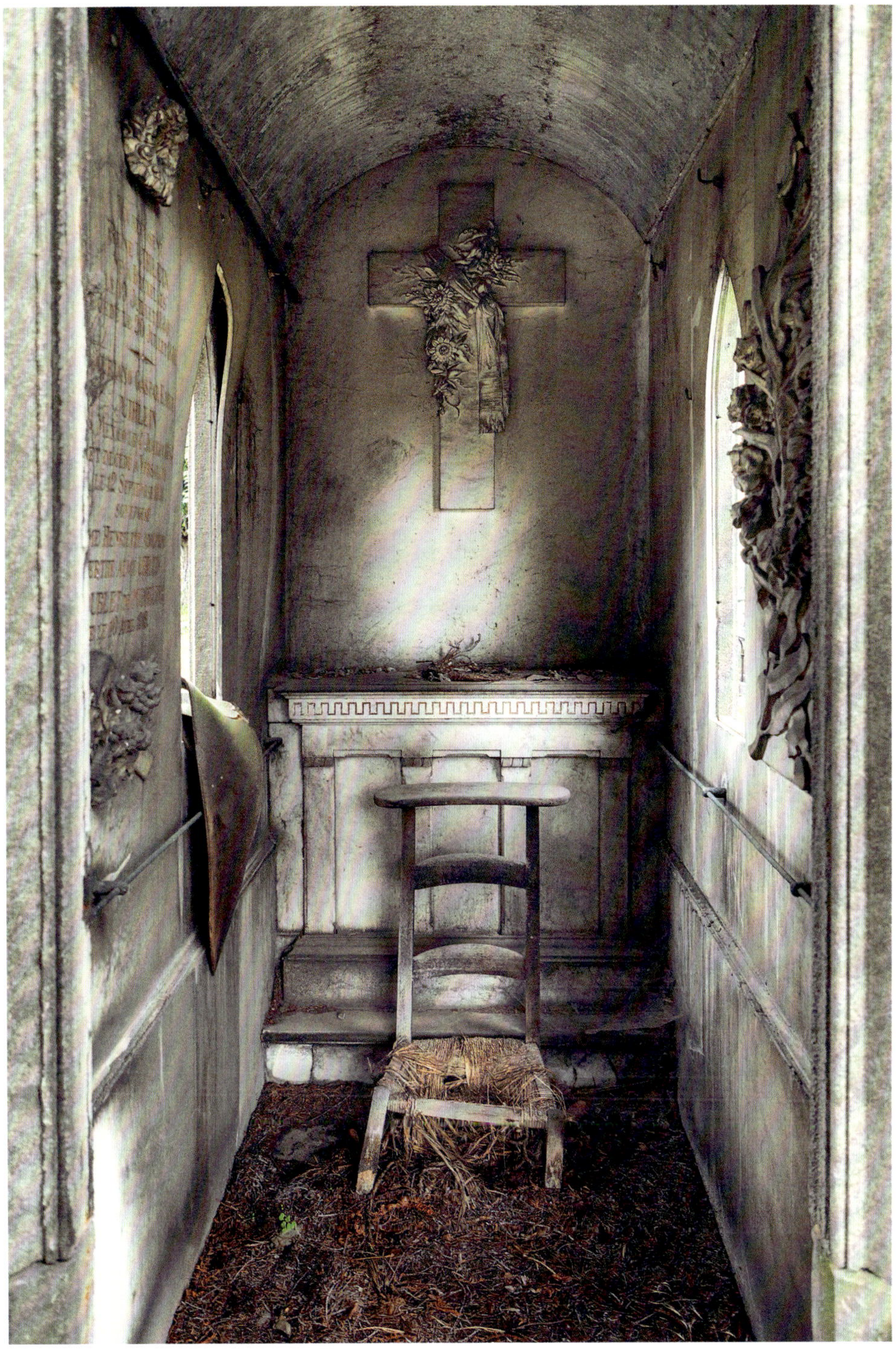

DER FRIEDHOF LAKEN ist imposant, doch man wird schon fast erschlagen von den massiven Betonbauten und Gräbern, ein starker Kontrast zur deutschen Friedhofskultur. Doch es lohnt sich stets, genauer hinzuschauen, ob der besonderen Details und der beeindruckenden Ornamente.

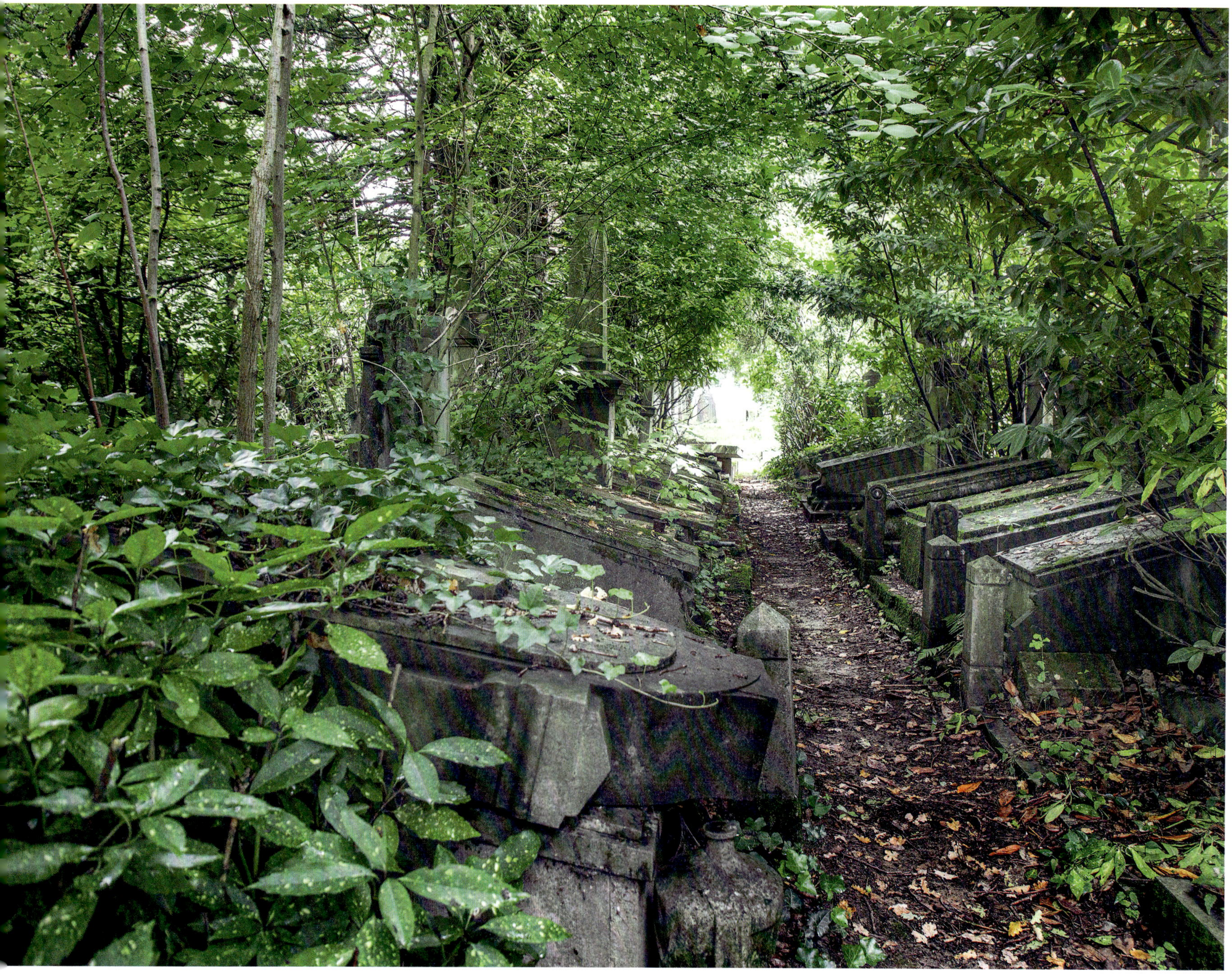

BRÜSSELS NORDEN UND SÜDEN im vollkommenen Kontrast. Auf dem Friedhof Dieweg gab es ähnliche Grabstätten aus Beton, doch hier hat die Natur schon lange die Führung übernommen. Ein regelrechter Dschungel hat die Grabfelder vereinnahmt und sich untertan gemacht.

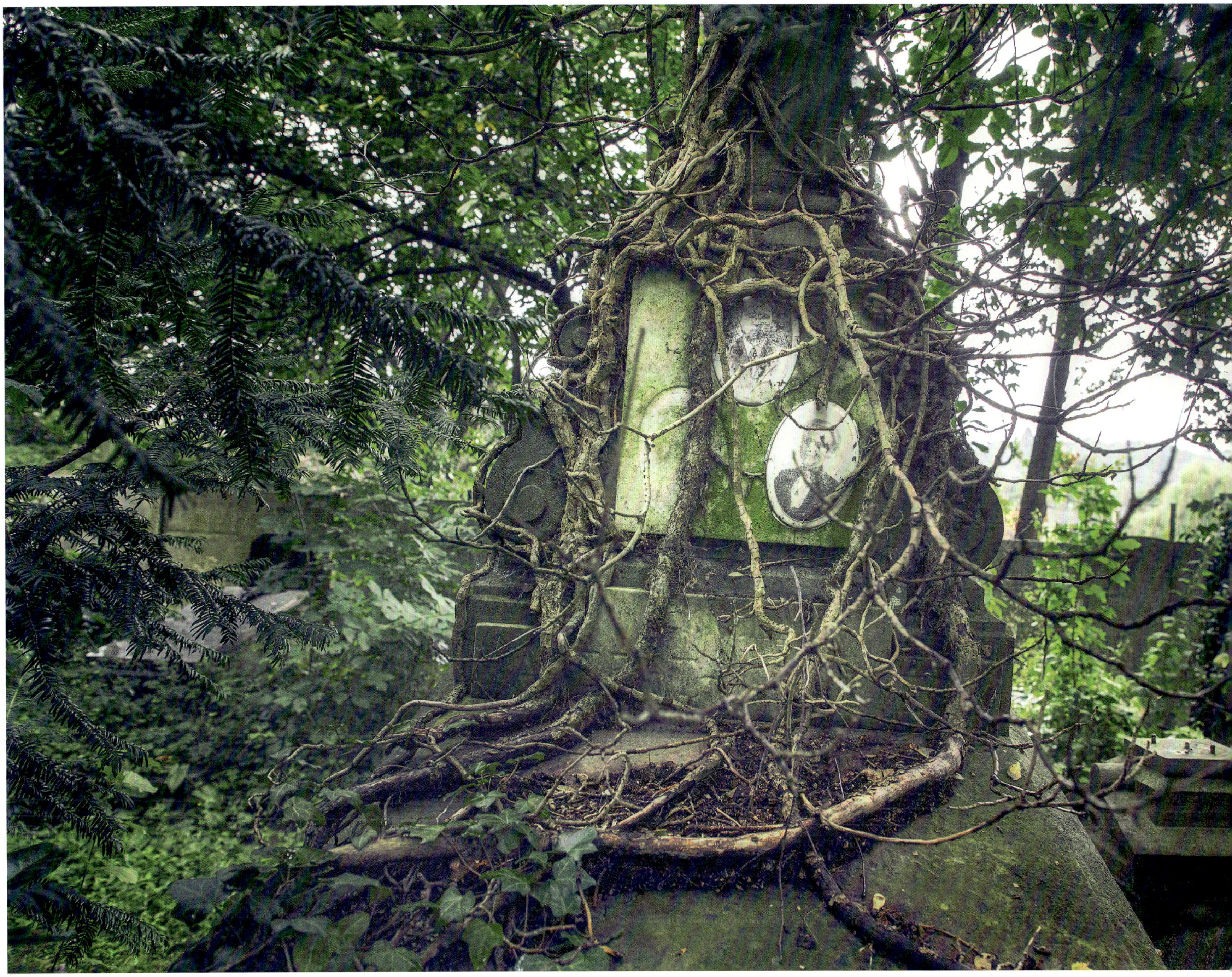

ES GRÜNT, SOWEIT DAS AUGE REICHT. Das Wurzelwerk hat die alten Grabsteine oft schon völlig eingesponnen, samt der typischen Bildnisse. Sogar eine unterirdische Gruft findet sich in einer versteckten Ecke.

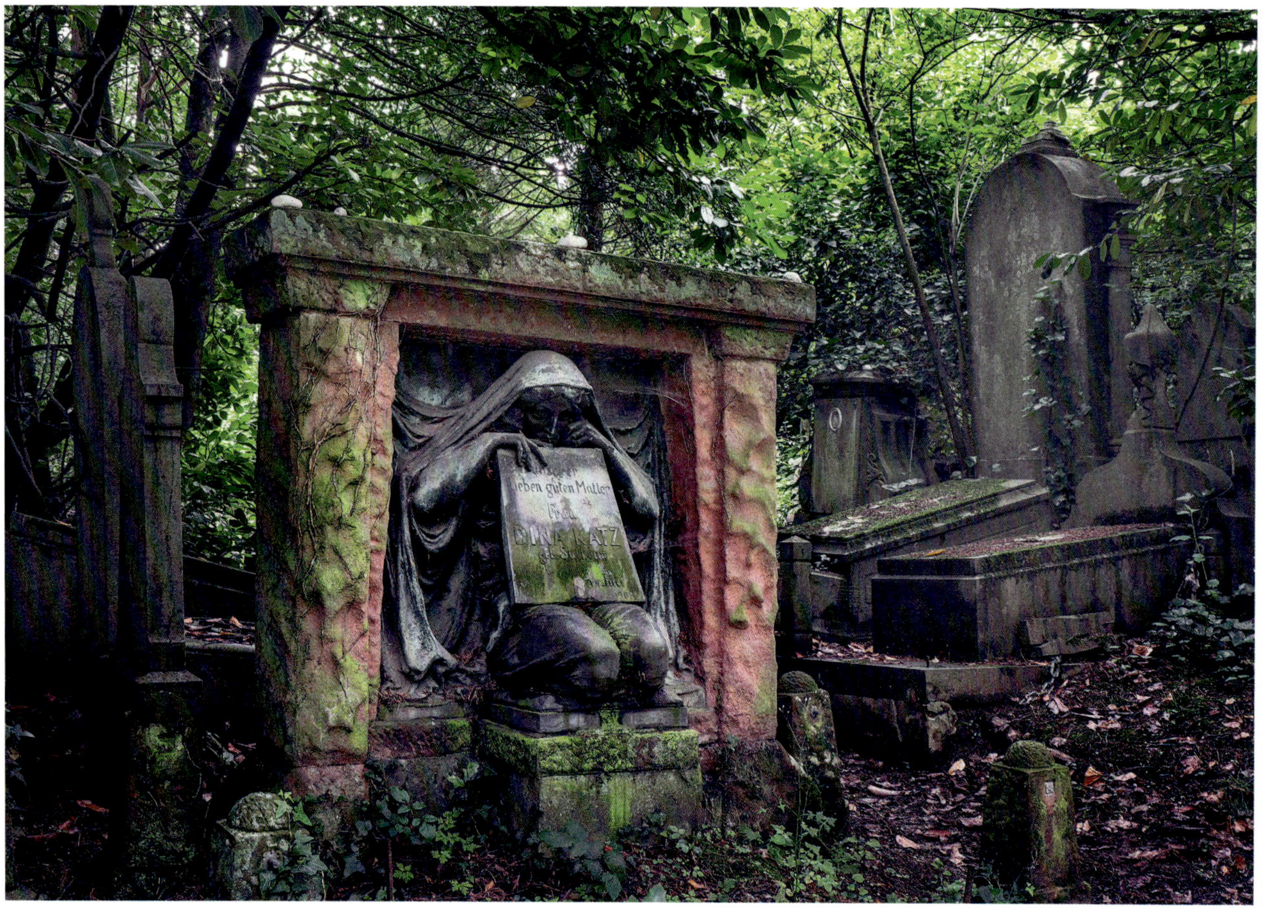

SKULPTUREN WIE HIER gibt es in Belgien eher wenige. Doch auch hier verstecken sie sich gut und blitzen geradezu aus der starken Vegetation hervor. Gerade am südlichen Rand bekomme ich das Gefühl, dass hier nur noch sehr selten ein Mensch vorbeikommt.

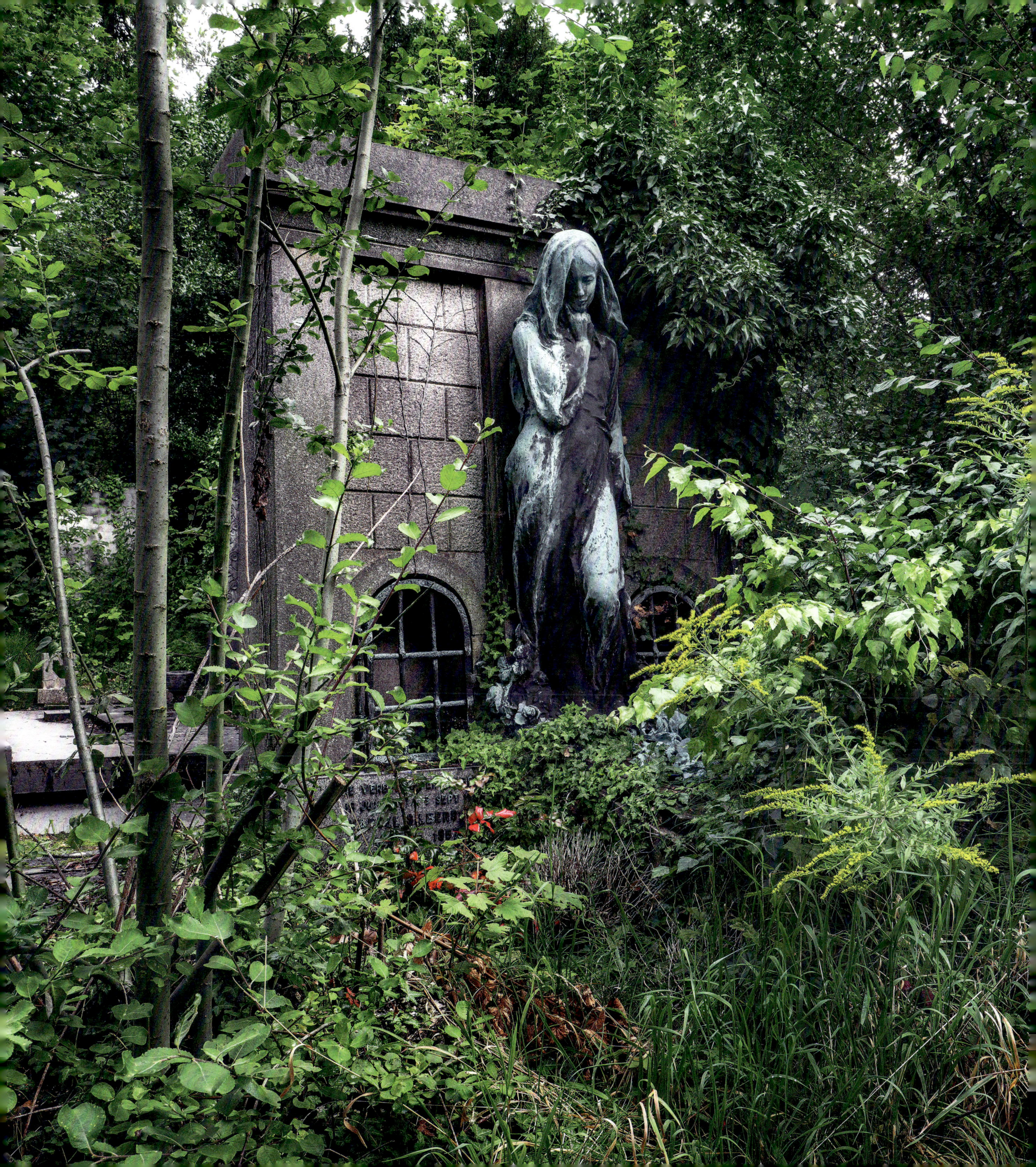

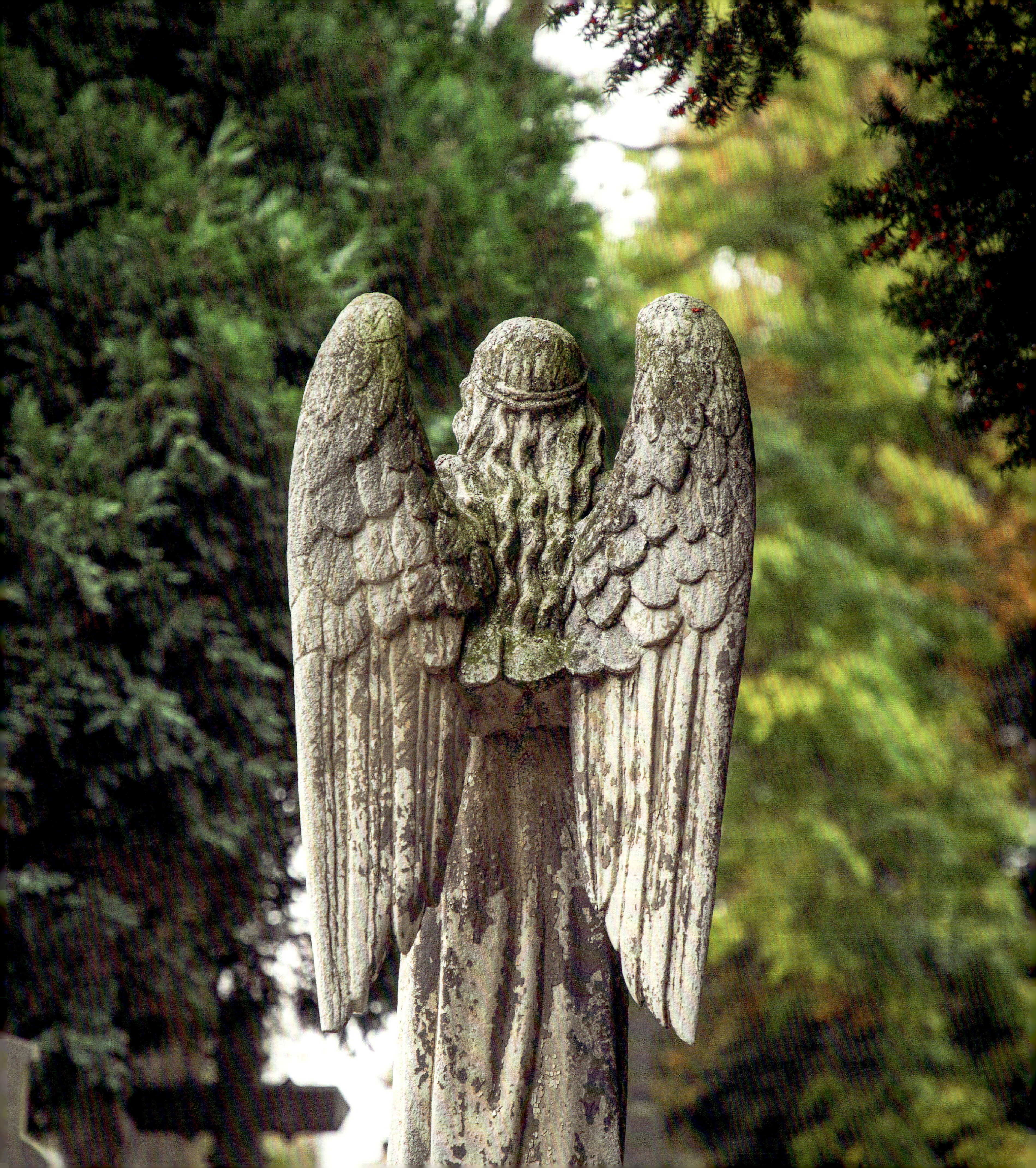

NIEDERLANDE

Die Niederlande verkörpern wie kaum ein anderes Land eine innovative Bestattungskultur. Die kommunal wie privatwirtschaftlich geführten Friedhöfe und Krematorien offerieren ein breites Spektrum an Bestattungsmöglichkeiten. Ob eine Aschestreuwiese für Fans des Fußballvereins Ajax Amsterdam, eine Lasershow zur Trauerfeier oder eine Luftbestattung mit dem Flugzeug über dem Meer – dem Umgang mit dem Tod sind hier kaum Grenzen gesetzt.

DIE KAPELLE bildet das Zentrum des alten Friedhofs.

ÜBER DEN TOD HINAUS

ROERMOND · ALTER FRIEDHOF

In der niederländischen Grenzregion zwischen Deutschland und Belgien liegt in Roermond einer der ältesten Friedhöfe der Niederlande. Eine Besonderheit stellen die durch Mauern voneinander getrennten Bereiche der unterschiedlichen Konfessionen dar. Doch ein Ehepaar weiß die Grenzen zu überwinden, denn was Gott verbunden hat, das darf der Mensch nicht trennen.

Im Südosten der Grenzstadt Roermond liegt etwa zwei Kilometer außerhalb des Stadtzentrums einer der ältesten städtischen Friedhöfe der Niederlande. Die Entstehung des Friedhofs, der durch seine Schlichtheit zu überzeugen weiß, ist eng mit der Geschichte der Niederlande verknüpft. So gehörte der südliche Teil der Niederlande Ende des 18. Jahrhunderts zur Habsburger Monarchie unter Kaiser Joseph II. Nur ein Jahr nach dem kaiserlichen Beschluss, Friedhöfe fortan außerhalb der Stadtgrenzen anzulegen, wurde der Kirchhof im Mai 1785 an einen bereits bestehenden kleinen jüdischen Friedhof angegliedert.

1857 wurde der Friedhofskomplex durch den Roermonder Stadtarchitekten Pierre Cuypers, einen der bedeutendsten Vertreter des Historismus, in seine heutige charakteristische Form und Symmetrie umgebaut. Eines der prägnantesten Merkmale des Areals sind die strikten Trennungen nach Konfession und gesellschaftlicher Klasse, wie sie sonst kaum auf einem anderen Friedhof der Niederlande zu finden sind. Hohe Mauern trennen nicht nur den jüdischen und den christlichen Teil des Friedhofes voneinander ab, auch die katholischen und protestantischen Gräber sind durch eine Mauer zweigeteilt. Im Jahr 1870 wurde zudem der katholische Bereich des Friedhofes, der den Löwenanteil des Areals ausmacht, in vier unterschiedliche Klassen unterteilt. Ausgehend vom Mittelpunkt des Friedhofes mit seinen repräsentativen Gräbern im neogotischen Stil aus dem katholischen Adel, sind die Gräberreihen entsprechend ihrem Stand von reich bis arm strikt voneinander getrennt. Durch den Bau der bischöflichen Grabkapelle im Jahr 1887 erfuhr der Friedhof an der Hauptachse einen neuen Blickpunkt.

HANDFESTER SKANDAL

Einen handfesten Skandal löste im ausgehenden 19. Jahrhundert als Replik auf die rigide Trennung das Grabmal der Eheleute Jacob van Gorkum, einem niederländischen Offizier, und Josephina van Aefferden, einer deutschen Adligen, aus. So ist das Grab des Gatten auf der protestantischen Seite des Friedhofs über die Kirchhofmauer durch ein steinernes Denkmal zweier ineinandergreifender Hände mit dem Grab seiner Ehefrau auf der katholischen Seite miteinander verbunden. Das Doppelgrab ziert die Inschrift: »Vivit post funera virtus« — Tugend überlebt den Tod.

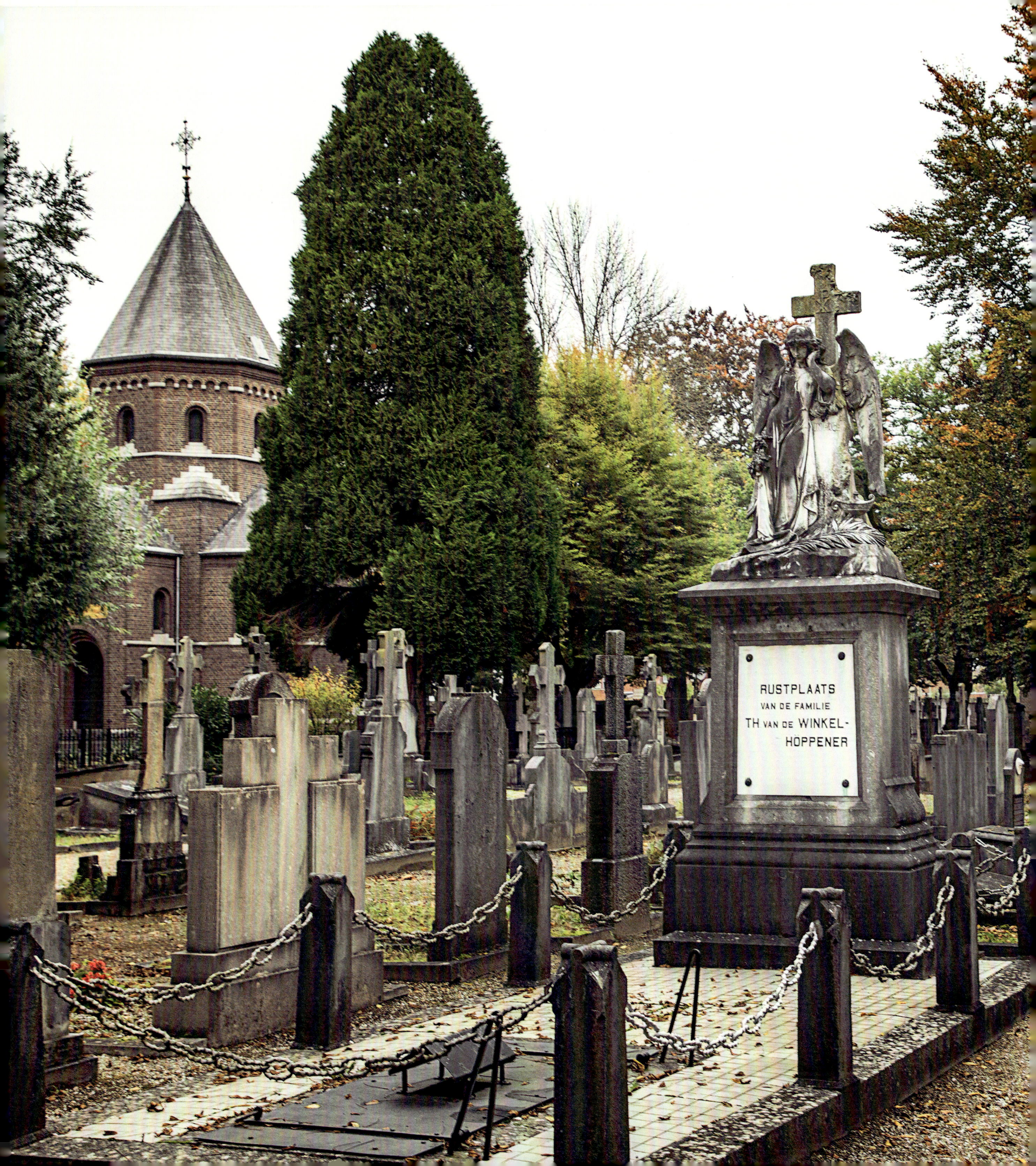
RUSTPLAATS
VAN DE FAMILIE
TH VAN DE WINKEL-
HÖPPENER

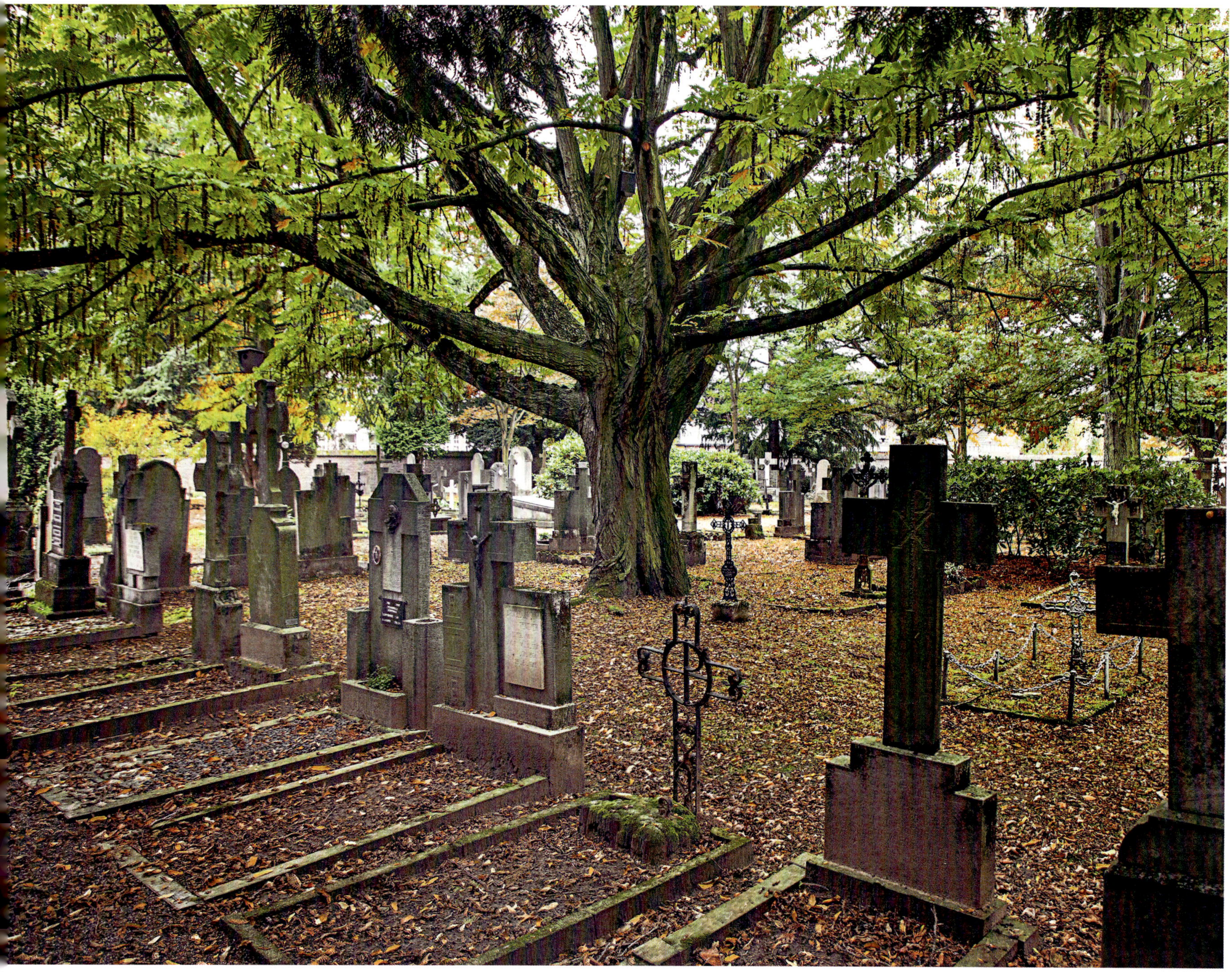

DER ALTE FRIEDHOF VON ROERMOND braucht keine pompösen Monumente, um zu beeindrucken. Die Stimmung lebt von dem alten Baumbestand und den kleinen liebevollen Details.

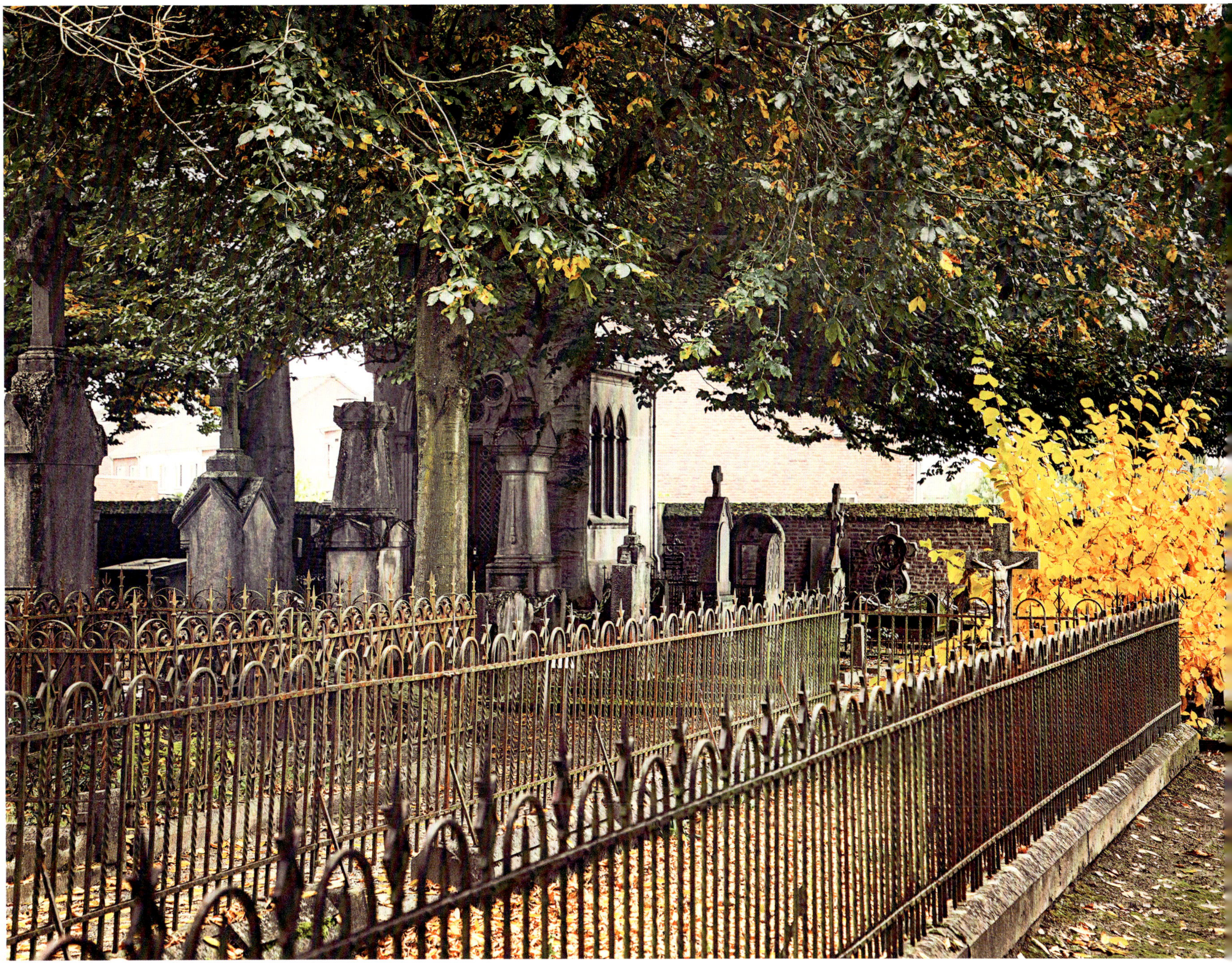

AUCH MAUSOLEEN, wie hier im Hintergrund, trifft man nur selten an.
Die Herbstfarben spinnen sich wie ein Teppich durch die alten Wege.

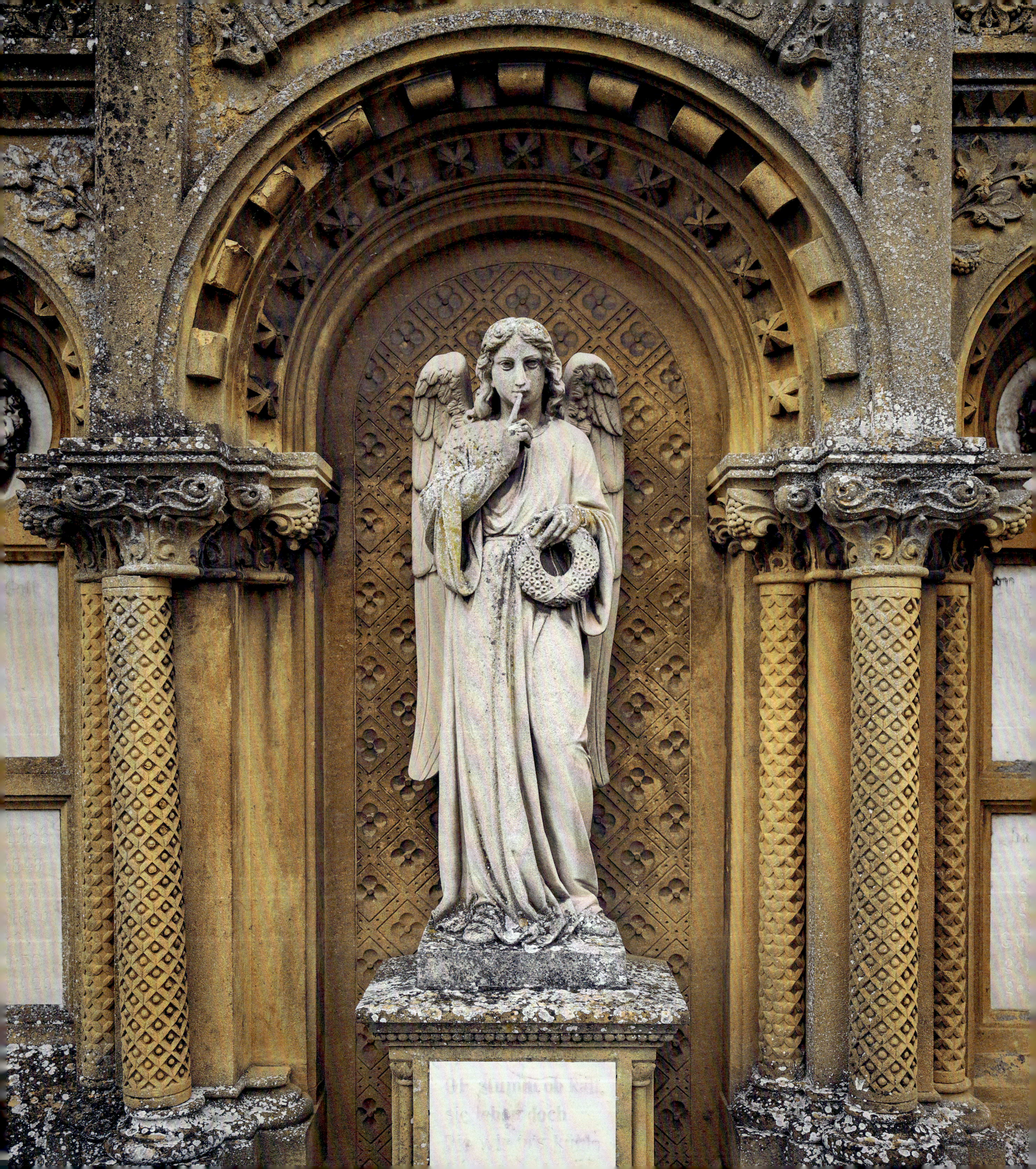

FRANKREICH

Abseits der Parkfriedhöfe des 19. Jahrhunderts fallen die Begräbnisstätten in Frankreich relativ schlicht aus. Statt viel Pflanzengrün ist das mediterrane Bild geprägt von steinernen Kreuzen, Schreinen und monumentalen Grabplatten. Doch aufgrund der liberalen Bestattungskultur lässt es sich doch wie Gott in Frankreich sterben. Erlaubt ist das Ausstreuen der Asche von einem Heißluftballon, Flugzeug oder Helikopter.

EXZELLENTE FIGUREN wie hier inmitten der typischen kleinen Mausoleen gibt es häufig. Sie aufzuspüren, ist jedoch eine Mischung aus Glück und Fleiß.

NAPOLEONS LIEBLING

PARIS · FRIEDHOF PÈRE LACHAISE

Wie kaum eine andere Begräbnisstätte weiß der Friedhof Père Lachaise im Osten der französischen Hauptstadt Paris seine Besucher zu verzaubern. Ein Friedhof von Weltruhm, der auf einer Größe von 44 Hektar mit seiner imposanten Parkanlage und seinen zahlreichen Prominentengräbern zu einem internationalen Touristenmagnet geworden ist. Doch auch abseits finden sich hier spannende Details verwunschener Gräber.

Im Osten der dicht besiedelten Pariser Metropole liegt einer der populärsten Friedhöfe der Welt. Der Friedhof Père Lachaise ist mit einer Größe von 44 Hektar der größte Friedhof der Stadt und mit mehr als drei Millionen Besuchern pro Jahr der meistbesuchte Friedhof Frankreichs. Père Lachaise gilt wegen seiner zahlreichen Prominentengräber aus dem In- und Ausland als Kultfriedhof und wird wegen seiner architektonisch bedeutsamen Bauten und der weitläufigen Parkanlage international als Referenz und Vorbild verehrt..

BESTATTUNGSREFORM

Zu Beginn des 19. Jahrhunderts läutete Père Lachaise den Beginn einer neuen Friedhofsära in Paris ein. Als Napoleon Bonaparte in den Nachwehen der Französischen Revolution im November 1799 zum ersten Konsul der Französischen Republik ernannt wurde, was ihn faktisch zum Alleinherrscher machte, erließ er 1803 ein Edikt, um das Bestattungswesen aus dem Einflussbereich der Kirche in den der Politik zu überführen. Fortan durften Grabstätten nicht mehr als Kirchhöfe innerhalb der Stadt angelegt werden, sondern wurden außerhalb der Stadtgrenzen unter der kommunalen Aufsicht der Gemeinde errichtet. Im Februar 1803 wurde eine weitläufige Gartenanlage im östlichen Umland von Paris erworben. So kam der Friedhof später auch zu seinem Namen, da der Jesuitenpater François d'Aix Lachaise, den der Sonnenkönig Ludwig XIV. zu seinem Beichtvater ernannt hatte, hundert Jahre zuvor auf dem dortigen Landgut Mont-Louis des Jesuitenordens lebte.

Mit der Planung wurde der Architekt Alexandre-Théodore Brongniart betraut. Sein Konzept im Stil eines englischen Landschaftsgartens mit einem verschlungenen Wegesystem abseits der Hauptachsen und einer üppigen Bepflanzung setzte neue Maßstäbe, auch wenn er sich von dem ein Jahr vorher eröffneten Mainzer Hauptfriedhof inspirieren ließ.

KATHOLISCHER WIDERSTAND

Die erste Beerdigung fand am 21. Mai 1804 statt, beerdigt wurde die fünfjährige Adélaïde Paillard de Villeneuve, Tochter eines Gemeindedieners. Da der Friedhof zum damaligen Zeitpunkt weit außerhalb der Stadt lag und die überwiegend katholische Bevölkerung eine Bestattung ohne den Segen der Kirche verweigerte, wurden im Eröffnungsjahr nur 13 Gräber angelegt. Um die Attraktivität zu steigern, hat man

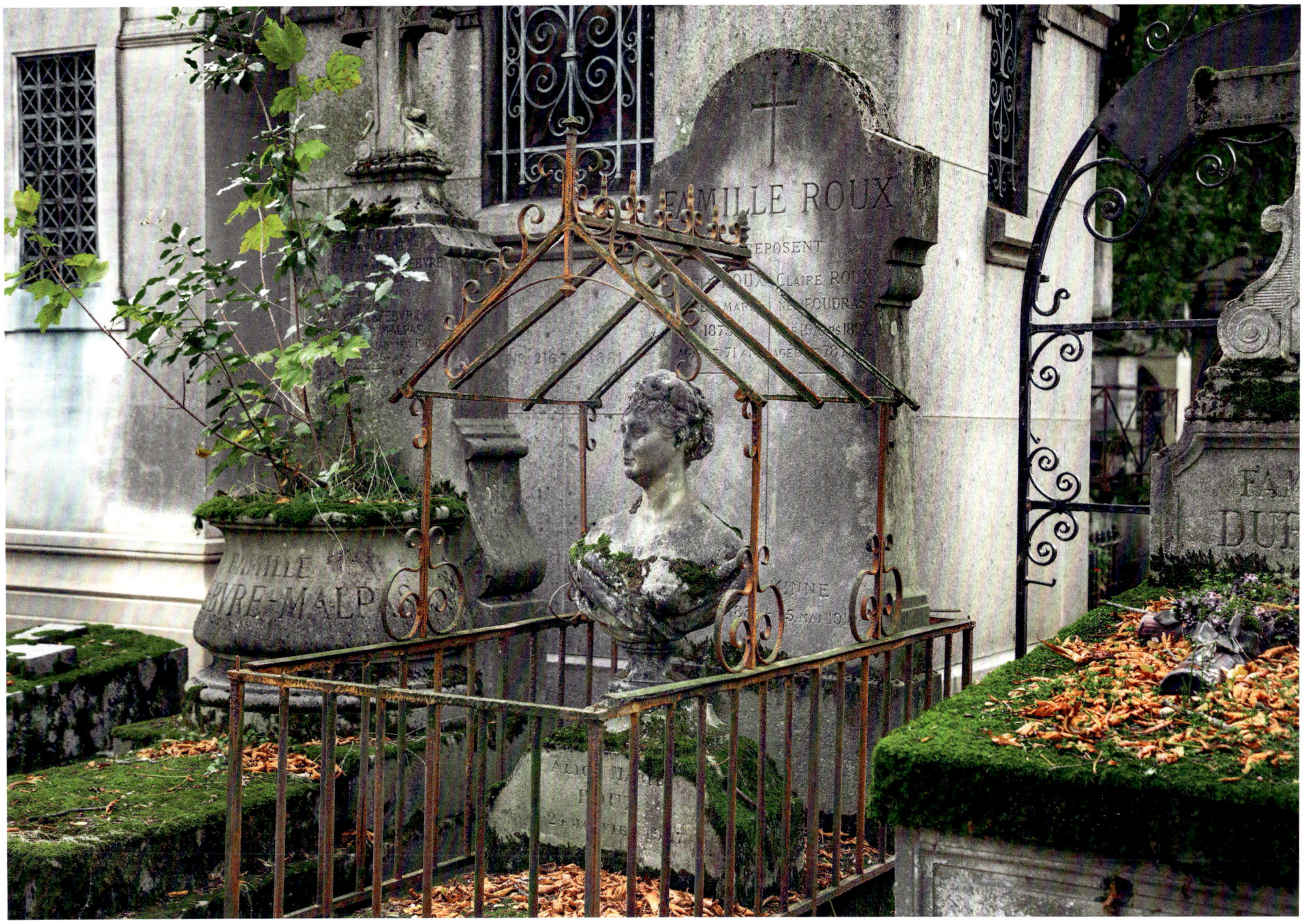

im selben Jahr noch die Gebeine des Schriftstellers Jean de La Fontaine und des Dramatikers Jean-Baptiste Poquelin, der unter seinem Bühnennamen Molière Weltruhm erlangte, umgebettet.

Mitte des 19. Jahrhunderts wurde Père Lachaise bereits um das Fünffache seiner ursprünglichen Größe von 17 Hektar vergrößert. Heute umfasst der Friedhof auf rund 44 Hektar über eine Million Gräber und bezaubert durch seine vielfältige Flora. Über 5000 Bäume säumen den Friedhof, darunter ein 150-jähriger Ahorn, eine ebenso alte indische Kastanie und viele Raritäten wie ein Perückenbaum, ein Guttaperchabaum und zwei Gingkobäume. Großer Beliebtheit erfreuen sich die zahlreichen Prominentengräber. Hier fanden ihre letzte Ruhe unter anderem Oscar Wilde, Marcel Proust, Edith Piaf und Frédéric Chopin, der aufgrund seiner Angst, lebendig begraben zu werden, sein Herz entfernen ließ, das in Cognac konserviert in seiner Heimat Polen in der Warschauer Heilig-Kreuz-Kirche ruht. Das wohl meistbesuchte Grab ist das von »The Doors«-Sänger Jim Morrison, der an seinem Todestag, dem 3. Juli, einen regelrechten Pilgerstrom auslöst.

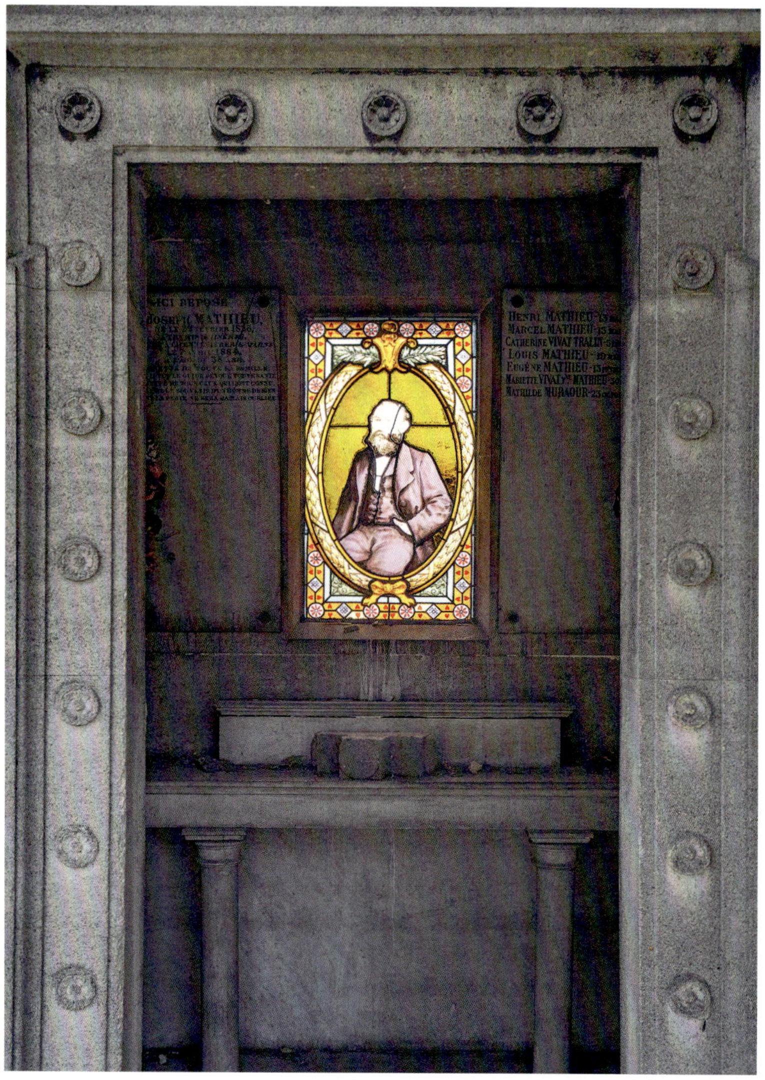

AUGENSCHEINLICH besichtigen die meisten Touristen Père Lachaise vor allem wegen der Prominenten-Gräber und berühmten Grabstätten, um die sich richtige Menschentrauben bilden. Es sind jedoch genau diese Orte, die auf mich langweilig und plakativ wirken.

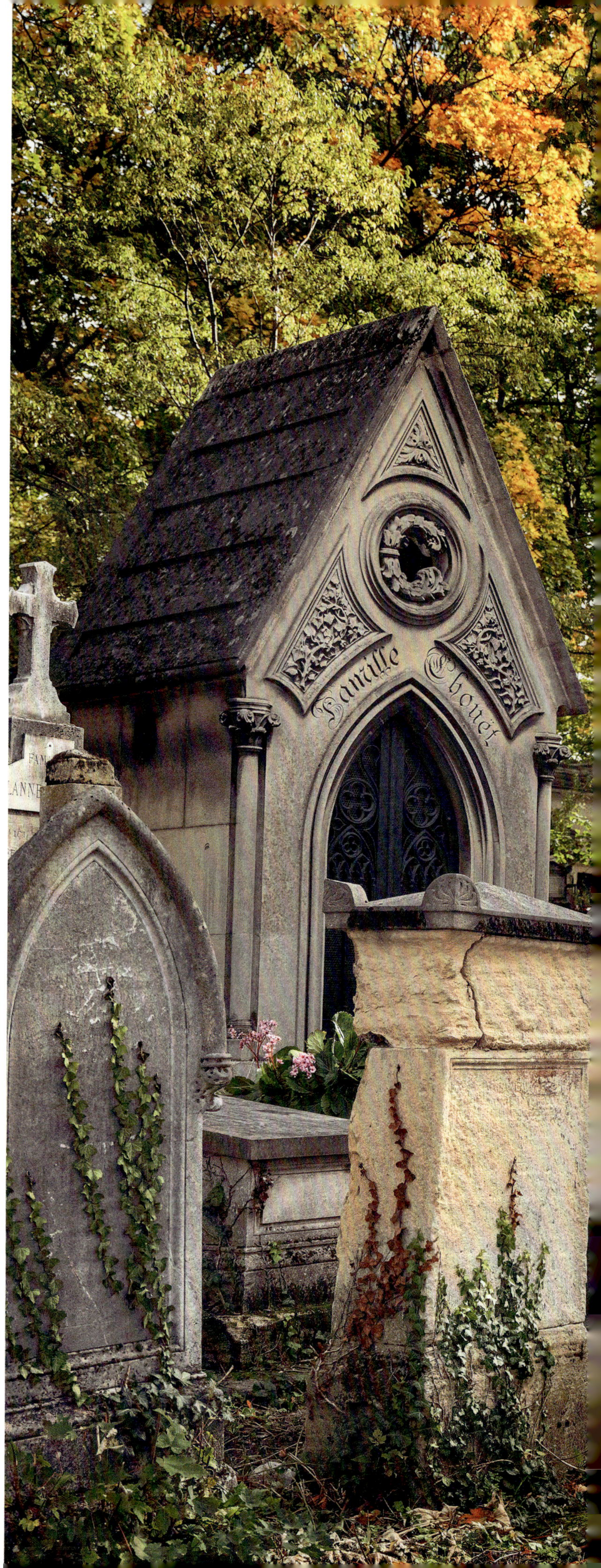

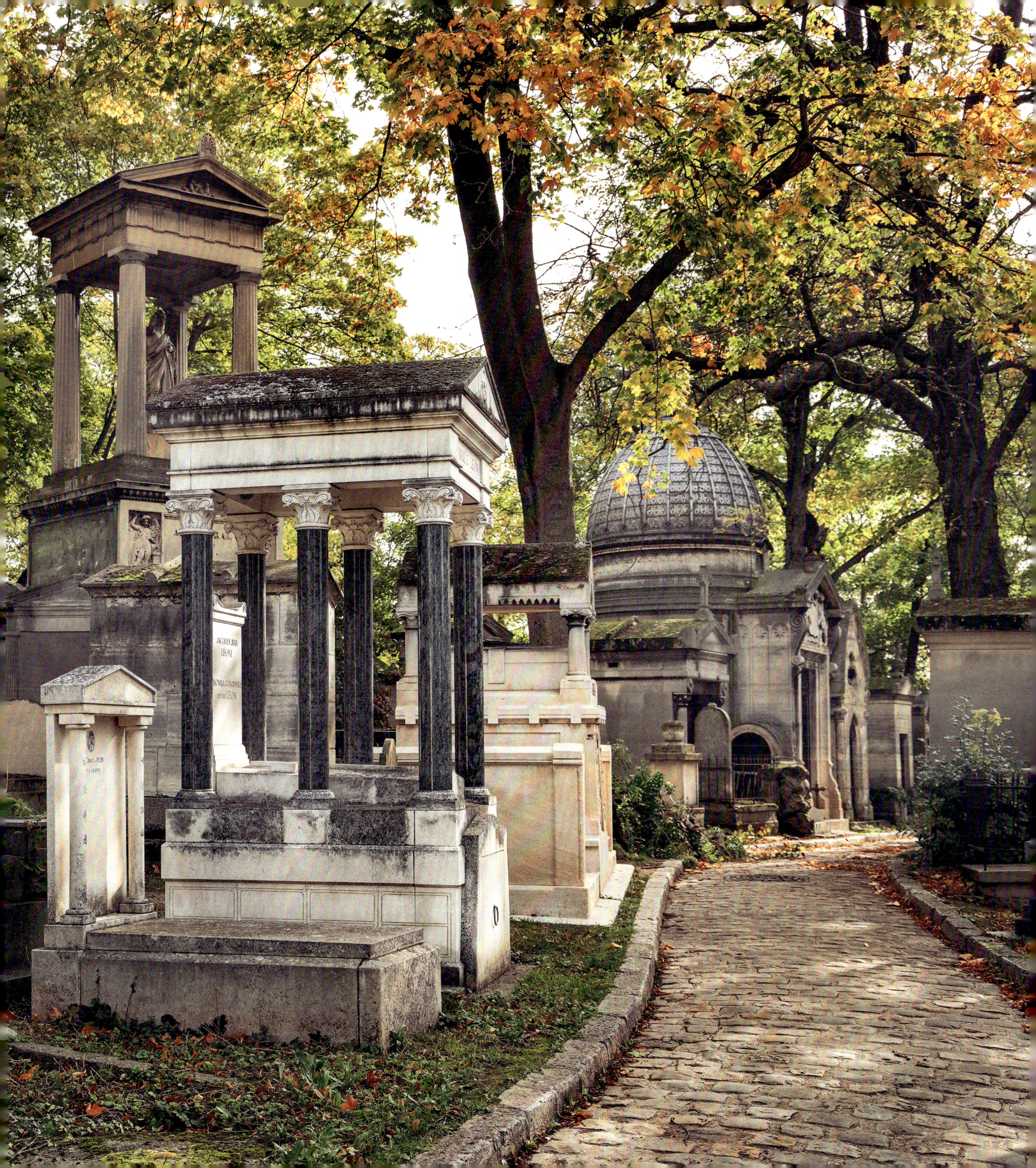

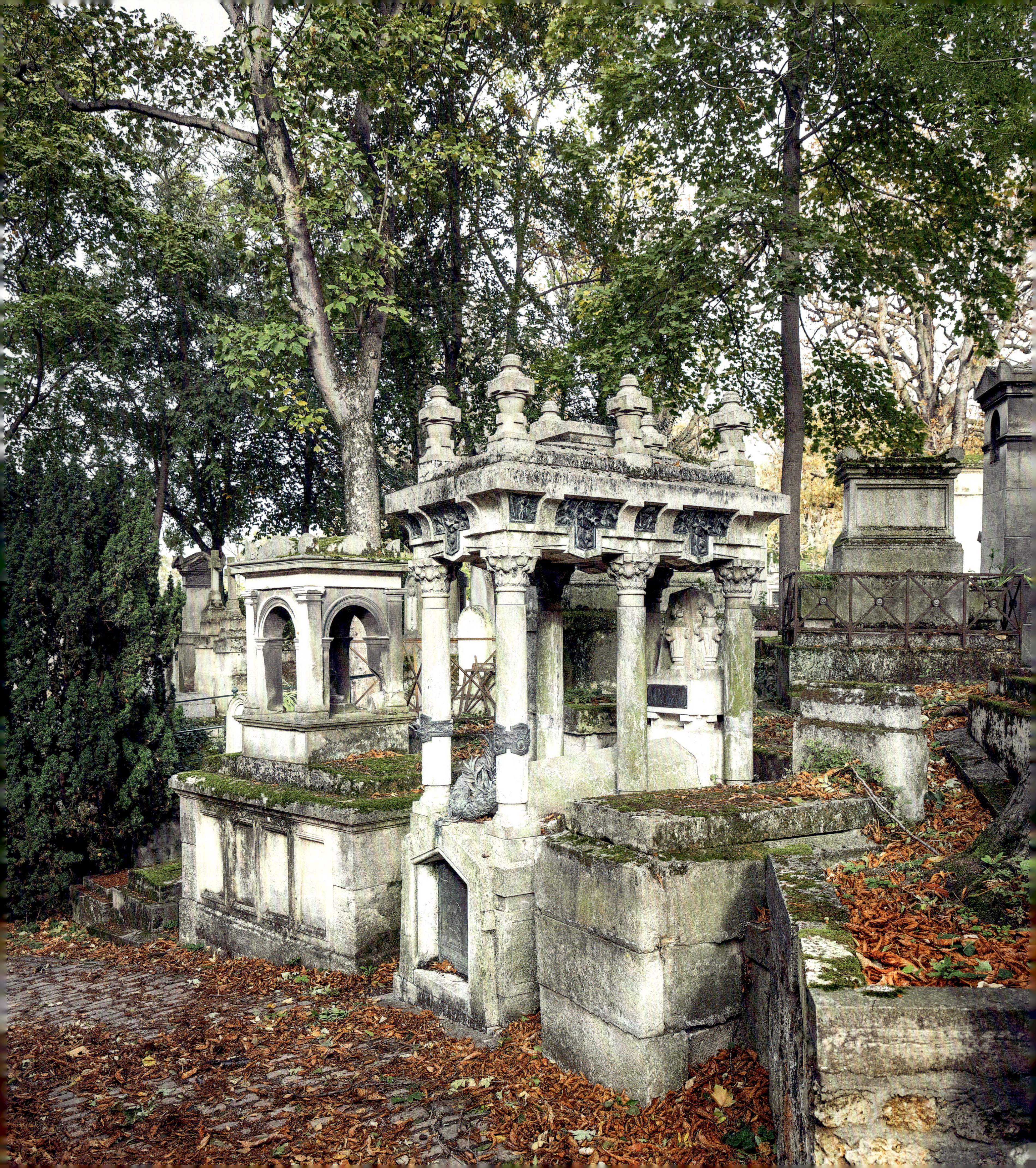

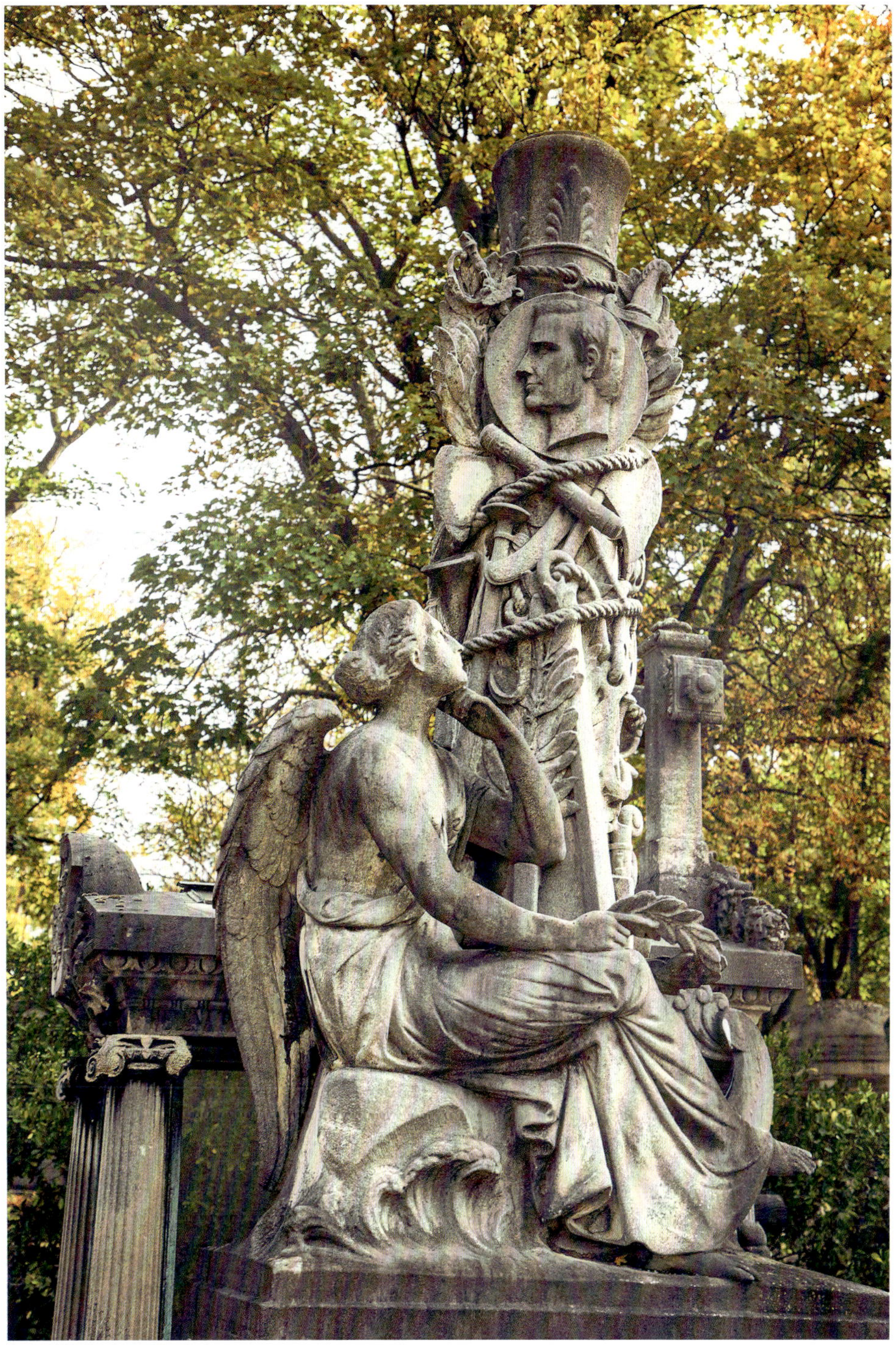

IST ES IN DER FRÜHE noch still und einsam auf den wunderschönen Gassen und den Wegen auf dem alten Hügel. Abseits der Touristenrouten bleibt es auch tagsüber wunderbar ruhig und friedlich. Das Rascheln des Herbstlaubs begleitet mich im Labyrinth der Wege.

EINES DER ÄLTESTEN und verfallensten Grabfelder des Ostfriedhofs von Metz.

IM OSTEN DER EWIGKEIT

METZ · OSTFRIEDHOF

Im Nordwesten Frankreichs an der Grenze zu Deutschland liegt im Osten der Moselstadt Metz im ehemaligen Lothringen der älteste und größte Friedhof der Stadt. Der Ostfriedhof ist mit seiner knapp 190-jährigen Geschichte ein unvergleichliches historisches Zeugnis und versammelt auf einer Fläche von 17,5 Hektar bedeutsame historische Mausoleen, Stelen und Grüfte.

Am östlichen Stadtrand liegt der älteste und größte Friedhof der Moselstadt Metz. Der Ostfriedhof beheimatet auf seinem 17,5 Hektar großen Areal eine Vielzahl historischer Gräber, kunstvoller Grabskulpturen und imposanter Mausoleen aus dem 19. Jahrhundert. Sie sind ein eindrucksvolles Zeugnis der damaligen Steinmetzkunst, dessen allmählicher Verfall einen ganz besonderen Charme der Vergänglichkeit beim Betrachter auslöst.

PREKÄRE LAGE

Zu Beginn des 19. Jahrhunderts wurden die Friedhöfe an den Kirchen innerhalb der Stadtmauern aufgrund des Bevölkerungswachstums allmählich zu klein. 1829 verschärfte sich die Situation zusehends. Im Bezirk Pontiffroy wurde die Lage um die Begräbnisplätze so prekär, dass man die Menschen frühzeitig wieder exhumieren musste, um neuen Platz zu schaffen. War diese Methode erschöpft, mussten die Leichname zeitweise oberirdisch übereinandergestapelt werden, bis wieder ein Grab frei wurde. Aufgrund der Nähe zum Ufer der Mosel, der Lebensader der Stadt, wuchs die Gefahr von gefährlichen Krankheiten und Seuchen. Zu dieser Zeit erwarb der Straßeninspektor Marie-Lucien Silly privat ein 2,5 Hektar großes Gelände, um östlich der Stadt eine ausreichend große neue Begräbnisstätte anzulegen. Er unterbreitete der Stadt ein Angebot, sein Land der Stadt zu schenken, sofern er und seine Nachkommen 80 Jahre lang exklusiv die Friedhofskonzession einbehalten dürfen. Da ein Friedhof jedoch stets kommunal geführt werden muss, kam das Geschäft nicht zustande. Doch als 1832 eine Cholera-Epidemie die Stadt heimsuchte, verkaufte letztlich der umtriebige Geschäftsmann das Gelände an die Stadt, sodass 1834 der Friedhof eröffnet werden konnte.

70 000 BESTATTUNGEN

Der Friedhofskomplex ist streng geometrisch in Form von rechteckigen Gräberfeldern angelegt, wobei eine Rotunde den Mittelpunkt der Sichtachse einnimmt. Darum gruppieren sich in den Stilrichtungen des Neoklassizismus und der Neogotik eindrucksvolle Mausoleen, Stelen, Kapellen und Grüfte, in denen sich die Mächtigen und Wohlhabenden der Stadt haben bestatten lassen. Seit seiner Eröffnung wurden mehr als 70 000 Bestattungen vorgenommen. Der historische Bereich des Ostfriedhofes wurde 2003 unter Denkmalschutz gestellt.

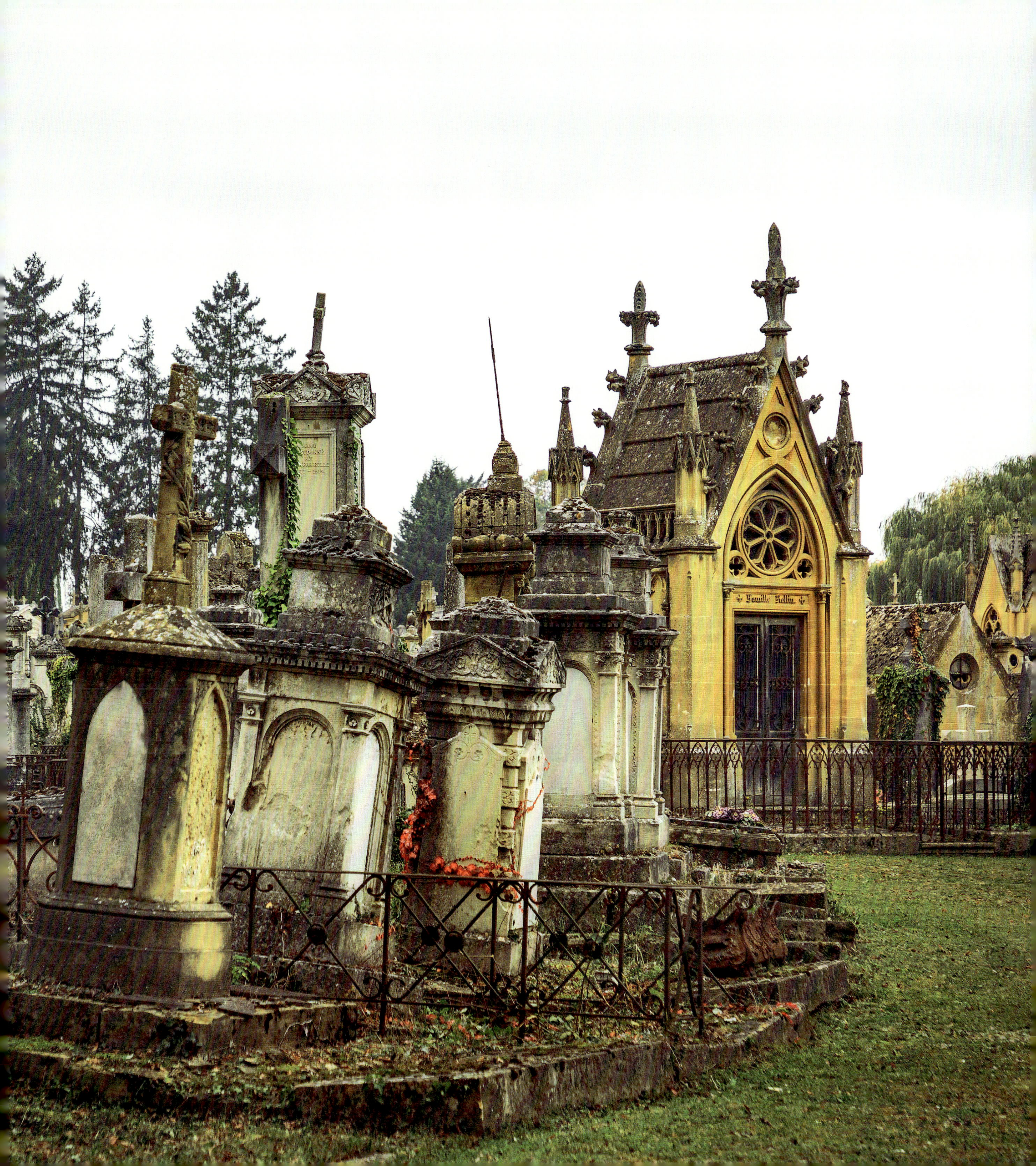

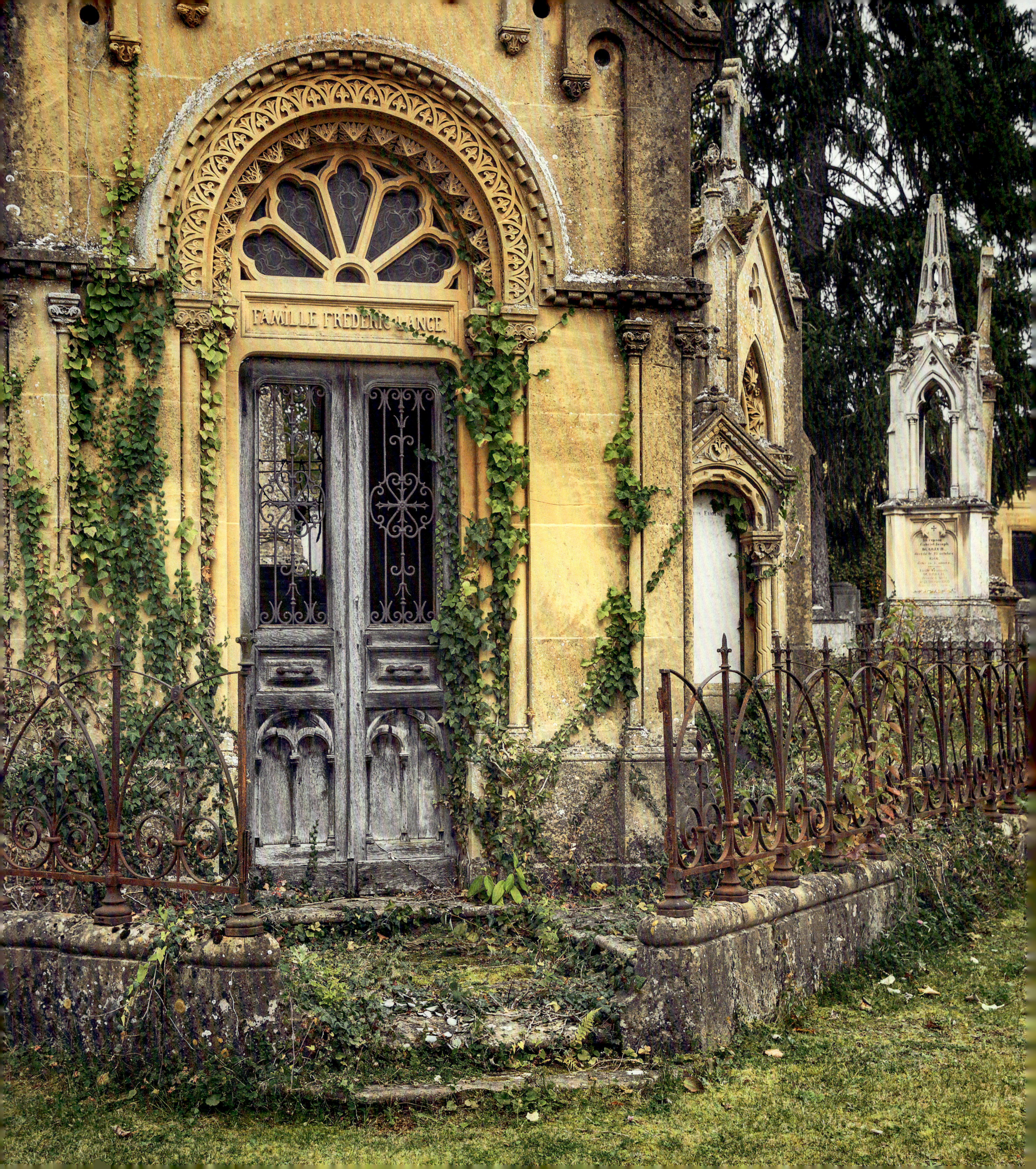
FAMILLE FRÉDÉRIC LANCE.

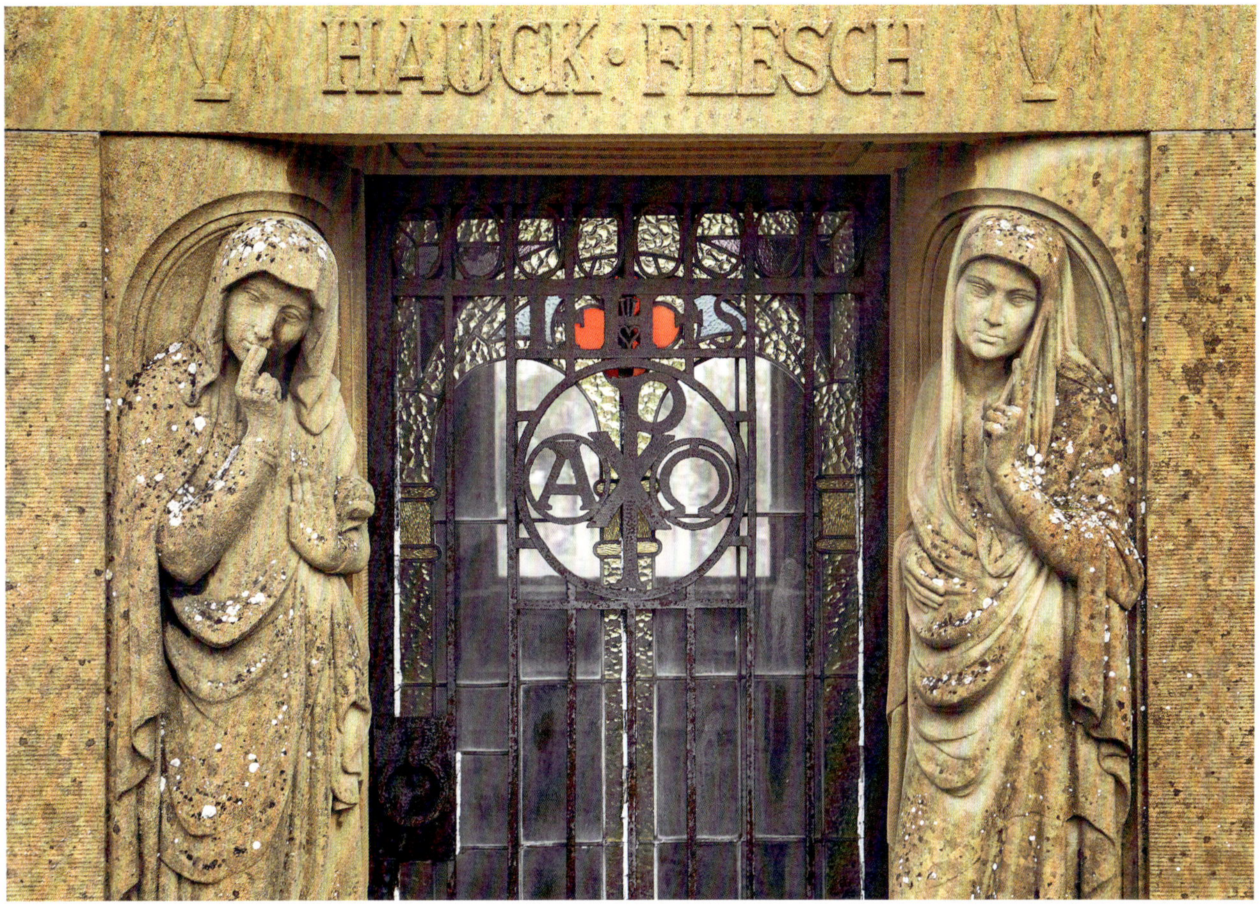

AUFFÄLLIG IST DIE EINHEITLICHE GESTALTUNG mit den fast immer gleichen gelblichen Farben der Mausoleen aus Jaumont-Stein, die in der Gestaltung eine faszinierende Vielfalt offenlegen. Man kann sich verlieren an die hineinwachsende Vegetation, die liebevoll gestalteten Türen und Fenster und feinen Bilder und Ornamente, die im Stein verewigt sind.

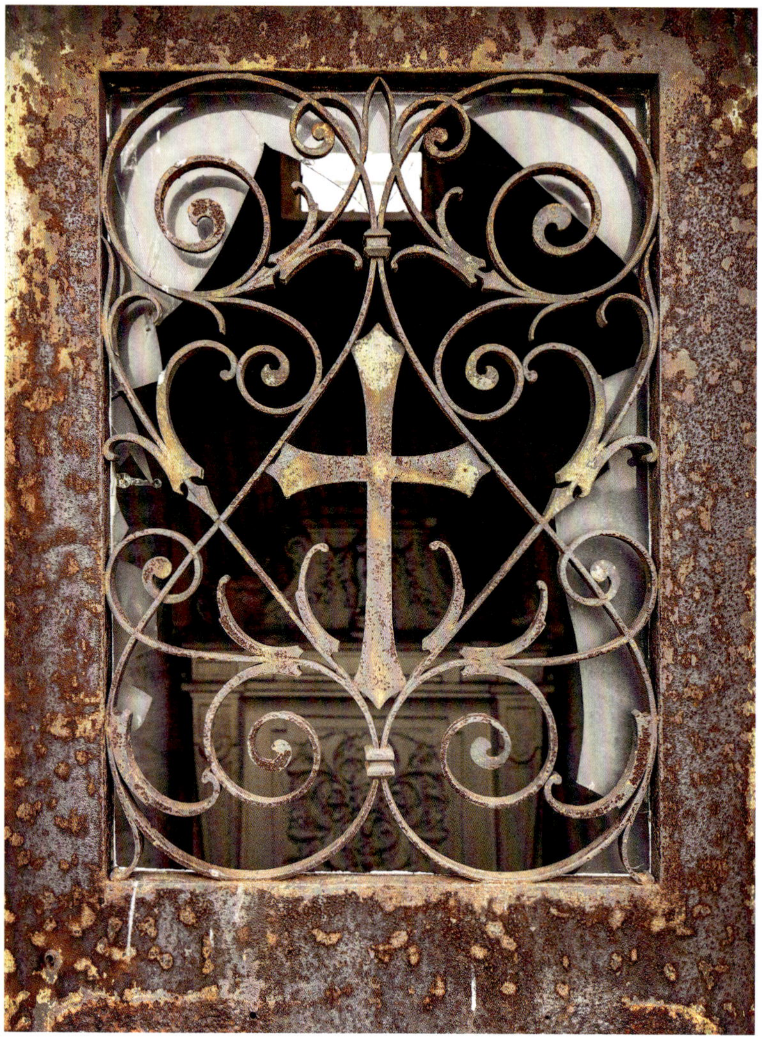

DIE PRÄCHTIGEN BÄUME mit ihren herbstlich goldenen Farben gehen eine wunderbare Verbindung mit den warmen Farben der Architektur und den spannenden verrosteten Details ein.

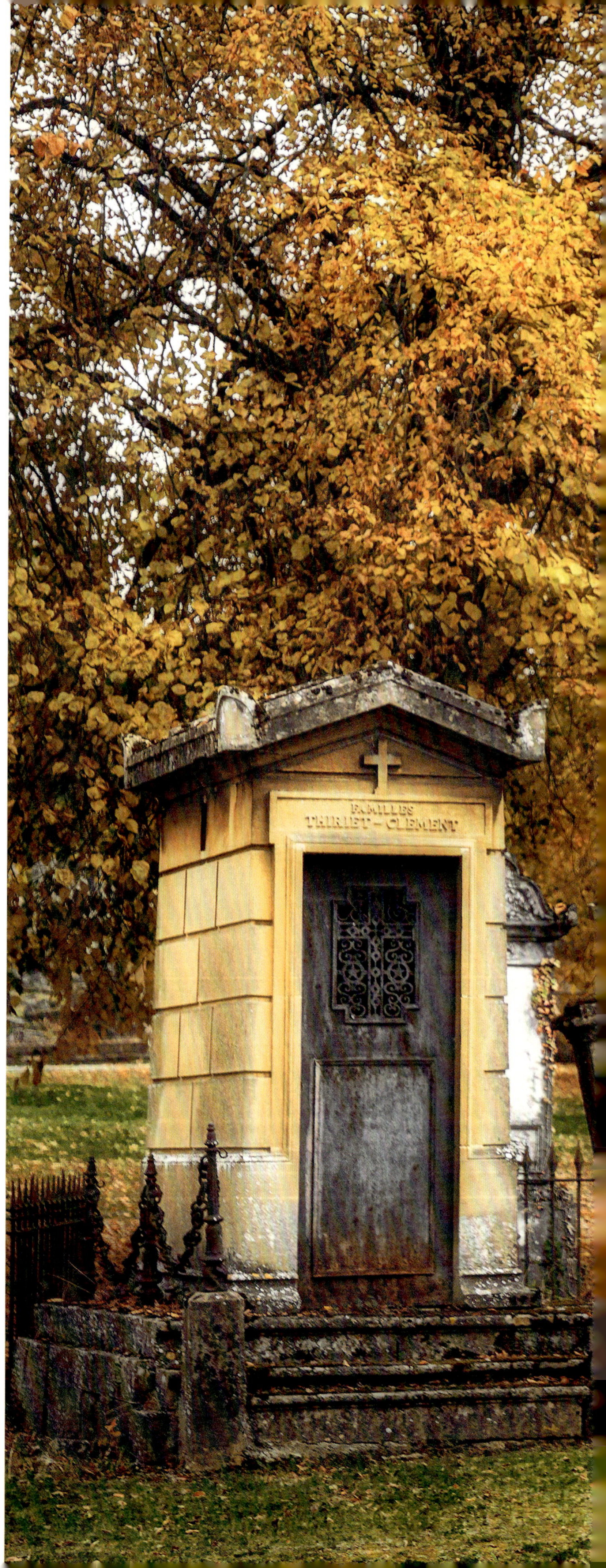

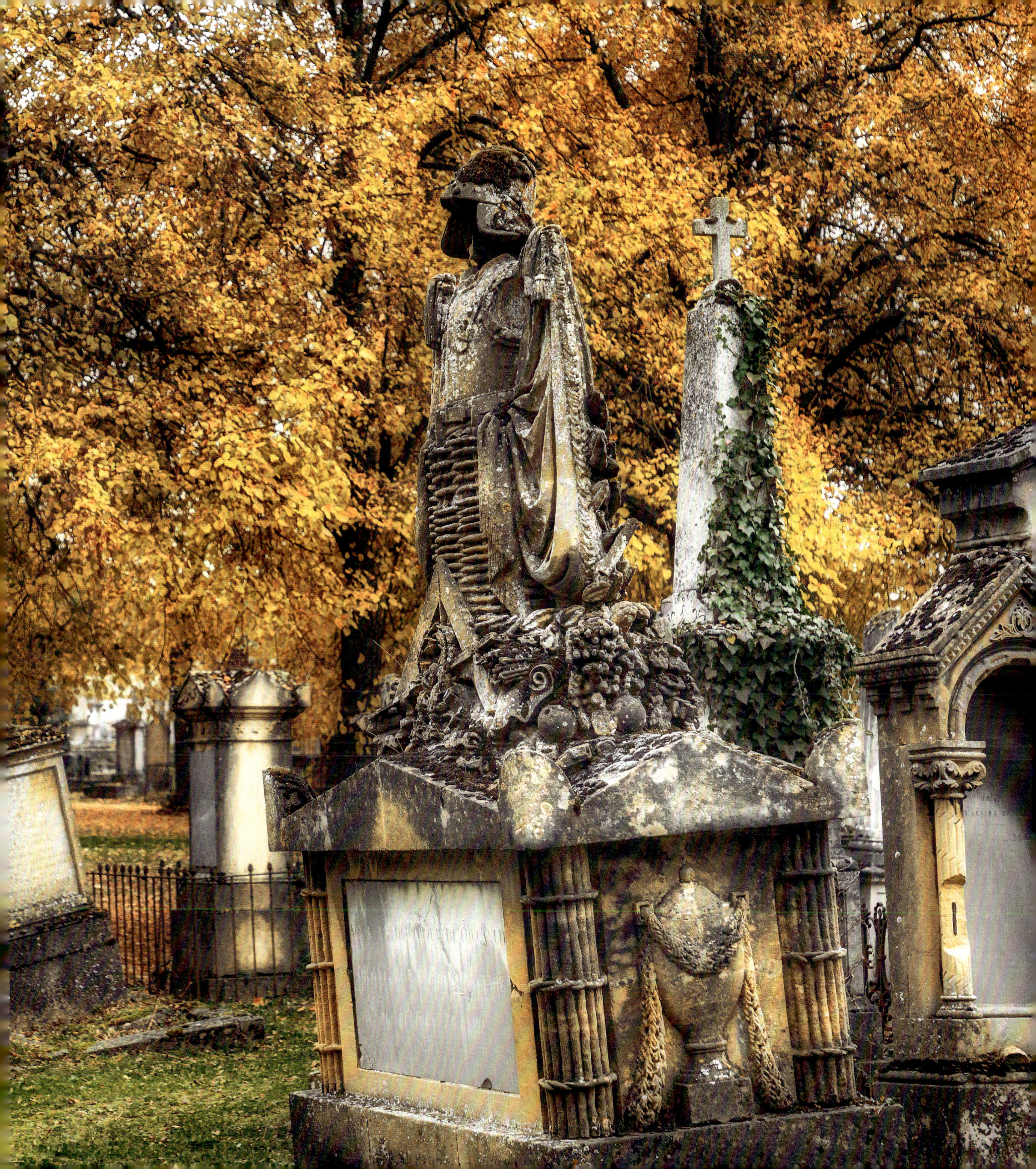

AUFBAHRUNGSORTE UND LEICHENWAGEN

Eine Aufbahrungshalle ist ein Ort, an dem Verstorbene vor der Beisetzung in einer würdigen Form in einem Sarg aufgebahrt werden. Die Aufbahrung ist ein wichtiges Element der heutigen Trauerkultur. Gerade das offene Aufbahren vergegenwärtigt den Tod des Verstorbenen und hilft den Angehörigen dabei, das Geschehen in einer privaten Atmosphäre besser zu verarbeiten. Seit dem Ende des 18. Jahrhunderts haben sich Leichenhäuser sukzessive auf Friedhöfen etabliert, da die Aufbahrung in Privathäusern mit zu vielen Infektionsrisiken verbunden war. Das erste Leichenhaus Deutschlands wurde 1791 in Weimar gebaut auf Initiative des renommierten Arztes Christoph Wilhelm Hufeland.

Leichenwagen als Transportmittel für Särge mit Verstorbenen von einem Ort zu einer Nekropole gibt es seit der Antike. Im Alten Ägypten diente die Totenbarke als Transportmittel, wobei der Leichnam überhöht auf einer mit Baldachin überdachten Barke lag. Im Mittelalter wurde der Sarg festlich geschmückt in einem dem bäuerlichen Ackergerät Egge ähnlichen Gestell transportiert. Später erfolgte der Transport in Form von Kutschen, gezogen von Pferden. Bevor sich Mitte des 20. Jahrhunderts das Automobil durchsetzte, wurde auch spezielle Eisen- und Straßenbahnen verwendet.

ALTE AUFBAHRUNGSHALLE am Hauptfriedhof in Altenburg.

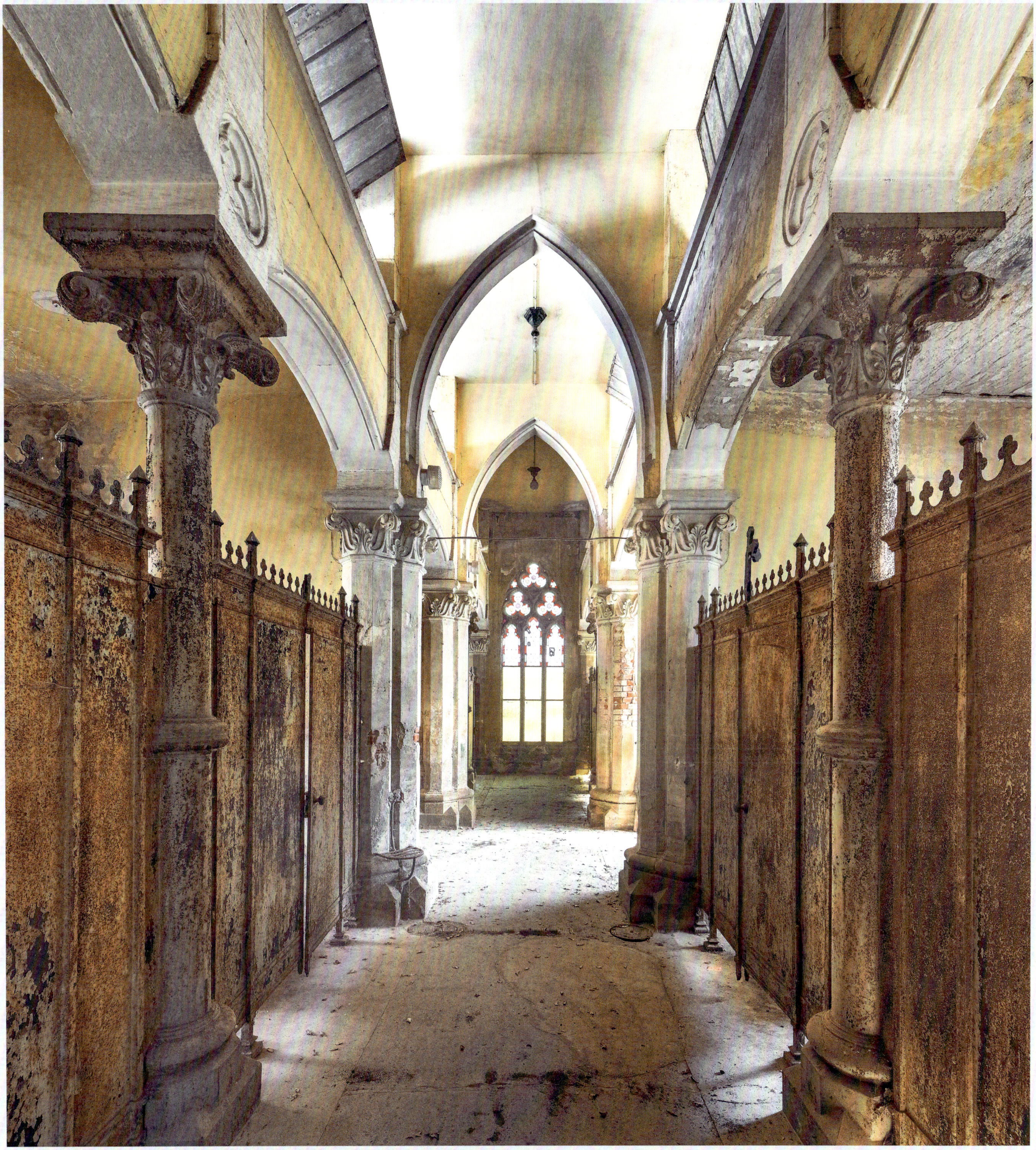

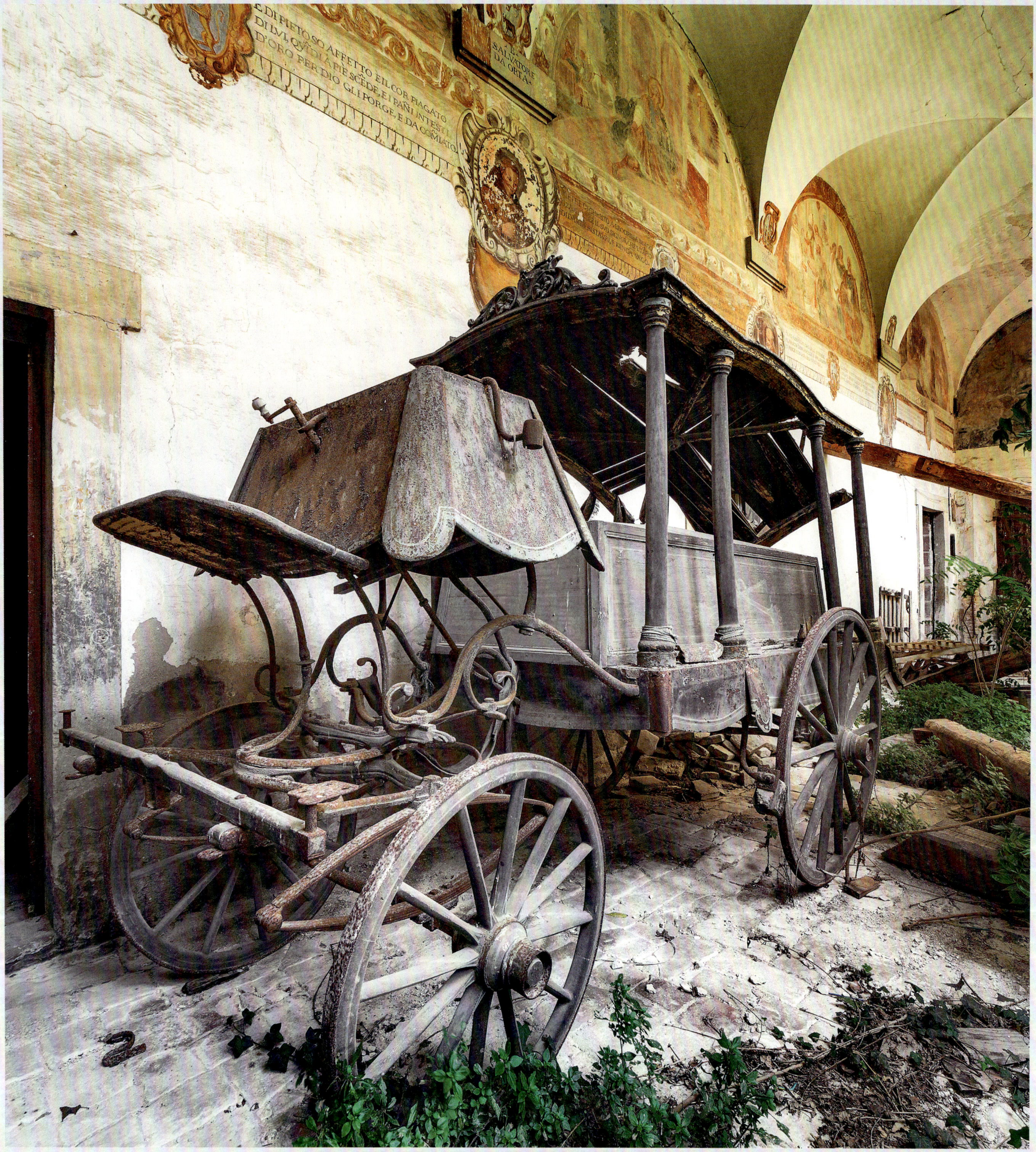
E DI PIETOSO AFFETTO EIL COR PIAGATO
DI LVI, QVI DI À PIÈ SCÈDE, E I PAÑI INTESTI
D'ORO PER DIO GLI PORGE, E DA COMIATO
SALVATORE
DA ORTA

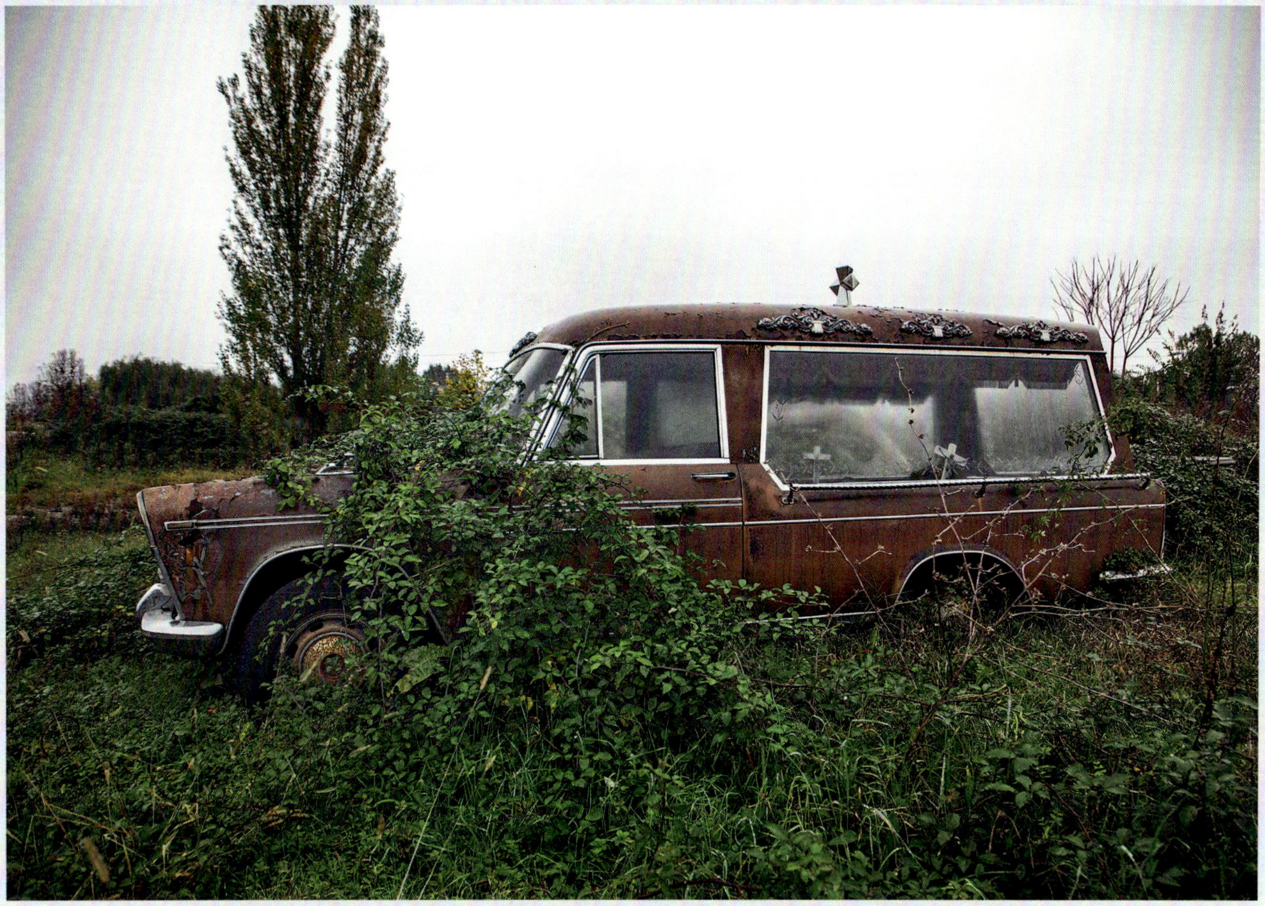

MITTEN AUF DEN FELDERN NORDITALIENS entdeckte ich diesen verlassenen Leichenwagen der Marke Fiat aus den 1960er-Jahren, der nach und nach vom Efeu überwachsen wurde. △
DIESE ALTE LEICHENKUTSCHE fand ich im Innenhof eines alten Klosters in Mittelitalien in unmittelbarer Nähe zu einem kleinen Friedhof. Ein seltenes und faszinierendes Relikt mit viel Liebe zum Detail, das jedoch allmählich in sich zusammenfällt. ◁

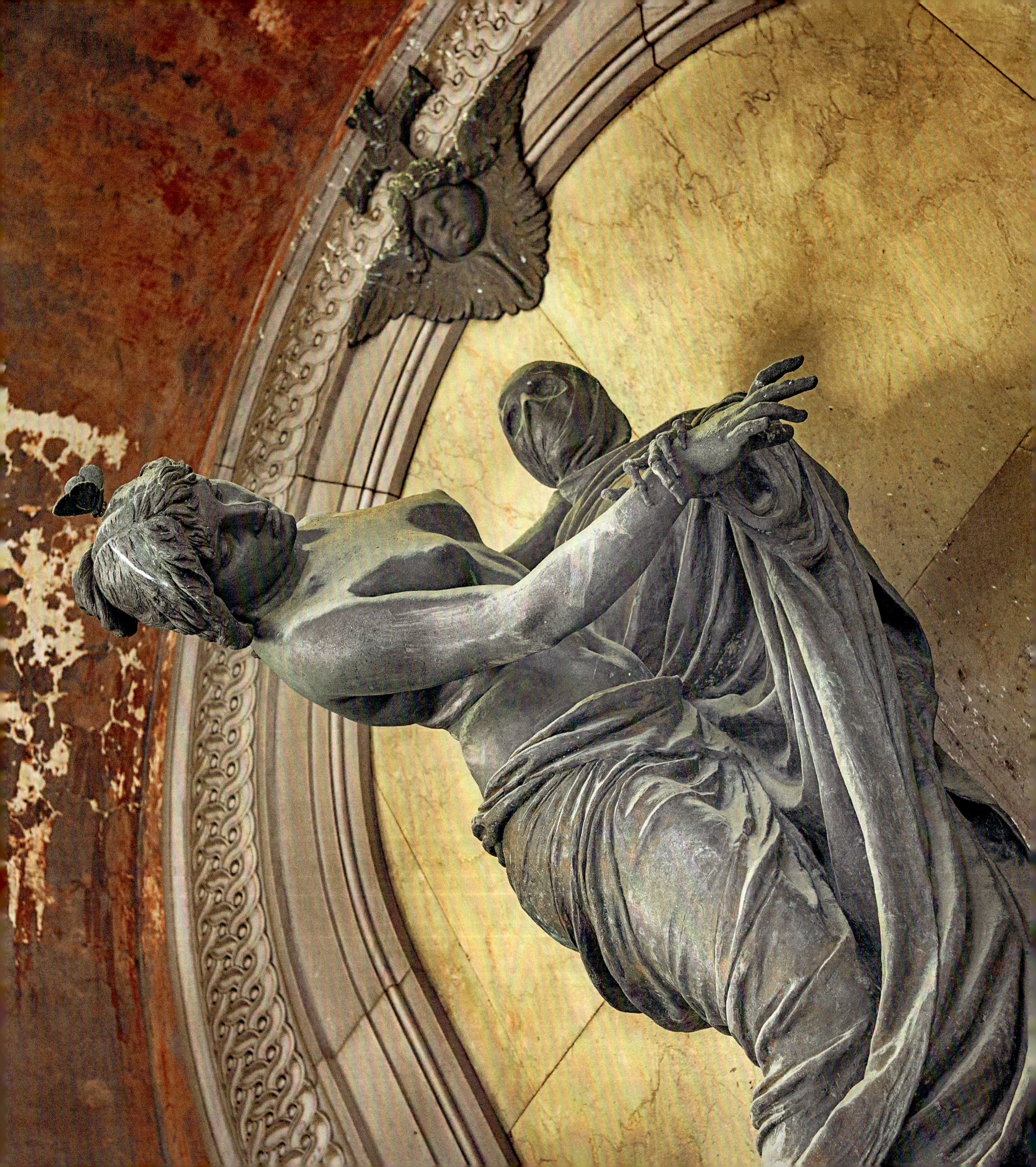

ITALIEN

Im Land der römischen Traditionen nimmt die mondäne und zugleich oftmals monumentale Bestattungsform in einer Gruft eine italienische Besonderheit ein. Die Römer schufen hausähnliche Formen, um die familiäre Verbundenheit zu symbolisieren, und bezeichneten das Grab als »Haus der Toten«. Auch wenn diese Tradition der Vergangenheit angehört, bietet der Friedhof in Italien bis heute einen wahren Fundus an größeren Monumenten.

EINE DER EXORBITANTEN und beeindruckenden Hallen, jede gefüllt mit einmaligen Kunstwerken.

KREUZGÄNGE DER EWIGKEIT

BOLOGNA · MONUMENTALFRIEDHOF CERTOSA

Der historische Monumentalfriedhof Certosa im Westen der norditalienischen Metropole Bologna zählt zu den ältesten Friedhöfen Europas. Imposant ist vor allem der Gebäudekomplex eines ehemaligen Karthäuserklosters aus dem 14. Jahrhundert auf dem Gelände und sein eindrucksvoller Skulpturenpark, der mit seinen 6000 Kunstwerken zu den größten Sammlungen des Neoklassizismus zählt.

Im Westen der Großstadt Bologna liegt außerhalb der Stadtmauern am Fuße des Colle della Guardia, einem etwa 300 Meter hohen Berg, auf dem sich die Wallfahrtskirche Santuario della Madonna di San Luca befindet, der historisch bedeutsame Monumentalfriedhof Certosa. Auf dem 30 Hektar großen Friedhofskomplex finden sich in den zahlreichen Galerien und Kreuzgängen über 6000 Kunstwerke von über 200 Künstlern. Damit versammelt der Friedhof eine der größten Kunstsammlungen des Neoklassizismus.

Nachdem Napoleon die Stadt 1796 eroberte, wurde der Friedhof 1801 als Gemeindefriedhof außerhalb der Stadtmauern auf dem Gelände des ehemaligen Kartäuserklosters San Girolamo mit seiner imposanten Kirche aus dem frühen 14. Jahrhundert angelegt. Spätere archäologische Ausgrabungen zwischen 1869 und 1871 führten zu der Entdeckung eines etruskischen Gräberfeldes mit Grüften aus dem 6. Jahrhundert vor Christus. Die Entdeckung wird der Certosa-Kultur zugeordnet, einer bolognesischen Variante der etruskischen Kultur Mittelitaliens, die schließlich zur Namensgebung des Friedhofes führte. Im wenige Kilometer entfernten archäologischen Museum von Bologna kann man einen Großteil der Grabbeigaben aus den etruskischen Gräbern bewundern. Darunter die berühmte aus Bronze gefertigte Begräbnisurne Situla della Certosa.

Das Herzstück des Friedhofs bildet der dritte Kreuzgang, ein faszinierendes Spiegelbild der neoklassizistischen Kultur Bolognas. Zu den ursprünglich kunstvoll bemalten Gräbern gesellen sich anspruchsvolle Arbeiten aus Stuck und Scagliola hinzu. Ende des 19. Jahrhunderts änderte sich die architektonische Ausrichtung. Die Kreuzgänge und Galerien, die sich um den sechsten Kreuzgang gruppieren, erwecken den Eindruck von noch größerem Reichtum.

WANDEL DER STILRICHTUNGEN

Hier findet man Grabmale und Kapellen mit Skulpturen aus Marmor und Bronze, verziert mit Mosaik- und Schmiedeeisenverzierungen. Bei einem Rundgang kann man den Wandel der Stilrichtungen bewundern. Vom Realismus über den italienischen Liberty-Stil, bis hin zum erneuten Aufleben des Klassizismus in den Jahren des Faschismus unter Mussolini. Besonders erwähnenswert ist der siebte Kreuzgang, in dem sich das Grab der Familie Marconi und Werke wie das Montanari-Denkmal von Diego Sarti, das Porträt des Schmieds Gaetano Simoli

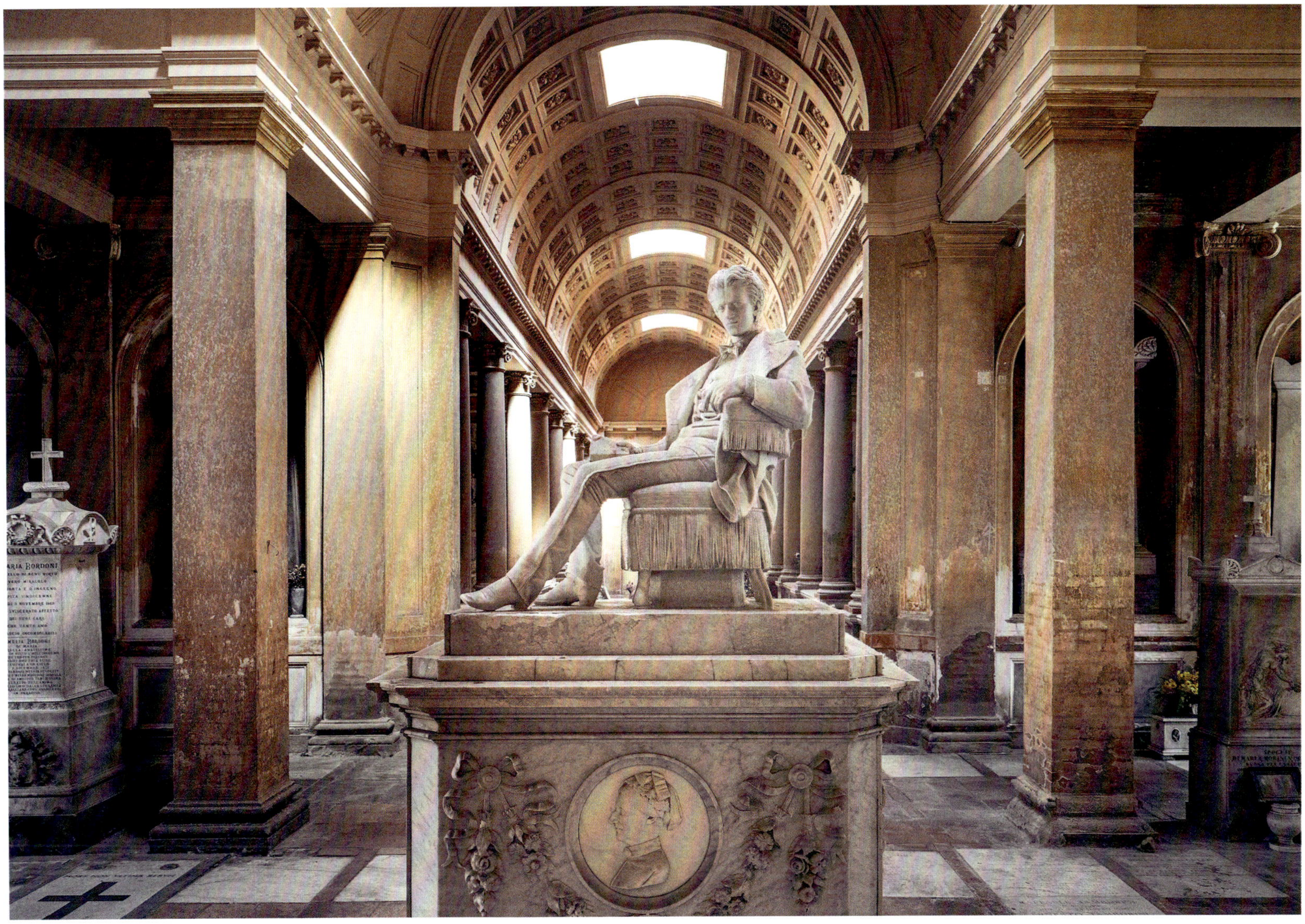

von Tullo Golfarelli und das Denkmal für den Keramiker und Maler Angelo Minghetti und den Verleger Nicola Zanichelli befinden.

Die Anlage teilt sich in zwei etwa gleich große Hauptbereiche auf. Neben dem mehrfach erweiterten Klosterbereich mit seinen labyrinthischen Kreuzgängen befinden sich im nordwestlichen Bereich mehrere Grabfelder und Kreuzgänge für Glaubensrichtungen abseits der katholischen Mehrheit wie Angehörige der anglikanischen oder protestantischen Kirche. Zudem gibt es drei Gräberfelder, die seit 1869 für die jüdische Gemeinde reserviert sind.

Während des 19. Jahrhunderts war der Friedhof ein beliebtes Ziel von prominenten Besuchern in Bologna, darunter Lord Byron, Charles Dickens, Sigmund Freud und der deutsche Historiker Theodor Mommsen. Auf dem Friedhof ruhen zahlreiche historisch bedeutende Persönlichkeiten der Region und des Landes, darunter die Firmengründer von Maserati und Ducati, der Maler Giorgio Morandi, der Opernsänger und wohl berühmteste Kastrat Carlo Broschi, bekannt unter dem Künstlernamen Farinelli, der Literaturnobelpreisträger Giosuè Carducci und seit 2012 der Sänger Lucio Dalla.

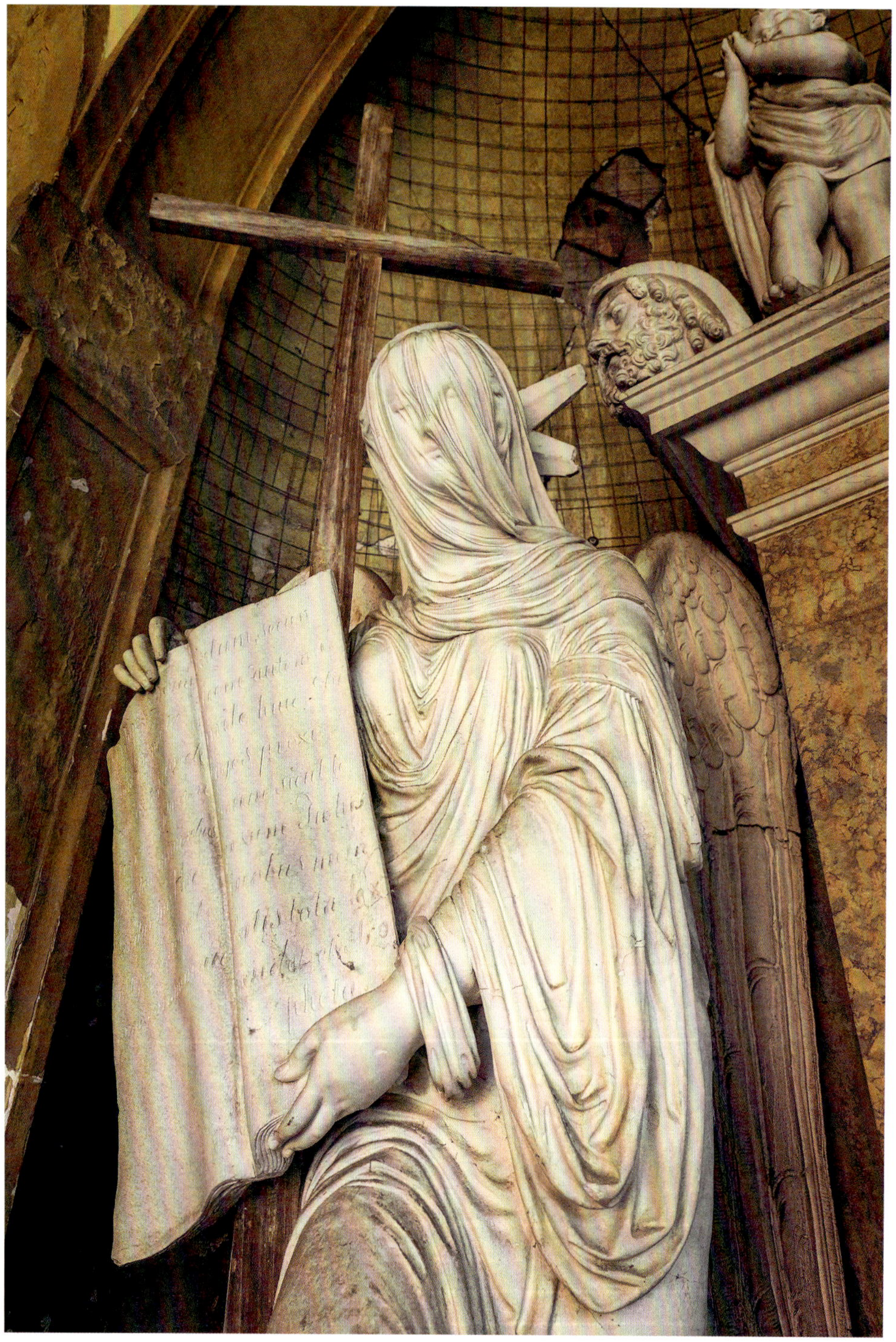

DIE FEINSTEN ARBEITEN bis hin zu den sanften Schleierfalten sind typisch für Italiens Monumentalfriedhöfe. Hier kommt man selbst nach Stunden aus dem Staunen nicht heraus.

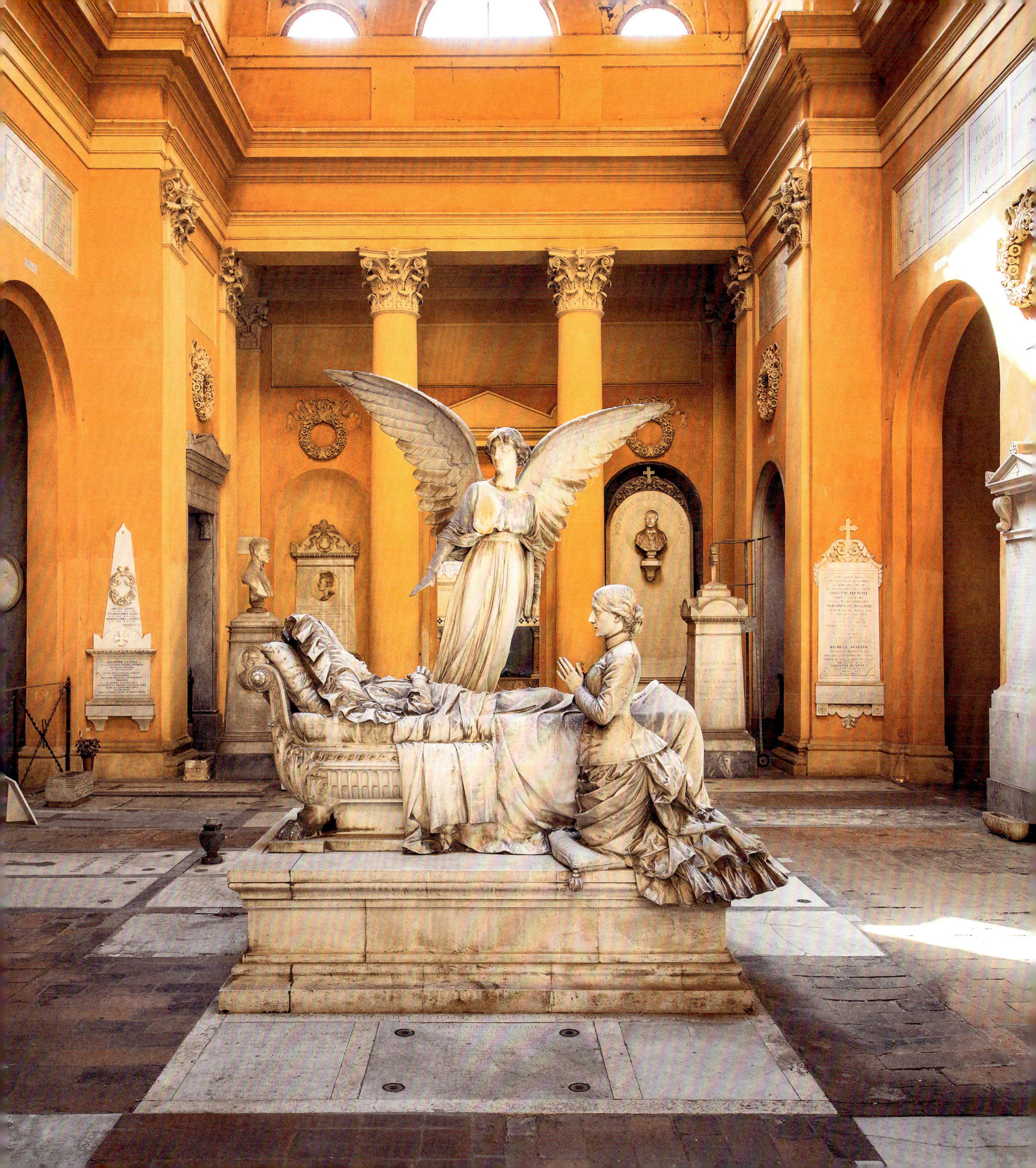

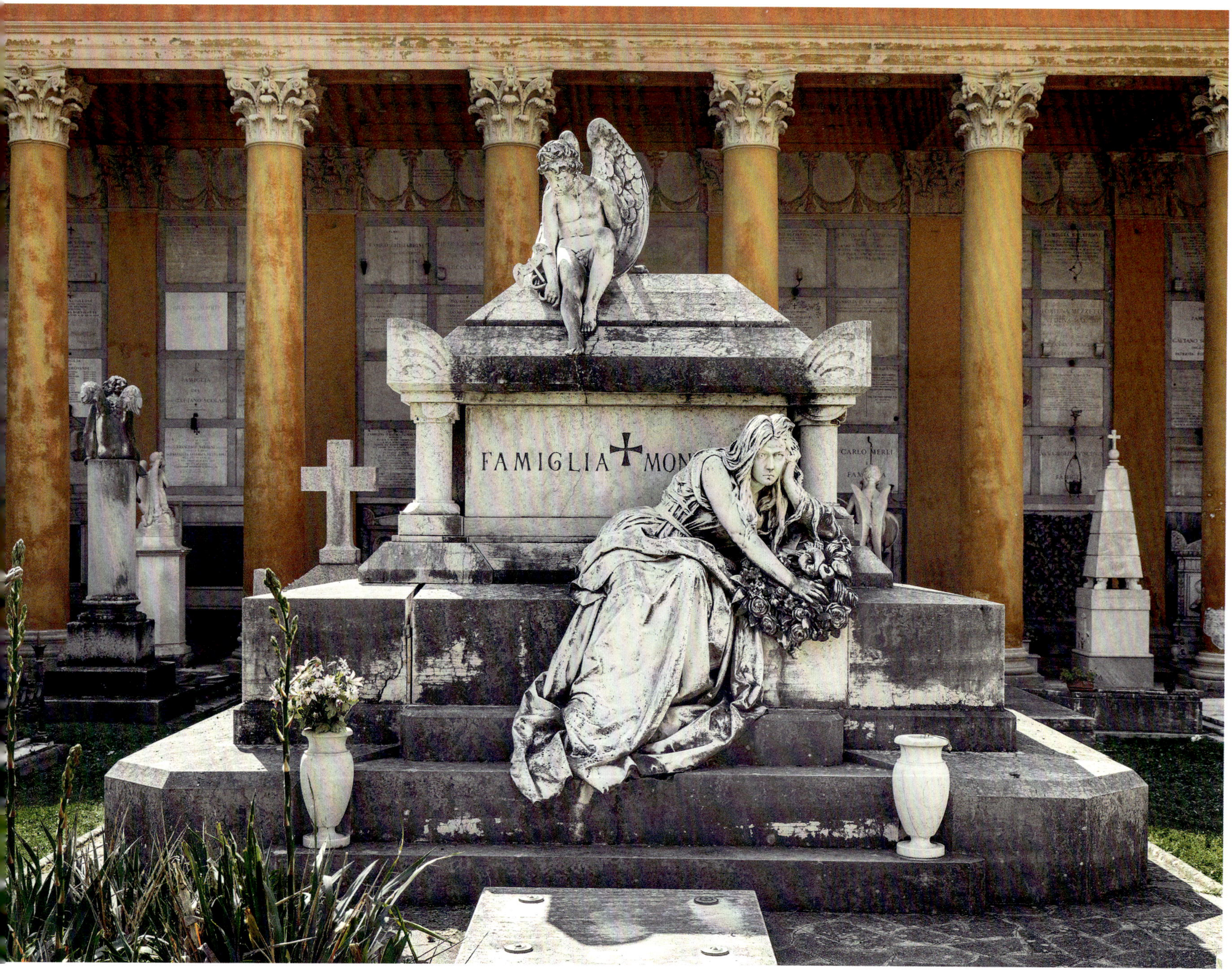

ALLEIN DIE SCHIERE GRÖSSE verdeutlicht, dass der Friedhof nicht ohne Grund als monumental bezeichnet wird. Das Ablaufen der einzelnen Bereiche nimmt mehrere Stunden ein. Hier der Weg durch einen der Innenhöfe zwischen den kolossalen Hallen und Arkaden.

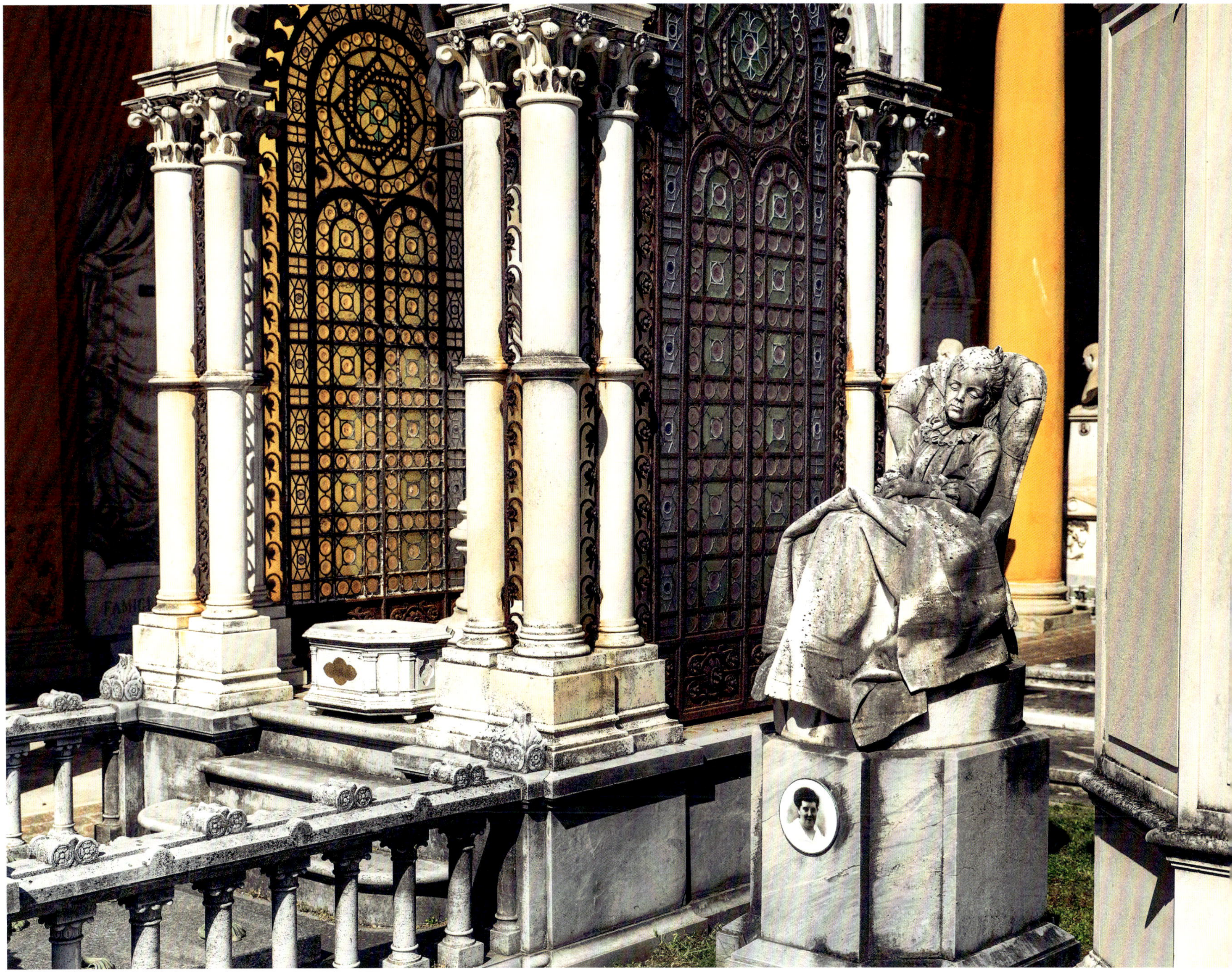

ES WAR EIN HEISSER TAG und die angenehm kühlen Mauern der großen Hallen ließen die Wärme fast vergessen, bevor es wieder zu den Innenhöfen ging, in denen es einen schönen Wechsel von gepflegten und stärker patinierten Grabstätten gab.

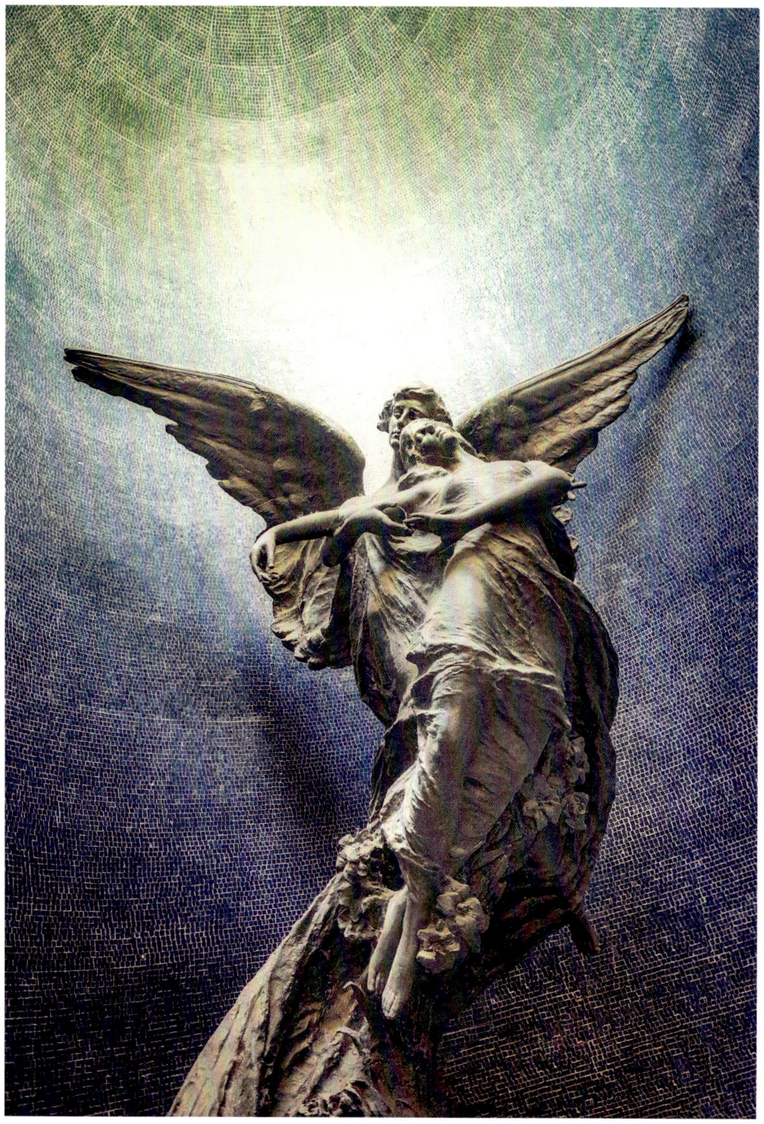

EIN OBERLICHT wirft einen wunderschönen Lichtschein auf eine der schönsten Engelsfiguren, umgeben von aufwendigen Mosaikarbeiten – ein herausragendes Pendant zu den atemberaubenden Hallen. Hier gibt es für jeden Geschmack etwas zu entdecken.

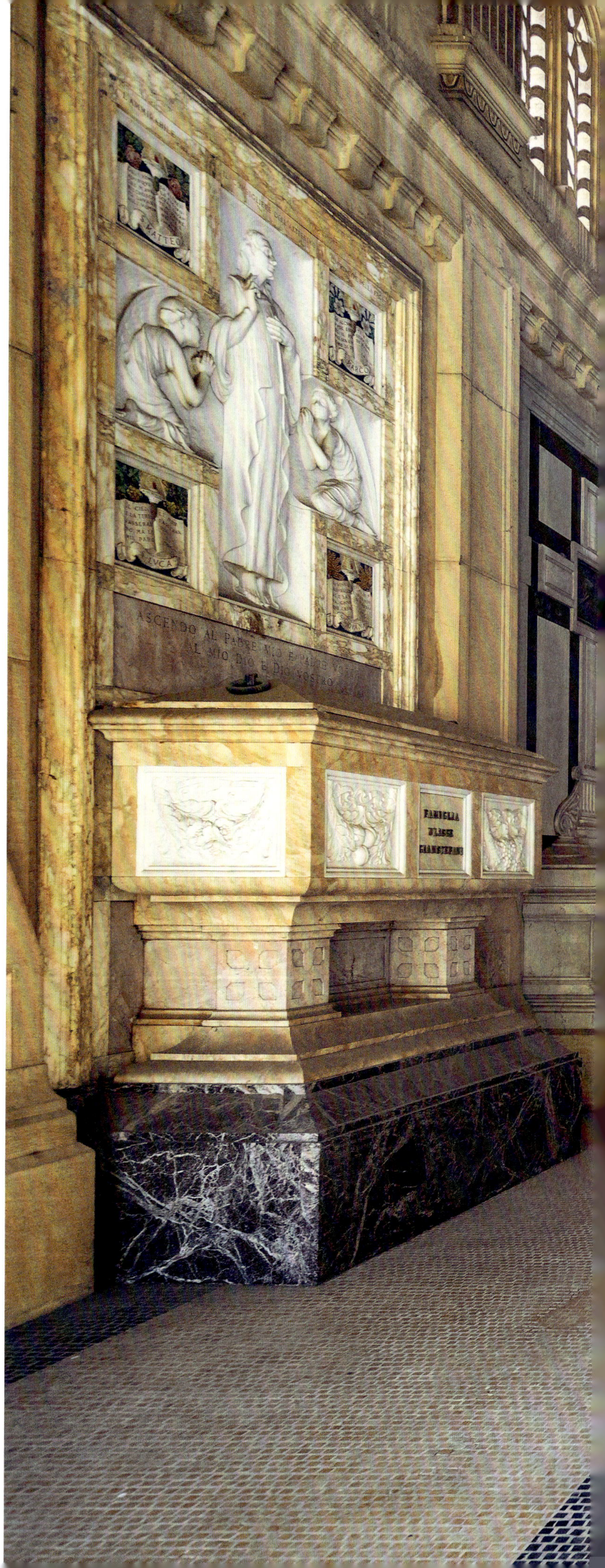

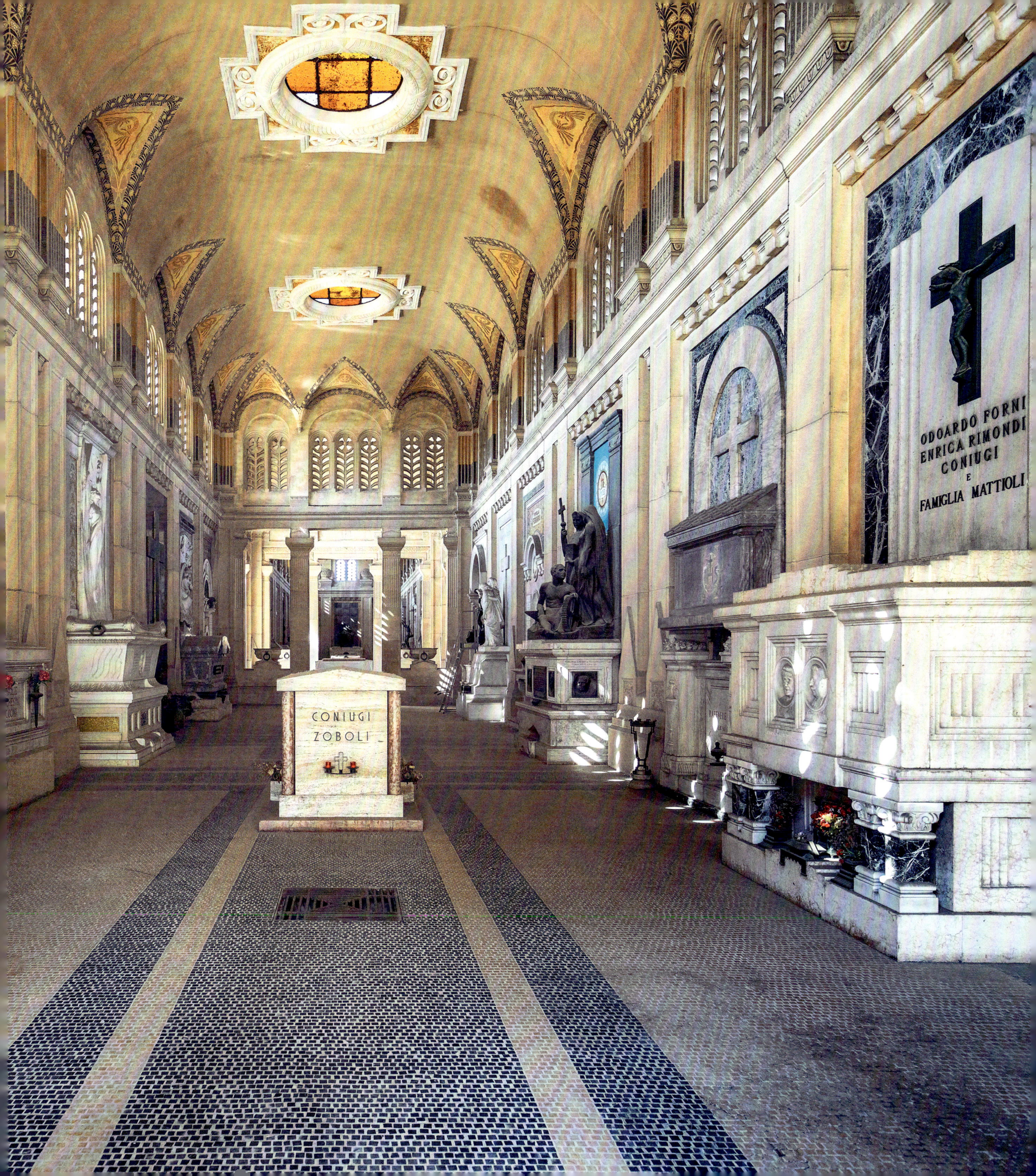
CONIUGI
ZOBOLI
ODOARDO FORNI
ENRICA RIMONDI
CONIUGI
E
FAMIGLIA MATTIOLI

DIE VORHÖFE des höher gelegenen Pantheons mit seinen Arkaden und der eindrucksvollen Galerie.

NIETZSCHES TRAUM

GENUA · MONUMENTALFRIEDHOF STAGLIENO

In der nordwestlichen Region Ligurien thront an einem Berghang über der Hafenstadt Genua der Monumentalfriedhof Staglieno. Auf dem rund 100 Hektar großen Friedhofskomplex erstreckt sich eine architektonische Fülle an bedeutsamen Grabmalen und prunkvollen Bauten, die eingebettet in die terrassenförmig angelegte Hügellandschaft selbst Persönlichkeiten wie Mark Twain und Friedrich Nietzsche beeindruckt haben.

Dieser Friedhof lädt zum Staunen ein. Eingebettet in einen Berghang, liegt am Stadtrand der Küstenmetropole Genua der Monumentalfriedhof Staglieno. Mit einer Größe von mehr als einem Quadratkilometer zählt er zu den größten und imposantesten Begräbnisstätten ganz Europas. Die konzeptionelle Umsetzung und architektonische Bandbreite sucht ihresgleichen.

NAPOLEONS ERBE

Gegenüber dem Haupteingang befindet sich erhaben das Pantheon, das flankiert von Kolonnaden den vorderen Teil des Friedhofes zu einem Rechteck formt und so die Besucher in seinen Bann zieht. Eine parkähnliche Hügellandschaft mit kleineren Waldparzellen umgibt den prachtvollen klassizistischen Rundtempel, der über eine eindrucksvolle Treppenanlage begehbar ist. Doch das ist nur der Beginn eines wahrlich atemberaubenden Friedhofgeländes. Die terrassenförmige Anlage schraubt sich regelrecht gen Himmel und beheimatet auf ihren Gräberfeldern monumentale Kapellen, Galerien mit unzähligen Grabdenkmalen und naturgetreuen Skulpturen, die von der langen Geschichte des Friedhofes erzählen.

Die Idee zur Gründung geht zurück auf das Edikt von Saint-Cloud durch Napoleon von 1804, das zwei Jahre später auch in Italien umgesetzt wurde. Napoleon, dessen erstes Kaiserreich ihn auch zum König von Italien machte, verfügte mit diesem Erlass, dass Bestattungen nicht mehr in der Umgebung von Kirchen, Kapellen oder Hospitälern, sondern nur noch außerhalb der jeweiligen Stadtgrenze vorgenommen werden dürfen. Auch wenn der Beginn der Planung des genuesischen Stadtbaumeisters Carlo Barabino erst ab 1835 unter der Herrschaft des österreichischen Kaiserreichs begann und ein Jahr später nach dessen Tod durch seinen Mitarbeiter Giovanni Battista Resasco fortgeführt wurde, spiegelte das Konzept nicht nur die hygienischen Standards jener Zeit wider, sondern auch Genuas Anspruch, das wirtschaftliche wie kulturelle Zentrum der Küstenregion Liguriens zu sein.

Am ersten Januar des Jahres 1851 wurde der Friedhof schließlich eröffnet und hat sich seitdem sukzessive weiterentwickelt. Einem Freilichtmuseum gleich versammeln sich hier die Kunstepochen der letzten 150 Jahre. Stilrichtungen wie der Klassizismus und Realismus, Symbolismus, Jugendstil und Art déco zeigen auf eindrückliche

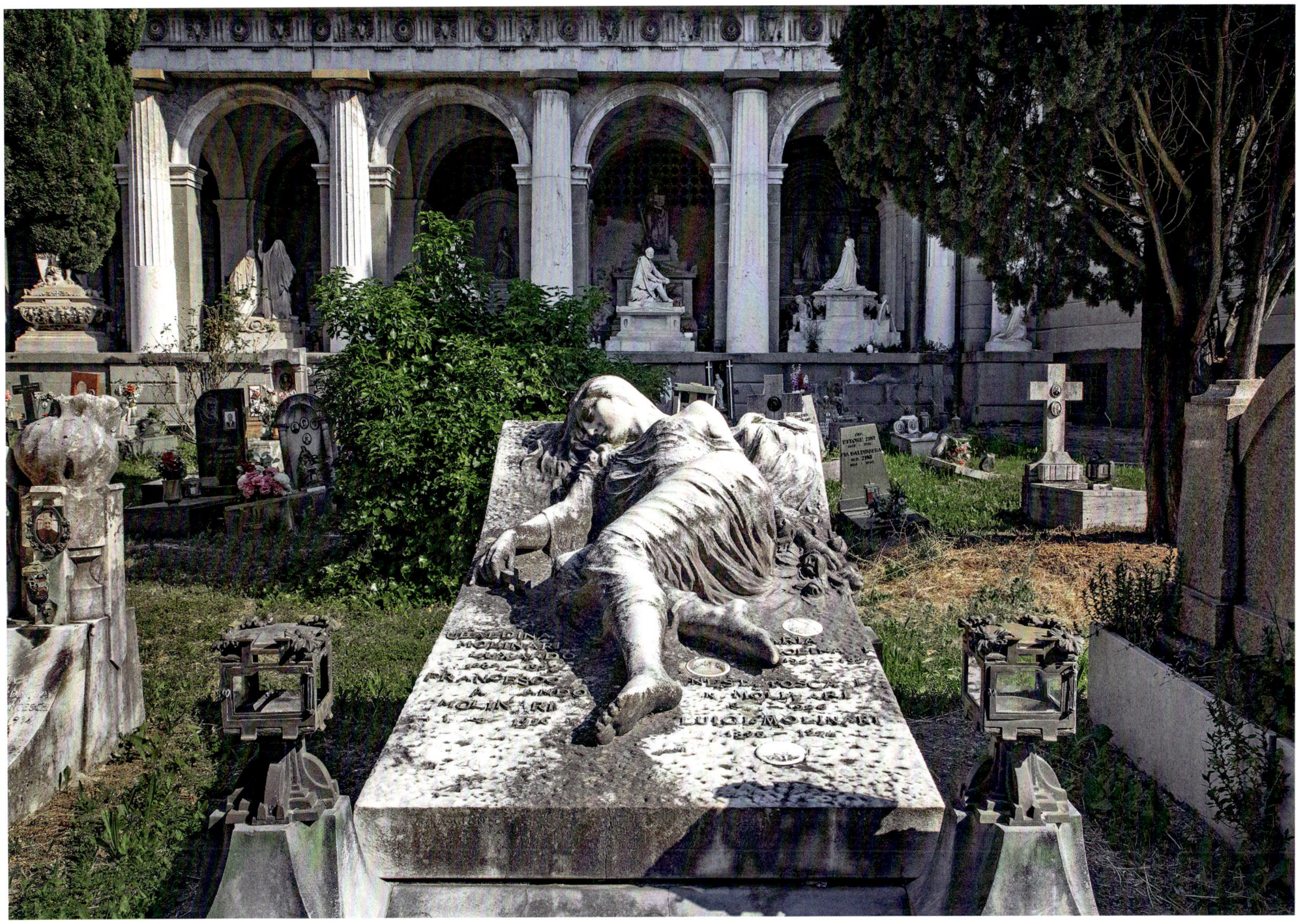

Weise den Gestaltungswillen und sind ein spannendes Zeitzeugnis und Spiegelbild der Gesellschaft. Angefangen von den mehrstöckigen Urnengräbern auf den Geländestufen in den Arkaden und Kolonnaden für das Kleinbürgertum, die Gräber der Mittelschicht am Fuße der Hügel in den Galerien mit ihren aufwendig gestalteten naturgetreuen Skulpturen bis hin zu den eindrucksvollen Mausoleen der wohlhabendsten Familien der Stadt in bester Hanglage. Auch Gräber prominenter Persönlichkeiten sind hier anzutreffen. So liegt auf dem Friedhof Staglieno des gleichnamigen Stadtteils von Genua Constance Wilde, Kinderbuchautorin und Ehefrau von Oscar Wilde begraben, wie auch der italienische Sänger Fabrizio de André und der Comiczeichner Giovan Battista Carpi.

Die kulturellen Verweise sind ebenso beeindruckend. Mark Twain etwa bewundert in seinem Reisetagebuch »Die Arglosen im Ausland« von 1869 die Denkmale, Grabmale und Skulpturen, »die bis ins kleinste Detail ausgearbeitet sind und Harmonie und Schönheit ausstrahlen.« Und resümiert: »An diesen Ort werde ich mich erinnern, selbst wenn ich die Paläste vergessen habe.« Auch Friedrich Nietzsche, geplagt von zahlreichen Krankheiten, verschlug es in den Wintermonaten der 1880er-Jahre immer wieder nach Genua, wo er bei ausgedehnten Spaziergängen auf dem Friedhofsgelände neue Kraft schöpfte. Einem Freund schrieb er: »Hier habe ich Gewühl und Ruhe und hohe Bergpfade und das, was schöner ist als mein Traum davon, das Campo Santo.« Darüber hinaus inspirierte ihn die Skulptur einer jungen Frau mit einem Lamm und der Inschrift »Pia, caritatevole, amorosissima« zu einem gleichnamigen Gedicht über ein viel zu kurzes Leben.

OASE DER STILLE

Es sind vor allem diese vielen verschlungenen und überwachsenen Pfade auf dem weitläufigen Berghang, wie sie bei Nietzsche Erwähnung finden, die diesen Ort hoch über der Stadt wie eine Oase erscheinen lassen. Das hektische Treiben der Metropole verwandelt sich in eine bedächtige Stille. Und zuweilen erhascht man einen Blick in die Weite und schaut über die Stadt auf den Ozean – ein wahrlich schöner Traum.

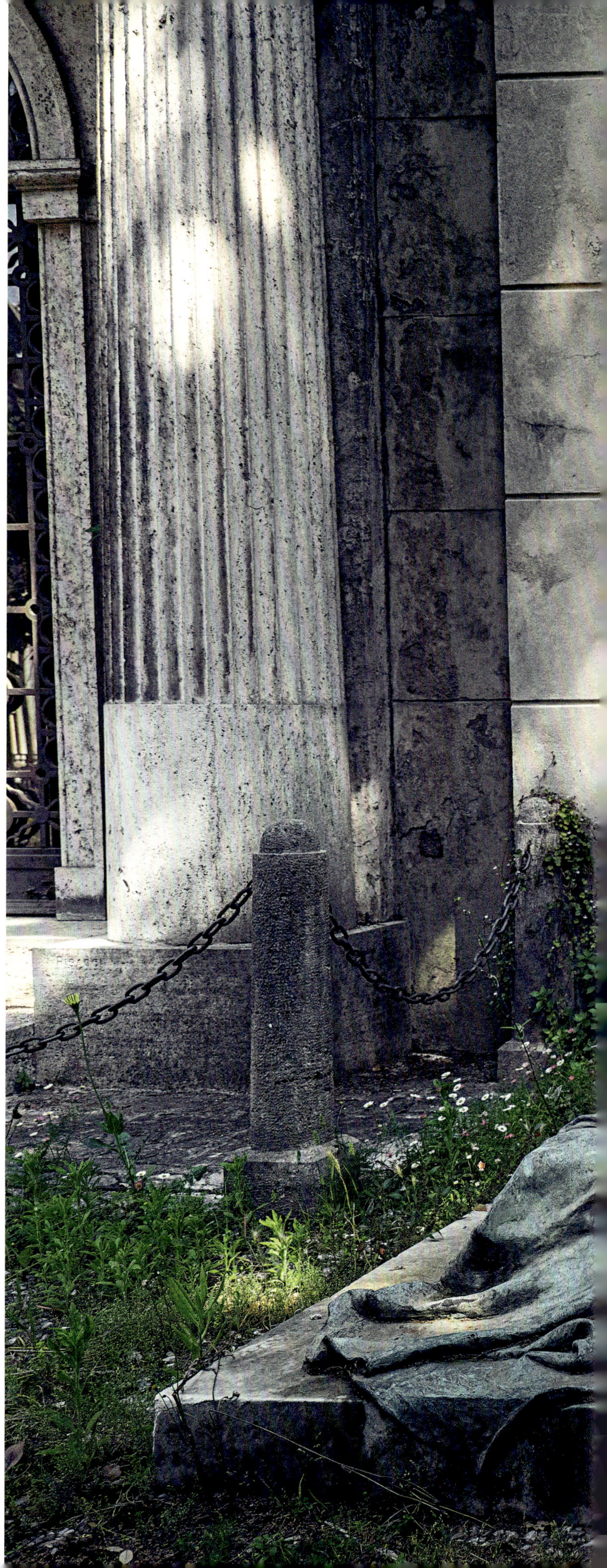

VOM PANTHEON aus hinauf zum Hügel der zahlreichen Mausoleen. Keine Minute der Langeweile entsteht bei den langen Wanderungen über den Friedhofskomplex Staglieno.

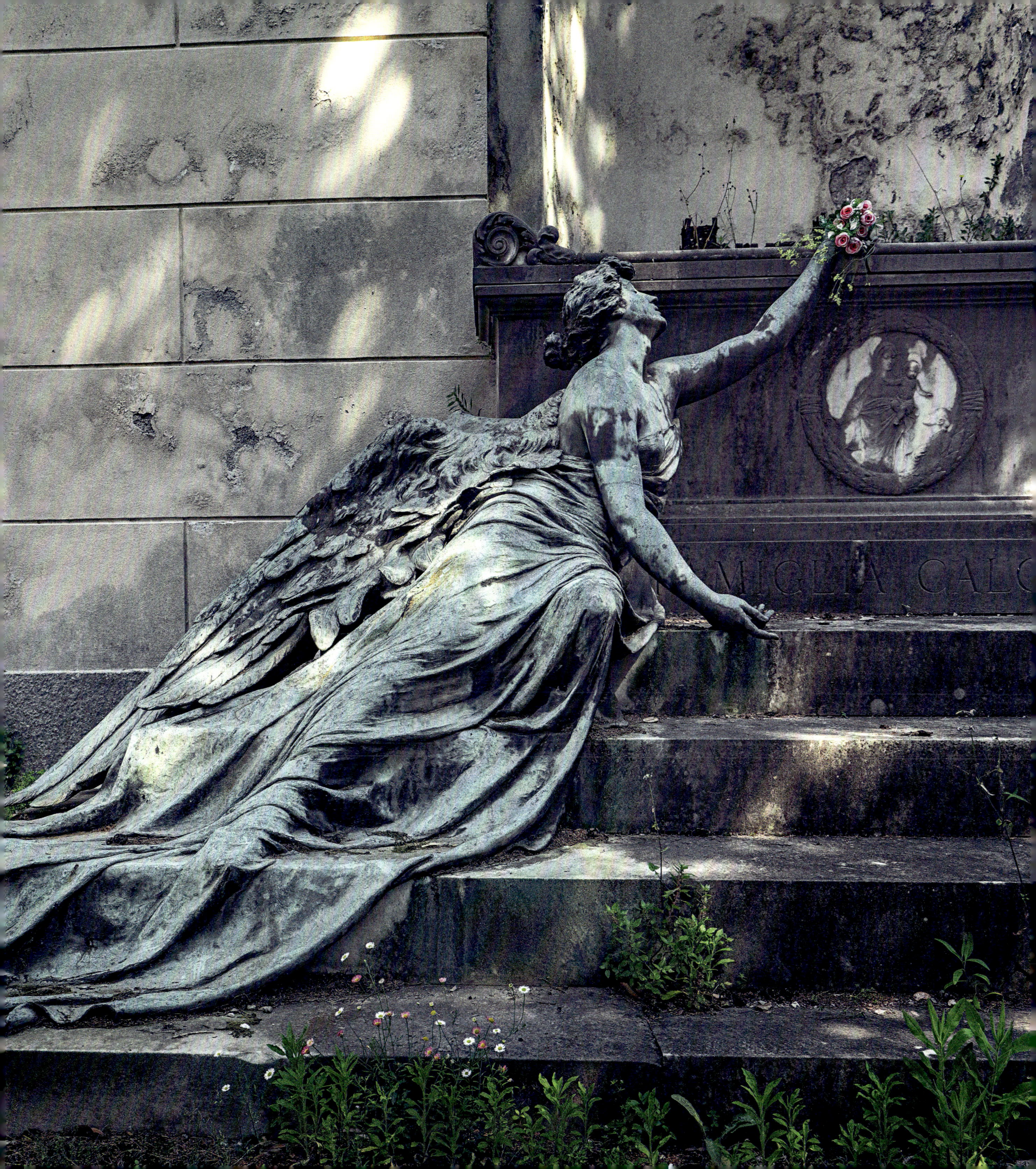
MIGLIA CALC

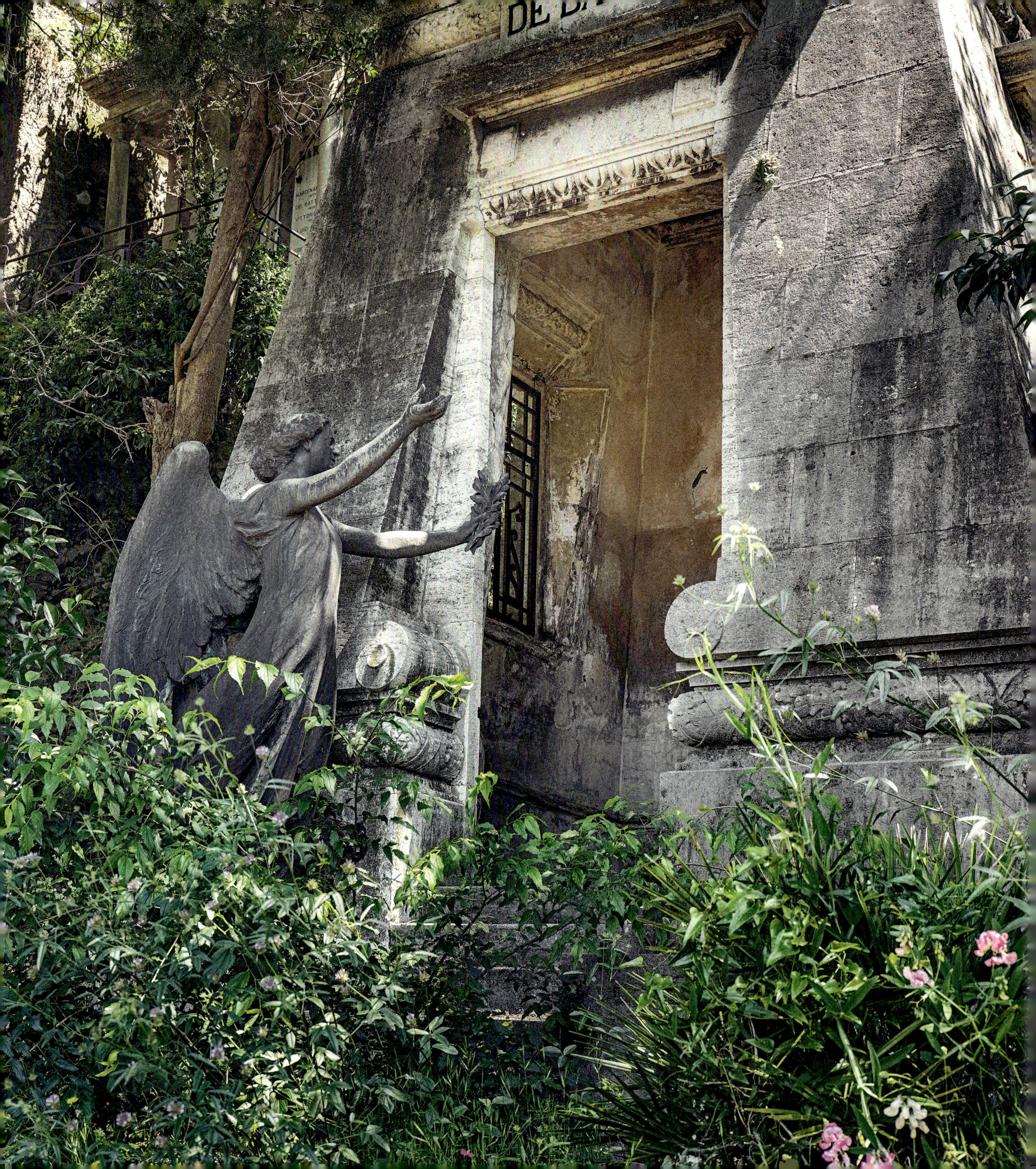

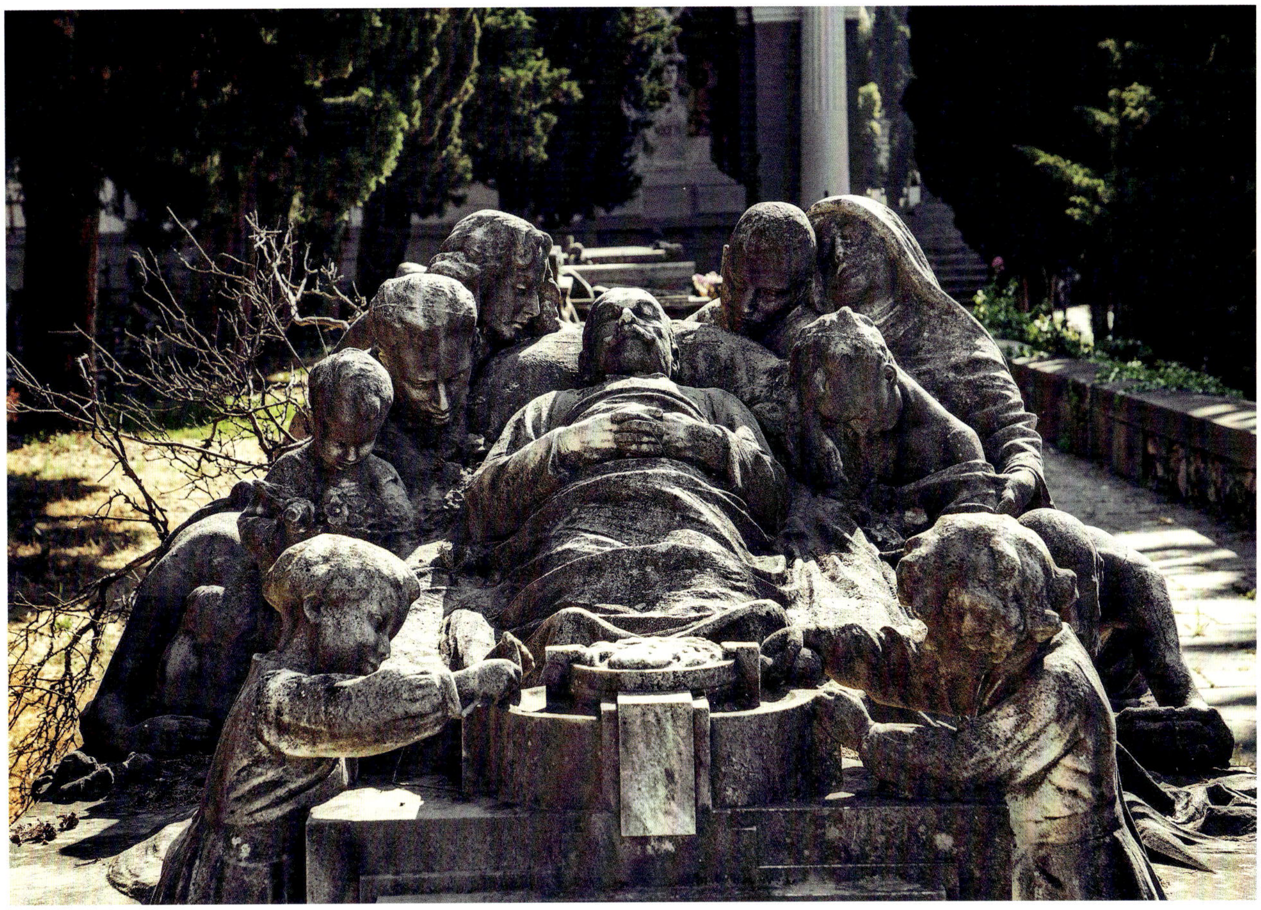

MEINE LIEBLINGSROUTE von der Galerie des Pantheons über die unzähligen terrassenartig angelegten Mausoleen in allen Größen. Manche sind gut gepflegt, andere schon fast surreal verwuchert, doch immer anmutig. Weiter oben wechselt westlich gelegen die Anlage wieder zu kleineren Ruhestätten.

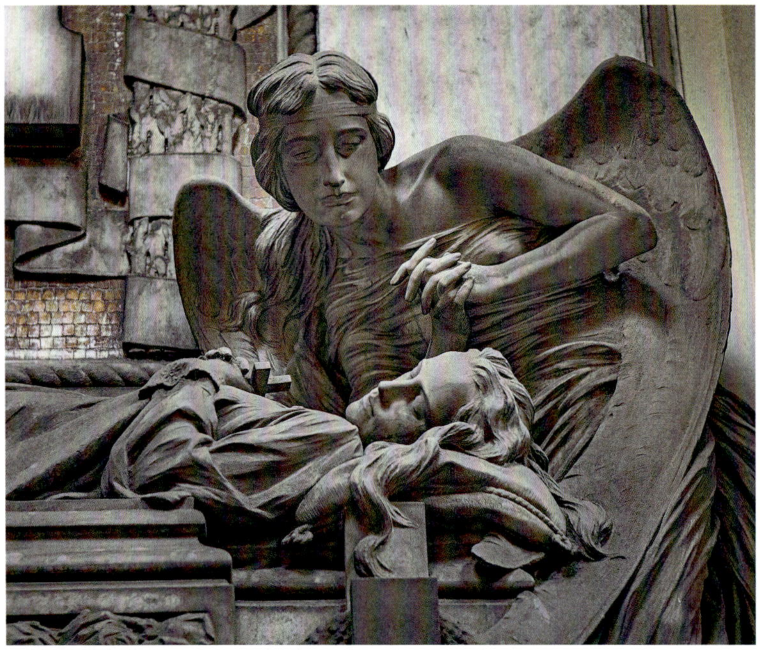

IM UNTEREN HAUPTTEIL des Friedhofs verlaufen die majestätischen Arkaden, teils mehrere solcher Gänge parallel. Ein Großteil davon ist gesäumt mit den schönsten Bildern und Figuren des Friedhofs. Ein unvergleichliches Feuerwerk der Bildhauerkunst.

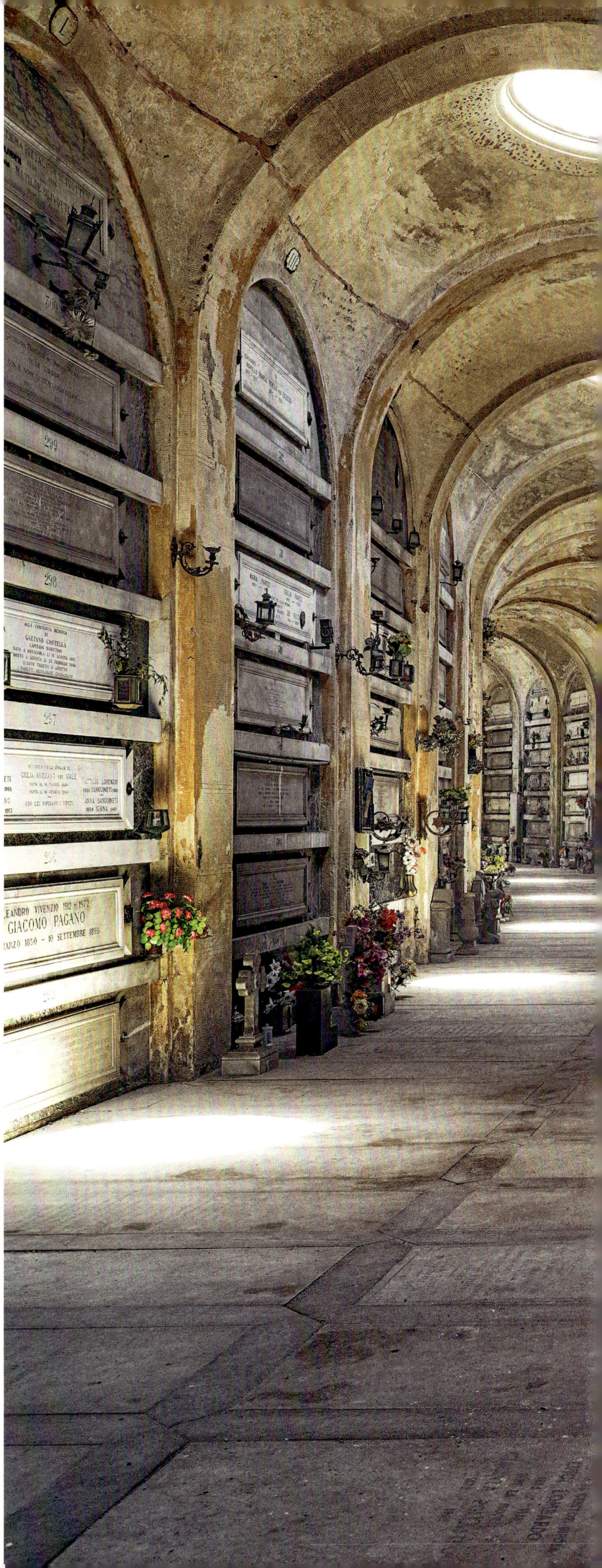

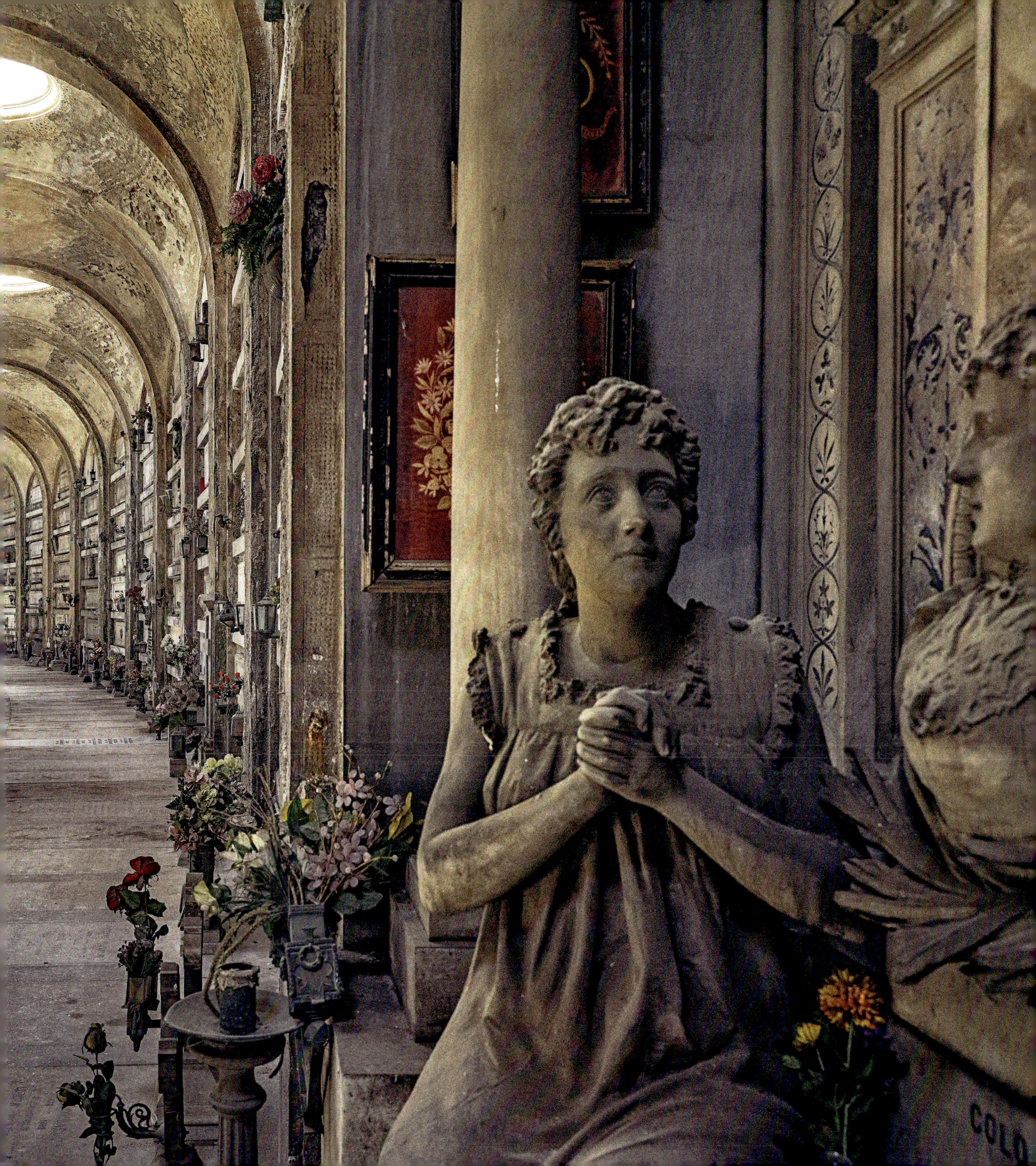

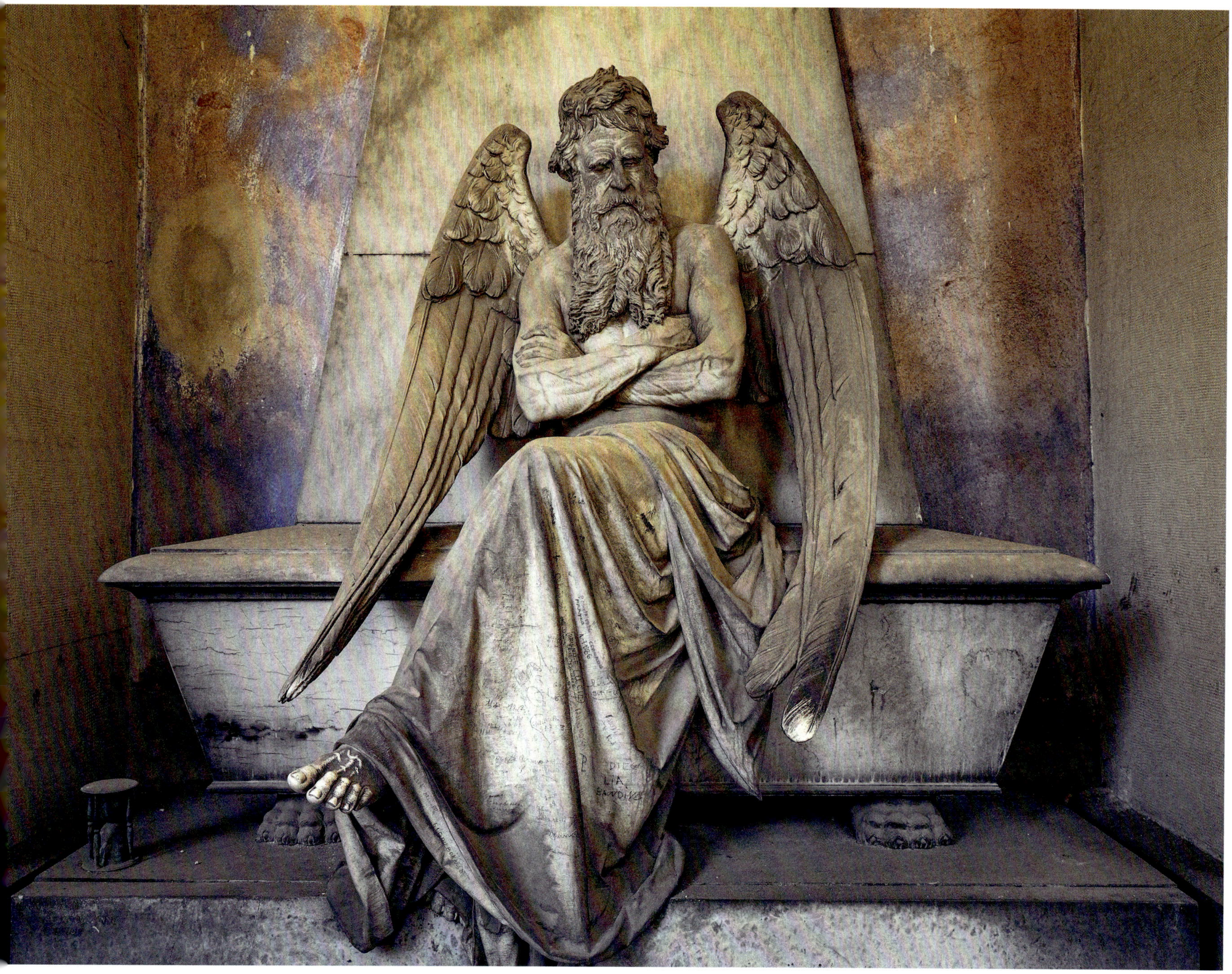

WEITERE FIGUREN aus den unteren Arkaden mit einem beeindruckenden Facettenreichtum. Hier finden sich neben seltenen erwachsenen männlichen Engeln viele klassische Figuren und aufwendige Szenen. Um diesen Bereich gründlich zu erforschen, sind mehrere Stunden nötig.

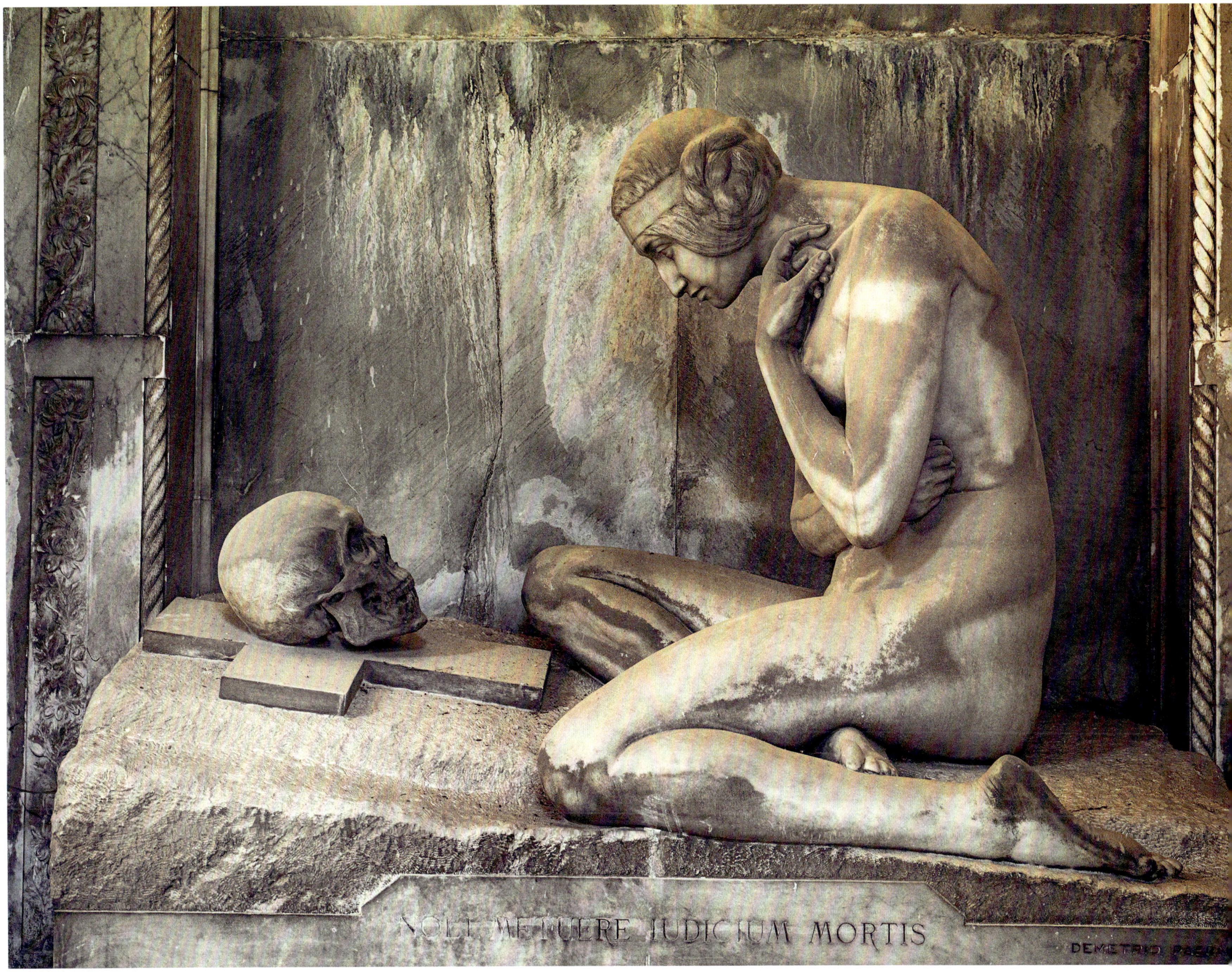

VIELE DER FIGUREN sind so fein und plastisch gestaltet, dass sie den Eindruck erwecken, sie könnten jeden Moment anfangen, sich zu bewegen. Selbst kleinste Details wie Wimpern sind gut erkennbar. Früher hätte ich nicht gedacht, dass Gestein solche Emotionen transportieren kann.

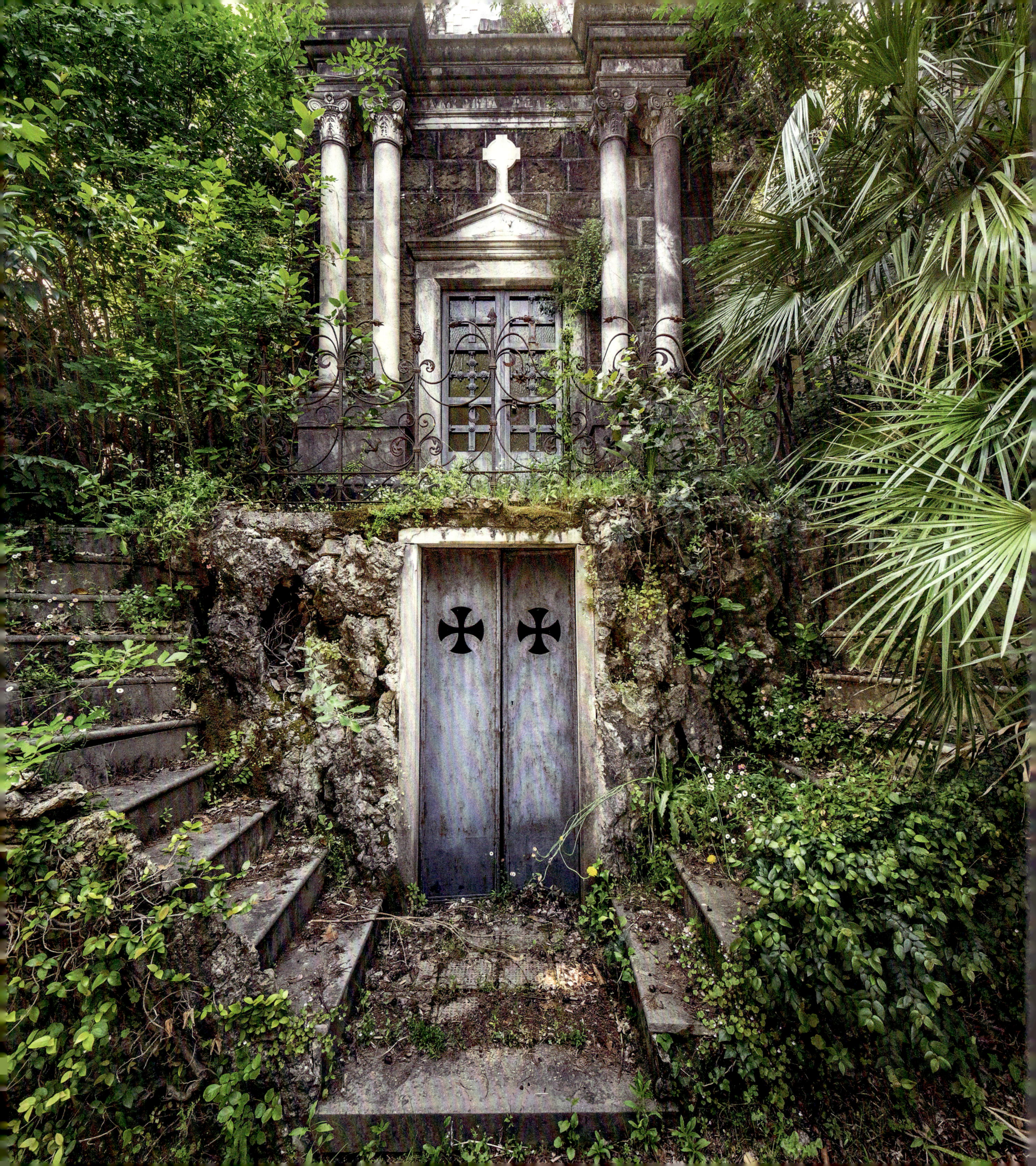

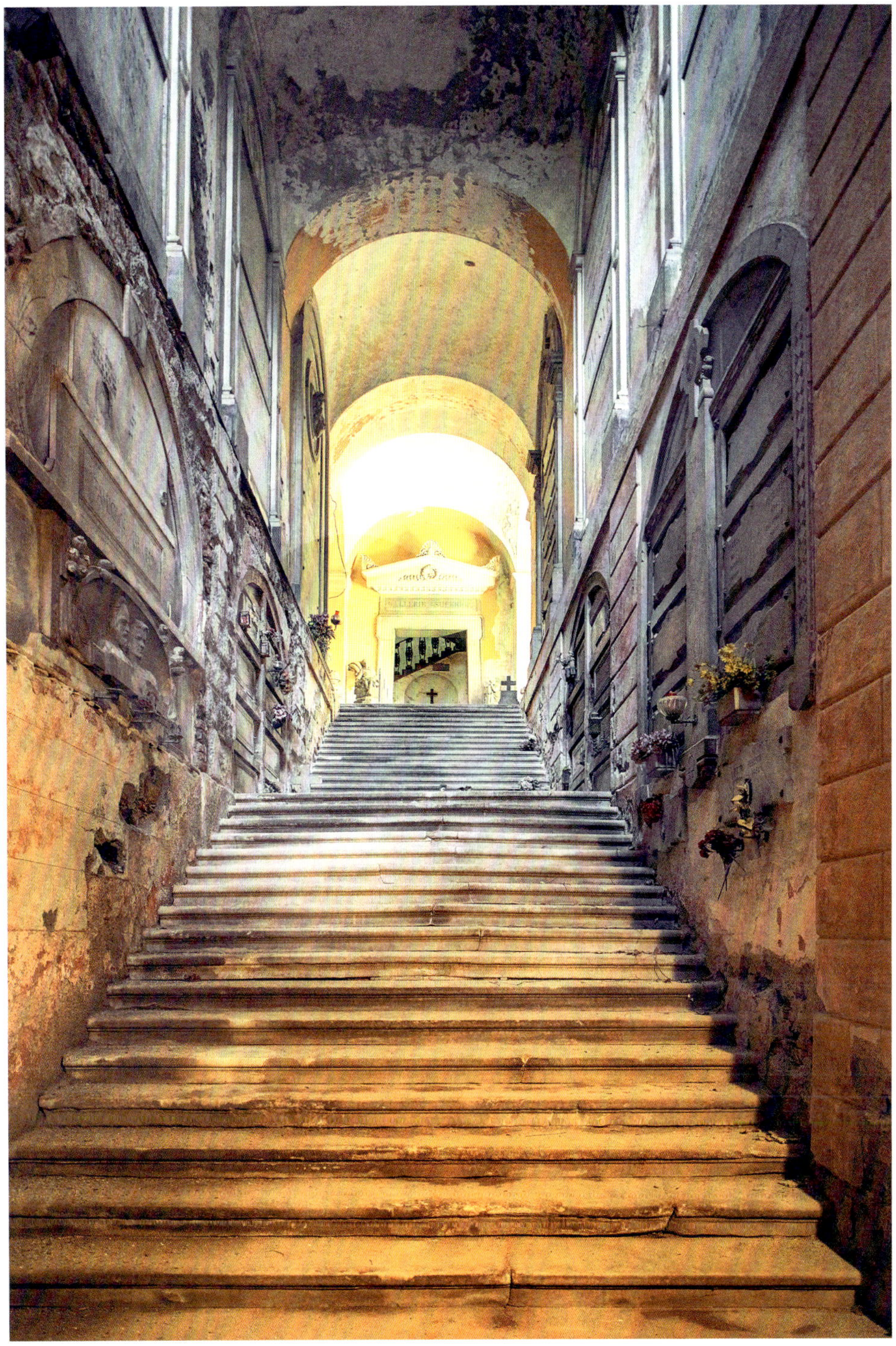

AUF KEINEN FALL sollte man sich in Staglieno nur auf die Figuren konzentrieren. Die Architektur ist dafür zu spannend und beeindruckend. Links ist eines meiner liebsten Mausoleen in wunderschöner Symbiose mit der Natur zu sehen. Oben der innere Treppenaufgang zum Pantheon.

AM FUSSE DES HÜGELS befindet sich dieses Engelsbildnis am südlichen Haupteingang.

SEHNSUCHT NACH MEER

LAVAGNA · MONUMENTALFRIEDHOF

Der Monumentalfriedhof im Nordosten der Küstenstadt Lavagna zählt mit seinen aus Marmor und Schiefer gefertigten Gräbern, Statuen und architektonisch wertvollen Kapellen aus der traditionsreichen Bildhauerschule des Ortes zu den faszinierendsten Orten der Region Ligurien. An einem Steilhang gelegen, hat man von dort einen wunderschönen Blick auf die italienische Riviera.

An der italienischen Riviera hat die idyllische Küstenstadt Lavagna ein besonderes Kleinod zu bieten. Hinter der pittoresken Sankt-Stephans-Basilika aus dem 17. Jahrhundert thront auf dem Plateau eines Steilhanges der Monumentalfriedhof von Lavagna. Aufgrund seiner einzigartigen Architektur mit seinen zahlreichen Skulpturen und Mausoleen zählt der Friedhof zu den bedeutendsten in der Region Ligurien und ist ein echter Geheimtipp.

FASZINIERENDE ZEITREISE

Die Gründung des Friedhofes geht zurück auf das Jahr 1810 und gilt damit als Vorläufer des rund 40 Kilometer entfernten Monumentalfriedhofes Staglieno aus Genua. In den Anfangsjahren wurde der Friedhof, der aufgrund des napoleonischen Beschlusses außerhalb der Stadt angelegt wurde, von der Bevölkerung abgelehnt. Einem Brauchtum nach verhinderte eine Bestattung, die nicht in oder an der Kirche durchgeführt wurde, dem Verstorbenen den Eintritt ins Paradies. So wurden anfänglich nachts Leichname aus den Gräbern gestohlen, um sie zurück zur Kirche zu bringen, was erst durch das Postieren von Wachen verhindert wurde.

Wer den Friedhof am unteren Ende betritt, wird regelrecht überwältigt von den Grabmalen und Skulpturen, die sich hier dicht an dicht versammeln. Dem Betrachter sticht der weiße Carrara-Marmor ins Auge, der im Laufe der Zeit stellenweise mit einer gelblichen Patina überzogen ist und so einen farbintensiven Kontrast darstellt zum Blau des Meeres, das nicht weit entfernt am Horizont das Panorama bestimmt. Schreitet man die steinerne Allee inmitten der Gräber hinauf, unternimmt man eine faszinierende Zeitreise, die von der bildhauerischen Tradition und den Persönlichkeiten der Stadt erzählt. Etwa die der Familie Bianchi, die 1854 die Finanzbörse von Buenos Aires gründete, oder die des Generals Massa, der nach der Wiedervereinigung Italiens 1861 die Bandenkriminalität im Süden bekämpfte.

Während im unteren alten Teil des Friedhofes viele monumentale Gräber und Skulpturen aus Schiefer und Marmor aus der Bildhauerschule der Familie Repetto und Sanguineti stammen, finden sich im oberen Bereich Werke im Liberty- und Art-déco-Stil, die den Übergang vom Tod zum ewigen Leben thematisieren. Zu den wichtigsten Bildhauern gehören Roberto Ersanilli, Carlo Brizzolara und Francesco Dallorso.

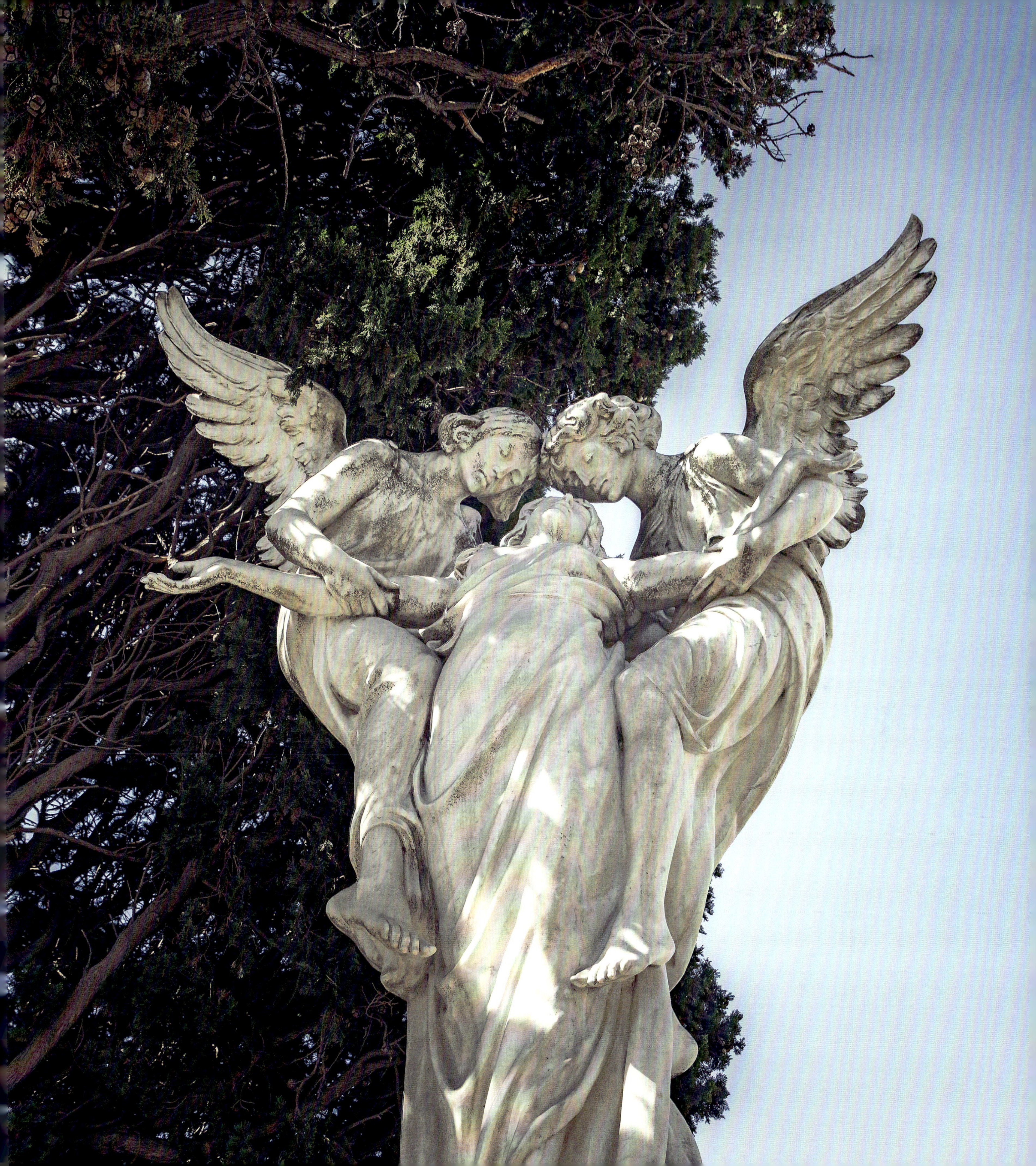

» Und sie winken mit den weißen Flügeln
festlich im Hallenhofe,
und sie heben aus den heißen Herzen
höher die eine Strophe:
Alle, die in Schönheit gehn,
werden in Schönheit auferstehn. «

Rainer Maria Rilke

DIE ZAHLREICHEN SKULPTUREN und Engelsfiguren, gefertigt aus Carrara-Marmor, gehen mit ihrer Patina eine besonders schöne Symbiose mit dem blauen Firmament ein. ▷

VERGESSENER FRIEDHOF in Ligurien ▽▽

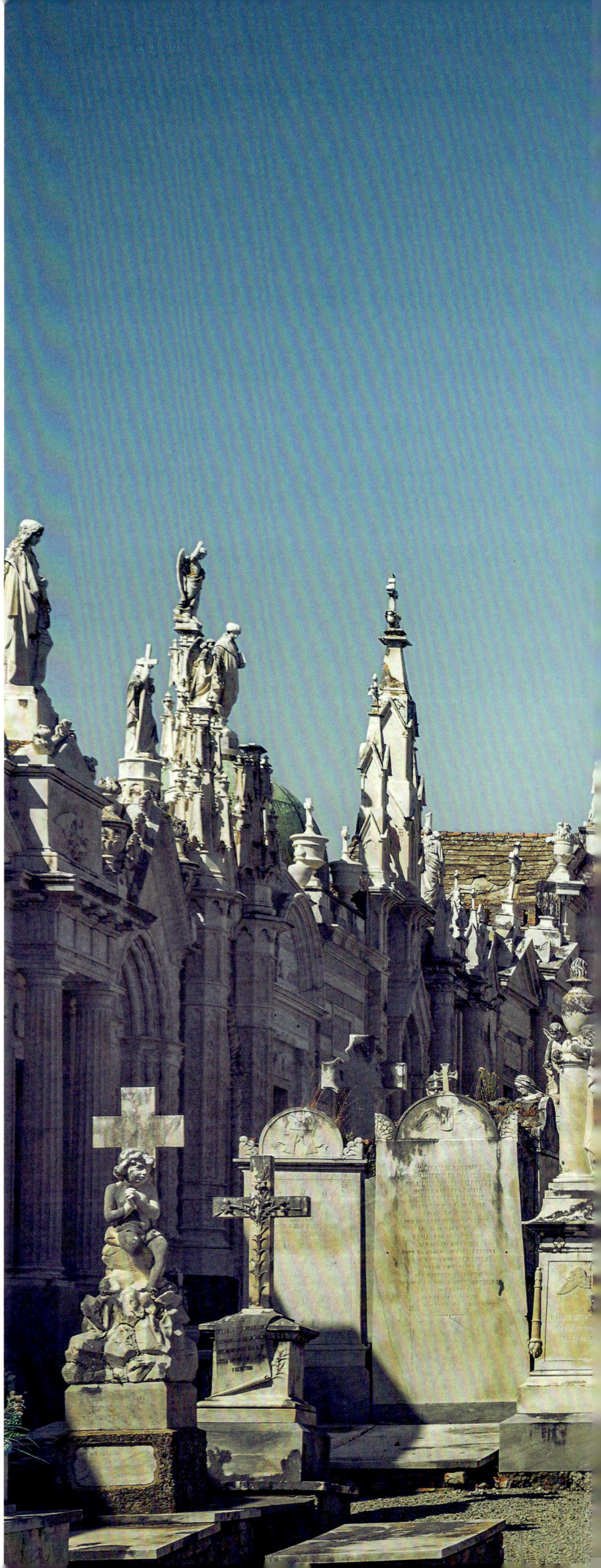

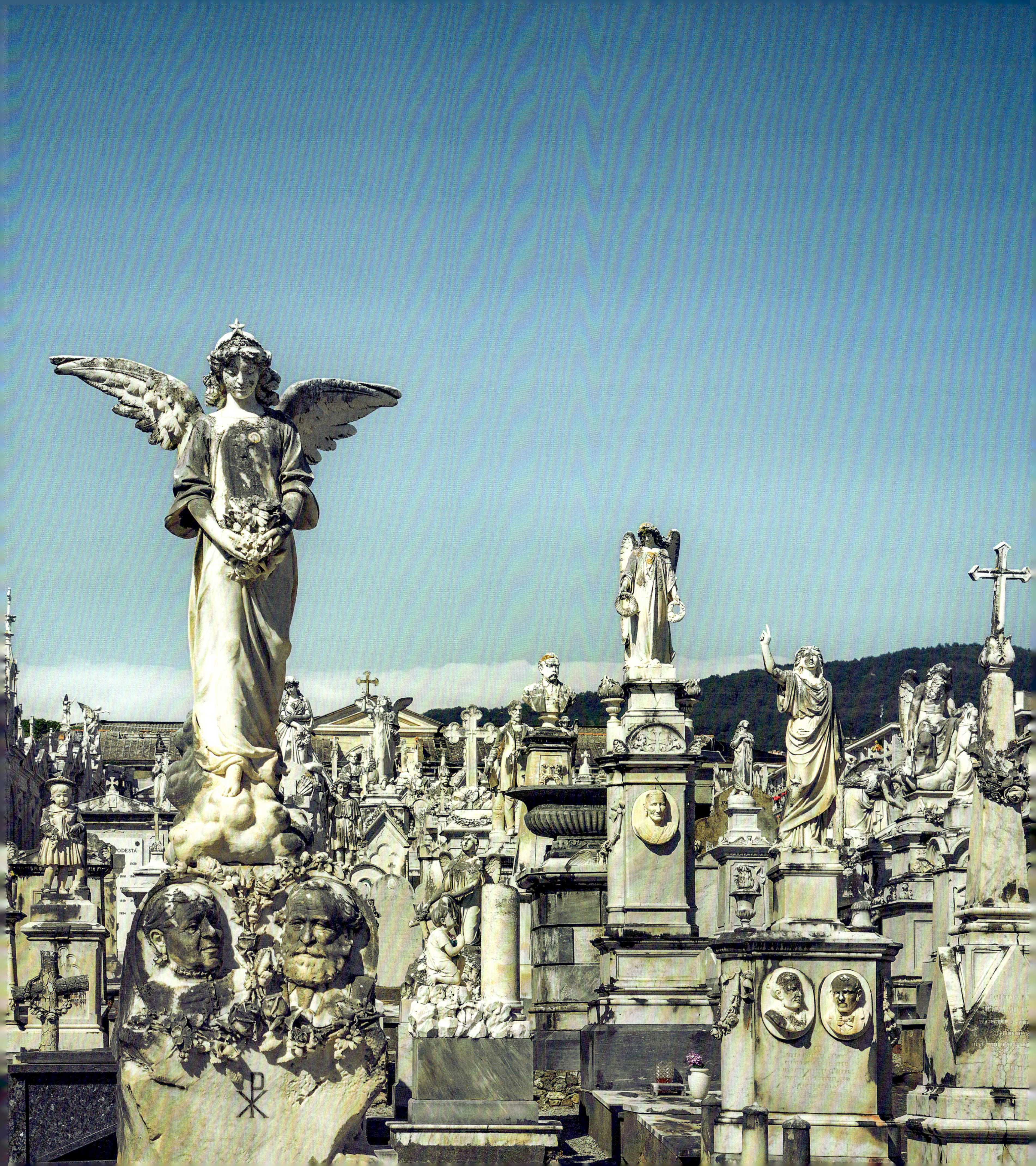

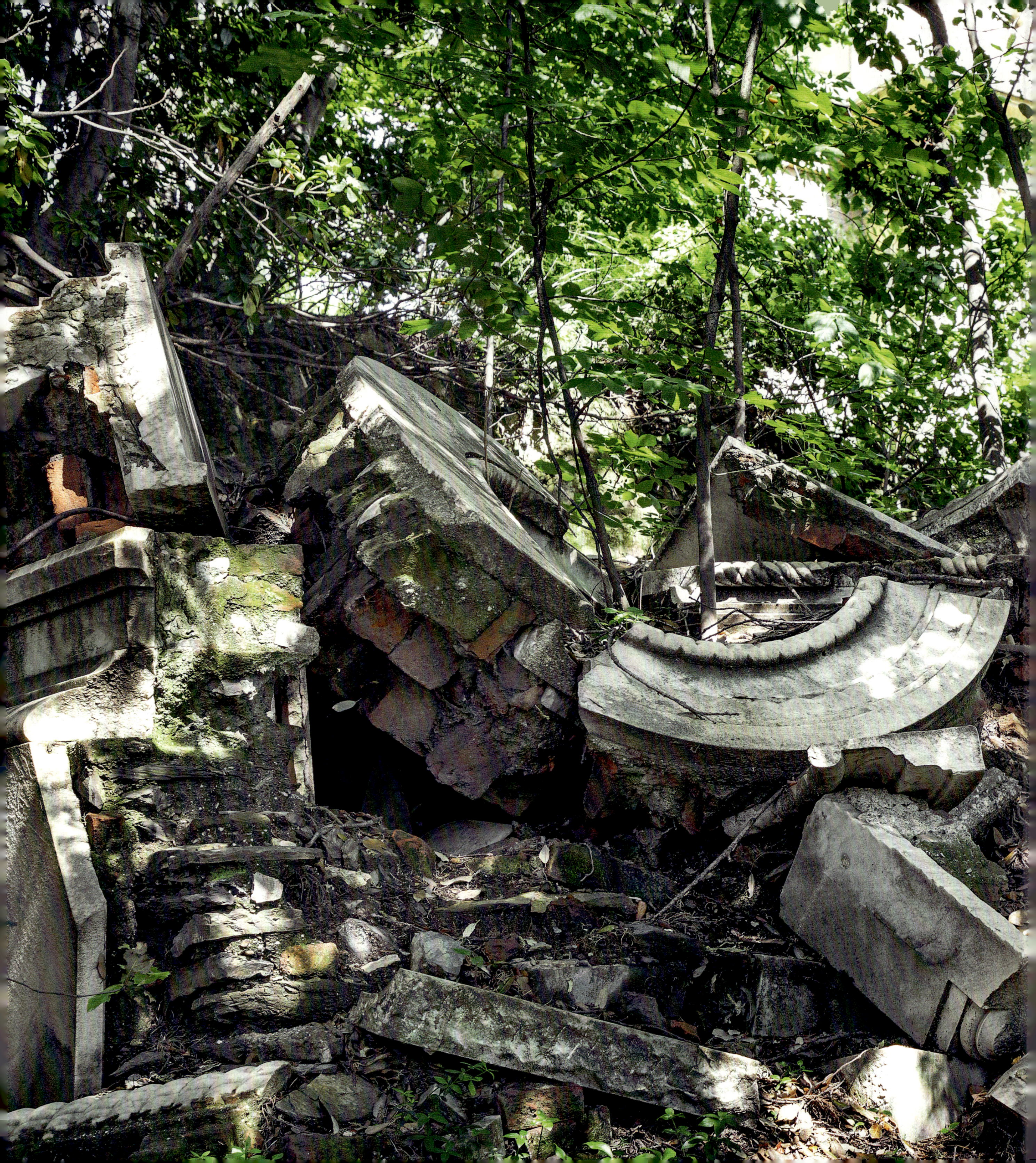

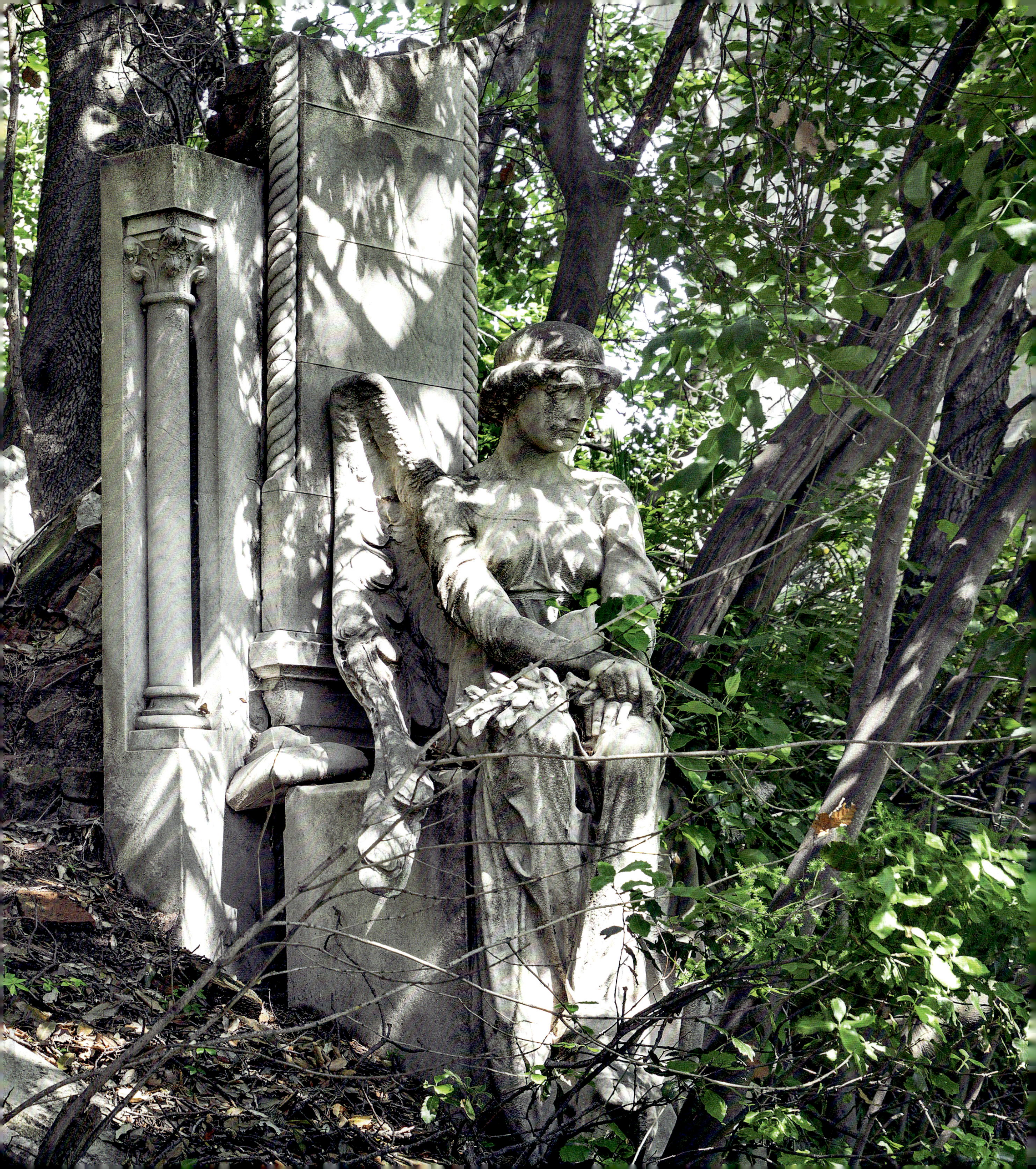

DIE AUTOREN

Sven Fennema nimmt seit 2009 an nationalen und internationalen Ausstellungen teil. Viele Reisen führten ihn zu verlassenen Orten in ganz Europa, seine erfolgreichen Bildbände widmen sich der Lost-Places-Fotografie. Seit jeher faszinieren ihn die melancholisch schönen Aspekte der Friedhofskultur des Abendlands. Sie für »Memento« in Szene zu setzen, ist ihm eine Herzensangelegenheit.

Björn Eenboom hat als Journalist und Autor bereits für viele renommierte Magazine und Zeitungen geschrieben, darunter die »Frankfurter Rundschau«. Für das kulturpolitische Magazin »Cicero« zeichnet er für die beliebte Rubrik »Die letzten 24 Stunden« seit vielen Jahren die Gedanken von prominenten Zeitgenossen zu ihrem persönlichen Verhältnis zum Tod, Glauben und Bestattungen auf.

IMPRESSUM

Verantwortlich: Susanne Then
Lektorat: Björn Eenboom
Satz und Layout: VerlagsService Gaby Herbrecht
Korrektorat: Christiane Gsänger
Umschlaggestaltung: Mathias Frisch, Kaj Ritter
Repro: Ludwig:media
Herstellung: Bettina Schippel
Printed in Slovakia by Neografia

★ ★ ★ ★ ★

Sind Sie mit diesem Titel zufrieden? Dann würden wir uns über Ihre Weiterempfehlung freuen.

Erzählen Sie es im Freundeskreis, berichten Sie Ihrem Buchhändler oder bewerten Sie bei Onlinekauf. Und wenn Sie Kritik, Korrekturen, Aktualisierungen haben, freuen wir uns über Ihre Nachricht an Frederking & Thaler Verlag, Postfach 40 02 09, D-80702 München oder per E-Mail an lektorat@verlagshaus.de.

Unser komplettes Buchprogramm finden Sie unter

www.frederking-thaler.de

In diesem Buch wird aus Gründen der besseren Lesbarkeit das generische Maskulinum verwendet. Weibliche und anderweitige Geschlechteridentitäten werden dabei ausdrücklich mitgemeint, soweit es für die Aussage erforderlich ist.

Bildnachweis
Alle Fotos stammen von Sven Fennema
Hintergrundbild: shutterstock / vectortwins
Grafiken: shutterstock / HappyPictures

Umschlagvorder- und -rückseite: Monumentalfriedhof Staglieno, Genua

S. 1: Ostfriedhof, Metz
S. 2/3: Einsiedlerkirche Barbu Bellu auf dem Friedhof in Gostinari, Rumänien
S. 4: Friedhof von San Cataldo, Modena
S. 6/7: Monumentalfriedhof Lavagna, Ligurien
S. 8/9: Südwestkirchhof, Stahnsdorf
S. 10/11: Monumentalfriedhof Staglieno, Genua
S. 20: Nordfriedhof, Wiesbaden
S. 110: Zentralfriedhof, Wien
S. 130: Friedhof Olšany, Prag
S. 144: Bergfriedhof, Sighişoara
S. 154: Alter jüdischer Friedhof, Breslau
S. 170: Friedhof Laken, Brüssel
S. 188: Alter Friedhof, Roermond
S. 194: Ostfriedhof, Metz
S. 212: Monumentalfriedhof Staglieno, Genua

Die Deutsche Nationalbibliothek verzeichnet diese Publikation in der Deutschen Nationalbibliografie; detaillierte bibliografische Angaben sind im Internet über http://dnb.d-nb.de abrufbar.

Infanteriestraße 11a
80797 München

ISBN 978-3-95416-380-9